晋朝的死结

沈刚 著

广西师范大学出版社
·桂林·

晋朝的死结
JINCHAO DE SIJIE

图书在版编目（CIP）数据

晋朝的死结 / 沈刚著. -- 桂林：广西师范大学出版社，2024.8（2025.1 重印）
ISBN 978-7-5598-7019-3

Ⅰ. ①晋… Ⅱ. ①沈… Ⅲ. ①中国历史－研究－晋代 Ⅳ. ①K237.07

中国国家版本馆 CIP 数据核字（2024）第 106089 号

广西师范大学出版社出版发行
（广西桂林市五里店路9号　邮政编码：541004　）
　网址：http://www.bbtpress.com
出版人：黄轩庄
全国新华书店经销
深圳市精彩印联合印务有限公司印刷
（深圳市光明新区光明街道白花社区精雅科技园　邮政编码：518107）
开本：880 mm ×1 240 mm　1/32
印张：15.5　　　字数：420 千
2024 年 8 月第 1 版　2025 年 1 月第 3 次印刷
印数：7 001~9 000 册　定价：88.00 元
如发现印装质量问题，影响阅读，请与出版社发行部门联系调换。

序

沈刚兄写了一本《晋朝的死结》，嘱我写序。二十世纪八十年代中期，沈刚和我同在复旦大学的校园里读书。他毕业于新闻系的编辑专业，我是历史系的研究生。沈刚兄当年是得过萌芽文学奖的才子，毕业后他当了近十年的编辑，后来辞职创办企业，颇有成就。不过，沈刚的底色还是读书人，工作之余手不释卷。只是他将对文学的兴趣，转向了非虚构的中国历史。

2022年6月，沈刚出版了他的第一本史评专著《兴亡：中国两千年治理得失》，从大环境、价值观、方法论、组织和资源等五个维度，全面分析了秦以后中国皇权治理体系的独特闭环，从一个特别的框架出发，给出较为新颖且易引起共情的解释，读来令人颇受启发。

这本《晋朝的死结》，其实是一部完整的两晋政治史读物。西晋是中国历史上九个大一统政权之一，东晋又是第一个偏安南方的原中原王朝，晋朝一百五十五年，是魏晋南北朝时期承前启后的朝代，连接着秦汉与隋唐。就是这么一个重要的王朝，可能由于西晋迅速崩溃、东晋君权暗弱等，长期得不到后来研究者的重视。而且，西晋、东晋往往被分割探讨，大量负面评价也未必都是客观、切中要害的。

沈刚在其书名中即提到的晋朝治理的死结，指的是统治者倡导的主流意识形态与现实政治的实际操作层面之间的对立与冲突，这可能是他思考两晋政治演变的出发点，也是贯穿于全书的最主要的线索。沈刚在《兴亡》一书中多次提到，皇权运营系统是否稳定，其价值观与方法论是否一致是重要的观察指标。在本书中，沈刚继续了这一思考的逻辑。具体体到两晋及其前后数百年的历史背景，他把治理的死结分为四个阶段，这些读者朋友们可以通过阅读，找寻到各自的兴趣所在。

作为历史学者，我对于沈刚兄大作的兴趣点，集中在他对晋朝兴衰的时代背景的考察。包括东汉晚期以来魏晋禅代的小背景，以及周秦之变、秦汉换代的大背景。

小背景的部分，东汉以来儒家思想及汉室天命所系的观念融为一体，成为社会的主流价值，但是，"党锢之祸""黄巾之乱"后，秩序失控，部分大族、军阀割据，曹操挟天子而令诸侯，打着拥汉的旗帜篡汉，五十年内两次改朝换代，这就造成国家意识形态崩溃，信仰体系出现严重危机。司马氏倡导以儒家文化的孝道重建核心价值，反而加剧了清流士族先家后国的倾向，以至于道玄之风兴起，晋朝的立国先天不足。

从大背景而言，周秦之变、秦汉换代，儒家、法家和道家思潮交汇，周制与秦制互补。儒家思想当然是主张恢复周制的，但是，在秦国统一天下的过程中，法家思想才是决定性的因素。秦统一全国十五年就亡国了，这似乎证明法家的治理模式存在着极大的缺陷。所以，汉承秦制的同时，一定程度上又融入了分封、德治的周制模式，黄老思想、儒家思想先后成为国家主流的意识形态。尤其是西汉后期开始，包括王莽代汉乃至刘秀复汉之后，礼治被抬高到相当的程度。这可能是司马氏统治者恢复分封、优容士族的很大一部分原因。

沈刚的这本书，虽然不是探讨政治思想史演变以及周秦政治制度比较的专门著作，但他在这方面显然有些自己的思考。沈刚注意到，晋室的大臣、博士经常把周朝作为晋朝的参照，他认为西晋皇帝主导的宗族、士族共治，类似西周的模式；东晋门阀主导的君主、士族的共治更接近东周早期的模式。而且，在中国古代政治的演变中，不止于周秦两种制度的碰撞，在中原王朝与北方游牧、渔猎民族的互动中，胡制的引入应该也是因素之一。西晋大一统政权的崩溃，可能正是胡制影响中原政权的重要时期。

沈刚还把政治学上治理系统合法性与有效性的概念，引入了晋朝历史的研究。他认为，两晋从未达到合法性与有效性"双高"型治理，西晋的前期，系统徘徊于合法性低、有效性高的"低高"型状态，东晋成立之后，系统又呈现合法性高、有效性低的"高低"型特征，并且分别坠入合法性与有效性"双低型"崩溃的边缘。这些都是他宏观上的一家之言。

读沈刚兄的这本书，给我一个重要启发就是思考中国古代政治架构，是否有那么简洁清晰的、整齐划一的周制与秦制的区分。周制、秦制，确实都是中国历史上发挥过影响的重要体制，但是周秦之外就没有其他的尝试了吗？读这本书，就可以解除一部分困惑。在天下私有状态下，统治的有效性是体制选择的前提条件，不存在预设的优越制度构想，也不存在教条主义坚持，统治者比谁都清楚，统治的合法性建立在社会发展进步基础上，因而再糊涂的统治者也知道霸王道杂之，而不是用醇儒，或纯法。

我注意到，沈刚兄在认真钻研《晋书》《资治通鉴》等古籍的同时，还大量阅读、引用中外学者的最新研究成果，包括断代史、学术论著甚至博士论文,等等。对关注魏晋南北朝历史的广大读者而言,阅读本书,其实可以一下子掌握不少颇有价值的信息。

当然,沈刚在充分展现名家、前人研究成果的同时,也有一些自己的微观研究结论。比如对于晋武帝司马炎的评价问题。传统的观点对司马炎的评价较为负面,特别是他大规模恢复宗室分封,多被认为是导致八王之乱及西晋崩溃的主因。沈刚在本书中却数次提到,晋武帝其实是帝制时期少有的仁君。晋武帝进行混合周制、秦制的政治实践,分封宗室、优容士族,这些符合当时社会思想潮流的趋势,对提升晋室的天命合法性都是正面的,太康之治就是在这样的背景下出现的。西晋的最后崩溃,主要还是晋武帝在选择接班人以及辅政大臣问题上的失误,也许存在着一定的偶然性。

又比如桓温拥立简文帝是否意味着篡位的过渡。《晋书》《资治通鉴》的编撰者,都以为桓温希望简文帝司马昱禅位于自己。沈刚认为,至少在拥立之初,桓温不可能有此考虑。桓温比司马昱年长8岁,他无法预料到司马昱先自己而逝。如果桓温以一废一立作为篡位的准备,似应拥立更年少的皇帝以便于控制。桓温选立的简文帝比废帝司马奕更年长、更富有斗争的经验,在改朝问题上给桓温造成的阻碍,显然要超过废帝司马奕。简文帝去世前后,桓温除了要求加九锡并无其他动作。历史上无论是王莽代汉,还是曹丕、司马炎的易代活动,都是发动者精心策划的结果。桓温作为饱经沧桑的政治老手,怎么可能幼稚到被动地等待黄袍加身?

再比如孝武帝司马曜之死的历史真相。公元396年,孝武帝在睡梦中暴毙。《晋书·孝武帝纪》中说,孝武帝和宠妃张贵人开玩笑，说以张贵人的这个年纪应该可以废黜了，当晚孝武帝在醉酒中暴崩。《资治通鉴》综合了《晋书》中《五行志》《天文志》，以及北朝《魏书·僭晋传》中的相关记载，判断是张贵人支开太监，将孝武帝闷死。吕思勉先生在《两晋南北朝史》中，认为存在其他宫廷阴谋的可能。沈刚兄仔细阅读史料，综合当时及之后的情势发展分析，认为最大的可能还是孝武帝死于晚间突发的疾病，戏言、暴崩两者之间至多只是巧合。有兴趣的读者可以阅读第七章第一节中的相关内容。

总之，《晋朝的死结》这本书，可让读者朋友们了解两晋政治的来龙去脉，史实叙述部分是清晰可信的，学界不少最新研究成果得到呈现，作者本人的观点也是言之有据，值得大家继续深入探讨。请读者朋友们阅读后，作出自己的判断吧。是为序。

马勇

2024年6月15日

目 录

绪 章
晋王朝何至于此? 1

第一章
司马懿父子的代魏接力
21

第一节 系统的死结是怎样形成的? 23

第二节 司马懿:双面人革命 42

第三节 司马师、司马昭兄弟的两手策略 57

第四节 当儒学遭遇玄学 70

第二章
晋武帝,儒家理想社会的布局
87

第一节 恢复周制的政治实践 89

第二节 天下重现大一统 104

第三节 共治结构的平衡安排 116

第三章 大一统时代的终结 131

第一节　杨、贾外戚势力出局　133

第二节　宗室诸王的混战　143

第三节　统治集团外部的挑战　152

第四节　宗室、士族大败局　165

第四章 建康，共治的新起点 183

第一节　王马共治与东周模式　185

第二节　皇权与当权士族的冲突　197

第三节　共治实践的游戏规则　213

第四节　渡江名士的选择　229

第五章 桓温独大的时代 243

第一节　恢复神州的价值付诸实践　245

第二节　桓温主导共治的开始　263

第三节　桓温的两难困局　276

第四节　江左名士：隐逸或出仕　295

第六章 苻坚与谢安的解决方案 311

第一节　混合秦周胡三制的前秦政权　313

第二节　谢安主导士族联合专政　332

第三节　淝水之战的胜负与天命所在　347

第七章 刘裕引领百年变局 369

第一节　武人势力挑战士族政治　371

第二节　晋室的实际统治是怎样被终结的？　389

第三节　刘裕重建集权专制的统治　407

第四节　首开禅代杀害前朝君主的恶例　425

余论
历史为何选择北朝？　447

后记
我写晋朝那些事　463

参考文献　469

附录
晋大事年表　477

十六国一览　481

绪章
晋王朝何至于此？

洛阳之殇

公元356年，晋穆帝永和十二年七月。江陵城外汉江上，晋临贺郡公、荆州刺史、征讨大都督桓温大步登上战船，晋军官兵早已整装待发。随着桓温一声令下，舰队高挂起船帆启航，一时旌旗招展、鼓角齐鸣。舟师沿汉江支流淯水北上，一路未受任何阻击，直奔宛、洛等中原故地。与此同时，东线谯梁水道打通，另一支徐州、豫州所辖晋军，经淮水、泗水进入黄河，迅速向洛阳逼近。

这时，距离晋元帝司马睿在建康重建中央政权，已经过去近四十年。

公元311年，晋怀帝永嘉五年六月，成千上万的匈奴兵士、流民攻入洛阳。晋怀帝司马炽仓皇奔出华林园，准备逃往长安，在路上被擒获。来自北境及底层的占领者们，根本无意经营洛阳，大肆劫掠宫庙、官府和巨室，随后又挖掘司马氏陵墓，把金银财宝、年轻妇女作为战利品。太子宗王、士族官僚及百姓民众三万余人,在大屠杀中遇难。继东汉末年董卓火烧洛阳之后,这座魏晋时代重建的巍峨都城,再度笼罩在熊熊的烈焰中。

早前两个月左右,以督师讨贼名义领军的东海王司马越在项城去世,十余万军民护送其灵柩向东海国转进。匈奴汉国羯族大将石勒率骑兵将其团团围住,无数带火的弓箭疯狂地射向"猎物"。晋军完全丧失抵抗意志,血肉模糊的尸体、伤者混杂堆积,猎手们一面纵火焚杀,一面津津有味地用餐。太尉、士族领袖王衍尽管向石勒乞降,最终仍与大批宗王、公卿和名士一起,被石勒下令推倒土墙埋杀。随后,石勒伏击从洛阳东逃的司马越亲属部将、数十位宗王及众多朝廷官僚,悉数予以杀害。

公元316年十月,匈奴汉国首席大将刘曜率部众再度攻陷长安。被拥立为帝的晋愍帝司马邺自缚其身,抬棺下跪出降。晋怀帝、晋愍帝在匈奴军中受尽屈辱,最后依然不免被杀的命运。洛阳陷落前后,晋惠帝皇后羊献容被刘曜纳为妾室,司马越夫人裴妃等遭到抢掠贱卖。

四十年弹指一挥间,南北形势发生了巨变。匈奴汉赵政权早被石勒武力取代,石勒及其养子石虎死后,一度强行征服北方大部分地区的后赵政权分崩离析。汉人大将冉闵下达"杀胡令",造成羯人在内的二十余万各族民众非正常死亡。东晋政权反而在建康站稳脚跟,桓温西攻川蜀,灭亡割据了四十余年的成汉政权,东晋疆域超过三国时期东吴、蜀汉政权的总和。

除了盘踞辽东的鲜卑前燕南下河北、氐人集团西进关中建立前秦,黄河以南地区大小军阀纷纷向建康称臣,东晋政权至少名义上短暂恢复了洛阳等中原旧地。公元356年,姚襄羌人集团降晋又叛晋,北归攻击控制洛阳的叛将周成,正是在这样的背景下,桓温决定兴师北伐。

舰船在河道上平缓前行。长辈回忆、书籍记载中的昔日繁华之地，早已尘封为千里荒野。望着两岸陌生的故土，桓温思绪万千，几乎夜不能寐。次日，桓温带领众僚属登上舰船的平乘楼，眺望中原。《晋书·桓温传》记录，桓温慨然曰："遂使神州陆沉，百年丘墟，王夷甫诸人不得不任其责。"夷甫是王衍的字，桓温认为，西晋的沦亡，王衍等士族名士要负主要的责任。

虽然桓温多年来担任军事统帅，但骨子里不失名士本色。桓温军府中聚集了多位士族子弟、文人名士，桓温平时与僚属们保持着随和、平等的交流。桓温话音未落，担任记室的文史名士袁宏立即答道："国家兴亡自有天命，不一定是他人之过。"

令所有人没想到的是，桓温闻后居然勃然大怒，严厉地驳斥道："昔日刘表有一头千斤大牛，吃的食物是普通牛的十倍，其负重致远，不如一头病弱的母牛。曹操进入荆州后，立即把它杀了分给军士们享用。"举座皆失色。桓温出于对崇尚务虚清谈的士族名士的强烈否定，以只会吃食而不会干活的大牛为喻，直指占有资源而无所事事者之流。

桓温击溃姚襄羌人集团迫其西逃后，洛阳城中周成率众投降。桓温下令整顿军容，晋军官兵意气风发昂首入城。邙山巍巍，洛水悠悠，尽管洛阳城已不复盛世的神采，但是，这座华夏民族的千年故都，可能永远是南渡士族子弟心目中的精神家园。对于晋室而言，这里静卧着司马懿、司马师、司马昭及晋武帝司马炎、晋惠帝司马衷四代五位皇帝的陵寝，其意义不言而喻。晋武帝完成魏晋禅代后，追尊晋王朝实际奠基人司马懿、司马师和司马昭为帝。追尊祖父司马懿为高祖宣皇帝，伯父司马师为世宗景皇帝，父亲司马昭为太祖文皇帝。

桓温屯军于太极殿旧址前，随后又迁移至金墉城。"谒先帝诸陵，陵被侵毁者皆缮复之，兼置陵令。"（《晋东·恒温传》）东晋朝廷接到洛阳光复的军报，14岁的晋穆帝司马聃立即穿上细麻布衣，率领文武群臣，至建康太极殿谒拜三日。同时正式派出大臣赴洛阳谒陵，修整五位先帝的皇陵。

不过，朝廷始终没有选出合适的统帅镇守洛阳。不久，桓温班师南归，仅留下数千将士驻扎。洛阳光复前后，桓温多次建议把京师从建康迁回洛阳，一直未获朝廷采纳。无论在当时的晋室朝廷上，还是在后世的历史评论中，桓温经常被认为是假北伐中原之名，行夺位自立之实。九年之后，洛阳再度易手，为前燕鲜卑军人所占领。

作为大一统政权崩溃的标志性事件，西晋时期"永嘉之祸"的惨烈程度，远胜过北宋末年的"靖康之耻"；而以正统自居的东晋偏安政权，不仅收复过洛阳故都等中原故土，而且还曾有效管辖多年，这在中国历史上是罕见的。这一切究竟是怎样发生的？桓温本人是一代士族门阀，为什么他内心对于士族名士的某些特质极其反感？

晋王朝何以兴起又何以衰亡？从洛阳到建康，两晋皇权、士族兴衰的背后，代表了深层次的治理逻辑与历史因果链条。

最黑暗、最屈辱和最不幸的时代？

在中国历史上九个大一统王朝中，晋朝的存在感相对最低。民间对于三家归晋之后的进程知之甚少，反而对于分裂的三国时代津津乐道，江山如画、英雄辈出，一时多少豪杰。曹操、刘备、诸葛亮和孙权等人的名字，在社会上几乎妇孺皆知。这和

《三国演义》的充分传播有着直接关系。晋王朝的实际开创者司马懿，小说中是作为诸葛亮的对立面而被描述，所谓死诸葛吓走生仲达，尽管是笑到最后的人，还是被诸葛亮深深压下一头。千年来流传的"司马昭之心路人皆知"一语，则是对司马氏家族易代革命持否定态度的明证。

稍有历史知识的人群，对于晋王朝的观感大多较负面。比较常见的评价，即认为晋代是中国历史上最黑暗、最屈辱和最不幸的时期之一。

两晋被认为是一个最为黑暗的时代，实际上出于晋朝得国不正的认知。司马氏父子在夺取政权的过程中，大量屠杀反对改朝换代的曹魏大臣、名士，皇帝曹髦被当街刺死。司马懿生性残忍，平定辽东公孙渊割据政权时即大开杀戒。《晋书·宣帝传》记载，"诛曹爽之际，支党皆夷及三族，男女无少长，姑姊妹女子之适人者皆杀之，既而竟迁魏鼎云"。

将晋朝称作最为屈辱的朝代，主要是因为当时是北方族群第一次大规模逐鹿中原，北方地区一度仇杀严重。白骨沃野、血流成河，"千里无烟爨之气，华夏无冠带之人"，发生了把汉族妇女作为"两脚羊"进行残害的极端恶例，造成包括汉人在内的各族民众大量非正常死亡。晋室被迫东迁建康，国家发生持续的内战和动乱。

至少对于崇尚奋斗的群体而言，晋朝可能是一个最为不幸的时代。这一阶段出现了阶级固化和士族专政，整个社会人才的上升通道受到堵塞。一个人地位和身份的提高，主要看他背后的门第名望。国家通过九品中正制等选官制度安排，首先保证士族子弟被品评为上品，直接授予其高级官职。元人刘秉忠有词云，"晋朝人物，王谢风流，冠盖照神州"。东晋时期琅邪王氏、陈郡谢氏等士族门阀，其家族成员遍布朝野、占据要职，其实将国家组织体制高层的治理人才，局限在相当狭窄的范围之内。其他低级士族以及寒门子弟等，仅能成为组织体制中较为次等的角色。

得国不正、国家分裂和士族专政，这些确实部分反映了两晋时期国家治理的现实，但是，这些认识至少并不全面和深入。司马懿、司马师和司马昭父子固然存在残忍好杀的一面，但在改朝换代十六年的准备期中，更多地采取了笼络和收买的方式。

开国皇帝晋武帝司马炎，实际上是帝制时期少有的一位仁君。他高调推崇周制，倡导儒道互补、以孝治国，既向士族名士妥协让步，又积极减轻一般平民的负担；既善待功臣、武将等外朝官僚，又重用宗室、外戚等亲属势力。两晋立国一百五十余年，共产生十余位帝王，他们大多善良、懦弱和短寿。晋朝失去天下，也许和这些帝王无能、控制不了政局有关。暴政肯定不是主要原因之一。

东晋政权偏安江左后，晋明帝司马绍听到王导关于先辈创业时，杀害诸多名士及魏帝曹髦的介绍，不禁掩面，长叹晋祚怎么可能长久。简文帝司马昱善于清谈，临终前口述遗诏，差点将国家私授给权臣桓温，认为晋室只是因为好运而得天下。这些都透露出司马懿的后代们尚未失去天下，先已失去作为最高统治者的底气。

晋室东迁后，北方一度处于混乱的状态，固然反映了大一统国家治理的严重挫败，但这并不等于东晋政权始终处于被动挨打的境地。桓温率军灭亡西蜀的成汉，东晋政权实际控制区域超越了前东吴、蜀汉区域总和。晋军多年在黄河以南作战，先后四次恢复旧都洛阳。前秦天王苻坚亲率百万之众南征，谢安以其侄谢玄统领的流民组成的北府兵迎敌，东晋军队不仅在淝水大战中获得大胜，收复大片国土，还北上作战一度攻入河北。

刘裕发起的北伐规模为东晋历次之最。首先刘裕攻灭山东境内的鲜卑族南燕政权，斩杀王公以下数千人，国主慕容超被送到建康处决。他又派军灭亡西蜀的谯蜀政权，之后刘裕指挥大军攻入长安，羌族后秦政权灭亡。刘裕下令杀尽被俘的后秦王公大臣，将后秦国主姚泓押至建康斩首。这一时期东晋政权控制的领土，大致与后世北宋政权接近，创造了大分裂年代南方政权疆域最为辽阔的高光时刻。

两晋时期，士族名士毫无疑问在国家政治运营体系中占据主导的地位，但是，低级士族、寒族子弟并不是说完全没有用武之地。高门士族脱儒入玄，沉溺于务虚空谈，对于实际工作反而不屑一顾，他们更加看重礼仪性、学术性的高位，愿意享受荣誉和清望，这些位置在两晋南朝时期被称为"清官"。反之，一些处理日常繁忙公务、较具风险性的岗位，特别是以军功晋级的武职，在当时被称为"浊官"，多由低级士族、寒族子弟担任。

西晋时期的寒族人士中，大将军邓艾、王濬，分别在攻灭蜀汉、东吴的战役中，发挥了相当重要的作用；大臣张华辅佐惠帝司马衷、皇后贾南风夫妻，至少稳定了六七年的政局；东晋时期世家大族的统治日益制度化，仍然有寒族出身的荆州刺史陶侃，平定了"苏峻之乱"；生为低等士族的大将刘裕，最后成为晋朝帝室的终结者。

中国历史上两次绝无仅有

作家柏杨发现了中国历代王朝的瓶颈规律。任何王朝政权，当它建立四五十年，或当它传位到第二代、第三代时，就到了瓶颈时期。在进入瓶颈的狭道时，除非统治层有高度的智慧和能力，否则他们难以避免遭受到足以使他们前功尽弃，也就是足以使他们国破家亡的瓶颈危机。[1]大一统的王朝如汉、唐、宋、明、清等，分别战胜了挑战进入平稳期，而相当多的人将西晋和秦、隋并列，认为是二世无法突破障碍而崩溃覆亡的典例。

实际上，晋朝和秦、隋两代情况区别较大。秦朝从统一到灭亡共十五年，隋朝从统一到灭亡共三十八年，西晋从统一到崩溃用了三十七年，但是，崩溃并不意味着晋朝的灭亡。晋元帝司马睿在建康重建政权，是晋朝政治运营系统合法的延续。从这个意义上说，虽然经历了接近亡国的危机，晋政权还是通过了最严峻的瓶颈，这在中国历史上是绝无仅有的。

秦始皇创立了皇帝制度，即形成中央集权、君主专制和郡县制的统治策略。皇帝的权力处于国家治理体系顶部的位置。秦汉三国五百余年间，这种统治策略历经演变，已经成为国家治理体系的决定性因素。

东晋政权建立后，出现了皇权持续衰弱、几家高级士族轮流掌握政权的现象。田余庆先生将之称为"士族与皇权的共治"。琅邪王氏王导、王敦兄弟与司马氏"共天下"，开创了东晋门阀政治的格局，建立了祭由司马、政由士族的政权模式，并将其维持了一个世纪之久。当琅邪王氏以后依次出现颍川庾氏、谯郡桓氏、陈郡谢氏等权臣的时候，仍然是庾与马、桓与马和谢与马

---

[1] 柏杨：《中国人史纲》，中国友谊出版公司，1998年，第97页。

"共天下"的局面。[1]甚至,还有学者夸张地认为,这是一种虚君共和的制度。

相较于宋朝君主与士大夫共治的模式,即君主垂拱而治而实际享有最终的决策权,东晋时期大多数君主仅为国家的象征,其实形成了士族门阀专政,这在中国历史上也是绝无仅有的。

在印刷术发明之前,儒家经学及其他流派学问,主要依靠极少数世家在子侄、学生之间代代传承。所谓士族专政,即这些掌握了学术、教育资源的文化世家或者其他文化名人对于政治、经济和军事等领域的群体垄断。两晋时期的士族门阀,大多数由东汉末年参与清议运动的党人群体演变而来,历经魏晋迭代之变,儒生士大夫从抗争的反对派人士,发展为享有特权的士族阶层,进而脱儒入玄,成为主导国家政治生活的门阀。

西晋是继秦朝、西汉和东汉之后,中国帝制历史上第四次形成的大一统政权,是魏晋南北朝三百余年的时间里,唯一出现过的统一王朝。魏晋南朝各代的政治运营系统,保留和发展了秦汉第一帝国的相关制度,成为隋唐第二帝国治理参考的对象。这一过程中,两晋起到了承前启后的作用。北方少数民族进入中原,客观上促进了各民族之间的融合,而晋室东迁,无疑加速了南方地区的开发和繁荣,是唐代中期之后,中国地缘格局从东西方向转往南北方向的重要前因。

虽然两晋时期士族高门主导了国家的治理,但是,这些家族毕竟是以知识、学问相传承,大都遵循一定的政治、伦理规则,对于被统治的平民并未采取横征暴敛的资源动员方式。晋朝社会

---

1 田余庆:《东晋门阀政治》,北京大学出版社,2012年,第26页。

自上而下的压迫程度尚不深重，思想文化氛围较为宽松，诗赋、绘画和书法等艺术活动得到了充分自由发展。

在我国多民族大一统国家发展过程中，晋朝酿成的历史性伤害主要集中在两大方面。其一，东汉末年以来，经过一百年四代人的奋斗，中国重新获得了统一，但是，这种统一的局面仅维持了极短暂的时间，随后国家又走向更大的战乱和分裂，这导致当时各族民众的生活极度痛苦；其二，东晋重启之后，北方数度处于大规模的混乱状态，并未出现较为稳定的政权，东晋政权没有充分地利用这一机会，再次完成国家统一，反而陷入统治集团内部的牵制、争斗，将中国带入长达三百年的分裂期。这是秦始皇统一天下后分裂最久的一次。

那么问题来了，晋王朝的重新统一，本来是以建设类似于强盛的两汉为目标，结果却造成了更大范围、更为持续的混乱。为什么西汉、东汉能而西晋、东晋始终不能？除了两晋政权成立前后各种环境的因素，对照两汉，特别是一脉相承的东汉政权，晋王朝政治运营系统与之的最大差异在哪里？

周制、秦制与儒道法思想

在晋王朝创立之前，中国进入大一统的帝制时期已经五百余年。自西周至秦汉，先后产生过分封制、郡县制两种不同的国家治理形式。其中，分封制以西周为代表，即周天子将王室宗亲或重要功臣派往封地建国，以血缘及亲密关系为纽带，形成诸侯拱卫王室、共治天下的统治策略。殷周换代之际，周代统治者反复论证殷纣失德从而造成天命转移，实际上作出承受天命的周室必须以德治理天下的承诺。

所谓天命即大自然的法则，在上古先人认识世界能力有限的情况下，代表着上天神秘的力量。从政治学角度而言，天命意味王朝、君主统治的合法性或者正当性。关于周室的天命，赵鼎新教授总结，"天命观"的核心是这样一种观念，即统治者握有神圣的统治权，但前提是他要照顾好人民的福祉，如果他不能履行这一职责，那他就有被推翻的危险。虽然他们宣称自身的权力来自天命，但实际强调的其实是统治者端正的品行。[1]

自上而下的世袭贵族分封制，以德治为核心的天命观，以及反映宗法等级价值的礼乐制度等，这些构成了周制的基本内容。东周时期，礼崩乐坏王权低落，反而造就诸子百家各种思想的争鸣，产生了对于后世影响较大的儒家、道家和法家等多种学派。相较于老庄道家崇尚避世、隐逸的生存方式，传达清静无为、小国寡民的政治理想，儒法思想中都分别包含着追求大一统的积极态度。其中孔孟儒学推崇德治仁政，强调以宗法伦理为基础、合乎周礼的等级尊卑秩序，把恢复周制及周天子的权威，作为其追求的政治目标。

问题在于，在诸侯征战、追求霸权的大环境下，儒家通过克制私欲、恢复周礼的解决方案，并不能给大国强盛乃至建立大一统王权提供方法论上的实际助益，于是，迎合君王对内集权、对外扩张需求的法家学说乘势而起。法家主张强化君主绝对的专制权威，制定各种严密的法律，要求臣下与庶民无条件服从，通过赏罚控制臣民的行为，提倡农战，即以国家强制与授予官爵结合

---

[1] 赵鼎新:《儒法国家：中国历史新论》，浙江大学出版社，2022年，第58页。

的方式，把民众改造为从事粮食生产、作战杀敌的工具。

商鞅在秦国全面推行严刑峻法、君权至上的法家路线，以中央集权、直辖各郡县的制度代替宗室贵族分封；为国征战者以军功授爵，勤力耕桑者可免除徭役，宗室无军功不能列为贵族，平民凭军功可进入统治集团；排斥一切非农战学说，焚烧《诗经》《尚书》等儒学经典。法家思想的秦国实践，极大加强了专制国家的资源动员能力，奠定了嬴政最终完成大一统、推行秦制的基础。

从某种意义上说，秦朝统一是其坚持法家路线的胜利，不过，秦朝统一仅十五年即告覆亡，又说明秦政权的治理体系存在着致命的缺陷。秦政权刑罚严苛、横征暴敛，过度开发国家人力、财力资源；在幅员极其辽阔的巨型国家，匆忙推行中央集权、郡县制的统治策略，以中下级军官及少数文法吏构成的郡县组织体制，不足以压制民间力量的反抗；秦政权一味迷信暴力压迫，轻视天命及合法性塑造，法家著述大多是为帝王献策的统治术、权谋学，不可能成为凝聚君臣士民的官方价值。

政治学者李普塞特认为，对于特定的政治系统来说，不同程度的合法性与有效性之间的关系，可以分为四种具体的类型。第一种类型是合法性和有效性都很高的"双高"型。第二种类型是合法性高但有效性不足的"高低"型。第三种类型是合法性低但有效性高的"低高"型。第四种是合法性和有效性都低的"双低"型。有效性主要是工具性的，而合法性是评价性的。从短期观点看，一个高度有效而不合法的系统，比那些有效性相对较低、合法性很高的政权更不稳定。持续几代人时间的长期的有效性,也可以给予一个政治系统合法性。[1]

陈胜吴广首义后,各地起义运动渐成燎原之势,六国旧贵族纷纷宣布复国,这充分说明秦政权统治的有效性较低,而其又根本缺乏天命的合法性,"双低型"的秦朝崩溃遂不可避免。

刘邦创建汉王朝,保留了秦朝皇帝制度在内的基本统治策略,却又采用郡国并行的"一国两制"模式。即在朝廷直接控制的原秦地十五郡实行郡县制,对于前六国地区采行借鉴周制的宗室分封制。在保留秦制根本制度、法律的前提下,政策、法制层面作出调整,与民休养生息。即大幅度减少赋税、徭役;节制国家财政开支;废除秦朝连坐、车裂等酷刑;对于外敌改以妥协和安抚,国家不再进行大规模的战争动员;等等。惠帝、高后时期,丞相曹参明确把黄老之学作为国家的指导方针,清静无为、因循施政。

汉文帝刘恒时期解决了汉王朝合法性的命题。文帝俭朴克己,对内不扰民、对外不挑衅,保证国家数十年维持和平、宽松的局面。虽然文帝喜欢刑名学说,但其一代贤君的作为,符合孔子儒家仁政的理想,历史的钟摆朝着以德治而享有天命的周制逻辑回归。换句话说,文景之治代表的汉王朝治理系统,其实是基于黄老道家思想主导,混合了儒家、法家思想,兼容无为而治、德治和法治。汉武帝刘彻作为奋发积极的雄主,接受经过董仲舒改造的儒家天命伦理学说,把儒学置于大一统国家官方意识形态的地位,这也许是一种必然的选择。

至此,外儒内法成为帝制时期国家治理体系最本质的特征。

---

[1] [美]西摩·马丁·李普塞特:《政治人:政治的社会基础》,上海人民出版社,2021年,第47—51页。

其中儒学作为国家的统治理论，代表了统治集团公开倡导的价值观，而王朝统治的方法论，即各种具体的对内或对外的制度、法律和政策等，大部分仍是源自法家思想的底色。汉宣帝刘洵形象地将之概括为"霸王道杂之"。

必须强调的是，自汉武帝创立起儒法国家政治系统的基本架构，在西汉政权大部分的时间里，儒法两种思想、方法的磨合，始终处在一种碰撞和矛盾的状态。对于汉武帝而言，可能是希望通过儒学统一思想，更为巩固、强化中央集权的秦制国家；对于被引入统治集团的儒生士大夫而言，继续保留了"儒为帝师"、忠于儒学价值先于忠于君主的传统，内心的理想更为倾向恢复周制。外戚王莽和平篡汉，就是在儒学天命转移之说充分发酵的氛围中完成。

光武帝刘秀重建汉政权，不仅宣示汉室的天命并未转移，而且刘秀以其一生的政治实践，证明儒法两种价值、策略，可以相互融合而至平衡。中国古代的政治系统，历经周秦之变、秦汉换代，特别是汉武帝尊儒后一百余年的曲折，终于达到合法性与有效性历史"双高"的峰值。汉室有效地复兴，大大提升了汉政权合法性的评价，而汉室享有天命的合法性观念深入人心，又为汉政权有效地统治强力背书。具体地说，士民自觉自愿接受汉室的统治，忠于儒家精神、忠于汉政权和忠于皇帝三位一体，儒家教化的意识形态，转化为维持国家统一和稳定的巨大向心力。

汉章帝之后，历代东汉皇帝多以冲龄即位，除末代傀儡皇帝汉献帝外，皆寿短没有活到不惑之年。太后临朝，外戚专权卷土而来，后又出现宦官弄权等严重弊政，而东汉政权依然继续屹立一个世纪以上，这些都是由于汉室存在着强大的合法性，使国家一次次度过了危机。

与东汉形成鲜明对比的是,西晋政权创立之初即陷入合法性的危机,晋王朝所谓得国不正,历来是特别被人诟病的话题。也许可以这样理解,东汉政权巨大的天命合法性的优势,反而给之后的魏晋皇权合法性设置了较难逾越的障碍。两晋从未达到合法性与有效性"双高"型治理,西晋的前期,系统徘徊于合法性低、有效性高的"低高"型状态,东晋成立之后,系统又呈现合法性高、有效性低的"高低"型特征,并且分别坠入合法性与有效性"双低型"崩溃的边缘。在这些现象的背后,两晋国家治理的价值观与方法论,存在着结构性的死结。

死结现象之于晋朝意味着什么?

所谓晋朝治理的死结,指的是国家倡导的主流意识形态,与现实政治的实际操作层面之间的对立与冲突。东汉晚期之后,一方面部分世家大族、武人势力形成割据,奉行实力至上、胜者为王的现实主义政治逻辑;一方面汉政权天命所系观念依然顽固,与儒家君权神授思想合二为一,维持汉室统治的诉求,依然是社会最大公约数。这就造成儒家士大夫内心信仰的价值正确,与现实环境下必须服从的政治正确之间的严重矛盾。曹操挟天子而令诸侯,统一北方中国,最终却未敢废汉自立,对于汉室的合法性心存畏惧是重要的原因。

曹丕强迫汉献帝退位,改汉建魏,曹魏政权未能通过王朝的瓶颈期,其有效统治的时间过短,没有发展出新兴王朝的合法性,系统的死结本质依然存在。司马氏父子以曹氏父子的方法代魏,五十余年的时间内,国家政权经历了汉魏晋的三朝转变,这就使儒家君权神授的天命观失去了神圣性。在现实政治的层面，士民不得不宣示效忠发动禅代革命的魏晋皇室，但是，这只是对于强权的一种被动屈从，而非出自内心主动的忠诚，士大夫对于皇权天命信仰的幻灭，直接影响了其对于儒学价值的坚持，玄风道学、先家后国的风气出现，晋朝开国巨大的合法性缺陷皆缘于此。

晋武帝司马炎完成天下的统一，推行皇帝主导的宗室、士族共治的统治策略，以近乎自我救赎的态度，善待遭受其父祖两代杀害的士人遗属，通过仿照周制的一系列政治安排，对于士族给予优先品评入仕、爵位世袭和占有土地及依附人口等各种特权。这在一定程度上缓解了系统的死结，提升了晋王朝的合法性。但是，他又听任宗室、士族阶层骄奢自重，随着八王之乱、永嘉之乱的战火蔓延，共治集团内部儒玄两种思想此消彼长，儒法国家皇权至上的价值，与现实政治中宗室揽权、士族自保的状况，形成了治理体系中新的死结，从而导致晋室统治的有效性与合法性，几乎走向瓦解。

晋政权东迁建康后，当权士族王导等人一方面以克复神州、保卫中华正统为价值号召，重塑了晋室统治的合法性；另一方面，基于士族专政、主导共治集团的策略，又竭力推行"务必清静"的基本国策，对于南渡的侨姓士族、江东的吴姓士族优容宽松。这固然起到和揖士族、团结内部的作用，保证了东晋政权在南方的偏安局面，但也严重削弱了国家的资源动员能力，进而影响到恢复中原价值的实现。换言之，东晋政权在意识形态的动员方面，与国家实际政策的操作方面，再次出现了系统的死结。围绕着提高国家能力的命题，皇权与当权士族之间、当权士族内部多次发生冲突，严重动摇了东晋政权统治的有效性。

从表面上看，相较于曹丕代汉、司马炎代魏，刘裕以北伐的号召与军功作为代晋建宋的价值，合法性似乎要充足很多。但是，从现实治理的层次探讨，刘裕仅是恢复了君主专制、中央集权的统治策略，而没有重建以儒家伦理为核心的价值信仰。刘裕仿照曹丕、司马炎的建政模式，以儒家天命转移理论作为禅代的包装，但是，他又野蛮地杀害晋安帝司马德宗、晋恭帝司马德文。这一行为，赤裸裸地昭示暴力至上、强者生存的政治逻辑，成为南朝各代血腥更迭的始作俑者，不仅影响了刘氏子孙自相残杀、非正常继承的行为选择，也是掌握武力的军人势力最可能模仿的示范。魏晋时代价值观和方法论背离形成的死结，不但没有在皇权重振后打开，反而演变为南朝治理体系频繁和反复的动荡。

这些系统内在的死结，对于两晋政治的演变到底造成什么样的影响？或者说，晋朝治理的底层逻辑，究竟在多大程度上影响了国家政治系统的合法性与有效性？

从某种意义上说，晋武帝是帝制时期继王莽后周制实践的又一位探索者，两晋史即是一部混合周制、秦制实践的历史，从西晋的西周模式，到东晋的东周模式，系统的死结与之有何联系？晋武帝从尊儒的本意出发，却收获了士族阶层入玄的结果，他善于采取平衡制约的统治方法，却在他身后不久，发生外戚、宗室势力火并，随即被体制外的流民、少数民族集团冲垮，王衍等士族名士袖手旁观，武帝解开死结的努力为何成果有限？

两晋是非常独特的朝代，大部分时间里皇权不占主导地位，文人掌权，武将式微，风流名士指点江山。面对国家的危局，王导、庾亮、桓温和谢安等当权士族分别有什么解决方案，为什么面对死结无能为力？两晋又是一段士大夫心灵进化的历史，连接曹魏后期的正始之音、竹林七贤、元康名士、渡江名士和江左名士等一代代士人追求精神的解放，历经虚浮、任诞、放达和颓废，走过血与火的煎熬，走过庙堂和隐逸的山水，这些苦难与荣光，与死结之间存在着哪些对应？

魏晋南北朝大分裂阶段，处于中国秦汉与隋唐大一统政权之间。魏晋南北朝共三百七十年左右，两晋一百五十五年占据百分之四十以上的时间，西晋又是其中唯一的大一统政权。故而深入研究晋朝的兴衰，可能有助于理解秦汉第一帝国向隋唐第二帝国演变的内在逻辑。

笔者以晋代国家治理中的系统死结作为主要线索，透视晋朝这个相对被忽略朝代的前世今生、来龙去脉。通过对《后汉书》《三国志》《晋书》《宋书》，以及《资治通鉴》《世说新语》等典籍的研读和思考，结合部分现当代历史学者的最新研究成果，重新解读两晋政治发展的历史，从而作出和以往不尽相同的反思。让我们回望一千七百余年前的风云岁月，走入那段充满危机、挑战和悲怆的历史。

第 一 章

帝内忌而外宽，猜忌多权变。魏武察帝有雄豪志，闻有狼顾相。欲验之。乃召使前行，令反顾，面正向后而身不动。又尝梦三马同食一槽，甚恶焉。因谓太子丕曰："司马懿非人臣也，必预汝家事。"

——《晋书·宣帝纪》

第一章 司马懿父子的代魏接力

晋朝脱胎于曹魏国家运营系统，曹魏又脱胎于东汉献帝政权。东汉、魏晋其实系出同源。西汉、东汉历经四百余年统治，儒法两种思想相互融合，儒学作为国家的意识形态，与中央集权、君主专制、郡县制等秦制充分结合，特别是经过王莽代汉失败的历史性反复，汉室"受之于天"的观念根深蒂固。光武帝刘秀奠定了组织体制中士大夫文官政治的制度基础。东汉时代儒学兴盛，各地先后出现经学世家。这些家族掌握了国家的教育资源，进而演变为官僚世家，代表着先秦贵族政治在新时期的变形复活。

东汉晚期，世家大族、名士与太学生等相结合，控制政治运营系统儒学价值的话语权，进而和重用宦官的桓、灵两帝发生冲突，其实质是在追求儒家伦理的基础上与君主共治。东汉、曹魏和司马氏晋政权换代的历史巨变，集中在五十余年的时间跨度里，产生了所谓系统的死结。

曹操打着恢复汉室的旗帜，实际上安排儿子曹丕代汉，形成动员的价值与实际的政治操作之间的结构性对立。司马懿继承了曹操以暴力改变现实政治的方法论，大肆屠杀曹爽集团名士，司马师、司马昭兄弟继续接力，重点清除体制内外的反对派，其间还发生了废帝、弑君等严重挑战儒家价值底线的事件。在东汉献帝朝廷、曹魏政权和司马氏集团，组织体制中的官僚士大夫具有高度的传承性和重合度，尽管迫于暴力的威胁，绝大部分人选择了沉默和妥协，但是，这并不等同于内心认可新生的晋政权。在最讲究天命的时代，晋王朝的开场即被笼罩在巨大的不合法阴影中。

系统的死结严重损害了士族、民众对于魏晋国家的忠诚度，儒家思想的核心价值地位受到挑战，从而逐渐失去凝聚人心的教化功能。世家大族、名士官僚从钻研两汉经学名教，转而拥抱老庄玄学，在政治上鼓吹君主无为而治。司马氏父子强化凸显孝道的儒家思想并将其作为统治理论，助长了士族先家后国、家族利益优先的周制小共同体本位的倾向。这些对于晋武帝司马炎制定相关制度、政策和法律，部署组织体制的人事和机构，都产生了至关重要的影响。

第一节
系统的死结是怎样形成的？

　　光武帝刘秀中兴之后，统治国家的儒学理论、中央集权君主专制下的皇权和汉政权的天命完美统一，共同构建了士民对东汉政权合法性的高度认可。即使皇帝短命、早夭，外戚、宦官交替专权，汉室仍然维持一个世纪以上。黄巾起义以后，天下出现了武力割据的局面，实力至上、胜者为王的血腥政治逻辑，与天下士人"心存汉室"的价值观念之间，形成了结构性的尖锐对立。曹操"挟天子而令诸侯"统一北方，既是暴力权谋现实政治逻辑发展的结果，又充分利用了汉室正统的价值思潮。曹魏代汉，没有解决政权"受之于天"的合法性命题。

　　东汉中晚期形成的世家大族、名士等士大夫势力，忠于汉政权和皇帝，却又不是简单地服从。其抗争的核心诉求，实际上是要求皇帝按照他们理解的儒家价值施政，追求在儒家伦理的基础上与君主共治。

历史终结了吗？

　　公元25年夏。河北鄗城。正在从事统一战争的刘秀军政集团举行大典，刘秀即皇帝位，昭告天下自己的汉室正统地位，改年号"建武"，是为汉光武帝。之后刘秀定都洛阳，确定新王朝承火德，以赤色为国家标准色。这一王朝被后世称为"东汉"或"后汉"，作为汉高祖刘邦汉政权的合法延续。刘秀大力提倡儒学，称帝后历时十二年完成中国的统一，退功臣而进文吏，促进了组织体制内部儒生、文法吏的融合，士大夫文官政治成型，从而重建了以儒学为核心价值的大一统政治系统。在当时儒家士大夫的认知里，刘氏家族君主专制的汉政权治理体系，将可能无限地固定和持续下去。

产生这种历史终结的幻觉，可能基于两个大环境相关的前提。首先，西汉武帝时期始，董仲舒改造的儒家思想逐渐成为官方的意识形态。经过君权天授的天命说包装，其实际上否定了秦朝的天命合法性，直接将汉朝塑造成夏商周三代之后天下大一统王道秩序的继承者。其次，儒学中天命转移的说法，意外地为王莽代汉立新提供了理论依据。但是，王莽的改革最终成为笑柄，本人落得身死国灭的下场，这就说明了王莽代汉并不具备天命，他所进行的禅让制政治实践，无法取得制度性的成功。傅乐成先生评论，因为王莽的失败，"让国传贤"思想消歇，"禅让"一词，变成一个权臣篡夺所借以欺世的手段。"万世一系"的思想，遂又代之兴起，至清季而不绝。[1]

刘秀在群雄逐鹿中最后胜出，不仅向天下证明了他本人受命于天的合法性，更加证明了汉王朝的天命系统并未中断和转移。两汉之际流行谶纬文化，当时可能存在一本《赤伏符》的图谶预言书籍，上有"刘秀发兵捕不道，四夷云集龙斗野，四七之际火为主"的字句，这被某些人认为是刘秀当为天子的依据。著名的

---

[1] 傅乐成：《中国通史》（上），中信出版社，2014年，第148页。

古文经学大师刘歆，早年因避汉哀帝刘欣的名讳而改名刘秀，一度被认为是谶语中的主角。公元23年，建兴帝王莽地皇四年，刘歆参与反对王莽的密谋泄露后，被迫选择自杀。之后的两年，人们将目光投向了在河北的刘秀。光武帝登基改元之时，祝文中特别提及这句谶语，将之作为天命不可违抗的依据。

尽管儒学没有否认天命转移的可能性，但是，考虑到夏商两代可能分别延续了六百年以上，西周和东周共延续了八百年左右，经历了王莽篡汉的曲折，汉王朝大一统政权成功复辟后，其实杜绝了任何人觊觎的可能性。

作为历史上著名的儒生皇帝，光武帝刘秀一生中的数种尊儒举措，对于东汉国家的治理走向产生了重大影响。其一，采用文法吏、儒生并用的组织体制用人原则。文法吏征赋、理讼治狱，严格执行国家的法律制度；儒生读经通史强调教化，具有一定的政治理想性。刘秀亲自选官、任官和考察官员，既用偏向德治的循吏，又兼用严刑峻法的酷吏，要求文法吏学习儒家经术，儒生掌握吏治专业。"吏服雅驯，儒通文法"的儒生和文吏融合，意味着士大夫文官政治的成型。[1]

其二，刘秀将习儒作为察举入仕的必需条件，在全国大兴儒学。除京师洛阳兴办太学外，各地尚有郡县官学，以及庄园宗族学堂、名儒教授等民间私学。一方面，桓荣、伏湛等一批经学世家在朝廷受到皇帝礼遇，子弟、门生代代相传，相继出现了占有学术资源、世代为官的家族。另一方面，刘秀对于外戚、功臣等豪门予以抑制，要求他们学习和研究儒学，专门为樊、郭、阴、

---

[1] 阎步克：《波峰与波谷：秦汉魏晋南北朝的政治文明》，北京大学出版社，2017年。

马等外戚家族建立学校。相较于西汉时期，东汉豪族的儒学水平较高，这在一定程度上也避免了其由于骄奢而迅速衰落的命运。

其三，王莽篡汉期间，部分儒生士人歌功颂德进献符瑞，刘秀对此行径痛心疾首，因此特别提倡奖励尊重名节的风气。刘秀曾请来王莽时代托病辞官的大儒卓茂，将这位七十余岁老人封为太傅，作为百官的榜样。另外，拒绝出任西蜀公孙述伪职的谯玄、李叶等人，都受到东汉政权褒扬。刘秀老同学严光等人，皆以隐居为志，婉拒入仕征召，刘秀仍给予充分的宽容和尊重。东汉社会出现了士人讲究个人名誉胜于出仕建功的潮流。

刘秀去世后，其子孙明帝、章帝沿袭了尊儒习经的传统，继续推行薄徭役、减刑罚等各项儒家仁政。明帝10岁即通《春秋》，即位后博览群书、亲御讲堂。公元79年，东汉建初四年，章帝诏朝臣及群儒集会于京师白虎观，讨论五经的异同，为儒学一时的盛事。通过对制度、礼仪和伦理道德等四十三个专题的讨论和规范化，儒家治理涵盖社会生活各个角落。

林聪舜教授认为，儒家伦理不仅在政治上起了作用，还在教育、文化、宗教、家庭和日常生活上起了作用，成为帝国一切活动的指引。在类宗教仪式的活动中，有关皇权"受命于天"的理论，就不只是知识分子的思想表白，而是能和群众有机地结合在一起，把经学家、帝王与群众整合到统一框架内的世界观，发挥承认政权正当性的力量。[1]

梁启超先生评论，光武、明、章为"儒学最盛时代""风俗称最美"，这实际上就是说，儒家思想作为国家的统治理论，已

---

[1] 林聪舜：《儒学与汉帝国意识形态》，上海人民出版社，2017年，第257、268页。

经深入到东汉社会生活的各个方面，相当于儒学为汉政权背书，和汉政权的天命正统融为一体。汉政权政治系统的合法性与有效性达到"双高"的最佳状态，儒生士大夫忠于儒家精神、忠于皇帝和忠于汉室三位一体，意识形态转化为维持国家统一和稳定的巨大向心力。

不过，经学理论知识的普及，也使得士人以儒家价值为标准的自主意识持续增强。对于他们而言，忠于汉室和忠于皇帝并不等于简单地服从皇帝、朝廷每一项具体的决定。东汉政权选官主要采用征辟、察举两种方式，其中，征辟制度指政府征召社会上的经学名士直接到中央政权任职。当时的风气颇以婉谢征辟为荣，千呼万唤始出来者，往往被认为具备真才实学。士大夫入朝为官处理政务，亦试图以儒家理念和士林舆论作为自己言行的准则。

察举制度指各地方郡国举孝廉，即按照儒家伦理推荐孝子和廉吏。日本学者川胜义雄总结，东汉时代的选举制度，目的在于以"孝廉"这一儒教性的德行为中心，由地方长官将吻合"贤良""方正""茂才""直言"等科目的人物从当地推荐至中央，任用其为官。而地方长官在推举这些人物的时候，则会参考乡村共同体中的评价——当时称为"乡论"。[1]汉代社会乡里两级为最基层的治理单位，随着要求尊重"乡选里举"结果的呼声渐高，这种与儒家价值充分结合的地方舆论，催生了士大夫阶层结合成独立的政治势力。

---

1 ［日］川胜义雄著，林晓光译:《魏晋南北朝》，九州出版社，2022年，第76页。

桓灵之变

东汉政权的最大危机在于，汉章帝仅33岁去世，之后历任皇帝的寿命，除安帝32岁、桓帝36岁、灵帝33岁和末代献帝54岁以外，其他都没有活过30岁。就帝制国家治理体系的稳定而言，最高统治者的健康和心智是决定性因素之一。东汉皇帝多以婴幼继位，或从外藩子弟中选择，皇太后不得不临朝称制，依赖母家外戚势力治国。小皇帝成年后，借助宦官势力从外戚手中夺回权力。小皇帝往往还不是太后所生，亲政过程中充满了阴谋和血腥。东汉王朝运营系统因此陷入混乱的局面。

桓、灵两帝之前，先后有章帝之妻窦太后、和帝之妻邓太后、安帝之妻阎太后及顺帝之妻梁太后临朝称制。邓太后为功臣邓禹之孙女，临朝称制十六年期间，注意约束兄弟子侄，组织体制内部外戚、宦官和士大夫官僚三种势力尚能共处。

汉安帝去世后，阎后临朝称制，立章帝曾孙、北乡侯刘懿为帝。安帝独子刘保生母早为阎后所害，阎后更在安帝生前，怂恿其将刘保太子废除。七个月后刘懿病亡，宦官孙程、王康、王国等十九人，密谋发动政变，迎立11岁的废太子刘保即位，是为汉顺帝。阎氏兄弟被诛，阎后被迁往离宫，孙程等十九人被封为列侯，汉顺帝诏令，宦官养子可以承袭封爵。

30岁的汉顺帝去世后，梁冀、梁太后兄妹在两年的时间内，先后立年幼的冲帝、质帝和桓帝。其中，9岁的质帝在朝堂上，指着梁冀背影说，此跋扈将军也，竟被梁冀毒杀。《后汉书·卷六十四·梁统列传第二十四》中记载，"冀一门前后七封侯，三皇后，六贵人，二大将军，夫人、女食邑称君者七人，尚公主三人；其余卿、将、尹、校五十七人。在位二十余年，穷极满盛，威行内外,百僚侧目,莫敢违命,天子恭己而不得有所亲豫",严重侵犯了最高统治者的权力。

公元159年,东汉延熹二年,汉桓帝刘志与单超等五位宦官歃血为盟、共诛梁冀。政变成功后,梁冀夫妻自杀,亲友皆受株连,累及朝中大臣死者数十人。"故吏宾客免黜者三百余人","朝廷为空"。单超等五位宦官因功同日被封列侯。汉桓帝改为信任朝夕相处的内廷宦官,从此宦官势力的地位倍增。他们通过收养子而袭封国,以兄弟姻戚等充任地方官员等,严重干扰东汉政权正常的征辟、察举流程。这又引发了体制内外士大夫势力极大的不满。

东汉中期之后,一方面国家察举、征辟选官逐渐转向注重门第,加之私人讲经盛行,推荐者、授业者和被推荐者、被授业者之间累积私恩关系,以致一些累世公卿的世家大族,"门生、故吏遍于天下";另一方面,经学传播,儒家兴盛,包括豪族、寒门子弟在内的士人数量急剧扩大,当时洛阳太学生超过三万人,加上地方郡国及私学儒生超过十万,催生了评论时政、引领风潮的名士人群。

世家大族、太学生和名士等相互交叉融合,从地方性的"乡论"发展成全国性的"清议",从而主导了舆论的方向。其中,京师太学生们不满足于章句训诂的经学探索,常常评论国家政策以及政治人物优劣,形成了所谓"清议"的中心。士人学生相互呼应,创作出具有政治评论性质的风谣,以口口相传的传播模式,制造社会公议的压力。

桓帝清除梁冀外戚势力亲政后,士人学生和朝中反对宦官势力的大臣结合起来,被对立面的宦官势力统称为"党人"。太学生领袖人物郭泰、贾彪等,和河南尹李膺(字元礼)、太尉陈蕃

（字仲举）及尚书王畅（字叔茂）等交情甚好，京师即传出"天下楷模李元礼，不畏强御陈仲举，天下俊秀王叔茂"的谚评。

党人认为宦官是卑贱的"刑余之人"，羞于与之为伍，其原因既出于儒教道德教化的本能，也有宦官"任人及子弟为官，布满天下"而致的利益冲突。他们通过向皇帝上书、制造清议等舆论压力，以及运用职权从严处置宦官亲友等方式，激发了和宦官势力的多次冲突。

陈蕃、李膺等人多次搬出"高祖之约"和汉室"旧典"对桓帝进行劝谏。以李膺违反桓帝大赦令、坚持处决杀人犯为导火索，宦官乘机鼓动桓帝将李膺下狱，在全国搜捕李膺党人。陈蕃上书劝谏，亦被桓帝以其他借口免职。公元167年，东汉延熹十年，在皇后之父、大将军窦武等人劝说下，桓帝下诏释放党人回归乡里，但将二百余名党人姓名一一登记在案，禁锢终身不得出仕。第一次党锢之祸告一段落。

桓帝去世后，12岁的章帝玄孙刘宏被迎立为帝，是为汉灵帝。辅政的窦武既有外戚身份，又为儒学名士，他重新起用陈蕃为太傅，李膺、杜密等被禁锢的大臣复出为官，天下党人声势高涨。时任度辽将军的皇甫规，竟以没被列入党人名单为耻。各地自发给予党人名誉称号以进行激励。首先是在郡国一级的乡论圈，出现"八俊""八顾"等名士风采录，继而又在郡国级乡论圈基础上形成天下级的名士排行。窦武、陈蕃等三人被称为"三君"，李膺、王畅、杜密等八人被称为"八俊"。之前山阳郡的"八俊"之一张俭，"八顾之一"的刘表，则在全国性名士排名中位列"八及"。

窦武、陈蕃等密谋以武力铲除宦官势力，机密泄露后，宦官势力挟持灵帝紧急反扑，窦武、陈蕃等人被杀。随后，名士张俭被宦官等举报结党。张俭逃亡途中，沿途收留他的十余个家庭被捕杀灭族，第二次党锢之祸的大幕拉开。李膺等多位大臣遇害，党人惨死狱中者多达百人，牵连而死、徙、废、禁者六七百人。太学生先后上千人被捕。宦官们动员灵帝下诏各地，凡党人门生故吏、父兄子弟甚至五服之内亲属，一概免官禁锢。外朝落入了宦官势力的掌握之中。

桓帝、灵帝可能认为宦官是没有后代的家奴，并不构成对君主专制的威胁，比较起朝堂上引经据典的士大夫儒臣，更能充当体现皇权意志的工具。汉桓帝作为东汉政权的最高统治者，有所抑制宦官的专权行为，但他并没有从统治策略的制度层面，规范宦官势力的职责范围、边界和禁忌。桓帝缺乏政治谋略和控制能力，对于士大夫文官、宦官两大势力争斗负有责任。汉灵帝年岁渐长后，继续维持宦官势力独大，实际上将宦官的地位置于士大夫文官之上，破坏了光武帝以后东汉政权将习儒作为文官选拔基本条件的价值坚持，这就动摇了汉政权立国的根基。

曹操的困局

党锢事件之后，朝野"清议"一方的士大夫固然受到极大冲击，但也进一步推动了士大夫阶层自主意识的觉醒。部分党人名士或隐居或转入地下，在县乡、郡国乃至全国，清议的舆论继续存在，各级在野名士层出不穷。抨击时政的言行遭到禁止，品评人物的德行却成为清议的主要内容。经过宦官势力残酷镇压，在野的名士群体反而更被戴上了儒家思想制高点的光环。普通士人想在郡国乃至全国扬名，必须得到相应的郡国级、天下级名士的评论认可。这相当于在国家朝廷的政治权威之外，另外产生了一种价值取才的评判体系。

特别是在中原核心区域的豫州颍川、汝南等地，以及大儒郑玄所在的青州北海，几大名士家族担当了核心的角色。其中，汝南许劭、许靖兄弟创办的每月初一发布的人物品论活动，以"月旦评"品牌而著称，几乎拥有认证天下级名士的权威。士人如果经"月旦评"品题肯定，立即身价百倍。《后汉书·许劭传》中记载，曹操未发迹前，多次备厚礼要求得到好评，许劭鄙视其人而予以拒绝，后来曹操寻机威胁，"劭不得已，曰：'君清平之奸贼，乱世之英雄。'操大悦而去"。

公元184年，东汉中平元年，黄巾起义爆发。张角利用东汉社会价值认同混乱的时机，自创太平道，以咒语、符水为工具行医、看病和传道，对底层无依的贫农进行宗教动员。十余年间，发展信众数十万人，势力遍布青、徐、幽、冀、荆、扬、兖和豫等八州之地，连东汉政权一些官吏、宦官也成为信徒。灵帝不得不下诏大赦党人，各地世家大族、名士被迅速动员起来参加平乱。十余年来受到迫害、冷落的士大夫群体，重新回到了东汉的政治舞台。

汉灵帝接受皇族刘焉建议，改巡视、监督性质的刺史为州牧，即在郡县之上新设州一级的行政单位，以朝廷重臣出任首长，授予地方军政实权，推翻了光武帝郡县不置武装的制度安排。灵帝去世后，朝廷中外戚、宦官与党人发生斗争，外戚、宦官势力几乎同归于尽，凉州军阀董卓进京控制局面，废除少帝刘辩，毒杀何太后，改立灵帝次子刘协为帝，是为汉献帝。随即汝南大族袁绍率十八地方首长起兵讨伐董卓，虽未获成功，但实际形成了各地武力割据的局面。

在多个地方军政集团中，除部分由武人军阀主导以外，袁绍、袁术、公孙瓒、刘表和刘璋等人，均为当时的世家大族、名士或皇亲。其中个别如袁术异想天开，以为得到了传国玉玺，即得到了天命的授权，随即登基称帝，结果遭到各方强烈的谴责，被迅速攻灭，传为笑谈。其他多数人以掌握的政治、军事资源为后盾，既不愿继续忠于破落的汉献帝政权，也不敢违背汉王朝乃天命所系的价值正确，从而再受命另建新的王朝。对于天下危局束手无策，无法提供适当的解决方案。

相比较而言，曹操的政治眼光明显高于同时代的群雄。他主动将献帝迎至许昌，以东汉政权正统的名义平定各方。先后击败袁术、吕布、张杨、眭固和张绣等割据势力，在官渡之战中，一举击败袁绍军政集团，北征乌桓、南伐荆襄、西讨凉州，尽管在赤壁大战中，败于孙权和刘备的联军，但是，基本重建了北方中国的治理秩序。在曹操进行统一战争的进程中，出现了相当值得关注的有趣的现象。作战中对立的双方都将忠于汉室作为号召的旗帜，曹操方面以汉献帝的名义发布诏令，自居为汉中央政权，将地方势力视为叛逆予以讨伐；而曹操的对立面，则痛斥曹操"名为汉相，实为汉贼"，进行尊汉反曹的全面动员。

《三国志·武帝纪》记载，曹操"揽申、商之法术，该韩、白之奇策"，以法家严刑峻法的霸道方法论，力图振作中央政权的专制权威。他三次下达求才令，强调唯才是举，"明达法理"被作为进入组织体制的依据，而对于以名节、德行为核心的儒教征辟标准不以为然。曹操依照法家农战的思维，大规模推行屯田制度，直接把失地的劳动者组织起来，将其置于独立的郡县体制外的屯田官员管理下，解决国家物力、财力资源缺乏的困境。

曹操同时以汉政权的名义，先后招徕大族名士至其麾下效力,在重建中央政权威望、整合华北社会的过程中,这些大族名士给予了充分的合作。川胜义雄先生考证,贡献最大的是荀彧,堪称第一功臣,其次是则为荀攸。从祖父一代开始,两人所属的颍川荀氏便不断产生汉末清议之途的领袖人物。钟繇、陈群的先祖钟皓、陈寔与荀彧祖父荀淑同为颍川清流集团领袖。此外,如华歆、王朗、崔琰等也都属于北海清流集团,同进行著名的汝南月旦评的许氏之门交往甚密。[1]

不过,曹操雄才大略、文采风流,却始终难以得到世家大族、名士内心真正的认可。曹操的父亲曹嵩,曾是宦官曹腾之养子。阉人养子之后,成为曹操入仕后难以抹去的污名。他长期担任东汉政权丞相,兼领冀州牧,越来越表现出对于献帝的极不尊重。曹操处死了孔融、崔琰等多位与之产生矛盾的名士,两次和汉献帝身边近臣亲属发生冲突。参与倒曹行动的车骑将军董承等多位大臣,除刘备事先出走外,均被灭族。怀孕的献帝妃董贵人、伏皇后和她所生两位王子,以及伏后之父伏完等家族数百人,全遭杀害。

公元213年,东汉建安十八年,曹操被封为魏公,以邺城为都,公然立宗庙而祭社稷。三年后曹操进爵魏王,出入服饰礼仪与天子无异,不仅成为事实上的最高统治者,还相当于自建了和东汉政权并行的政治系统。曹操被封魏公时,远在成都的刘备、许靖和马超等人上书献帝,痛骂曹操"窃执天衡""剥乱天下",他并不以为意。曹操称魏王后,孙权上表劝他称帝,曹操却哈哈大笑,"是儿欲踞吾著炉火上邪"。他不可能再做忠贞的汉臣,但

---

[1] [日]川胜义雄著,李济沧、徐谷芃译:《六朝贵族制社会研究》,上海古籍出版社,2018年,第5—6页。

他也相当清楚，天下士人不可能支持他打着兴汉的旗帜代汉。

曹操最信任的首席谋士荀彧，因此忧愤而死。荀彧是迎奉献帝的主要策划者，经他推荐的人物，后来都成为曹魏政权的高级官僚。荀彧晚年因劝阻曹操不要加九锡、称魏公，遭到了曹操的忌恨。

陈寿在《三国志》中，认为荀彧"机鉴先识，未能充其志也"，即未能及早识破曹操代汉的意图，充当了曹操改朝换代的帮凶。范晔写作《后汉书》，仍将荀彧视为忠贞的汉臣。唐人杜牧全面否定了荀彧的行为，批评荀彧"教盗穴墙发匮而不与同挈，得不为盗乎"？帮助盗贼挖墙破柜而不与盗贼分赃，难道他不是盗贼吗？司马光反驳了杜牧的观点。他在《资治通鉴》里，给予了荀彧相当的理解："且使魏武为帝，则彧为佐命元功，与萧何同赏矣；彧不利此而利于杀身以邀名，岂人情乎？"高度赞扬了荀彧坚持汉统价值而牺牲生命的儒者之仁。

历史学家对于荀彧的不同评价，反映了荀彧选择的矛盾之处。为了实现匡扶汉室正统的理想，荀彧不得不帮助最有能力统一天下的曹操，当曹操暴露出代汉的野心，荀彧其实处于极其两难的境地。这不仅是荀彧个人的痛苦所在，也是整个儒生士大夫阶层无法选择的痛苦所在。尽管大多数官僚最终保持了沉默，一些趋势者表达了劝进，但是，被动地服从政治权威与主动地忠诚于价值理念，这是两种完全不同的心理状态。

同样，这也不仅是曹操个人的困局，而是当时整个汉魏时代的困局，即坚持儒学、天命和汉统的核心价值，与实力至上、胜者为王的现实政治的严重背离。国家治理体系形成了死结。

曹丕、诸葛亮的解决方案

公元220年，东汉建安二十五年，66岁的曹操病逝，魏王世子曹丕继承王位。数月后，在曹丕导演下，相国华歆、中书令陈群和御史中丞司马懿等满朝公卿参加了劝进。汉献帝四次下达禅位册文，曹丕经过三次辞让的程序后接受，登受禅台改朝称帝，完成了汉魏政权运营系统的历史性转换。这也开启了魏晋南北朝、隋唐五代至北宋的七百年禅让制政权演变模式的先河。

《世说新语·方正篇》中记载，魏文帝受禅，陈群有戚容。曹丕问："朕应天受命，卿何以不乐？"陈群回答："臣与华歆服膺先朝，今虽欣圣化，犹义形于色。"朱子彦教授认为，华歆、陈群虽然支持曹丕代汉，但作为士人家族首望、前朝旧臣，迫于时论，也必须与曹丕的篡位之举保持距离，以维护士人名节、道德和家族声望。这说明曹魏代汉后，社会上的眷汉思潮依然存在，甚至可以左右时人与士风的是非标准。[1]

曹丕改朝换代前，即接受了陈群的意见，实行九品中正制的选官制度。这是继汉武帝推出察举制后，帝制时期治理体系组织体制选官制度的变革。该制度的核心是在各州郡设立中正官，负责评定依照乡论产生的士人品级，根据家世、德行和才能，将士人分为从上上到下下共九品。唐长孺先生分析，就当时人的说法，九品中正制的创立，是由于经过黄巾起义之后，人士流移，政府选举无法查考乡间的批评，因此，一方面顾全乡间评定的旧传统，另一方面适应人士流移的新环境，就本乡中选择一个适当

---

[1] 朱子彦：《司马懿传》，人民出版社，2020年，第155—156页。

的人来主持评定任务。[1]

从九品中正制度之后的演变而言,它保障了中央政权对于选官的话语权,即各州推选在中央任职的本籍大中正一人,各郡又有小中正,他们直接负责本籍士人的推举,名士品评人物的权力收归朝廷;同时它又保障了世家大族子弟优先被推举进入组织体制,即根据家世、德行和才能选才的标准,最后发展为家世优先,世家大族子弟多被评为上品,寒庶子弟一般只能被评为三品以下。在曹丕当权的时期,仅在郡国一级设立中正,可能反映了陈群等人保留士大夫"乡举里选"传统的愿望。

曹操的出身为儒家名士所不齿,他也没有大力推行儒学、崇尚礼法。曹丕称帝后,下令重修孔庙、恢复太学,希望通过尊儒确立天命的合法性。对于汉政权运营系统中宗室、外戚和宦官等势力威胁皇权的弊端,文帝制定各种集权措施预加防范。然而对于顽固坚持价值正确的名士儒生而言,仅通过实际利益的输送,以及形式上仿效汉代的统治者,难以迅速改变大多数人内心的观念。曹魏政权组织体制的骨干分子,未能将对于皇帝个人的服从,转化为对于魏政权以及天命的信仰,一旦出现君主幼弱的情况,曹魏国家短暂的命运就已经注定。

公元221年,曹魏黄初二年,魏文帝曹丕改朝换代的第二年,远在成都的刘备即皇帝位,宣布重建汉室政治,改元章武,历史上称其为蜀汉政权。天下出现了两位皇帝、两个年号并存的局面。

刘备比曹操小六岁,属于同一代人,本身并不是名士,但他

---

[1] 唐长孺:《魏晋南北朝史论丛》,商务印书馆,2010年,第84页。

是皇族后裔，又是士大夫将军卢植的学生，以仁厚待民、讲究信义著称，颇得名士清议的舆论好评。汉献帝被曹操集团绑架后，部分反曹拥汉士人以为，刘备或许是继光武帝后，实现汉室再受命的理想人选。诸葛亮设计的"跨有荆益、以图天下"战略目标如果实现，儒家天命、汉室正统和君主专制再度完美合一，国家治理体系的死结就迎刃而解了。

夷陵惨败之后，刘备托孤丞相诸葛亮，病逝于永安城。诸葛亮年长魏文帝曹丕六岁，同为三国世代中的第二代人。诸葛亮经营蜀汉，和曹操注重法治而非礼治的治理模式更为接近。诸葛亮入蜀，和同僚制定《蜀科》法典。代行最高统治者权力后，他强调廉政、效率和节俭，依法施政、雷厉风行，以荆州客籍团队为组织体制核心，结合部分原刘璋东州籍旧部及蜀籍人士，对当地豪强势力有所抑制，治绩得到众口称赞。

公元227年，蜀汉建兴五年，诸葛亮向后主刘禅上《出师表》，再度剖明兴复汉室还于旧都的心迹，并率十万大军讨伐曹魏。当时蜀中总人口不到百万，七年中五次兴兵，资源动员已至极限。诸葛亮明知不可为而为之，风尘仆仆，事无巨细，深恐他人不如自己尽心，最后病逝在五丈原军营中。这不但是报答刘备的知遇之恩，更是当时士大夫中最有理想的分子，通过恢复汉室来打开死结的不懈尝试。

三国中蜀汉政权治理区域最为贫弱，诸葛亮逝世后仍保持三十余年的稳定和清明，刘备的皇族身份、仁德形象营造的合法性，以及诸葛亮以身作则、以法治国呈现的有效性，两者均保持较高状态是最重要的因素。

党人成功的假设

汉光武帝刘秀结束王莽代汉后的混乱局面，将儒家仁爱宽恕的理论价值，和法家君主专制、中央集权的统治策略完美地结合起来。随着以儒生为主体的士大夫官僚势力形成，儒家价值、儒家士大夫，成为凝聚大一统国家的精神力量和干部保障，东汉第一次建立起体制内外忠于儒家精神、忠于皇帝和忠于汉政权三位一体的信仰体系。

汉和帝后，历代东汉政权皇帝多以冲龄即位，外戚专权卷土而来，后又出现宦官弄权等严重弊政，而东汉政权仍能屹立一个世纪以上，即是这种信仰体系发挥的作用。司马光在《资治通鉴》中作出高度评价："教化，国家之急务也，而俗吏慢之；风俗，天下之大事也，而庸君忽之……自三代既亡，风化之美，未有若东汉之盛者也。"以曹操的粗暴强横，加之对天下立有大功，他取代皇帝之心蓄谋已久，但是，直至去世，他都不敢废汉自立，难道是他没有这种欲望吗？"犹畏名义而自抑也"。

司马光予桓帝、灵帝以严辞批评："重以桓、灵之昏虐，保养奸回，过于骨肉；殄灭忠良，甚于寇仇。"这和诸葛亮在《出师表》中的观点是一致的："亲贤臣远小人，此先汉所以兴隆也；亲小人远贤臣，此后汉所以倾颓也。先帝在时，每与臣论此事，未尝不叹息痛恨于桓、灵也。"

其实，诸葛亮、司马光完全站在士大夫立场上思考问题。持平而论，桓帝、灵帝虽然昏庸，但并不特别残暴。比较起秦皇汉武的暴政时期，东汉晚期的政治氛围尚算宽松。桓帝、灵帝的问题在于，作为外藩年幼入继大统，儿时没有接受过完整的帝王教育，也没有平民精英的江湖历练，见识浅薄、才具有限，未能深刻理解儒家精神、儒家士大夫在体系中的特殊作用，凭经验片面重用身边的宦官，从而激起士大夫势力的强烈反弹，对系统动摇、价值观和方法论成为对立的死结负有责任。

还应看到，东汉晚期士大夫高调讲究名誉廉耻，把获得清议的认可看得比入仕更重要，不乏博取个人声望的考虑，为此也不免引发冲突。

桓帝即位前，曾就学于甘陵周福（字仲进），即位后，周福被拔擢至高位。与周福同郡的房植（字伯武），担任河南尹素有盛名。于是针对两人的"清议"，逐渐凝结成一段谚谣，"天下规矩房伯武，因师获印周仲进"。房植被誉为"天下规矩"，"因师获印"暗讽周福侥幸为帝师而得官[1]，这就造成各自的学生、支持者分为两派，彼此之间相互攻击。

名士虽忠于汉政权、皇帝，却又不是简单地服从朝廷、皇帝。他们以儒家理念、气节相互激励，频繁对朝廷政策发表价值评价，有时不惜采取激烈的手段冲撞皇权，希望以此改变皇帝的决定，吕思勉先生称之为"矫激"。[2] 在灵帝完全不知情的情况下，这些名士策划以非正常手段铲除宦官势力，其实是侵犯了君主专制的权威，而且布置又不周密，结果引发了更大范围的动乱，对死结的形成同样负有一定的责任。

这些士大夫集团的行为，实际上是在要求皇帝按照他们理解的儒家价值施政，如果党人成功地消灭宦官势力，皇帝也可能变成他们手中的木偶。最坏的结果，大概是具有外戚身份的窦武成

---

[1] 韩兆琦、赵国华：《秦汉史十五讲》，凤凰出版社，2010年，第153页。
[2] 张国刚：《资治通鉴启示录》，中华书局，2019年，第154页。

为第二个梁冀；最好的结果，也许是东汉成为刘禅、诸葛亮治理下的蜀汉。刘禅亲政后，对于蒋琬、费祎和姜维等主要执政大臣仍相当尊重，充分授权，局面接近于后世的皇帝与士大夫共治模式。刘禅、诸葛亮实践的政治架构，未必是专制皇帝所希望的统治形式，却一定是儒家士大夫心目中理想的君臣相处状态。一味地指责刘禅为庸主显然是不妥的。

东汉晚期名士党人的抗争，其本质的诉求，是追求在儒家价值基础上与君主的共治，这一诉求之后为名士党人的后代所继承。

第二节
司马懿：双面人革命

历史上魏晋并称，魏晋两朝的实际创建者曹操和司马懿，有十二年同为汉臣的共事关系。司马懿参加了曹魏代汉的整个过程，先后向曹操、曹丕父子劝进，虽然认可汉室天命已经终结，但并不信仰曹魏政权的正统性。当曹丕、曹叡一系子孙凋落，执政的曹爽名士小集团缺乏实际斗争经验时，他审时度势、抓住时机，一举夺取了曹魏的军政大权。司马懿是曹操政治遗产的真正继承人，他在继承了曹操韬略和计谋的同时，也继承了他以暴力改变现状的方法论。曹魏政权没有通过王朝的瓶颈期，未能打开价值倡导与现实政治之间对立的死结，而司马氏实际以高平陵政变立国，较之曹操以武力统一北方，其合法性更为低下。

司马懿出场，天命不正

司马氏家族最初以军功而兴，两汉时期经历了"从武入文"的转变，其后，以儒术为业成为司马氏家族的主要特征。这在注重出身门第的东汉社会，无疑具有入仕的先天优势。仇鹿鸣教授考证，司马氏家族对于《汉书》的兴趣与研读，反映了其注重事功的倾向，学问气象与两汉经师的传统面目迥然相异。虽以儒术自持，但司马氏家族依然存有地方豪族的色彩。与汝南袁氏、弘农杨氏这些四世三公的典型汉代经学世家有所不同,将司马氏家族视为东汉中后期兴起的新兴文化家族似乎比笼统地将其称为儒学大族更为合适。[1]

司马懿之父司马防,曾任尚书右丞、洛阳令、治书侍御史和京兆尹等职。司马防在担任尚书右丞一职时,推荐年仅20岁的曹操"举孝廉为郎,除洛阳北部尉"。郎官是国家的预备官员,需要中央政权的官员推荐。洛阳北部尉负责京师北部区域的地方治安,作为宦官养子之后的曹操初出茅庐,大力打击不法权贵,棒杀违反宵禁令的大宦官蹇硕之叔父,意在和宦官势力划清界限,争取士大夫主流的认可。多年后曹操出任丞相,在政争中明哲保身的司马防继续在中央政权任职,其长子司马朗被征辟为曹操司空府掾属。

司马懿是司马防八位儿子中的次子,《晋书·宣帝纪》记载,司马懿年轻时曾有拒绝曹操征辟的经历,且"辞以风痹,不能起居"。这可能和汉末名士以婉谢征召为荣的风气相关,但是,此事在《晋书》中被包装成"不欲屈节曹氏"的依据。公元208年,东汉建安十三年,在曹操首席谋士荀彧的郑重举荐下,30岁的司马懿终于接受征辟,以丞相府文学掾的身份,开始了他在曹操身边的工作。

至公元220年,建安二十五年,曹操去世,司马懿追随曹操大概有十二年时间。《三国志》《晋书》等史籍记载,司马懿多次向曹操出谋献策,包括劝说曹操进军巴蜀,襄樊战役中主张联孙抗刘,以及倡议利用士兵实行军屯等,表现出了青年书生在政治

---

[1] 仇鹿鸣:《魏晋之际的政治权力与家族网络》,上海古籍出版社,2015年,第47—48页。

实践中的见解。司马懿比曹操小二十余岁，和曹丕、诸葛亮等同为三国世代中的第二代，他从曹操身上学习了许多治国和战争中的谋略。十二年的耳濡目染、潜移默化，让他既体会到了曹操作为战略家的高度智慧，同时曹操内心蔑视价值、以残忍杀戮的策略镇压反对者的另一面，一定也给他留下了深刻的印象。

这一时期，曹操杀死了孔融、娄圭、崔琰和杨修等名士，荀彧被逼而死。汉献帝的皇后伏氏、两个儿子被杀害，六个兄弟以及宗族百余人连坐而死。这些可能成为司马懿日后有样学样发动政变的心理前因。

《晋书·宣帝纪》中还记载，曹操觉察司马懿"有雄豪志，闻有狼顾相……又尝梦三马同食一槽，甚恶焉"。曹操对太子曹丕说："司马懿非人臣也，必预汝家事。"所谓狼顾之相，可能指司马懿作为夺位者的不臣的政治野心，三马同食一槽，更是隐喻司马懿、司马师和司马昭父子三人对于曹氏政权的内部侵蚀。考虑到司马懿当时才三十出头，司马师、司马昭尚为幼童或婴儿，曹操预见四十年后发生的事几乎不可能。之后所有这些附会传言，都与两汉时代天人感应的谶纬文化相关，特别是包装在王朝开创者身上的异象、异梦等，均被认为是某种天命所归的象征。

问题是，相较于汉高祖之母和龙相合而生刘邦，刘邦作为赤帝子斩杀白蛇起义的神奇故事，以及汉光武帝登基之际，祝文中特别提到的"刘秀发兵捕不道"的谶语，司马懿狼顾之相、三马同食一槽等传说，虽然勉强营造司马氏代魏的必然性，然而传达出天命的信息相当负面和不堪，对于打开死结的帮助极其有限。

分别向曹氏父子劝进

司马懿作为士人代表家族的核心成员，在曹魏代汉的关键性历史时刻，既没有像举荐他的恩师荀彧那样，为了劝阻曹操而牺牲了生命，也没有如陈群、华歆等人，至少通过某种形式表达对汉朝的留恋。相反，司马懿积极参与了对曹操、曹丕的劝进活动，甚至表现出了比曹氏子弟更为激进的态度。

荀彧被逼而死后，与曹操合作的士大夫势力深为震惊，对曹氏代汉至少表面上都采取了支持的立场。在曹操进爵魏公、魏王的过程中，荀攸、钟繇、陈群和司马懿等几大家族的代表人物，都参与了劝进的活动。

公元219年，东汉建安二十四年，孙权"上表称臣，陈说天命"，即鼓动曹操代汉称帝。曹操征求将领、幕僚们的意见。坚定拥曹的夏侯惇等人认为，"宜先灭蜀，蜀亡则吴服。二方既定，然后遵舜、禹之轨"。反而是司马懿建议立即称帝。《晋书·宣帝纪》中记载，当曹操笑言，孙权这小子是要将我放到炉炭上烤啊，司马懿马上回答："汉运垂终，殿下十分天下而有其九，以服事之。权之称臣，天人之意也。虞（舜）、夏、殷、周不以谦让者，畏天知命也。"

虽然曹操将改朝换代的任务留给了儿子，但是，司马懿明显夸大的劝进之词，还是让他感到了满意和放心。司马懿被任命为曹丕的太子中庶子。他在曹丕、曹植兄弟的王位之争中，曾为曹丕出谋划策，是著名的太子四友之一。曹操因病去世后，司马懿协助曹丕安排曹操的后事，迅速稳定了局面。曹丕控制政权之后，立即授意群僚发起了声势浩大的劝进运动。

其中，司马懿领衔上书的《劝进表》较为引人注目。据《三国志·文帝纪》注引《献帝传》中记录，他试图从东汉多位皇帝没有子嗣的角度，论证汉室正统的天命已经衰亡："今汉室衰，自安、和、冲、质以来，国统屡绝，桓、灵荒淫，禄去公室，此乃天命去就，非一朝一夕，其所由来久矣。"

司马懿所列安、和、冲、质四帝之中，汉和帝为东汉第四位最高统治者，排序应在安帝之前，其幼子殇帝早夭后，邓后等人另立同辈的章帝之孙刘祜，是为安帝，国家机器运转保持正常状态。汉安帝去世后，宦官孙程等人排除阎后家族的干扰，拥立安帝11岁独子即帝位，是为顺帝。汉冲帝幼年病逝，汉质帝被大将军梁冀毒杀。严格地说，这些并不能证明司马懿所说国统已经断绝。而且，西汉晚期成帝、哀帝没有子嗣，出现过汉运将终、应禅位新圣的流言，为王莽篡汉提供了理由，这已经被历史证明并没有天命转移的意义。

司马懿在《劝进表》中的陈述，完全违背了东汉之后儒生士大夫坚守价值信仰的传统，是赤裸裸的实力至上的胜利者逻辑。从他高平陵政变以后一系列的行为来看，司马懿不可能接受曹魏已经获得天命的观念，内心的想法也许正好相反。不过，他的貌似忠诚还是得到了丰厚的回报。魏文帝曹丕统治国家七年，司马懿深受信任，曹丕亲征东吴孙权期间，他被任命为抚军大将军坐镇许昌，全权统筹后方的军政。公元226年，曹魏黄初七年，曹丕病逝前夕，司马懿与曹真、曹休及陈群一起，被任命为太子曹叡的辅政大臣。

阻止诸葛亮恢复汉统的北伐

司马懿一生中最重要的军功武略，即斩杀孟达、击退诸葛亮蜀汉进攻和平定辽东公孙渊叛乱，都集中在魏明帝曹叡的统治时期。又以与诸葛亮对垒渭水最为著名。魏明帝坚持乾纲独断、政由己出，借由战事将曹休、曹真和司马懿调往前线拒敌，减少重臣对中央施政的干预，却意外成就了司马懿杰出军事统帅的形象。

司马懿一度出镇三国交界处的宛城，主持荆、豫两州军事，这是他接触曹魏兵权的开始。公元228年，曹魏太和二年，曹魏新城太守孟达，受到诸葛亮的秘密策反，准备重回蜀汉政权的系统。司马懿获悉后，一面派人向魏明帝报告，一面在尚未得到魏明帝回复的情况下，立即率领军队"倍道兼程"，八天行军一千二百里，分兵八路突袭上庸城，生擒孟达，将其斩之，把他的首级送至京师洛阳。司马懿统军后的第一场大仗，不仅奠定了自己在曹魏军界的地位，实际上还彻底终结了诸葛亮《隆中对》中荆州、汉中两路北伐曹魏的战略设想。

三国之中，蜀汉的国力最为弱小，诸葛亮北伐规模有限，却给予了曹魏上下极大的震动。朱子彦教授认为，诸葛亮首次北伐，大军还在北伐途中，南安、天水、安定的军民就望风而降，蜀军兵不血刃便得三郡，可见其"兴复汉室"的政治宣传具有强大的号召力。[1] 公元231年，曹魏太和五年，大都督曹真去世，司马懿正式被魏明帝赋予分陕的重责。作为曹氏宗亲之外第一位魏军统帅，司马懿遏制住了蜀汉第四次、第五次北伐大军的势头，

---

1 朱子彦：《司马懿传》，第156页。

直至以坚壁清野的资源消耗战术,将诸葛亮拖死在渭滨五丈原。

司马懿通过与诸葛亮三年多的对峙,至少客观上达成了两项战略目的。第一,司马懿虽未造成蜀汉军力的重大损失,但是,随着诸葛亮的离世,儒家士大夫恢复汉室正统价值的政治实践即告终止;第二,司马懿完成了文官向大都督的角色转换,建立起属于自己的军事班底,为十五年后的夺权打下了基础。

《晋书·后妃传上》上记载,公元234年,曹魏青龙二年,即诸葛亮去世的同一年,司马懿长子司马师毒杀了妻子夏侯徽。司马懿与曹氏—夏侯氏宗室联姻,夏侯徽为大将军夏侯尚之女,"后(夏侯徽)知帝(司马师)非魏之纯臣,而后既魏氏之甥,帝深忌之。青龙二年,遂以鸩崩"。多数学者对于这条记录保持怀疑态度,认为司马懿、司马师不可能在明帝时期即有叛魏篡位之心。这种质疑确实有一定道理,不过,父子兄弟私下议论曹魏得国不正,甚至认为自己出身儒家大族,比阉人养子之后曹氏更有资格承接天命,这也是完全可能的。至少,这条记载反映了司马懿两面人的本质。

事实上,诸葛亮去世不久,魏明帝立即以太尉虚职任命司马懿,剥夺了他的兵权,已经表现出对司马懿不信任的态度。

曹魏政权失去了打开死结的机会

魏文帝曹丕生前,可能出于和曹植争夺储位等原因,下"诸侯不朝之令",即不允许曹氏兄弟随便进入京师洛阳,禁止宗室诸侯结党联络。表面上宗室拥有自己封地,其实遭受监视,等同于软禁。

文学才情高于文帝的曹植，先后被贬为安乡侯、鄄城侯、鄄城王和雍丘王，不断改迁封地、居无定所。对于这种"薄骨肉"的制度，在明帝曹叡即位后，曹植等曹氏宗族成员不断上书要求检讨。在著名的《上疏陈审举之义》中，曹植以春秋时期田氏代齐、三家分晋的先例作为历史教训，论证大权被异姓功臣势力掌握，是极其危险的取祸之道："今反公族疏而异姓亲，臣窃惑焉。"

魏明帝曹叡被大臣刘晔评价为"秦始皇、汉孝武之俦，才具微不及耳"，即具备秦皇汉武的潜质，才能略微差一些，至少说明他是一位头脑清晰、作风果断的皇帝。

明帝将曹魏宗庙从邺城迁至洛阳，在诸葛亮去世的第二年，开始在洛阳大兴土木，大规模营建太庙、宫殿。这些大量动用人力、财力资源的做法，遭到了文臣们的反对和劝谏，但是，魏明帝坚持己见，不为所动。在魏明帝的认识中，建造宏伟的宫殿，是王朝、皇帝将自身威信以肉眼可见的形式表现出来的一种手段。在敌国蠢蠢欲动的当下，"重威"的必要性较之天下统一之后，更为突出。[1]换言之，作为四百余年汉王朝结束之后的第二位皇帝，又在自称汉室正统的蜀汉及孙吴割据政权并存的情形下，魏明帝必须通过这种方式，证明曹魏政权天命的合法性。

明帝实际上是希望在宗室势力与功臣势力之间采取平衡的策略，并把军事统帅权交给宗室亲贵。但是，随着曹真、曹休等宗室第二代将领辞世，他又不得不借重司马懿军事指挥的长才。

公元237年，曹魏青龙五年，割据辽东已历三世的公孙渊自称燕王，改年号绍汉，公开声称继承汉室，挑战曹魏政权的正统

---

1 ［日］福原启郎著，陆帅、刘萃峰等译：《魏晋政治社会史研究》，江苏人民出版社，2021年，第62页。

地位。司马懿再度被魏明帝任命为统帅，率领四万余大军千里奔袭辽东。经过数月的较量，司马懿攻克了辽东首府襄平城，将逃亡的公孙渊父子斩杀，创造了运动迂回作战的经典案例。司马懿在襄平大开杀戒，"男子年十五以上七千余人皆杀之"，"伪公卿已下皆伏诛，戮其将军毕盛等二千余人"。这与曹操多次屠城的行为如出一辙，充分证明了曹操、司马懿性格中残忍一面的相同性。

司马懿凯旋途中，得到了年仅36岁的魏明帝曹叡病危的消息。明帝"广采众女"却没有子嗣，诏令8岁的养子曹芳继承帝位。依照司马懿劝进曹丕表文中的逻辑，这和东汉国统断绝的现象已无不同。魏明帝第一份遗诏，以叔父曹宇等多位曹氏家族成员共同辅政，但仅过三天，在掌握了中枢实际运营权力的中书刘放、孙资等人劝说下，改由曹真之子曹爽与司马懿等宗室、功臣共同辅政。司马懿赶到了明帝的病榻前，热泪盈眶地接受了皇帝的托付。

如果魏文帝曹丕、魏明帝曹叡更加长寿一些，能够完成天下的统一，曹魏政权或许可以获得天命转移的认可。相比较司马懿的事功，曹操统一北方转换而成的统治的合法性无疑高出很多。假以时日，儒家士大夫最终内心接受曹魏政权，从而打开死结的可能性应该是存在的。如果曹操在曹丕、曹植的储位之争中选择曹植一支——曹植活了40岁，长子早夭，次子曹志活到了三家归晋后的公元288年，即西晋太康九年——可能带领国家通过王朝的瓶颈期。曹操英雄盖世、机关算尽，依然无法突破命运的局限，历史必然中存在着很多偶然的因素。

司马懿为什么敢于发动政变

魏明帝曹叡去世十年之后,曹爽、司马懿两位辅政大臣发生严重的冲突。称病在家的司马懿,利用曹爽陪同少帝曹芳去高平陵为明帝扫墓的时机,突然在洛阳城内发动政变,从此控制了曹魏国家的运营系统。这一事变,历来被视为司马氏代魏革命的起点,但在当时,司马懿是完全以维护魏明帝顾命嘱托为号召,得到了曹魏政权大部分功臣、文官势力的支持。

曹爽是大将军曹真之子,少年时为魏明帝的玩伴,虽然没有任何军功,却一跃为曹芳正始年间的首席辅政大臣。他在逐渐排挤了司马懿等元老勋臣的同时,组成了包括自己诸兄弟在内的核心圈子。问题在于,这一圈子中的主要成员,均为明帝生前厌恶的所谓名士。《三国志·曹爽传》中记载,"南阳何晏、邓飏、李胜、沛国丁谧、东平毕轨咸有声名,进趣于时,明帝以其浮华,皆抑黜之"。而且,这些名士自身贪财好色、骄奢淫逸,利用手中权力弹劾他人,造成体制内外极坏的观感。

其中,何晏为东汉末年大将军何进之孙,他的父亲早逝,母亲被曹操纳为妾室,何晏幼时即为曹操的养子,成年后迎娶曹操女儿,身份转变成曹操的女婿。何晏性格浮夸无所顾忌,曹丕年轻时就不喜欢他,不叫他名字而蔑称其"假子",类似民间"拖油瓶"的意思。即位后没有授予他任何的官职。不过,何晏相当富有学术天赋,是魏晋玄学的开创者之一,与邓飏、李胜、丁谧及毕轨等世家子弟一样,才名在外。

魏明帝反感这些人夸夸其谈的举止,非常警惕他们结党交游的习气,除了象征性地授予何晏冗官闲职,其他人一律免职不用。

曹爽掌权后，安排何晏、邓飏、丁谧为尚书，何晏主持曹魏政权选才取士，实际上掌握了中央的组织大权。李胜为河南尹，毕轨为司隶校尉，兄弟曹羲、曹训分别为中领军、武卫将军，控制了京师洛阳的军政安全。另外，大将军夏侯尚之子夏侯玄文采横溢，与何晏同为魏晋玄学开创者，和曹爽是姑表兄弟关系，遂被任命为中护军，掌管部分禁军及武官选拔。曹操晚年的幕僚桓范，升任大司农，为曹爽主要的策士。这一从较窄范围内集结形成的小集团，以曹爽亲属及部分轻狂的名士为主，并不是宗室、世家大族的代表。

曹爽不仅没有改变文帝"薄骨肉"的制度，还可能接受了夏侯玄组织体制改革的建议，即尝试将选官的权力从地方中正集中到中央吏部，进行裁撤郡县之上的州一级行政机构的改革试验，这都大大侵犯了地方大族的利益。

司马懿作为官位最高的儒家大族领袖级人物，是曹魏政权功臣势力的代表。虽然曹爽奏请少帝曹芳将他从三公太尉升为上公太傅，希望以荣誉性虚职把司马懿的实权架空，但是，至少在正始年间的早期，司马懿仍对曹魏政权决策多有贡献，而且他还不辞劳苦，坚持亲赴前线指导军政。公元241年，曹魏正始二年，东吴孙权乘曹魏政权幼主新立，兵分四路发起较大规模进攻。司马懿"督诸军南征"，一举解樊城之围。《晋书·宣帝纪》中记载，"斩获万余人"。公元243年，65岁高龄的司马懿再度出征，对垒诸葛亮之侄、诸葛瑾之子东吴大将军诸葛恪，孙权闻讯立即命令诸葛恪退兵，司马懿不战而陷皖城。

这一时期，司马懿在淮河南北大力兴修水利，进行军屯活动。他以将军邓艾为具体执行者，先后开凿广漕渠、淮阳渠和百尺渠等，大范围灌溉农田，五里设置一军屯营，每营六十人，一面生产劳动，一面军训守卫。司马懿延续了曹操时期的屯田政策，较大提升了国家兵源、粮食等人力和物质动员能力，为最终统一天下奠定了资源基础。

可能出于建立军功的考虑，曹爽亲自组织、指挥了征伐蜀汉的军事行动。司马懿的反对意见遭到排斥，夏侯玄被任命为征西将军坐镇长安，司马懿长子司马师乘机接任中护军，进入了中央禁军系统。曹爽率邓飏、李胜等人与夏侯玄会合，十万大军杀向汉中，由于对川陕险峻的地形，以及蜀汉军队的骁勇缺乏足够的认识，加之曹爽、夏侯玄等人以文人典兵，军事判断能力有限，曹魏军队很快陷入险境，虽经力战返回，但关中地区多年的物质资源积累毁于一旦。

这一惨败进一步损害了曹爽在士族官僚集团中的威信，为了掩饰自己的无能，他反而更加专断。曹爽依照何晏、邓飏和丁谧等人策划，以曹芳年满十六岁可以独立亲政为由，将魏明帝嫡妻郭太后从皇帝寝宫迁出，从而保证曹芳对自己言听计从。司马懿无法在朝政上继续发挥作用，公元247年，曹魏正始八年，他的正妻张春华去世，司马懿索性以此为由托病，闭门不出。至此，曹爽大权独揽，个人饮食、服饰和车马与皇帝类似，甚至私自带走明帝生前的七八个才人，作为自己的妻妾。

假设司马懿接受命运的安排，颐养天年、死后哀荣应该是大概率事件，但他以70高龄，冒着被灭族的风险放手一搏，这不能不引起后人寻找其中缘由的兴趣。一种可能的理由是，司马懿以四十余年军政斗争的经验，对于迎战曹爽小集团内心抱有必胜的把握。这就是说，司马懿可能认为，曹爽的敏感度、判断力等与他根本不在一个档次上。

仅举两例。其一，《晋书·景帝纪》记载，帝（司马师）"阴养死士三千，散在人间。至是一朝而集，众莫知所出也"。三千死士并非太小的数字，隐藏在京师朝廷的眼皮底下，曹爽等人居然毫无察觉。其二，三公之中的太尉蒋济、司徒高柔，以及太仆王观等，之后积极参与了政变当天的活动，这就表明司马懿父子肯定早与他们进行了串通，而曹爽事先没有掌握任何的信息。

相反，千年来流传着司马懿诈病的故事，还反讽曹爽等人的低能。曹爽的亲信李胜赴荆州上任前夕，曹爽派他以探病为名，去司马懿府中探视他的身体真实状态。司马懿假装耳聋眼花、口齿不清，生活不能自理，意气消沉低落，完全骗过了李胜，进而使曹爽产生高枕无忧的感觉。

曹爽放弃最后抵抗的原因

公元249年，曹魏正始十年正月，少帝曹芳前往洛阳城外九十里的高平陵，曹爽兄弟率一部分禁军拱卫和陪同。

司马懿可能早就预见到这一时机，迅速发起改变历史进程的动员。他以司马师掌握的少量禁军及死士为基本力量，指派兄弟司马孚与司马师一起，控制了出入皇宫的要地司马门，次子司马昭宿卫郭太后居住的内宫，高柔、王观等人占领群龙无首的曹爽兄弟中军大营，司马懿亲率兵士一举攻下京师武库。整个行动精心策划一气呵成，通过得到郭太后的支持，证明发动事变的号召动员正当性；通过获取军事资源重镇的武库，扭转双方力量对比。

司马懿随即上奏曹芳，严厉指控曹爽的罪行，即完全违背了魏明帝曹叡生前的顾命，严重侵犯皇权，离间皇太后与皇帝的关系。《三国志·曹爽传》裴氏注引《世语》载："宣王（司马懿）

使许允、陈泰解语爽，蒋济亦与书达宣王之旨，又使爽所信殿中校尉尹大目谓爽'唯免官而已'，以洛水为誓。"只要曹爽放弃抵抗，便保留曹氏兄弟的爵位。

尽管大司农桓范逃出洛阳城外，向曹爽献计移师许昌，以少帝曹芳名义诏令天下讨伐司马懿，但是，曹爽仍然决定妥协和投降。一般认为两大因素促使曹爽作出这样的决定。第一，曹爽兄弟小集团主要成员家属均在洛阳，事实上已经成为司马懿手中的人质；第二，司马懿是三国后期最富有计谋的军事统帅，在军队中广有党羽，即使曹爽竖起征讨大旗，未必有胜算。

除此之外，曹爽作为第二代公子哥，从未经历过如此巨变，司马懿的雷霆出击，可能已经将他击晕。曹爽曾大量起用魏明帝生前排斥的浮夸名士，确实多有僭越之处，他的内心可能从忘乎所以、不可一世，一下子跌入真心悔过的极端。

相比之下，司马懿的手段在辽东屠城时即已暴露无遗。曹爽交出兵权后，司马懿随即指使司隶校尉卢毓，以宦官张当的单方面口供为突破口，罗织出曹爽小集团的谋反大案。在司马懿主导下的廷议作出决定，将曹爽、曹羲和曹训兄弟及何晏、邓飏、丁谧、毕轨、李胜、桓范、张当等全部处死，依律夷灭三族，包括家族中已经出嫁的姐妹和女儿。洛阳刑场一时血流成河，官僚名士胆战，天下为之颤抖。

镇守淮南的司徒王凌已经79岁，和司马懿同为四朝元老。王凌及其外甥兖州刺史令狐愚，不满司马懿操纵少帝曹芳，共同策划立曹操庶子楚王曹彪为帝。之后，令狐愚病逝，密谋被人向司马懿告发。公元251年，曹魏嘉平三年正月，司马懿先发制人，迅速率师亲征淮南。王凌不得不选择自缚请降，进京途中服毒自尽。不久曹彪被诛杀。

《晋书·宣帝纪》中记载，司马懿"悉录魏诸王公置于邺，命有司监察，不得交关"，相当于把曹魏宗室王公全部集中看管。

司马懿一生侍奉曹操、曹丕、曹叡和曹芳四代，晚年以维护魏明帝曹叡遗命为名发动政变，通过对反对派的屠杀，俨然成为年轻时追随多年的曹操第二。这是实力至上、强者为王的现实主义政治操作的必然逻辑。如果司马懿生长在价值倡导与现实政治保持方向一致的蜀汉政权地区，他或许会成为接近诸葛亮风格的儒臣，但是，司马懿多年工作在曹操的身边，走出了发动政变的第一步，实际上已经没有再做曹魏纯臣的可能。

问题是，曹魏政权经过了四代的接力，在中原地区的天命正统性尚未牢固地树立起来，而司马懿又将之击破，造成的合法性其实更低，系统的死结不但没有打开，反而越结越深了。

第三节
司马师、司马昭兄弟的两手策略

司马氏代魏经历了十五六年的时间,其间司马师、司马昭兄弟以暴力的手段,重点清除体制内外的反对派,还发生了废帝、弑君等严重挑战儒家伦理价值的事件。这无疑使治理体系中的死结更加突出。魏晋国家政治系统系出同源,组织体制内部的士大夫官僚、武将等势力完全重叠,司马氏兄弟不可能推倒重来、另起炉灶,不得不更多地依靠政治笼络的手段,利用世交、联姻等家族的关系网络,与世家大族、清流名士结合成利益共同体。虽然在暴力压迫、利益诱惑之下,绝大部分士大夫官僚选择了向政治现实妥协,但是,这并不等于再度改朝换代的行为被真正认可。蜀汉政权灭亡后,钟会叛乱就是在这种背景下发生的。

司马师笼络人心的一面

公元251年,曹魏嘉平三年,司马懿平定淮南王凌之叛不久后去世。《晋书·宣帝纪》中记载,"帝(司马懿)寝疾,梦贾逵、王凌为祟,甚恶之"。虽然很多学者认为,司马懿临终前梦见贾逵、王凌厉鬼纠缠为无稽之谈,实际上这条记载仍然透露了某种特别的信息。贾逵、王凌与司马懿,同为曹操一手提拔的青年才俊,其中贾逵死于魏明帝前期。王凌失败被押解回京时,路过贾逵庙前大呼他的名字,声称只有贾逵知道他是曹魏的忠臣。无论是司马懿确实梦到了贾王二人,还是有人故意将这样的情节编排到司马懿身上,这至少反映了当时人们基本的看法,即司马懿的行为无论如何都是问心有愧的，背离了东汉以来名士大族坚守价值信仰的底线。

司马师是司马懿长子，在高平陵政变中发挥了主要作用。司马懿指定司马师作为接班人，是照抄曹操指定曹丕的模式，实际上侵犯了皇帝作为最高统治者的权力。权臣仿照皇帝世袭，被认为是走向改朝换代的第一步。司马师缺乏父亲的功勋和威望，但相较于司马懿曾接受两代魏帝遗命托付的道德压力，司马师代魏的心理负担可能轻松很多。

司马师掌握军政大权后，曾一度希望取得战场上的胜利，以提升自身统治的合法性。公元252年，曹魏嘉平四年，三国时代最长寿的统治者孙权去世，大将军、领太子太傅诸葛恪控制东吴朝政。司马师接受胡遵、诸葛诞、王昶和毌丘俭等淮南诸将建议，派司马昭赴前线指挥，三路向东吴发起进攻。次年诸葛恪率援军反击，魏军惨败。司马帅不得不扛起失利的责任，仅处分主帅司马昭一人，其他诸将均予安抚，以自我反省的态度度过危机。不久司马师命雍州刺史陈泰征讨胡人，大军尚未集结，胡人即闻讯反叛，计划遂以失败告终。司马师故伎重演，再次声称"此我过也，非陈雍州之责！"（《资治通鉴·魏纪八》）

公元253年，曹魏嘉平五年，诸葛恪倾举国之力伐魏，并约蜀汉姜维出兵配合。司马师遣师先退蜀军，又以叔父司马孚督军二十万对付东吴，获得大胜。之后，吴国发生内乱，诸葛恪被皇族孙峻设计所杀，司马师得以将注意力聚焦内政。

司马师面临的最大挑战，集中于他在曹魏取代汉朝仅三十余年的情况下，必须在国家运营系统组织体制的内部，建立起支持司马氏家族取代曹魏的势力。司马师首先利用家族数十年累积起来的关系网络，即以世交、姻亲、师生和部属等名义，多方笼络曹魏政权功臣贵戚的二代、三代，尤其是与司马懿生前交好的荀彧、陈群及钟繇等著名士族的子弟。其中钟繇之子钟会、贾逵之子贾充等人，在魏晋更替的关键时刻发挥了重要作用。

其次，司马师通过征辟延揽人才。既拉拢名士清流，比如竹林七贤中的山涛等人，为自己维持价值正当性的门面，同时注意发现虽出身一般，但确有实际军政操作能力的人物。

仇鹿鸣博士评论，司马师所采取的进用人才的方针，一方面使原本曹魏政权所依靠的基本力量（功臣弟子）不断地转投在司马氏门下，从而削弱曹魏政权的基础，另一方面又使新进的才俊归于司马氏的私门，并逐步用霸府政治取代朝廷的日常运作，使鼎革之势在不知不觉中得以完成。[1]

夏侯玄必须要死

夏侯玄是曹魏政权曹氏—夏侯氏宗室势力第二代中的核心人物，又是曹芳正始年间名士圈的精神领袖。夏侯玄的母亲是大将军曹真的妹妹，与曹爽为姑表兄弟，夏侯玄的妹妹夏侯徽是司马师的第一任妻子，夏侯玄和司马师为郎舅关系。司马师其实比夏侯玄还要年长一岁，司马师年轻时附庸世家大族风雅的世俗，积极参加了曹魏二代名士团体的活动，但在这些交游中，带头大哥却是夏侯玄。

实际上夏侯玄军政操盘的能力不强，他担任征西大将军期间，跟随曹爽主动进攻蜀汉政权，结果遭遇一场惨败。可能是因

---

[1] 仇鹿鸣：《魏晋之际的政治权力与家族网络》，第121页。

为与曹爽特殊的关系，夏侯玄不仅没有受到处分，反而依旧坐镇长安，直至高平陵政变发生。作为夏侯玄最重要的政绩，即他在正始改制中的作用，历史上有据可查的记录，仅为他向司马懿提出的一大篇改革建议。

《三国志·夏侯玄传》中，保留了夏侯玄洋洋洒洒的《时事议》原文，阐述了他对于改善官员选拔、简化行政层级以及倡导质朴风尚等的全面思考。司马懿的回复相当老谋深算，"审官择人，除重官，改服制，皆大善……而中间一相承习，卒不能改……恐此三事，当待贤能然后了耳"。即这三项建议都是正确的，但现行制度沿袭成习，一下子不能改变。要等到贤能者出现，然后才能完成。之后曹爽集团在多大程度上实行了这些改革，具体的效果又是怎样的，史籍上没有明确记载，夏侯玄纸上谈兵的成分恐怕更多一些。

不过，东汉末年、魏晋时期，世风看重清誉与文名，决定一个人名声首先是他的出身、品行、风度和文采等因素。夏侯玄举止高雅、才气逼人，《世说新语·雅量》中记载，"夏侯太初尝倚柱作书，时大雨，霹雳破所倚柱，衣服焦然，神色无变，书亦如故"。时人形容夏侯玄"朗朗如日月之入怀"，形容另一名士李丰"颓唐如玉山之将崩"。何晏曾经品评人物，认为看问题深刻，能够通达天下哲理者，当推夏侯玄；看问题细微，能够处理天下事务者，当推司马师。这些累积在夏侯玄身上的无形能量，埋下了他日后被杀的前因。

高平陵政变之后，司马懿下令将夏侯玄从长安召回。当时夏侯玄叔父夏侯霸逃往汉中，投奔了蜀汉政权。夏侯玄不为所动，交出大都督兵权，返回了洛阳。夏侯玄入朝后任大鸿胪，不久改任太常，都是属于位高权轻的荣誉性岗位。夏侯玄为避嫌疑，相当低调，既不串门结党，也不蓄养美姬。如果夏侯玄能够表现出对于司马氏父子，特别是司马师的某种臣服，杀身之祸或可避免。但这可能违反名士领袖内心自我约束的准则，不是夏侯玄所能做到。

当时名士李丰担任中书令一职，对于司马师专政相当反感。公元254年，曹魏嘉平六年，李丰联络了皇后的父亲张缉及部分内廷宦官，秘密策划推翻司马氏的政变，计划拥护太常夏侯玄取代司马师执政。消息走漏后，司马师立即找来李丰问话。李丰斥骂不已，司马师让武士将其按住，当场将其捶死。随后司马师下令抓捕夏侯玄、张缉及其他所有参与者，交由廷尉，全部判处诛灭三族。相较于李丰等文人造反的做派，司马师的手段粗暴、残忍和迅速，展示了相当全面的行动能力。

夏侯玄在整起事件中至多沉默不报，甚至可能事先并不知情。根据《世说新语》沿用《语林》的说法，司马师一度犹豫是否诛杀夏侯玄，问计于叔父司马孚。司马孚以一段往事回复，"昔赵俨葬儿，汝来，半坐迎之。太初（夏侯玄）后至，一坐悉起"，即所有人都起立迎接夏侯玄，而迎接司马师者仅为一半。于是，司马师坚定了将曾经的郎舅兼世交诛杀的决心。夏侯玄受到了严刑拷打，始终未吱一声，最后从容走上刑场，面不改色，至死保持了贵族士人的风度。

司马师诛杀夏侯玄、李丰等人三族，一方面增加了朝野的恐惧，从而控制反对的声音；另一方面，其实也增加了士人内心的反感，更为降低了其废魏帝取而代之的合法性。

废立意味着改朝的开始

司马师诛杀了皇后之父张缉的家族之后，继而又强迫少帝曹芳废皇后张氏，这和曹操处理汉献帝伏皇后家族的手段如出一辙。曹芳当时23岁，已经具备处理国事的能力，却始终无法亲政。《三国志·景帝纪》中记载，"天子以玄、缉之诛，深不自安"。曹芳参与了李丰、张缉等人的密谋，了解内情的程度至少超过夏侯玄，这促使司马师作出了废除曹芳帝位的决定。

两汉四百余年间，权臣行废立皇帝之事仅有两例。其一，西汉昭帝去世后，霍光等人拥立昌邑王刘贺为帝。辛德勇教授考证，刘贺可能急于夺回属于皇帝的权力，在位仅二十七天，被霍光以皇太后的名义废除。[1]霍光遂改立武帝废太子之孙刘病已为帝，即后来的汉宣帝。其二，东汉灵帝去世后，长子刘辩继立为帝。不久外戚、党人势力与宦官势力发生火并，武将董卓进京，废除刘辩帝位，毒杀何太后，改立灵帝少子刘协为帝，是为汉献帝。

这两大历史事件，透露出一些关键性的共同点。首先，被废黜的皇帝在位的时间均相当短暂，没有机会形成自己的影响力；其次，操纵废立者结局较为悲惨，董卓身死名裂自不必说，霍光本人虽然至死占据高位，但他去世后，汉宣帝逐步将霍氏上下调离实权岗位，霍光之妻霍显等人企图反击，终被宣帝悉数族灭。

司马师废除在位已经十五年的曹芳，又继续选立曹氏子弟为帝，这等于向世人昭告，虽然改朝换代的各种条件尚未成熟，但是，代魏自立已经没有任何回头的余地。否则等待司马氏的命运，只能是董卓、霍光家族的结果。

---

[1] 辛德勇：《海昏侯刘贺》，生活·读书·新知三联书店，2016年，第135—137页。

司马师选立新帝的计划在郭太后处遭遇阻力。郭太后在胁迫下同意废除曹芳帝位，但是，她拒绝了司马师以曹操之子彭城王曹据作为新帝人选。郭太后为曹操之孙明帝曹叡之妻，如果立曹据为帝，她就变成了皇帝的侄媳。司马师不得不听从郭太后的建议，另立明帝之弟东海王曹霖之子曹髦。废立诏书由太后发出，循霍光行废立之旧例，至少在表面上勉强符合程序。

夏侯玄、李丰等人遭族灭，皇后张氏、皇帝曹芳等人被废位，激发了部分反对司马氏专权人士的极大愤怒。淮南前线毌丘俭、文钦等将领假借太后的名义，公开举兵讨伐司马师。公元255年，曹魏正元二年，司马师不顾严重眼疾，亲自率师赴前线平叛。可能凭借父亲司马懿在军中的声望和人脉，司马师获得了军中大部分将领的支持，迅速击杀了毌丘俭，文钦逃往东吴。这是继司马懿击败王凌之叛后，司马氏父子第二次平定淮南前线的武力反抗。司马师在军营中眼珠崩裂，不久在许昌痛死，付出了生命的代价。

是弑君，还是皇帝的自杀行为？

司马师突然去世，打乱了司马氏家族代魏的进程。司马师没有亲生儿子，司马昭之次子司马攸过继给他为子，当时尚不满10岁，这样就把司马昭推到了司马氏家族核心的位置。曹髦、郭太后曾要求司马昭留驻许昌，但司马昭没有服从命令，反而率领大军来到洛阳，接管了司马师遗留的全部职务和权力。

在贾逵之子贾充的策划下，司马昭下令征召镇守淮南的征东大将军诸葛诞入朝，改任司空虚职。诸葛诞曾为名士团体的重要成员，与夏侯玄交情颇深，曹爽时期被派至军中领兵。虽然他参与了前两次淮南平叛，但是对于司马氏专权极为不满，并且公开在贾充面前表露。司马昭要求他交出兵权，诸葛诞"惧不自安"，遂主动联络孙吴政权，发动了反抗司马昭的军事行动。

公元257年，曹魏甘露二年，司马昭亲率大军南下镇压，击败孙吴援军，最终将诸葛诞及其拒绝投降的兵士斩杀。诸葛诞还是诸葛亮、诸葛瑾的族弟，东汉、三国时代，诸葛亮、诸葛瑾、诸葛诞，分别投身于蜀汉、东吴和曹魏不同的集团。司马懿逼退蜀汉丞相诸葛亮，司马师在新城战役中击败诸葛瑾之子诸葛恪统率的吴军，司马昭平定第三次淮南叛乱，司马氏父子完胜了诸葛氏伯侄。

《三国志·诸葛诞传》中记载，司马昭没有接受坑杀吴国降卒及当地军民的建议，除首恶以外，"一无所杀，分布三河近郡以安处之"，这和曹操、司马懿等人的屠城暴政形成对照，是被东晋史学家习凿齿称为"能以德功"的儒家王道案例。

司马昭征伐淮南期间，特意将曹髦、郭太后一起带至军中，实际上是预防后方有人利用皇帝的旗号发动事变，反映出司马昭对于曹髦极不信任的心理。

曹髦被郭太后选中即位时14岁，是魏文帝曹丕在世诸孙中最长者。曹髦擅长文学绘画，经常邀大臣名士论经说道，自我控制宫中开支，多次颁发抚恤伤亡将士家属及士民的诏书。即使司马氏集团的核心成员钟会、石苞等人，对他也评价较高。《三国志·高贵乡公传》《魏氏春秋》和《晋书·石苞传》中颇多记载。钟会赞其"才同陈思、武类太祖"，石苞称他"非常人也"，即曹髦的文采可与陈思王曹植相比，武略与太祖曹操类似。

《资治通鉴》中选取了曹髦的数段表现。曹髦即位后第三年，

"帝宴群臣于太极东堂，与诸儒论夏少康、汉高祖优劣，以少康为优"；"帝幸太学，与诸儒论《书》《易》及《礼》，诸儒莫能及"；公元259年，曹魏甘露四年，"黄龙二见于宁陵井中……群臣以为吉祥，帝曰，龙者，君德也。上不在天，下不在田，而数屈于井，非嘉兆也，作《潜龙诗》以自讽，司马昭见而恶之"。曹髦认为，夏朝中兴之主少康比创业的汉高祖更强，又从黄龙困于井下的状态，联想到自己的困境，这些既说明曹髦拥有重振魏室之志，也指出了他年少不知韬晦。

清除了淮南前线的反对派后，司马昭实际上启动了代魏的程序。曹髦被迫加封司马昭为晋公，加九锡、升相国，建立晋国独立的政治系统。司马昭上表推辞，曹髦继续坚持加封，前后反复进行了多次，这完全是照抄曹操进封魏公、魏王的路径。不同的是，曹操已决定由曹丕完成改朝换代，而司马昭实际上准备自己取而代之。

公元260年，曹魏甘露五年五月，可能不再愿意配合司马昭的政治表演，《三国志·高贵乡公传》裴注引《汉晋春秋》记载，曹髦召集王沈与王经、王业等大臣，声称"司马昭之心，路人所知也。吾不能坐受废辱，今日当与卿自出讨之"。王沈、王业大惊失色，立即飞奔向司马昭报告。

次日清晨，曹髦挥剑乘上帝辇，带领殿前少数侍卫及僮仆数百人，冲向司马昭大将军府邸。司马昭之弟司马伷、贾充等率上千军士拦截。顾虑到曹髦的皇帝身份，包括司马伷在内的部分军士步步后退。情急之下，贾充动员太子舍人成济上前阻击，成济抽戈刺之，将曹髦杀害于帝辇之下。

秦始皇开创帝制中国以后，臣子弑君事件一共发生过三起。秦二世胡亥在赵高属下的军士逼迫之下，最终选择自杀。梁冀、董卓分别毒杀了汉质帝刘缵和汉少帝刘辩。其中胡亥之死发生在秦末大动荡时期，质帝、少帝遇害，至少表面上仍被伪装成意外，这种大庭广众之下公然的弑君行为，发生在忠君思想深入的两汉社会之后，其实尚属首次。这一事件冲击了儒家价值的底线，对于司马昭代魏建晋的进程，产生了极其负面的影响。

史籍上没有明确记载司马昭个人的责任，《晋书·景帝文帝纪》中记载，司马昭闻讯大惊，声称"天下其谓我何？"考虑到司马昭已事先得知消息，拦截不成即击杀之，完全可能是司马昭、贾充商量过的腹案之一。

司马昭的叔父司马孚跑去现场哭尸，司马氏集团的重要成员、陈群之子陈泰要求杀贾充以谢天下。司马昭仅将直接凶手成济作为替罪羊，夷灭三族，勉强应付维护儒家伦理价值的呼声。同时指使廷尉，把拒绝告密的大臣王经判处夷灭三族，继续显示镇压所有反对派、暴力维护司马氏家族实际统治的决心。

司马昭不得不暂停了代魏的步骤，选立燕王曹宇之子曹璜为帝，燕王为曹操之子，曹璜其实和郭太后平辈。这一次郭太后不再坚持，曹璜改名曹奂后即帝位，是为魏元帝。司马昭继续拒绝了魏元帝对他的晋公、相国等加封。

根据司马昭的意愿，郭太后诏令废黜曹髦皇帝之位，列举他种种不实的罪状，之后以王礼葬之。如果曹髦更富有谋略，采取北周武帝击杀权臣宇文护、清代康熙帝智擒权臣鳌拜的突袭方式，未必没有夺回政权的可能。曹髦以这种惨烈得近乎自杀的方式出击，实际上逼迫司马昭以弑君回击。一方面魏晋社会是坚持价值正确还是服从政治正确的死结更为加剧，另一方面，司马氏家族代魏是避免自身族灭的唯一途径。

钟会为什么会发动叛乱？

弑君事件发生之后，司马昭着手部署讨伐蜀汉的战役，这其实是另辟蹊径，证明改朝换代天命合法性的一种手段。不过，当时在朝文武大臣并不表态支持，坐镇长安的镇西将军邓艾从军事角度表示反对，唯有司隶校尉钟会理解司马昭的真实意图，积极协助司马昭规划征蜀。公元263年，曹魏景元四年，司马昭以钟会为征讨蜀汉的主帅，和邓艾、雍州刺史诸葛绪分兵三路，展开了对蜀汉政权的军事行动。

出人意料的是，钟会率主力攻入汉中后，吞并了诸葛绪的大部分人马，在剑阁受阻于蜀汉大将军姜维的军队；邓艾率部自阴平沿崎岖险道，穿越无人区南进七百余里，连克蜀中重地江油、绵竹，击杀诸葛亮之子诸葛瞻，竟迫使蜀汉后主刘禅下令投降。钟会接收了姜维的降军，篡改邓艾写给司马昭的书信，利用邓艾擅自任命蜀地官员等失误，向司马昭诬告邓艾谋反。邓艾被收押后，钟会又接管了邓艾的部队。

公元264年，曹魏景元五年正月，钟会南下来到成都，在姜维等人的策划下，居然召集诸将，"矫太后遗诏，使会起兵废文王"（《三国志·钟会传》），即以刚去世的郭太后遗命为号召，发布了讨伐司马昭的动员。

钟会是太傅钟繇之子、青州刺史钟毓之弟，颍川钟氏是汉魏时期著名的世家大族之一，司马师、司马昭掌权后，和钟氏兄弟等私下依然保持亲密的关系。钟毓反对曹爽专权，高平陵事变后支持司马懿主政。钟会自幼才气逼人，青年时代与玄学大师王弼齐名。《三国志·钟会传》记载："会尝论《易》无互体、才性同异。及会死后，于会家得书二十篇，名曰《道论》。而实刑名家也，其文似会。"这说明钟会兼通儒法玄学。钟会积极参与了司马师、司马昭兄弟朝中的各种事务，特别是在平定诸葛诞叛乱的战事中，钟会为司马昭出谋划策，被称为汉初张良再世。

尽管《三国志》《晋书》中记载，司马昭之妻王氏以及部分大臣等人，在钟会出征蜀地之前，即已对钟会的忠诚度提出质疑，但是，史官们事后诸葛亮重新编排材料的可能性仍然较大。钟会的突然叛变，是死结形成的后续连环效应，只能从汉魏士大夫价值信仰崩坍的层面去寻找原因。曹操、曹丕父子代汉之后，皇权失去了天命的神秘性和正当性，既然曹氏和司马氏能谋取"天命"，为什么钟会不能。这应该就是钟会发动事变的心理逻辑。

钟会和姜维相见甚欢，《三国志·姜维传》记载，钟会认为，"以伯约（姜维）比中土名士，公休（诸葛诞）、太初（夏侯玄）不能胜也"，作为司马昭最为信任的心腹大臣之一，其内心其实相当赞赏姜维、夏侯玄和诸葛诞等这些政治上的对立者，可见当时士人的信仰危机和人格分裂。

司马昭得到征蜀前线军心不稳的消息，起初还不愿相信，之后不得不亲率大军进驻长安，并派贾充带领部分精锐进入斜谷。所幸钟会讨伐司马昭及割据蜀地的计划，没有得到家属留在中原的将士们支持，部下军士发生骚乱，钟会、姜维等人均死于乱军之中。不久，邓艾在被押送回洛阳的途中，遭到曾参与诬陷其谋反的监军卫瓘派人追杀，死于绵竹。

司马昭晚年身体状态欠佳，改朝换代的心情相当迫切，他得到钟会大军进入汉中的捷报后，立即接受了多年婉拒的九锡、晋公等加封。仅过了半年，又进爵为晋王。虽然钟会事件给予了他内心相当的重创，但司马昭仍继续迈开代魏的步伐。

公元264年，曹魏咸熙元年五月，司马昭奏请实行五等爵制度，即在针对宗室的王爵分封以外，加入了公、侯、伯、子、男五种爵位，有爵位者虽然没有封地，却能享受不同户数的食邑。这实际上就是预留了对于曹魏宗室以及其他功臣大族分封的余地，即只要不反抗以晋代魏的政治正确，既得利益者均可继续保持贵族的地位。

公元265年，曹魏咸熙二年，司马昭突然去世。至此，司马师、司马昭兄弟几乎完成了代魏的所有铺垫，却没有能够建立晋王朝天命皇权的价值论述。曹魏政权成立不过四十余年，再次面临被改朝换代的命运。体制内外的士族名士，不一定同情曹魏的亡国，内心也无法真正认可晋室的正统。随着魏晋国家合法性认同遭到质疑，连带儒家思想的神圣性也受到挑战，儒学逐渐失去了凝聚人心的教化功能。

第四节
当儒学遭遇玄学

东汉魏晋皇权系统的演变，改变了儒家士大夫影响国家政治的方式。经历了东汉晚期党锢之祸、曹魏代汉以及魏晋巨变，名士官僚迫于现实政治的暴力压制，不得不从品评人物时政的清议，更多地转向青睐研究抽象玄理的清谈。相较于儒家经学师徒相传的形式，学理清谈更接近文人沙龙式的探讨。被称为"正始之音""竹林七贤"等聚会的圈子，即是活跃于曹芳为帝时正始年间新一代名士的代表。从东汉晚期清议运动中转型而来的名士党人及其子弟，在政治上认可了新兴皇权，不再采取抗争和批评的模式，从而发展为享有特权的比东汉时期地位更高的士族阶级。

同时，士族名士在价值上从两汉经学的考证和研究，转变为拥抱以虚无、自然为本的老庄玄学，甚至以"任诞"的行为挑战礼教。司马氏可以完成政治上的禅代，却无法阻止士族名士背离儒家君臣伦理价值的趋势。司马氏兄弟还提倡以孝治国，这助长了士族大户先家后国的观念。

名士与曹魏皇权的冲突

东汉中晚期，世家大族、名士和太学生等跨地区求学、交游,清议运动风起云涌。其中名士成为士大夫沟通往来的中心,主导舆论,介入朝廷选官,在国家政治生活中形成较大的影响。在九品中正制设立之前,名士的人物品评是乡论重要的依据。当时的评论本有"天下"与"州郡"两圈,欲要从"乡邑之士"成为"天下士",必须要得到天下知名的名士赏识。[1]尽管许多人被认为崇尚浮华,颇有朋党交结的嫌疑,但名士党人坚定地以儒家思想的价值捍卫者自居。

名士不一定从大姓、冠族中产生,尽管出于大姓、冠族的恐怕要占颇大的比例。像当时的大名士陈寔、郭泰出自贫贱,因受名人赏识提拔而成名者也不乏其人,而且能够通过名士这条道路,成为大姓冠族,陈、郭二家便是这样。[2]从某种意义上说,名士引导了社会价值的风尚,在朝野内外的儒生官僚中享有相当的号召力。陈寔去世时,出席葬礼者三万余人,郭泰之死则引发四方千余人奔丧。

名士的这种影响和特权,主要以"学林"为活动空间,凭此发展为豪族、官僚之外的特殊的社会势力。阎步克教授分析,东汉以来,"教育—权势—豪右"的循环占有,越来越多地围绕"族"而展开了,呈现一种"学门—官族—豪右"的循环。在这里,乡里、官场、士林都可能成为循环的起点,甚至仅仅靠官场和士林的互动,就能形成士族。东汉士族,大多同时具有学门、官族和豪右的特征,可以视为三者的三位一体;至于魏晋以下的

---

[1] 仇鹿鸣:《魏晋之际的政治权力与家族网络》,第50页。
[2] 唐长孺:《魏晋南北朝史论拾遗》,中华书局,2011年,第28—29页。

新门户，大抵就是名士与官僚的结合。[1]

上述所谓东汉士族，应该是指东汉的世家大族。魏晋以下新门户即为魏晋士族，多数源自东汉晚期清议派的名士。田余庆先生判断，魏晋士族，就其一个个宗族而言，只有少数几家具有东汉世家大族渊源；多数并非东汉世家大族演变而来，而是魏和西晋因机遇而上升的新出门户。但是，如果就社会阶层演变的整体而言，魏晋士族却是东汉世家大族发展的延续。没有东汉世家大族的存在，就不可能有魏晋士族阶层。东汉世家大族得入魏晋为士族，意识形态由儒入玄也是必要条件。[2]这种可能由于死结形成而导致的名士价值思想的转变，首先发生在曹魏时代。

汉桓帝、汉灵帝尽管被称为昏君，然而实质是弱势和无能的最高统治者，士大夫势力始终牢固地占据着儒家思想合法性的高地。名士党人经历党锢之祸的迫害，可能对于皇帝有所抱怨，但是忠于汉政权，忠于儒家伦理的核心价值没有质的改变。

曹操迎献帝至许昌后，实际行使属于皇帝的权力。部分名士官僚保持以往的风格和做派，不认可曹操越来越明显的代汉企图，这就引发了与强势统治者之间更为剧烈的碰撞。曹操选官用人，不以是否忠于儒家思想为首要的标准，公开声称要打击"浮华交会之徒"，对于某些名士官僚对自己公开或隐晦的恶评，他经历了从隐忍姑息到坚决镇压的过程。

曹操先后杀死了十余位名士，大多数发生在他担任丞相之后，其中最著名者，莫过于孔子二十代孙孔融。第二次党锢之祸时期，年仅16岁的孔融收留逃亡名士张俭，狱中与兄长、母亲争

---

[1] 阎步克：《波峰与波谷：秦汉魏晋南北朝的政治文明》，第107页。
[2] 田余庆：《东晋门阀政治》，第315—316页。

先认罪,即已经名扬天下士林。孔融出仕后得罪权臣董卓,被贬逐至黄巾军泛滥的北海国为相。公元196年,东汉建安元年,曹操出于笼络天下士人的考虑,将孔融等人征召至许昌为官。十二年之后,曹操又以维护名教的理由将其全家处死,表面上是孔融发表了有违孝道的言论,真正的原因在于,孔融作为名士群的精神领袖,延续坚守儒家价值信仰、不畏统治者的传统,多年来不断发表讽刺曹操及其子曹丕的言论,社会影响巨大。

文帝曹丕掌握大权后,悬赏征募孔融的文章,将他列为"建安七子"之一,一度展现了与儒生士人和解的用意。他也撰文表达了对浮华之风的排斥,在他的主导下,桓范、王象、刘劭等文士经数年编出八百余万字的《皇览》,收入上千篇经传文献,可见曹丕有多么大网罗天下知识、掌控天下思想的野心。[1]

魏明帝曹叡继承了父祖两代独揽大权的风格,相当反感名士"朋党相尚"的传统习气,下令将号称"四聪""八达"及"三豫"等名士集团主要成员罢官。明帝对于所谓"浮华"之徒的厌恶和防范,反映出他不允许皇权之外形成新的影响力中心的思维。各地虽然还保留"清议"品评人物的形式,但是,这种品评更多地为朝廷大族服务。汉魏之际连续出现三位强势统治者,这对于名士官僚的价值取向产生了重大影响。

正始之音起于曹魏二代

汉魏禅代之后,士大夫忠于儒家价值、汉室政权和皇帝的二

---

[1] 戴燕:《〈三国志〉讲义》,生活·读书·新知三联书店,2017年,第33页。

位一体信仰体系崩坍，继续忠于汉室已经失去意义。魏文帝、明帝仍以儒家思想为号召，对名士官僚既予以笼络又保持控制，企图将其对于汉室的忠诚转移至曹魏政权。但是，打开系统的死结，完成士民对于曹魏国家合法性的认可，这并非一朝一夕之事。部分曹魏运营系统贵戚、功臣子弟，不可能不拥护新生政权，却不再关注儒学教条对于现实政治的影响，将价值探索的重点，投向了更为抽象和玄虚的形而上层面。被文帝曹丕蔑称为"假子"的曹操女婿何晏，即是其中最为关键性的人物。

《世说新语》中留下了何晏事迹的一些片段，《三国志》里反而极少记载。"何晏七岁，明惠若神，魏武奇爱之，因晏在宫内，欲以为子。晏乃画地令方，自处其中。人问其故，答曰，何氏之庐也。魏武知之，即遣还"（《世说新语·夙惠》）。何晏虽在曹家长大，得到曹操的喜爱，但仍牢记自己是何进的子孙，这种相当特殊的经历，养成他既自卑又自负的性格。何晏长相俊美，皮肤白嫩，曾被曹丕怀疑涂了白粉。何晏还服用五石散，"非唯治病，亦觉神明开朗"（《世说新语·言语》）。

曹丕即位后，作为皇帝妹夫的何晏没有得到任用，魏明帝曹叡不仅不重用何晏，将连带诸葛诞在内一批名士均贬抑。另一位名士领袖夏侯玄，与明帝第一任皇后毛皇后之弟同坐时面露不悦，因而被贬为羽林监。

唐翼明教授判断，太和初至正始末这二十余年就是魏晋清谈的成形期。太和初，即公元227年左右，年轻的荀彧之子荀粲来到京师洛阳，带动了一批与他同样年轻的十八九岁、二十岁贵族公子何晏、夏侯玄、傅嘏、裴徽和邓飏等人，在当时已经颇为流行的谈论风气中掀起了一场理论性革命，其旗帜是探讨六经背后的圣人微意，即性与天道。这场革命在明帝禁浮华后暂停，而于正始初即公元240年左右，在何晏领导下复兴，到正始后期因王弼、钟会等的加入而达到高潮，逐渐奠定了后来被称为"玄学"的一种新学术的理论基础。[1]

魏明帝去世后，曹魏政权进入皇权衰落的时代。曹爽一度辅政，遭到明帝贬抑的"浮华之士"纷纷复出。何晏出任为国家选才的吏部尚书，名士重新占据高位，交游、清谈之风在士大夫中迅速蔓延。何晏不但是清谈重要的主讲者，而且还与曹爽兄弟等一起，成为清谈活动的组织者。王弼是汉末名士荆州牧刘表的曾外孙，当时不满20岁，已经博览经书，何晏与其交谈后惊为天人，遂将其引入组织体制。此外，夏侯玄、裴徽、邓飏、钟会和司马师等人，都曾是清谈活动积极的参与者。

清谈着重于抽象哲理的探索，讲究一定的谈论技巧和形式，而非具体政策、人事的评论。无论是一人主讲、两人对辩或者多人讨论，这些都更接近于学术沙龙的座谈，与品鉴人物脱口秀式的月旦评发布有所区别。

这一时期，对于《周易》《老子》的解读，可能是清谈最主要的内容之一。何晏提出"以无为本"，王弼的《周易注》《老子注》引道入儒，倡导"以无为本，以有为末"，将儒家的"有和末"与道家的"无和本"进行充分地融合，在不排斥儒家的前提下，把道家的玄虚奉为世界本质，推导出"名教出于自然"的结论，从而奠定了魏晋玄学基本的倾向。

尽管魏晋时代的思想争鸣，被部分学者称为是继春秋战国之后，又一次较小规模的文化解放运动，但是，从魏晋国家政治系

---

[1] 唐翼明:《魏晋清谈》，天地出版社，2021年，第165页。

统构建的视角而言，这种改变直接带来了两个后果：其一，严重助长组织体制中崇尚虚谈而偏废事功的风气；其二，开启了挑战儒家经学作为国家统治理论地位的论述。

高平陵政变发生后，何晏一度还参与了对于曹爽等人的审判。《魏氏春秋》记载，何晏向司马懿禀报灭族名单，司马懿说，参与谋反共有八族，才灭七家，还差一家！何晏沉默后问道："难道是我？"司马懿给予了肯定的回答，何晏因此也被灭族。司马懿最终将何晏列入清除者名单，打击曹氏勋贵势力是主要的原因，并不牵涉对于道玄理论的看法。司马师也曾附庸风雅，积极参加了名士圈的清谈活动。不过，司马懿作为新的实际统治者，内心深处厌恶这些名士高官的张狂和自大，可能也是因素之一。

司马光主持编纂的《资治通鉴》中，对何晏、王弼等正始名士的评价负面。何晏等人"竞为清淡，祖尚虚无。谓六经为圣人糟粕。由是天下士大夫争慕效之，遂成风流，不可复制焉"。《资治通鉴·穆帝下》中特别提到，东晋兖州、徐州刺史范汪之子范宁认为，王弼、何晏等人的罪恶比夏桀、商纣还要深重，有人认为贬低太过，范宁回答："王、何蔑弃典文，幽沉仁义，游辞浮说，波荡后生，使缙绅之徒翻然改辙，以至礼坏乐崩，中原倾覆，遗风余俗，至今为患。"这些记录，实际上代表了司马光等儒家正统人士的想法。

竹林七贤挑战礼教的背后

公元249年，曹魏正始十年，何晏、邓飏等人被杀，年仅24的王弼随即被罢官，不久死于一场疫病之中。五年之后，夏侯玄、李丰等人被杀。被称为"正始之音"的名士圈子几乎折损殆尽。但是，源起于曹魏勋贵二代的玄学探索并未终止，以阮籍、嵇康为代表的"竹林七贤"，相当程度上引领了魏晋交替期的士林风尚。

"游于竹林，号为七贤"之说，最早见于东晋《魏氏春秋》的记载。高平陵政变前后，在洛阳附近山阳县的竹林里，当时没有官职的隐士，即阮籍、嵇康、山涛、向秀、刘伶、阮咸和王戎等七人，聚在一起饮酒、谈玄和论诗。陈寅恪先生曾提出异议，认为先有"七贤"后有"竹林"，东晋士人受到佛教"格义"学风影响，取佛经中"竹林精舍"之名和《论语》中"作者七人"的说法，附会出"竹林七贤"一说。[1] 无论历史上是否真实存在同游竹林的故事，可以肯定的是，阮籍、嵇康等所谓七贤，并没形成固定的政治或学术团体。

"竹林七贤"的政治态度也不尽相同。其中嵇康是曹操的曾孙女婿，高平陵事变后，数次拒绝司马氏兄弟征辟，阮籍和向秀虽然勉强进入了组织体制，内心可能对于司马氏暴力篡政充满反感。山涛在高平陵事变前辞官，担忧曹爽与司马懿政治斗争会波及自己，希望通过隐居免祸，一旦双方胜负底定，他就主动加入到胜利者主导的朝廷。王戎比山涛更为注重政治正确，一生得以在魏晋政权高层为官，一直活到晋惠帝"八王之乱"时期。阮籍之侄阮咸和刘伶仅有较短的入仕经历。

史籍中缺乏竹林名士清谈的记载，嵇康、阮籍和向秀等人颇多著述，延续了正始名士对于老庄哲学的热情。司马师、司马昭

---

[1] 陈寅恪著，万绳楠整理：《陈寅恪魏晋南北朝史讲演录》，贵州人民出版社，2007年，第43页。

兄弟控制国家政权后，仍以维护儒家名教价值为号召，嵇康反其道而行之，论点比王弼的"名教出于自然"更为激进，他写作的《释私论》中，倡导"越名教而任自然"，置名教于与自然对立的地位。在《难自然好学论》中，他又提出"以六经为芜秽，以仁义为臭腐"，公然否定儒教作为国家统治理论的地位。阮籍早期尚主张天人合一，晚年蔑视礼法，写作《通老论》《达庄论》，思想上完全认同老庄。他在《大人先生传》中，畅言"无君而庶物定，无臣而万事理"，实际上否定君主专制的法家方法论。

《晋书·向秀传》中记录，向秀晚年为《庄子》作注，"发明奇趣，振起玄风"，可惜未注解完就去世了，之后由郭象完成。郭象可能窃取了向秀部分的成果，以自己的名义发表于天下。《庄子注》与《易经注》《老子注》并列，成为推动魏晋自然至上价值的玄学经典。

高平陵政变之后，司马氏父子对顶尖名士的灭族之举，一度使士林气氛相当压抑和紧张。这一时期名士更多地以"任诞"的方式，发泄心中的痛苦和愤懑，表达对司马氏统治者的不屑。所谓"任诞"，即是不加节制地饮酒作乐，借酒故意做出一些不可思议的非礼举动。《世说新语·任诞》中保留多则记录。《世说新语·排调》中，还记录了竹林名士集体醉酒的故事。"嵇、阮、山、刘在竹林酣饮，王戎后往。步兵曰，俗物已复来败人意！王笑曰，卿辈意，亦复可败邪。"步兵即为阮籍之别称。

宠臣钟会写作《四本论》后，敬仰嵇康的学名，曾亲往拜访讨教。嵇康居然在打铁，向秀及吕安在边上拉风箱当下手，对于钟会根本爱理不理。司马昭爱惜阮籍的才华，想为长子司马炎迎娶阮籍之女，派人前往提亲，阮籍居然连续喝酒六十几天，天天大醉昏昏然，致使来人无法与之正常对话。

除了这些政治原因下的故意"任诞",阮籍等人还有更多不合礼教的荒唐行为。阮籍的母亲去世,阮籍服丧期间,照样喝酒吃肉,安葬母亲时,还蒸了肥猪,喝了两斗酒,然后向母亲遗体告别,大哭吐血。步兵校尉的岗位空缺,阮籍听说营房厨房里储存数百斛酒,立即要求担任步兵校尉的职位。阮咸宠爱姑母的鲜卑女婢,他为母亲守孝时,姑母带着女婢远行,阮咸借了客人驴子,身穿孝服将其追回,随后成婚生子。刘伶喜好酗酒,经常乘一鹿车,带着一壶酒夜游,又命人拿着锄头跟随,说死了就将其埋掉。这些做法还被一些士大夫赞赏,争相仿效。

公元262年,曹魏景元三年,嵇康及好友吕安被司马昭下令处死,这和钟会的构陷有着极大关系。嵇康当时牵涉吕安的冤案。吕安之妻被其兄长吕巽迷奸,嵇康力劝吕安息事宁人,吕安反被吕巽以不孝敬母亲的罪名告官流放。愤怒的嵇康为吕安辩护,吕安也写了言辞激昂的信给他,造成很大的风波。钟会乘机向司马昭进言,称嵇康曾企图前往淮南参与毌丘俭的叛乱。山涛回到组织体制内做官后,嵇康还写作《与山巨源绝交书》,其中自称"非汤武而薄周孔",即否定汤武换代革命,轻视周礼和孔子儒家学说。这些都引起准备发动禅代的司马昭的相当不安。

临刑之时,京师洛阳三千余名太学生要求赦免嵇康,请他去太学教书,遭到司马昭断然拒绝。嵇康在刑场上神色坦然,他从日影算出离行刑尚有一段时间,就向兄长要来平时弹奏的古琴,平静地抚起《广陵散》。这是一支讲述战国聂政为父报仇刺杀韩傀的古曲,嵇康得人所传但未传人,不由叹息道:"《广陵散》于今绝矣。"遂从容受死。

对于嵇康、阮籍等名士挑战儒家礼教的思想和行为,鲁迅在《魏晋风度及文章与药及酒之关系》中曾有评论:"魏晋时代,崇奉礼教的看来似乎很不错，而实在是毁坏礼教，不信礼教的。表面上毁坏礼教者，实则倒是承认礼教，太相信礼教。因为魏晋时所谓崇奉礼教，是用以自利，……于是老实人以为如此利用，亵渎了礼教，不平之极，无计可施，激而变成不谈礼教，不信礼教，甚至于反对礼教。"

《资治通鉴》中对何晏等正始名士颇多批评，而对于嵇康、阮籍等竹林七贤较少议论。关于嵇康之死，仅记录隐士孙登在嵇康来访时的一段告诫："子才多识寡，难乎免于今之世矣。"即认为嵇康不过是书生，含有同情和惋惜的意思。《资治通鉴》对正始、竹林名士不同的态度，可能与两批名士不同的背景有关。正始名士大多为曹魏贵戚的二代，是曹魏代汉的受益者，位居朝廷的高位，竟然带头把老庄之学引入名教，开启了怀疑儒家价值风气之先。竹林名士的地位较低，处于体制边缘，对司马氏父子篡政、实质毁弃儒家伦理的行为无可奈何，而司马氏父子偏偏还要高举维护名教的大旗，嵇康、阮籍等人采取激烈反对名教的行动，确实有被动的一面。

孝与忠的矛盾也是死结之一

晋朝以孝立国治天下，始于司马师、司马昭当政时期，但这不是司马氏统治者独特的倡导。汉朝以儒家伦理为官方意识形态，忠君与孝悌均为题中应有之义。两汉皇帝的谥号，除了汉高祖刘邦和汉光武帝刘秀，其他人都带有"孝"字，文帝、武帝和章帝等仅为后世简称，实际应称为孝文皇帝、孝武皇帝和孝章皇帝等。汉代以察举制度推荐选官，孝廉作为察举的中心科目，对于被荐人孝道的整体评价,即孝顺父母、悌敬兄长是入仕必要的条件。东汉之后,儒家伦理价值深入到社会生活各个角落,《孝经》一书广为传播,确立了包括三年丧制在内的行为准则。

以儒术为业的司马氏家族保持着孝悌的家教,这几乎是汉魏世家大族共同的门风。司马懿晚年与正妻张春华失和,发生口角冲突。《晋书·后妃传上》中记载:"后(张春华)惭恚不食,将自杀,诸子亦不食。帝(司马懿)惊而致谢。"母亲张春华绝食,司马师、司马昭兄弟也拒绝进食,这其实体现了对母亲的孝道,司马懿不得不妥协向妻子道歉。

孔子《论语》中言"友于兄弟",司马师、司马昭即是这种兄弟关系正面的示范。司马昭次子司马攸过继给司马师为子,司马昭进位晋王后,一度考虑立司马攸为太子,后在何曾、贾充和山涛等人竭力劝说下,才立长子司马炎为接班人。

司马氏家族将遵从守丧之礼作为履行孝道的重要内容。公元265年,曹魏咸熙二年,司马昭去世。司马攸在服丧期间极度悲伤,数日不进干饭米粒,超过了礼法上规定的日子。司马炎继位为晋王,根据当时的规定服丧三日,葬礼结束后,仍然坚持戴白冠、吃素食。臣下奏请司马炎尽快更换正常的服饰和食物,均被他拒绝。这一时期,司马炎完成了改朝换代,正式建立晋政权即皇帝位,但他坚持以疏食素服度过三年。

司马光在《资治通鉴》中,高度评价了司马炎三年为父守丧的行为。"三年之丧,自天子达于庶人,此先王礼经,百世不易者也。汉文师心不学,变古坏礼,绝父子之恩,亏君臣之义……至于晋武独以天性矫而行之,可谓不世之贤君"。汉文帝提倡从自己开始丧事从简,移风易俗,遗命将三年的丧期改为三天,其实是减少扰民的仁政。司马光批评他是不公正的。晋武帝司马炎恢复孔子倡导的丧制形式,无非是向天下证明,新生的晋政权、皇帝本人极端服膺儒家的价值。

问题在于,东汉时代忠于儒家思想、汉政权和信仰皇帝三位一体,儒家伦理中忠君和孝父的概念逻辑上一致,即使两者偶有冲突,进入组织体制的文武大臣,大致也会遵循先国后家的原则;到了曹操时期,这种情况发生了微妙的变化,如果继续倡导忠君,臣民效忠的对象就变成了汉献帝。从曹操以不孝的罪名杀害孔融来看,至少表面上他没有抛弃名教的意识形态,但也限于鼓励孝道的礼法层面。

曹丕为魏王太子时,专门就忠孝关系提问过参加宴会的宾客。《三国志·邴原传》中记载:"太子建议曰,君父各有笃疾,有药一丸,可救一人,当救君邪?父邪?众人纷纭,或父或君。时原在坐,不与此论。太子咨之于原,原勃然对曰,父也!太子亦不复难之。"皇帝、父亲均有疾病,仅一粒药丸,是先救皇帝还是父亲?邴原断然主张亲重于君、以孝为先,曹丕也没有为难他。这一方面说明了士人心中忠孝顺序的改变,另一方面,当时曹氏父子尚未代汉,如果一味强调忠君的话,也只能便宜了傀儡皇帝。

司马氏兄弟提倡以孝治国,其实他们遇到的难题与曹氏父子完全相同。在废帝、弑君等历史变局面前,司马氏兄弟何以提倡忠君呢?司马炎继续父亲的做法,把凸显孝道的名教作为国家的统治价值,反而助长了士族先家后国、将家族利益放在首位的倾向,新生王朝的士大夫"国家观念之淡薄,逐次代之以家庭;君臣观念之淡薄,逐次代之以朋友"[1]。这对于维持中央集权、君主专制的权威其实并不有利。

经过正始、竹林两批名士推波助澜,老庄玄学之风在世家大族、名士群中充分发酵,反映到政治思想的层面,即是主张君主无为而治。司马氏虽能以暴力屠杀对改朝换代持有异议者,却无法左右名士官僚价值取向的转变。玄学实质上成为新兴士族的意识形态,司马师、司马昭和司马炎等统治者本身出自士族,尚需保持对于思想文化探索的尊重,通过哲学论述、交锋等名士语言系统的方式,勉强维护已经底气不足的名教。阎步克教授评论,"政治论辩采用了哲学论辩的形式,也是士族权势的反映。士族将其特有话语形式强加于政治,导致政治行政资源无谓的消耗"[2]。

司马氏父子以晋代魏,没有解开价值倡导与现实政治之间对立的死结,进而又造成统治理论儒家思想中忠与孝概念的纠结,代表士族的玄学探索兴起。晋王朝建立的过程中,国家价值动员的说服力严重不足,儒学的官方意识形态地位受到挑战,可能是中国九个大一统王朝开国过程中,天命合法性认可度最低的朝代之一。随着一大批名士价值体系的转换,从汉末清议运动中成长起来的魏晋士族,蜕变为带有世袭性质、阶层固化的贵族势力,而先家后国的观念,成为士族对于现实政治巨大荒谬性的反抗。

---

1 钱穆:《国史大纲》上册,商务印书馆,1994年,第218页。
2 阎步克:《波峰与波谷:秦汉魏晋南北朝的政治文明》,第147页。

第 二 章

丁亥，帝耕于藉田。戊子，诏曰："古设象刑而众不犯，今虽参夷而奸不绝，何德刑相去之远哉！先帝深悯黎元，哀矜庶狱，乃命群后，考正典刑。朕守遗业，永惟保乂皇基，思与万国以无为为政。"

——《晋书·武帝纪》

第二章　晋武帝，儒家理想社会的布局

晋武帝是继秦始皇、汉高祖和汉光武帝之后，第四位完成天下大一统的最高统治者。武帝洞察治理体系中的死结现象，完成禅代革命后，倡导黄老清静无为之政，改行儒家王道的制度、法律和政策，不仅善待前两朝的皇族，还以近乎自我救赎的态度，优容被司马懿、司马师和司马昭杀害的士人遗属，通过减轻法家严刑峻法、政治压迫的方法，从而提升国家政治系统的合法性。

武帝大量分封宗室、士族功臣，实践皇帝主导的宗室、士族共治的统治策略。一方面通过九品中正制、五等爵制和户调式等制度安排，对士族给予优先品评入仕、爵位世袭和占有土地及依附人口等各种特权。既符合东汉以来士大夫建设周制儒家社会的政治理想，也是对士族阶层接受魏晋禅代政治现实的酬庸。另一方面，武帝把宗室势力置于国家组织体制最重要的位置，通过宗王参与中枢和主管地方军政两项制度，尽力维护君主在共治结构中的专制地位。这是在晋室"受之于天"的正统观念尚未成为士民共识的前提下，一种出于自我保护的政治安排。

武帝在接班人及辅政大臣的选择上处理失当，

固然和他善于平衡操作而缺少法家杀伐果断的性格有关，但是，背后更深层次的原因，可能还是武帝内心无法真正信任包括士族在内的文官武将，故而不得不采取重用外戚、增强帝系力量在宗室中的位置等措施，其实也是基于死结背景的选择。

晋武帝司马炎部分恢复周制，作为中央集权、郡县制和君主专制的秦制方法论的历史回摆，这似乎顺应了东汉以来崇儒潮流发展的结果，也是武帝追求晋政权天命的主要手段。随着国家再次统一，晋王朝统治的有效性达到较高状态，武帝平天下而不封禅，表面上晋室似乎取得了天命，但是，共治集团内部的宗室、外戚势力骄奢淫逸、自成体系；士族阶层没有因为武帝崇儒，继续服膺皇权受命于天的儒家思想，反而孝而不忠、先家后国，出现了脱儒入玄的价值转变趋势。晋武帝对之采取了放任的态度，这就埋下了其身后儒法国家皇权至上的价值与宗室揽权、士族自保等政治现实对立冲突的前因。

晋武帝未能建设起士民对于儒学、晋室与皇帝三位一体的忠诚体系，其政治系统的合法性，最多停留在对于晋室及武帝本人的认可上。武帝希望以让步、妥协，部分降低统治的有效性，换取统治集团内外势力提升对于系统合法性的评价，重建儒学价值的信仰，这显然不是成功的方针。

第一节
恢复周制的政治实践

晋武帝司马炎承继司马懿、司马师和司马昭之遗业，名为开创之君，实为守成之主。武帝完成禅代革命后，优容前朝宗室、反对士人遗属，倡导以孝道为核心的儒家仁政价值，采取以农为本、无为而治和宽政简刑的清静政策，通过减轻法家专制压迫残酷性的方法，提升晋政权的天命合法性。武帝延续了其父司马昭恢复周制中五等爵等制度，大量分封宗室诸王、士族功臣，实行皇帝主导的宗室、士族共治的统治策略。这种部分恢复周制的尝试，迎合了东汉中后期以来士大夫建设儒家理想社会的政治追求。

不过，在晋政权天命未被广泛接受之前，武帝不得不安排宗室皇族占据国家最重要的岗位。他又通过引入外戚势力、扩大宗室诸王帝系力量等手段，提升共治集团中皇权至上的权威。

弥合换代的社会创痛

公元266年2月，洛阳南郊的祭坛上燃起了熊熊大火。在文武百官、南匈奴单于和四夷使者数万人的见证下，司马炎接受魏元帝曹奂的禅让，定国号晋，即皇帝位，改年号泰始，是为晋武帝。这与四十六年之前，魏文帝曹丕接受汉献帝禅让的情形，几乎如出一辙。晋武帝追谥祖父司马懿为宣皇帝，庙号高祖，追谥伯父司马师为景皇帝，庙号世宗，追谥父亲司马昭为文皇帝，庙号太祖。十四年之后，晋军直下建康灭亡东吴政权，晋武帝司马炎成为继秦始皇、汉高祖和汉光武帝之后，第四位实现天下大一统的最高统治者。

30岁的司马炎是司马昭的嫡长子，《晋书·武帝纪》上称他"宽惠仁厚，沉深有度量"。司马昭进位晋王时，考虑到其兄司马师为司马懿嫡长子，又为魏晋换代作出了决定性的贡献，一度打算立过继给司马师的次子司马攸为世子，遭到何曾、裴秀、贾充等多位大臣的反对。司徒何曾等人坚持道："中抚军（司马炎）聪明神武，有超世之才。发委地，手过膝，此非人臣之相也。"（《晋书·武帝纪》）遂立司马炎为继承人。

司马炎自幼饱读经学，根据九品中正制的选拔制度，以世家贵族公子成为上品之选，司州十二郡子弟莫敢与其辈相比。他的母亲王元姬是北海清流集团名士王朗的孙女，王朗历任曹魏政权三公，王元姬之父王肃曾一人注遍五经，王元姬的母亲出身泰山羊氏。所以，司马炎是典型的汉魏儒学世家大族联姻的子弟。他承继了祖父、伯父和父亲多年接力的局面，虽然魏晋换代过程充满了暴力和肮脏，但司马炎本人手上没有沾染鲜血。这为他重建晋政权、皇帝和儒学正统三合一的信仰体系，打开系统的死结，提供了一定的可能性。

《晋书·武帝纪》记载，魏元帝曹奂认为天命归晋，主动派大臣郑冲向司马炎传达希望禅让的愿望。其实在这之前，至少骠骑将军石苞、车骑将军陈骞等人，多次向曹奂上书称"历数已终，天命有在"，实际上是变相逼迫元帝辞位。

晋武帝改封曹奂为陈留王，食邑一万户，居住在邺城宫中。

曹魏诸王均降为县侯。晋武帝允许陈留王曹奂乘坐的车使用天子旌旗,置备天子的五时副车。"行魏正朔,郊祀天地,礼乐制度皆如魏旧,上书不称臣"(《晋书·武帝纪》)。武帝正式解除了司马懿在镇压王凌淮南叛乱后,将曹魏宗室诸王禁锢在邺城的政策,而且还任命曹氏后人担任晋政权的官职。其中曹植之子曹志,先后被任命为乐平太守、散骑常侍和祭酒等。

晋武帝还撤去监督汉献帝后代居住的山阳国的卫队,取消汉朝及前蜀汉刘氏宗室出任官职的限制,善待山阳公汉献帝之孙刘康、安乐公刘禅等人。刘康、刘禅家族分别有一名子弟被任命为驸马都尉。另外,前蜀汉丞相诸葛亮之子诸葛瞻,在绵竹保卫战中和长子诸葛尚壮烈殉国,尚留较年幼的次子诸葛京。武帝任命诸葛京为郿县令,后来又升为江州刺史。晋武帝对于祖父司马懿的死敌诸葛亮颇为欣赏,公开表示,"使我得此人以自辅,岂有今日之劳乎"(《汉晋春秋》)。

晋武帝善待前两朝的皇族,以及其他对立政权的君臣,这是秦统一后的首次,在中国历史上也是罕见的景象。王莽篡汉后,将年仅4岁的孺子婴圈禁高墙府第之内,禁止任何人与之接触,导致他成年后六畜不分、智力低下。新莽末年大动乱后,孺子婴被西北民军劫持立为傀儡皇帝,最终为更始帝刘玄派人所杀。光武帝刘秀善待更始帝三个儿子,但也仅止封侯而已。在晋政权的庇护下,刘汉山阳国延续到永嘉之乱时期,曹魏陈留王则在乱世南迁,一直存在至南朝齐代。

在武帝登基不久后发布的诏书上,他对策划叛乱的王凌及居功获罪的邓艾,表达了一定程度的谅解,公开赦免了他们尚存的遗属,允许这些家族确定后代继承人。之后,他又接受山涛的建议,任命嵇康之子嵇绍为秘书丞。王凌、嵇康分别为武帝的祖父司马懿、父亲司马昭所杀，晋武帝善待这些对立面的后人，实际上是营造社会和谐的氛围。《晋书·武帝纪》记载了许允、许奇父子的故事。许允在李丰、夏侯玄事件后，向曹芳建议刺杀司马昭，结果被司马师流放死于途中。许允之子许奇为太常丞，武帝有事前往太庙，大臣们认为许奇为受害者后代，不适合待在皇帝的身边，提请将他外放为长史。"帝乃追述允夙望，称奇之才，擢为祠部郎，时论称其夷旷。"即晋武帝反而提拔重用许奇，此举被普遍赞扬为襟怀开阔。

晋武帝司马炎优待前朝的宗室，宽容反对派的后代，首先源自他对于新生的晋政权统治有效性的自信。汉室已经终结五十年，自称继承汉室的蜀汉政权已经投降，取代汉室的曹魏政权本身合法性不足，根本缺乏复国的动能。孙吴偏安江东一隅，先天缺乏天下政权的正统性，也不具备问鼎中原的能力。经过司马懿、司马师和司马昭父子两代的接力，一方面坚决镇压体制内外抗争的士族名士，另一方面对于不持异议者竭力笼络，至司马炎正式称帝，已经鲜有公开反对的声音。司马氏宗族人丁兴旺，中央政权各要害部门，国内邺城和长安等重要地区，都被宗室成员坐镇、控制。

其次，晋武帝作出这些和解动作，也是出于推行恕道仁政、提升天命合法性的需要。日本学者福原启郎发现，晋武帝在禅位革命时重用的大臣，司马孚、王祥、郑冲、荀𫖮、何曾等皆是曹魏时代以学问、孝行、忠义等知名的宿望。司马氏重视因学问修明、尊重礼教而具有名望的人物，与曹魏时代曹操重才不重德的人才观差别甚大。王沈、贾充、裴秀、荀𫖮、石苞、陈骞、羊祜等司马氏一党，多数来自地方名族，礼仪传家，或以孝行知名的家族。[1]晋武帝在用人上的选择，似乎佐证了他试图建设儒家理想社会的愿望。从某种意义上说，这是秦始皇统一实行秦制四百余年以来，对于周制的又一次回归。

儒道合流的仁政、清静政策

晋政权代魏之后，晋武帝司马炎采取了一系列与曹魏政权有所不同的政策、法律和制度。新的王朝建立第三天，武帝即颁布全国实行节俭的诏令，表示与曹魏时代的奢靡之风区隔。他下令取出皇宫中所藏的珠玉玩物，赏赐给王公贵族以下各级官员。之后，太医司马程进献雉头裘，武帝认为这种奇装异服为礼法所禁止，将之焚烧于大殿前。晋武帝还要求用青麻代替制造牛绁的青丝，以示节约。针对先祖皇陵十里之内需要迁徙居民的旧制，武帝考虑到这将增加民众的烦恼，下诏终止。

司马炎在父亲去世即位晋王时，就下令宽缓刑罚赦免罪人，安抚百姓暂息徭役，全国服丧三天。要求各郡中正根据六条标准为国举才："一曰忠恪匪躬；二曰孝敬尽礼，三曰友于兄弟，四曰洁身劳谦，五曰信义可复，六曰学以为己。"（《晋书·武帝纪》）即帝位后，诏令大赦囚犯，赏赐天下百姓爵位，每人五级，赏鳏寡孤独不能自谋生计者粮食，每人五斛，免去天下一年的租赋和关市之税。旧债欠租者都不再收取。"除旧嫌，解禁锢，亡官失爵者悉复之。"（《晋书·武帝纪》）这些执政伊始就向民众、官员施以恩惠的政策，以及强调以儒家伦理作为组织体制取人的条件，

---

[1] ［日］福原启郎著，陆帅译：《晋武帝司马炎》，
江苏人民出版社，2020年，第88—89页。

成为晋武帝宣示合法性的主要手段。

晋政权特别强调儒家价值中的孝道立国,司马昭去世后,武帝身体力行、率先垂范,穿了整整三年的孝服。他称帝后立即宣布,各位将吏如遇需要服丧三年的大丧,允许归家服丧;不久,准许俸禄为二千石的高官可以回家服完三年丧期;之后,武帝又同意士兵遭逢父母之丧本人又不在边境驻扎的,都可以回家奔丧。

晋武帝依照周礼,亲往藉田示范耕作。天子亲耕的藉田之礼,相传为周公所创,两汉时为汉文帝刘恒所复兴。武帝在随后发布的一篇诏书里,较为全面地反映了他对儒家价值观与法家方法论的看法。武帝认为,古人仅实行象刑,即以服饰标明罪人身份的象征性刑罚,而天下较少违法行为,当今动辄施以灭族的酷刑,犯罪的情况屡禁不绝,这充分说明了德治胜于刑名的重要性。"思与万国以无为为政……又律令既就,班之天下,将以简法务本,惠育海内。宜宽有罪,使得自新,其大赦天下。"(《晋书·武帝纪》)武帝高度肯定儒家仁政价值的同时,批评了法家严刑峻法的方法论,实际上是对于"霸王道杂之"中霸道部分的否定。

晋武帝诏书中提到的古代,特指尧舜夏商西周三代期间的治理秩序,诏书中提到的"万国",指西周、东周前期诸侯分立自治的状态,其实都是儒家经典文献中描绘的理想社会范本。这种传说是否真实存在或者美好姑且不论,却反映了东汉以来名士、世家大族的政治追求。

晋武帝决心采取以农为本、无为而治和宽政简刑的清静政策,相当程度上模仿汉文帝儒道混合的施政理念,从而奠定了晋代国家治理的主基调。司马懿、司马师和司马昭在代魏的进程中，采取了包括弑君在内的野蛮手段，挑战儒家的价值。武帝稳定大局后急于反其道而行之，固然出于他个人的儒学修养，更多的可能是希望通过减轻法家专制的严酷性，从而换取士族、民众的支持，提升新生晋政权的天命合法性。

曹魏政权时期，曾将历史上的质任制度发挥到极致。军队将领出征、地方大员任职，必须将直系亲属作为人质留在京师，一旦反叛或自立，中央政权即可处置其家属。钟会征蜀发动叛乱，属下的将士们均不愿跟随，很大部分的原因，就是这些将士的家属被质留在京师。为了显示自己的宽仁，武帝在改朝即位的第一年，下令废除"部曲将、长吏以下"的质任。公元279年，西晋咸宁五年，就在晋军全面进攻东吴的前夕，下令废除"部曲都督以下"的质任。这一法家统驭部下的有效制度被晋武帝轻易地取消了。

公元268年，西晋泰始四年，晋武帝正式颁布以其年号得名的《泰始律》。自晋王司马昭时期始，历时四年，主要由郑冲、贾充等儒家官僚学者完成了晋律的修订。《泰始律》"蠲其苛秽，存其清约"体现宽简的原则，"减枭、斩、族诛、从坐之条，除谋反，适养母出、女嫁，皆不复还坐父母弃市，省禁固相告之条，去捕亡、亡没为官奴婢之制。轻过误老少女人当罚金杖罚者，皆令半之"（《晋书·刑法志》），第一次将"五服制罪"纳入法典，即在家族内部同罪异罚，亲属相犯以卑犯尊者，处罚重于常人，关系越亲处罚越重；若以尊犯卑，处罚轻于常人，关系越亲处罚越轻。这些法条，贯穿了儒家宗法伦理的价值实质，法律中还有免官、除名和夺爵抵罪的条文，是对世家大族阶层等级的维护。

分封与周秦制度互补

晋武帝以儒家的仁义教化、道家的宽简无为代替法家的严刑峻法，既是对曹魏政权严苛之政的否定，又是对汉文帝、汉光武帝等汉朝统治者所代表价值的追随，更是对西周等上古三代理想社会的向往。鲁惟一教授发现，汉魏之际，正统的观点认为，过去的神话中的统治者和周朝历史上诸王必然地胜过汉朝皇帝，周朝被理想化为获承天命一样，秦朝则被贬抑为历史的不速之客。[1] 这是东汉儒学兴盛、士族名士崛起的必然逻辑。晋武帝又采用了周制中最核心的分封制度，作为对秦统一后中央集权郡县制度的修正。

司马炎改朝称帝后，立即分封司马氏宗室为王，首批共有二十七人被封王，包括司马懿兄弟八人及其子孙。其中第一代一人，为尚在世的司马懿之弟安平献王司马孚；第二代二十一人，含司马懿、司马孚儿子各六人，其余为司马懿其他兄弟的儿子；与晋武帝司马炎同辈的第三代五人，含司马炎三位弟弟，以及司马孚之子义阳王司马望的两位儿子。武帝当时年仅30岁，自己的儿子尚年幼，没有在此次分封的范围。晋政权以郡为国，首批分封的二十七位郡王中，食邑二万户为大国，置三军兵力五千人，食邑万户、五千户的次国、小国，兵力分别递减为三千人和一千五百人。

魏晋禅代之前，司马昭已经奏请恢复五等爵，晋政权成立后，武帝分封宗室诸王的同时，随即分封士族功臣及部分宗室次

---

[1] ［英］鲁惟一著，王浩译：《汉代的信仰、神话和理性》，北京大学出版社，2009年，第174—175页。

一等的爵位。郑冲、王祥和裴秀等人被赐为公爵，贾充等人被赐为侯爵。所谓五等爵，就是在亲王、郡王与散侯之间，加入西周时期实行过的公（郡公、县公）、侯（郡侯、县侯）、伯、子、男五种爵位。晋政权"有开国郡公、县公、郡侯、县侯、伯、子、男及乡亭、关内、关外等侯之爵"（《通典·职官十三·历代王侯封爵》）。晋室初立时，"公、侯、伯、子、男，五百余国"。

这些较为接近周代分封制的统治策略，既是对士族官僚的笼络和酬庸，也符合士大夫追求上古儒家完美社会的政治理想。从九品中正制保证士族子弟选官优先的演变，到晋武帝分封士族官僚爵位，某种形式上意味着先秦贵族体制，在新的时期以士族政治的面貌复活。

陈寅恪先生认为，恢复五等爵的政治理想，表面上有似复古的论调，其实是符合当时的世家大族，尤其是经过武装过程以后的世家大族的要求的。他们建立起他们的小王国（庄园）以后，想用旧的五等封建制作为外衣来披在新的封建制之上，经过名正言顺的法定程序，来承认他们小王国的独立主权和新的主佃依附关系的合法性。[1]

当然晋武帝推行的分封制度，并不等同于西周诸侯封建的统治策略，相当程度上还是中央集权郡县制的变形。王国以郡而置，改郡太守为内史，多数情况下仍为中央政权所任免，国不置相，其地位与郡差别不大。郡国户数相当两汉时期大县，租调收入宗王仅占三分之一左右。二十七位被封宗王，部分不去封国而是留在洛阳。其他五等爵没有封地，仅享受食邑，租调收入分食

---

[1] 陈寅恪:《崔浩与寇谦之》,《岭南学报》1950年第1期。

当地四分之一左右。士族虽拥有土地及部曲等依附人口的世袭特权，子弟优先评品出仕，但与周代异姓诸侯分疆裂土仍有区别。

司马氏为东汉后新兴的儒学文化家族，武帝自称"本诸生家，传礼来久"(《晋书·礼志中》)。夺位之前，司马氏作为"诸生"之家的一员，其政治追求与"诸生"家族并无不同。晋王朝完成禅代后，武帝一面将士族的政治理想付诸实践，争取士大夫阶层的支持，提升治理体系的天命正统；另一面方面也必须维护司马氏皇族在组织体制中的统治地位。武帝分封重用宗室，存在维护晋政权有效统治的稳定性和长久性的考虑。

魏文帝曹丕承接东汉的统治策略，表面上封建宗王，实为虚封，处处加以提防，宗室在地方没有形成屏藩皇室的势力。中央政权被司马氏篡夺后，曹魏宗室毫无还手之力。这和秦末义军兴起而皇室缺乏屏藩迅速灭亡的情况类似。晋武帝吸取了这一历史教训，有意培植宗室的势力，作为对于士族功臣的牵制和平衡。没有前往封国的宗王，部分留在朝廷出掌要职，部分担任将军都督镇守要冲。

晋武帝将宗王参与权力中心和主管地方军政两项制度，作为宗室分封策略的延续安排。其一，开国之初，安平王司马孚即被任命为太宰，义阳王司马望被任命为太子太尉，之后又有多位宗王，先后被任命为中央政权的各种要职，参与国家的决策，其中齐王司马攸被任命为司空、太子少傅。而且，宗王的子弟以"宗室迁"起家，出任散骑常侍、五校尉等皇家近卫官，相当于在九品中正制之外，国家另定组织体制选拔规则，为宗室子弟专门开辟上升通道；其二，晋武帝延续了司马师、司马昭的做法，选择宗室子弟以将军、都督或监军的名义，掌握地方军队的统率权或指挥权，特别是出镇长安、邺城、许昌和扬州等重要地区，之后不断扩大宗王出镇的区域。

实际可能的情况是,一部分担任国家政权负责职务的,如司马孚、司马望、司马攸等,以及一些出镇地方、统率州郡军队的,如琅邪王司马伷、扶风王司马亮等,没有就国,其余不在国家政权机构、军队中任职的,皆在受封之后,马上之国了。许多宗王就国后又应召入京,担任军队和政府的职务。[1]

晋王朝是秦皇汉武建立中央集权、郡县制和君主专制的帝制治理体系以来,部分恢复西周分封制度的大一统政权。晋武帝完成魏晋禅代最初的十年,倡导儒家名教为官方的核心价值,兼行黄老无为清静的思想,以皇帝主导的宗室、士族共治,作为中央集权、君主专制统治策略的特殊形式。尽管这种分封和共治造成食邑阶层扩大,国家资源控制能力下降,阻碍了寒族士人进入组织体制的通道,但是,较之司马懿、司马师和司马昭时期,晋代社会的整体氛围大为缓和。

晋武帝将宗室势力置于国家组织体制最重要的位置,这是晋政权的天命合法性尚未得到先家后国的士族官僚充分认可前,最高统治者不得不信任血亲的一种本能的自保反应。这一时期,没有继续发生挑战司马氏家族称帝的大规模政治事件,士族、名士的价值论述相对沉寂,这对打开系统的死结,起到了正面的作用。

---

[1] 陈长琦:《六朝政治》,南京出版社,2010年,第88页。

引进外戚、调整宗室分封的原因

晋武帝在实践士族政治理想、提升晋政权系统合法性的过程中，遭遇君主专制权威不足的挑战。作为司马氏改朝创业的第三代守成之主，武帝依赖士族功臣和宗室亲属两大政治势力，其中较有影响的大臣包括贾充、裴秀、荀勖、王沈、羊祜和司马孚、司马望父子等，这些人大多为他的长辈，晋武帝遇事更多地争取他们的支持，而不是发挥一言九鼎的专制能力。公元267年，西晋泰始三年，即在换代一年多后，武帝确立了九岁长子司马衷的太子地位，不久又分封次子司马柬等人为王。随着太子司马衷年龄增长，其智商难以胜任的问题逐渐浮现，朝臣中出现拥立齐王司马攸的倾向，围绕着这一重大议题，君臣之间出现了十余年或明或暗的纠葛。

《晋书》中多处保留司马衷成年后智力低下的记录。最为出名的两个例子：一是他听说百姓饿死，问何不食肉糜；二是他听说蛤蟆叫，问这是官哈蟆叫还是私哈蟆叫，未免令人啼笑皆非。武帝可能感觉到司马衷的愚笨，曾与杨皇后商议。《晋书·武元杨皇后》中记载，"帝以皇太子不堪奉大统，密以语后。后曰：'立嫡以长不以贤，岂可动乎？'"杨皇后搬出儒家嫡长子继承制继承伦理原则，武帝只得作罢。随后发生了迎娶贾充之女贾南风为太子妃的事件。

贾充长武帝近二十岁，父亲贾逵是和司马懿、王凌同辈的曹魏政权精英。贾充指使成济杀害了高贵乡公曹髦，扭转了被动局面，为司马氏篡政立下了汗马功劳。贾充前妻李婉为尚书令李丰之女，李丰策划推翻司马师的政变被诛杀，李婉受到牵连遭流放至乐浪。贾充不得不与李婉离异，另娶郭槐为妻。贾充、李婉之女贾褒后成为齐王司马攸的王妃，郭槐则是贾南风、贾午的母亲。晋武帝即位后，李婉遇大赦而还洛阳，武帝特许贾充并置前妻李氏与后妻郭氏为左右夫人。

公元271年，西晋泰始七年，侍中、太子少傅任恺等人利用西北羌乱，提出贾充前往坐镇弹压，实则将贾充从中央政权排挤出去，一度得到武帝同意。最终，贾充嫁女与武帝联姻而得以留在中枢。权家玉博士考证后认为，晋武帝立嗣是决定历史走向的大问题，贾充作为齐王司马攸的岳父，不得不受武帝的猜忌，这是贾充在党争中遭遇任恺等小人物牵制的根本原因。贾充与李婉夫人的关系，很大程度上是由齐王与太子孰为皇嗣的大背景决定。贾充与郭槐之女被立为太子妃，贾充由单纯的齐王岳父转而在齐王与太子两者之间形成平衡，即"两女婿亲疏等"的情况。

公元272年，西晋泰始八年，晋武帝下诏禁断贾充与李婉的关系，实际上就是要强化他与郭槐、太子妃以及太子的关系，在太子与齐王间有所取舍。[1]《晋书·武元杨皇后》中还记载："初，贾充妻郭氏使赂后，求以女为太子妃。及议太子婚，帝欲娶卫瓘女，然后盛称贾后有淑德，又密使太子太傅荀顗进言，上乃听之。"这说明在武帝与贾充联姻问题上，郭槐和杨皇后起到了主导的作用，而且动员荀彧之子荀顗作为说客，晋武帝改变主意，乘机争取贾充对太子的支持。

公元276年，西晋咸宁二年，洛阳发生了大规模的瘟疫传染，许多人得病失去了生命。41岁的武帝年初染疾，被迫取消了岁旦盛大的元会。在武帝重病无法视事的小半年里，贾充、荀勖和齐

---

[1] 权家玉：《晋武帝立嗣背景下的贾充》，《魏晋南北期隋唐史资料》2006年00期。

王司马攸是朝廷中最重要的大臣。一方面，太子司马衷当时18岁，明显难以担当最高统治者的重任；另一方面，年近30岁的司马攸年富力强，已经积累了较丰富的军政处理经验，而且过继给司马懿长子司马师为子，具备继承大统的合法性。《晋书》中并无司马攸主动争取继位的记录，不过，确有部分大臣表达了拥戴之心，其中河南尹即京师的首长夏侯和就公开向贾充喊话："卿二女婿，亲疏等耳，立人当立德。"(《晋书·贾充传》)贾充不答，不乏继续观望的意图。

平心而论，包括贾充在内的大臣们青睐于齐王司马攸，应该较少私心，主要出自对晋政权的忠诚，但是，恢复健康后的晋武帝不会这么理解。仇鹿鸣博士判断，观察其后几年武帝一系列的政治举措，可以清晰地发现武帝政治策略的转变。武帝一改政治平衡者的形象，开始利用皇权的力量重组西晋政治的权力结构，从而保证皇帝的权威不再受到挑战与威胁，进而巩固太子的地位。[1]

晋武帝立即宣布了两项人事决定，即解除夏侯和河南尹的职务、调任闲职；解除贾充的兵权、改任太尉。紧接着他又采取两项重大的政治措施，作为加强皇权、保证太子司马衷顺利接班的保障。

其一，当时杨皇后已经去世，她临终前担忧宠妃胡贵嫔入主中宫，对太子不利，曾哭求武帝以堂妹杨芷继之。武帝正式册立杨芷为后，突击分封杨芷之父杨骏为临晋侯，参与朝廷大政。实际上是引入外戚势力，以抗衡士族功臣元老和宗室长辈。考虑到

---

[1] 仇鹿鸣：《咸宁二年与晋武帝时代的政治转折》，《学术月刊》2008年第11期。

杨骏虽号称东汉四世三公弘农杨氏余脉，但本人仅为县令一类小官，经学玄道修养较为欠缺，多数士族大臣的反感可想而知。晋武帝打破曹魏以来不用外戚的传统，完全是认为杨骏地位低而易于控制，把杨氏外戚势力作为皇权延伸的工具。

其二，公元277年，西晋咸宁三年，晋武帝大规模调整宗室分封，确立了非皇子不得为王、帝系独大的分封原则。共有五位武帝皇子被分封为王，加之稍早已被封王的司马柬等四位皇子，宗室诸王中武帝一系的力量大为加强。由于之前要求宗王前往封国履任，武帝又规定诸侯王国中尉领兵，直接由中央政权任命，保证把军权置于国家的控制之下；在诸侯王国推行汉武帝时期的推恩制度，即各诸侯国除了嫡长子继承王位，还分割原封国的户邑推恩给其余支庶子孙；实施王国军队逐代递减制度，大国原置三军五千人，在其孙子辈、曾孙辈时，分别削去一千五百人，次置原置二军三千人，在其子孙辈时，减至一军一千五百人，防止地方宗王拥兵自重。

第二节
天下重现大一统

晋军出师平定东吴政权，晋武帝成为继秦始皇、汉高祖和汉光武帝后，中国历史上第四位实现大一统政权的君主。武帝在天下太平的思维主导下，实行罢州郡兵、实施户调式等公共政策，继续推进儒家理想社会的建设。既维护士族官僚经济上的特权，又适度提升了国家人力、财力资源的动员能力。一方面，历史上被忽略的"太康之治"，虽然存在着奢靡、宽纵和缺乏制度建设等种种弊端，但仍然是一段和平、富裕的岁月。随着汉魏时期老一代人逐渐谢世，对司马氏得国不正的质疑下降，武帝宣称"我平天下但不封禅"，意味着他可能自视已接近获得合法性的目标。另一方面，士族官僚脱儒入玄、先家后国的风气没有得到根本改善，对国家政权的忠诚，远未能达到两汉士大夫的程度。

武帝亲自指挥平吴之役

晋政权开国后，武帝高调推崇儒道，推行与士族、宗室共治，根本目的在于增强治理体系的合法性。在与士族、宗室发生矛盾后，他又通过引入外戚势力、扩大宗室诸王中帝系力量等手段，提升最高统治者在共治结构中的主导权威。在完成禅代至实现统一的十余年间，晋武帝没有主动发起平吴之役，这大致和晋朝君臣缺乏进取心有一定的关系。魏晋国家组织体制高度重合，钱穆先生评论："其时佐命功臣，一样从几个贵族官僚家庭中出身，并不曾呼吸到民间的新空气。故晋室自始只是一个腐败老朽的官僚集团，与特起民间的新政权不同。"[1] 此外，孔孟儒学、黄老道家中仁义反战的思想影响可能也是原因之一。

魏文帝曹丕代汉之后，崇尚汉文帝与民休息、以德治民的理念。《三国志·文帝纪》中记载，"尉佗称帝，孝文抚以恩德，吴王不朝，赐之几杖以抚其意，而天下赖安"，魏文帝对此相当感佩，在位七年期间，和东吴、蜀汉的战争规模都较为有限。晋武帝与魏文帝同为守成之主开国，虽然实质是篡位之举，形式上终究效仿上古尧舜的禅让，从这个意义上理解，实践儒家经典中的"理想国"应是题中应有之义。

《晋书·羊祜传》记载，车骑将军、都督荆州诸军事羊祜曾向晋武帝陈词，称"今主上有禅代之美，而功德未著"，其中所谓禅代之美，指禅代后儒家价值的推行，而要建功立业还是必须吞灭东吴，这也是晋政权追求天命正统、打开死结的需要。羊祜出身汉魏世家大族泰山羊氏，母亲为大学者蔡邕之女、蔡文姬的姐妹。他是司马师第二任妻子羊徽瑜之弟，武帝外祖母也来自羊氏，司马氏、羊氏两家是姻亲的关系。

虽然羊祜参与了魏晋禅代，与贾充、荀勖同为武帝最倚赖的大臣，但是，在伐吴等重大问题上，双方立场相差甚大。贾充等人以为，东吴据有长江天险，善于水战，北方军队难以取胜；西北鲜卑族树机能举兵进犯，晋政权尚有后顾之忧。

公元269年，西晋泰始五年，晋武帝安排羊祜前往荆州赴任、

---

[1] 钱穆：《国史大纲》上册，第230页。

坐镇襄阳，即隐含了伐吴的内心规划。羊祜轻车简从，善待将士与当地民众，积极组织开垦荒地，大量累积军粮等战略资源。虽然在双方围绕着东吴将领步阐投降的攻防中，羊祜败于陆逊之子、东吴名将陆抗之手，但他随后采取仁义德治的路线，以边界上新修的五座城池为基地，对孙吴军民进行招抚，不主动偷袭对方，释放对方被俘兵民，厚葬对方战死将士，以礼接待孙吴归顺人员，赢得了包括陆抗在内的边界双方军民的尊敬。

羊祜经营荆州十年，把荆州建成向孙吴发起总攻的战略基地。根据羊祜的推荐，武帝任命寒族出身的王浚为益州刺史。王浚在巴蜀上游训练水师，建造大型的水师舰队，历时七年训练，准备沿长江顺流而下江东。

反之，东吴政权自孙权晚年便陷入内乱，三子孙和与四子孙霸的势力相互攻击，陆逊等一批江东世家的代表人物牵涉其中。公元264年，东吴永安七年，在经历了诸葛恪、孙峻和孙琳等权臣专政后，孙和长子乌程侯孙皓被拥立为帝，改年号元兴。23岁的孙皓为了强化个人专制的权威，采取和晋武帝司马炎完全不同的策略，他大肆屠杀功臣与宗室成员，包括拥立自己的大臣，"或剥人面，或凿人眼，由是上下离心，莫为尽力"（《资治通鉴·晋纪二》。孙皓在位后期，频繁发生吴军将领率部归降晋政权的事件。

晋武帝躲过疫病死神的威胁后，明显加快了讨伐东吴的准备。但是，他的统一决心仅得到羊祜、度支尚书杜预和中书令张华等少数大臣的支持，以贾充、荀勖为代表的一大批老旧官僚继续坚持反对意见。公元279年，西晋咸宁五年，晋武帝发布了攻伐东吴的诏令。在这之前，羊祜已经病逝，羊祜生前推荐杜预继之。晋军先后击败匈奴贵族刘猛、鲜卑族树机能的叛乱，恢复了北方的稳定。

武帝可能出于营造统治集团大团结的需要，任命反战派首领贾充为征吴统帅，下诏称："君不行，吾便自出。"（《晋书·贾充传》）贾充不得已坐镇襄阳，直到战事展开，一度受到挫折，还上书武帝，要求腰斩帮助武帝谋划的张华。晋武帝立即回复，"此是吾意，华但与吾同耳"（《资治通鉴·晋纪三》）。在武帝亲自部署下，晋军分兵六路出击，充分发挥了晋政权资源控制与动员能力远胜东吴的优势。

其中镇东大将军、都督徐州诸军事、琅邪王司马伷出涂中，安东将军、都督扬州诸军事王浑出江西，豫州刺史王戎出武昌，平南将军胡奋出夏口，镇南大将军、都督荆州诸军事杜预出江陵，龙骧将军、监梁益诸军事王濬率水师自巴蜀沿江而下。吴军主力被迫北上迎击威胁建康的王浑大军，杜预迅速占领江陵渡过长江，保证水师顺利攻破吴军防区。王濬统帅的巴蜀水师乘虚直下建康，东吴水军望风而降。公元280年，西晋太康元年，孙皓不得不将玺绶送往司马伷处，自缚其身，率随从抬棺向王濬请降。三国分裂时期的最后一场大战，仅四个月左右即完美结束。

由于王濬名义上受王浑节制，却自作主张攻入建康；因此王浑便列举罪名向朝廷控告王濬。王浑出自士族名门，王浑之子与武帝之女常山公主结亲，在朝中很有势力，而王濬出自寒族，这几乎是蜀汉灭亡时钟会、邓艾两士相争的翻版。幸运的是，较之其父司马昭，晋武帝更为了解一线的实际情况，性格上更为宽仁，坚持善待已75岁的老将王濬。

祝总斌先生评论，晋武帝在伐吴战争中，从战前的立意、配备大将、制定方略、决定最佳讨伐时机，到直接部署兵力、指挥战争，他不但始终其事，全部参加了，而且态度坚决，处事谨慎,是主战派中最核心的人物。[1]自东汉晚期黄巾起义、董卓进京天下陷入分裂以来,已经过去将近一百年,差不多经历四代人的前赴后继,终于在晋武帝司马炎手中归于统一,这无疑大为增强了晋政权天命所归的正统性,盛世几乎已经是要扑面而来了。

完善国家的日常体制

公元280年,西晋太康元年,晋武帝诏赐原吴主孙皓为归命侯。琅邪王司马伷派使者把孙皓等人送至京师,武帝又封孙皓的太子为中郎,其他诸子为郎中。州牧郡守以下官吏全部留用,"除其苛政,示之简易"《晋书·武帝纪》。特许百姓聚宴五天,救济孤苦贫穷老人。对东吴望族适才录用,孙吴将领、官吏渡过长江的,免除十年的赋税、劳役,百姓免除二十年的赋税、劳役。

尽管发生过少量的叛乱事件,朝廷以扬州刺史周浚镇守秣陵进行弹压,但吴地局势总体平静。江南一度出现吴当复国的童谣,表示仍有部分百姓对吴政权有着深厚的感情,随着时间的推移,吴人在与中原文化交流交往交融的过程中,不断加深对西晋的国家认同,后期史书上也再未出现含有"复兴吴国"之意的江南童谣。[2]

晋武帝曾向东吴的降臣询问孙皓败亡的原因。《资治通鉴·晋纪三》记载,散骑常侍薛莹回答:"皓昵近小人,刑罚放滥,大臣

---

[1] 祝总斌:《简评晋武帝在统一全国中的作用》,《文史知识》1985年第2期。
[2] 郑宇虹、崔向东:《西晋不同社会群体的国家认同演变》,《辽东学院学报(社会科学版)》2021年第6期。

诸将，人不自保，此其所以亡也。"前建平太守吾彦回答："吴主英俊，宰辅贤明。"武帝笑道："若是，何故亡？"吾彦又答："天禄永终，历数有属，故为陛下禽耳。"即把晋之所以战胜吴，视作天命正统所归，这使晋武帝相当受用。

这种晋政权可能已经获得天命的想法，也在部分大臣中发酵。卫瓘、山涛、魏舒、刘寔和张华等人连续四次上书，请求武帝去泰山封禅，遭到武帝婉拒。紧接着满朝文武王公有司再度上书，奏请武帝封禅，武帝还是选择了谦退。

晋武帝在统一后推出两项公共政策，即罢州郡兵与实施户调式。所谓罢州郡兵，指大郡置武吏百人，小郡五十人，其余州郡兵一律归农。国家若遇战事，由出镇长安、许昌等地的都督或洛阳禁军予以应对。晋武帝认为，东汉末年天下大乱，刺史对内处理民事，对外统领兵马，现在恢复天下太平，即应实行汉朝的制度，地方上收藏兵器，刺史的军民职权重新分开。交州牧陶璜上书反对，陈述交州、广州地区东西数千里，不归顺者六万余户，官府可以征发徭役的编户仅五千户，两州相连，官府必须有军队镇守。另外，宁州地区的蛮夷，连接据守上流，水陆并通，官府也不宜减损州兵，显示自身力量的薄弱。仆射山涛也以为，不能去掉州郡军备。晋武帝没有采纳他们的建议。

所谓户调式，指占田制、课田制等国家土地制度以及相应的赋役征收制度。曹魏时代旧规，原郡县系统的编户民自耕农，成年男子可占田七十亩，妻占田三十亩。晋武帝即位前后，国家即着手废除曹操时代建立的屯田制。考虑到屯田客不用服役，取消屯田制意味着国家控制的役源的增加。随着国家掌握了更多的编户齐民户数，统一的国家之内没有必要实行两种税率的征收标准。屯田制废除后，原屯田客、屯田士兵，丁男每人可分课田五十亩，妻分课田二十亩，国家改以户为单位收取税赋。日本学者福原启郎认为，这些政策使晋政权从战时体制转向日常体制，展现了晋武帝理想中的国家形态。[1]

晋武帝批准的户调之式，规定了士族地主依据官品占田的数额，以及荫庇衣食客和佃客的数目。其中最低级别九品小官，可占田千亩，是普通民户十倍，首次承认了世族地主占有附属人口免除租役的特权，但对所占田、客总量作出明确的限制。这种既照顾现实政治中士族的利益，同时又提升国家扩大人力、财力资源动员能力的做法，体现了武帝追求的和平仁义、尊卑有序的儒家社会的王道价值。

"太康元年平吴，大凡户二百四十五万九千八百四十，口一千六百一十六万三千八百六十三。"（《晋书·地理志上》）到了公元282年，西晋太康三年，"晋户有三百七十七万"（《三国志·陈群传》，裴松之注引《晋太康二年地记》）。三年内国家净增一百三十余万编户，绝大部分可能从士族地主所占的庇荫之户转入。

占田制下赋税的减轻，以及对垦荒的鼓励，必然大大刺激农民的生产积极性，加之灭吴后相当一部分士兵解甲归农，大量荫庇户重新变为编户农民，肯定会促进农业生产的发展，这就出现了历史上的太康盛世。[2]东晋时期史学家干宝在《晋纪总论》中记述："太康之中，天下书同文，车同轨，牛马被野，余粮栖亩，行旅草舍，外闾不闭。民相遇者如亲。其匮乏者，取资于道路。故

---

[1] ［日］福原启郎著，陆帅译：《晋武帝司马炎》，第111—113页。
[2] 唐明礼、张国强：《试论晋武帝司马炎》，《南都学坛》1990年第2期。

于时有天下无穷人之谚。"统一后的晋朝社会，呈现出一片和平繁荣的景象。

盛世中的价值对立

第三次淮南平叛战争之时，诸葛诞失败被灭族，尚有一女一子幸免。其女为司马懿儿子琅邪王司马伷之妻，其子诸葛靓当时作为人质滞留孙吴，随后在江东担任右将军、大司马等职，长期与晋军作战。晋武帝灭定东吴后，诸葛靓北返藏身其姐处。晋武帝闻讯，非常希望诸葛靓出仕晋政权，不惜亲自拜访叔母诸葛太妃，劝说诸葛靓转变心意，却遭到不忘父仇的诸葛靓婉拒。

武帝临朝多有厚待世族之举，并多起用其父祖所诛戮之遗族，此情况在历代开国之君中亦属罕见，除了拉拢士族的政治目的，也包含了代替父祖对过往杀戮进行弥补的自赎心理。[1] 随着天下再现秦汉之后的大一统，安定、富裕的局面出现。九品中正制、五等爵制与户调制的实施与发展，国家从政治上、经济上保证了士族世袭等特权，较少听到公开质疑晋政权合法性的声音。晋武帝自称"我平天下不封禅"（《晋书·刘毅传》），流露出他自我感觉取得天命的心态。

公元281年，西晋太康二年，晋武帝"诏选孙皓妓妾五千人入宫"（《晋书·武帝纪》），这被认为是武帝开始沉溺于女色的标志性事件。杨元皇后在世时采选宫人，仅挑肤白壮实者，将美貌者排除，武帝对她较为迁就。早年最受宠爱的胡贵嫔为大将胡

---

[1] 石玉：《晋武帝拒行封禅与及其自赎心态探微》，《历史教学（下半月刊）》2018年第3期。

奋之女，个性上争强好胜；左贵嫔相貌平常，以文采诗赋取胜，晋武帝均表现出礼遇和尊重。东吴的后宫加入后，嫔妃数量接近万人，武帝一时不知选择夜宿何宫，竟乘羊车由羊任意行停决定。一些希望得到宠幸的嫔妃，在门口放上羊爱吃的竹叶和盐，诱使羊车停驻自己宫前。后来嫔妃们纷纷效仿，连羊也无所适从了。

武帝可能一度陶醉于大一统天子的安逸享乐，这和他即位时倡导的俭朴之风形成对照。部分宗室国戚、士族官僚以炫富纵乐为荣，武帝也不予以制止。晋武帝舅父、后将军王恺和功臣石苞之子、散骑常侍石崇斗富，王恺用麦糖洗锅，石崇就用白蜡当柴烧，王恺做紫丝绫步障四十里，石崇做彩织锦步障五十里，王恺摆开武帝亲赐的二尺高珊瑚，石崇将其击碎，一下子拿出了六七个三尺多高的珊瑚赔偿，令人叹为观止。

位列三公的何曾一生奢侈，其自家厨房所制佳肴，胜过王侯帝戚之家。晋武帝举办宫廷盛宴，何曾不食太官烹制的美馔，认为不如家制的味美，武帝特许他自带膳食。"食日万钱，犹曰无下箸处"（《晋书·何曾传》）。他的儿子何邵一定要吃遍天下珍异，一天膳食两万钱。何曾在晋军伐吴前夕去世，博士秦秀提议谥为"缪丑"，武帝不加理睬，亲命赐谥何曾为"孝"。

何曾私下在家人面前评价武帝："国家应天受禅，创业垂统。吾每宴见，未尝闻经国远图，惟说平生常事，非贻厥孙谋之兆也。"指诸孙曰："此等必遇乱亡也。"即认为晋武帝缺乏长远的国家规划，子孙必在未来遭遇天下大乱。武帝当年被立为晋王司马昭继承人时，何曾立有劝谏之功，他又积极参与了司马炎的换代革命，是武帝时期元老级的重臣。何曾内心对于贾充弑君颇多不满，但在贾充与名士庾纯等人发生争执时，他又站在贾充一边。

何曾以至孝著称，主张遵从名教礼法，与玄学派理念针锋相对，司马昭在世时，何曾即要求放逐不守丧制的阮籍，未获采纳。

司马光在《资治通鉴》中评论："且身为宰相，知其君之过，不以告而私语于家，非忠臣也。"四朝元老何曾的身上，折射出魏晋士族孝而不忠的缩影。

曾弹劾何曾奢侈的司隶校尉刘毅，也许是司马光心目中忠臣的典型。他大力打击豪门贵族的不法行为，洛阳秩序为之一新。太子司马衷上朝大张鼓乐进东掖门，刘毅认为是对皇帝不敬，将其阻止，还弹劾了太子太保太傅以下的官员。晋武帝曾问刘毅，我可以和汉代哪个皇帝相比？刘毅回答：桓帝和灵帝；桓灵出卖官职的钱进入官库，而陛下卖官的钱都进入了宫中私库。其实，刘毅所说卖官之事至少在史料上并无明确记录，反而晋武帝容人的气度，倒是充分显示了仁君的风范。问题在于，武帝能够让人提出尖锐批评的意见，但对其中合理的部分，往往缺乏改变的决心。

刘毅上《九品有八损疏》，力陈九品中正制的八大弊端：重点阐述国家选才操之于各地中正，中正权力过大、精力不济和品状不当，中正产生以资望为准，选举大权牢牢掌握在门阀士族手中，进而形成了"上品无寒门、下品无势族"的局面。汝南王司马亮、司空卫瓘等也接连上书，要求废除九品中正制，重建以乡论为主的组织体制选才制度。晋武帝虽然欣赏这些建议，但是最终没有推行任何改革。

吏部郎刘寔撰写《崇让论》，对官员选拔的标准和社会风气的改善，提出了自己的见解；淮南相刘颂多次上书，陈述统治策略分封制与郡县制的优劣，探讨法制宽严的利弊，建议武帝完善官吏的考核体系，将治国重点转向长远的制度建设。这些都没有引起武帝足够的重视。

更为严重的是，武帝对亲贵重臣相当迁就，一味保全纵容，违法也不进行追究。司隶校尉李憙弹劾前立进县令刘友、尚书山涛、中山王司马睦和尚书仆射武陔侵占稻田，其中山涛、武陔为重臣，司马睦为宗室，仅刘友为小小的县官，武帝下令处死刘友，却将山涛等人全部放过了。羊琇为名将羊祜堂弟，性格奢侈骄横，多次犯法，遭到司隶校尉刘毅弹劾，应被处以重刑。武帝派遣齐王司马攸去向刘毅求情，仅将他免官。不久之后，又让他以平民身份领军。

贾充、荀勖等曾反对进兵东吴，战争胜利后向武帝请罪，武帝不但没有责怪，反而增加贾充封邑八千户，荀勖之子被封为亭侯。《资治通鉴·晋纪三》中记录，尚书胡威曾向武帝进谏，认为当时的政治环境过于宽松。武帝说："尚书郎以下的官员，我没有对他们宽容。"胡威说："我所陈述的，难道仅是丞、郎、令史之类的官员吗？我说的是管理好我同级的官员，这样才可以严肃教化、彰明法度。"

武帝对于法家的方法论始终缺乏足够的认识，内心否定秦制的政治实践，而迷信典籍中周制的理想状态，一边实行儒家王道，一边崇尚无为和清静，虽然高举着名教的旗帜，但是，对于玄学迅速在士族官僚中成为一种时髦，基本上听之任之。傅乐成先生评论，在朝的士大夫群起仿效，一方面置身于功名利禄之中，一方面又大作出世的玄谈。这种融清高与卑污于一身的作风，造就出一批既据高位，又无宦情，既求闻达，又想隐遁的人物。[1]

---

[1] 傅乐成：《中国通史》（上），第244页。

晋武帝可能认为，国家统一意味着已经取得了天命的正统。实际上君权受之于天出自儒家的价值，汉朝统治的合法性和有效性，是建立在儒家教化充分背书的基础之上，加之以法度为名的暴力压迫和强制。晋政权立国二十余年，武帝对于宗室、士族的违法行为容忍妥协，大多数士族官僚先家后国、利益优先的状态没有得到根本改善。一方面武帝倡导儒学的官方意识形态，一方面士族阶层热衷玄学的倾向日益明显，共治集团内部出现了两种价值的对立。

在这种情况下，晋武帝推行周制的儒家理想社会建设，完成天下统一，固然提升了晋政权的天命合法性，士族官僚基于共治结构中自身利益得到保障的前提，对晋政权、武帝本人出现一定的认可度，但是，其儒家价值的信仰逐渐崩坏了。相比较两汉士大夫对于儒家思想、汉室天命和皇帝三位一体的忠诚，晋政权治理体系产生的向心力存在着先天的缺陷。晋武帝对宗室亲贵、士族官僚等违法行为的放纵，从某种意义上说，是部分主动地放弃晋政权统治的有效性，变相地助长了这些势力坐大，反过来威胁皇权。实际上有效性是合法性的来源之一，减轻晋室政治系统的有效性，只会对其合法性造成进一步的损害，而不是相反。

第 三 节
共治结构的平衡安排

晋武帝维护司马衷的太子地位，可能与坚持周制中嫡长子继承的宗法伦理有关，而他在选择辅政大臣问题上的重大失误，是其忽视法家方法论倾向延伸的结果。武帝排斥享有威望的齐王司马攸，通过重用外戚杨骏，平衡共治结构中的宗室、士族势力，并把士族功臣从核心圈中排除出去。当武帝发现杨骏德不配位时，他又采取增强帝系宗室力量等方式进行牵制。武帝建立了宗室、士族的共治结构，晚年更赋予宗室子弟相当的军政实权。他善于采取分权平衡、相互制约的方法，而不是专制、果决的处置手段，实际上造成统治集团内部多个不同的利益团体。这就为他身后的政治埋下了巨大的隐患。

坚持司马衷太子地位

晋武帝执政二十五年，其间最大的困扰莫过于太子司马衷是否适合接班，以及与之相关的辅政安排。根据1931年洛阳出土的《晋辟雍碑》上的记载，武帝及太子司马衷曾五次亲临辟雍行礼。辟雍是国家的太学，是天子讲礼乐宣德化的处所，晋武帝代魏后，大力扩展太学的规模，设立更高级别的国子学，以士族上层的子弟作为正统教育的对象。碑文上记载，"远方慕训，东越于海，西及流沙，并时集至，万有余人"，从各地云集京师求学者超过万人，甚至包括几名来自西域的学生，他们成为京师中重要的政治力量。

汉朝的皇帝多次在辟雍举行大射之礼，但并无储君在辟雍行礼之说。晋武帝安排司马衷前往太学观礼，直接与经生见面，完全是为了扩大太子在士林中的影响。碑文极力颂扬皇太子博学好古精研六艺，也可能是对朝野质疑司马衷智力的回应。皇太子辟雍观礼的主持者为太常刘寔，国家督导儒学礼乐的最高长官。其他陪同人员耐人寻味，分别是贾充、司马攸和杨珧，其中杨珧为杨骏之弟，三人都是以太子保傅的身份出现，实际代表了影响西晋政局最重要的三派政治力量：功臣、宗室与外戚。武帝让他们陪同皇太子观礼辟雍，旨在营造出朝野各派拥戴储君的景象。[1]

不过，怀疑司马衷能力的声音还是不断浮现。晋武帝曾在陵云台摆宴，太子太傅卫瓘假装醉酒，跪在武帝御床面前欲言又止，连续三次，"手抚床曰，此座可惜！"（《晋书·卫瓘传》）暗示太子司马衷作为接班人不合格。中书令和峤婉转地向晋武帝提出："皇太子有淳古之风，而季世多伪，恐不了陛下家事。"（《晋书·和峤传》）实际的意思，即司马衷过于淳朴愚钝，难以驾驭复杂多变的政治局势。

平定东吴政权后，晋武帝两次组织考核司马衷的智能。《晋书》中的《和峤传》《荀勖传》《惠帝纪》《惠皇后传》中多有记载。第一次武帝声称，太子"近入朝，差长进"，指派荀顗、荀勖、和峤前去察看。荀顗、荀勖"并称太子明识弘雅，诚如明

---

[1] 方韬：《从〈晋辟雍碑〉看晋武帝立嗣》，《贵州文史丛刊》2011年第4期。

诏"，荀勖"还盛称太子之德"，和峤则坦言"太子如初"，即和以前一样。荀𫖮、荀勖为贾充集团的重要成员，在选择贾南风为太子妃一事上，太子太傅荀𫖮受贾充之妻郭氏之托，充当过向武帝进言的说客。荀𫖮、荀勖考察后的评价，无疑是武帝最希望的结果。和峤是一代名士领袖夏侯玄的外甥，以直言著称，他的回复颇令武帝不快。

　　第二次武帝采取笔试，命东宫官员把尚书们商议的国事让太子决断，太子答不上来。太子妃贾南风要求左右代笔，左右还引用古籍典故。给事张泓认为，太子不好学习，这是陛下知道的，所以应该就事论事回答，而不必引经据典。贾妃同意，张泓起草方案，然后让司马衷抄写，"武帝览而大悦，太子遂安"。武帝还特地要求，把太子的方案告知太子少傅卫瓘，作为对卫瓘太子不合格论的回应。

　　晋武帝曾把谢才人赐给太子，生下了皇孙司马遹。公元282年，太康三年前后，宫中失火，武帝登楼望之。司马遹当时才五岁，拉着武帝一边走向昏暗的地方，一边说，夜里出事，要防止非常之变，不能站在亮处，让人家望见人君。武帝相当惊奇。又有一次和武帝一起去看猪圈，司马遹说，猪养得很肥，为什么不杀了分给将士们吃，而让它们白白吃粮食浪费呢？《资治通鉴·晋纪四》中总结："帝由是奇之。尝对群臣称遹似宣帝，故天下咸归仰之。帝知太子不才，然恃遹明慧，故无废立之心。"晋武帝认为司马遹颇具司马懿的遗风，司马氏家族后继有人，从而缓解了对司马衷能力较差可能导致后果的疑虑。

排斥司马攸成为周公的可能

公元282年，西晋太康三年，在平吴战役中协助武帝的中书令张华，忽然被任命为安北将军、都督幽州诸军事。张华没有显赫的家世，虽然父亲曾任曹魏政权郡守却英年早逝，他凭借自己的才华受到名士阮籍推荐而为人知。国家统一之后，荀勖、荀顗和冯𬘭等人深恨张华的胆识和文名，经常在武帝面前进行诽谤。《晋书·张华传》记载，武帝曾向张华询问："谁可托寄后事者？"张华答："明德至亲，莫如齐王攸。"这一建议无疑触碰了武帝内心的忌讳，是张华遭到外放的原因之一。

齐王司马攸比武帝小十余岁，是武帝唯一同母胞弟。少年时代名声才气超过司马炎。司马懿相当器重他，司马师无子，即把司马攸过继给他。司马师在代魏革命中起到了决定性作用，如果他长寿些完成禅代，司马攸完全可能承皇帝位。正是这一缘故，司马昭一度希望立司马攸为接班人。历史上失败的皇位竞争者大多命运悲惨，司马昭、王元姬夫妇临终前都嘱托武帝，要求他善待自己的兄弟。司马攸在《晋书》的记载中是一代贤王的形象，以好学、尽孝和仁义而闻名，他被封为齐王后一直没有之国，虽无显著的事功，但多年协助武帝处理政务，位列三公高位，深受朝野士人好评。

《晋书·刘元海载记》中提到，齐王司马攸在一次宴会上见到刘渊。刘渊为内迁山西的匈奴左贤王刘豹之子，作为人质留京师洛阳。司马攸观察刘渊的气度、谈吐，向武帝建议，"陛下不除刘元海（刘渊的字），臣恐并州不得久宁"。尚书左仆射、并州籍大臣王浑马上予以反驳，"大晋方表信殊俗，怀远以德，如之何以无萌之疑杀人侍子，以示晋德不弘"。武帝站在倡导儒家王道教化价值的高度，表态支持王浑的观点。

史籍中没有任何司马攸企图争夺最高权力的资料。然而，司马攸拥有特殊身份和位置，每次帝位传承发生风吹草动，总会得到部分势力拥戴。这就是武帝、司马攸结构性矛盾的原因所在，也是历代可能的皇位继承人悲剧结果的逻辑。晋武帝染上疫病时，即有大臣表态拥立齐王，引起病愈后的武帝极大的警觉。《晋书·齐王攸传》中记载："及帝晚年，诸子并弱，而太子不令，朝臣内外，皆属意于攸。"中书监荀勖、侍中冯紞和尚书令杨珧等人，担心齐王上位对自身不利，遂分别向武帝进言，建议司马攸按照五等爵制度的要求回到齐国就藩。

晋武帝诏令司马攸为大司马、假节、都督青州诸军事，要求他立即前往齐地之国，这就引发了大部分朝臣的强烈反对。曾积极维护刘渊的平吴功臣王浑率先上书，将司马攸比作西周开国时的文王之子、武王之弟周公旦，公开主张由司马攸和汝南王司马亮、杨珧共同辅政。扶风王司马骏，光禄大夫李憙，中护军羊琇，侍中王济（王浑之子）、甄德等都直言上谏，武帝一概不听。王济之妻常山公主、甄德之妻长广公主向武帝泣求留下司马攸，反而惹得武帝勃然大怒，并将王济、甄德贬职。羊琇甚至联络北军中侯成粲，密商杀死鼓动武帝外放齐王的杨珧，阴谋败露后遭到弹劾，之后被贬官。

武帝命太常讨论赏赐齐王的物品。太常博士庾旉等七人联名上书，再次以周公旦为对比，实际上把司马攸视为辅政的最佳人选。太常郑默、博士祭酒、曹植之子曹志都表示支持，曹志上书附和博士们的意见，还是列举周公旦、姜子牙等西周辅政大臣的例子。武帝相当愤恨，不仅把郑默、曹志予以贬斥，还把庾旉等博士交付廷尉治罪。廷尉刘颂一度以大不敬判处博士们弃市，虽经武帝下达赦令将他们免官了事，这却是武帝执政时期，大臣进谏唯一冒着生命危险的一次。

晋武帝一面增加给予齐王司马攸的恩惠，就是将济南郡划入齐国，进封其子为北海王等；一面拒绝他以患病为由留在洛阳为生母守陵的请求，要求其立即前往封地。

在整个遭到打压的过程中，司马攸始终谨守分际，尽管忧愤不已病情加重，但在向武帝辞行时依然行礼如仪保持风度。御医们可能出于迎合武帝的考虑，一致声称司马攸无病，以致武帝认为司马攸故意装病。仅仅两天之后，司马攸即吐血而死，年仅36岁。晋武帝一度震惊流泪，下令处死为他诊病的御医。冯紞随即向他进言："齐王名过其实，而天下归之。今自薨陨，社稷之福也，陛下何哀之过？"（《晋书·齐王攸传》）武帝遂不再哭泣。

向武帝进言的大臣、博士，几乎都提到了西周开国之初的掌舵人周公旦，实际上是把齐王司马攸视为武帝身后的首席辅政大臣。从之后的历史进程观察，如果司马攸不死而主持朝政，他也许有足够的政治权威保持晋政权继续稳健地发展。然而在武帝看来，司马攸得到这么多宗室、士族大臣的支持，无疑将在他身后对太子司马衷构成极大的威胁，必须将之从中央政权的核心层中清除出去。

这些大臣、博士把周朝作为晋朝的参照，至少代表部分士族、名士肯定了武帝以儒家价值立国的工作，是对晋政权合法性认可的表现，可惜的是，武帝自己没有能打开对胞弟司马攸矛盾的心结，宁可自损国家持续稳定的力量，也不能信任士族功臣等国家的中坚，从而引发共治结构的失衡。

外戚、宗室共同辅政的安排

齐王司马攸之国事件，造成了晋武帝与士族官僚、宗室内部之间极大的撕裂。仇鹿鸣博士总结，首先武帝后期最有才能的政治家张华被排挤外放；其次，宗室之中名望最高、最有才能的两位亲王司马攸、司马骏先后忧愤去世；重臣羊琇、向雄先后忧愤而卒；郑默、曹志、庾敷等九人被免官；羊琇、王济被贬官。风波过后，武帝不得不调整中书令、中护军、侍中、河南尹等关键职位的人选，而对于太常博士们的集体罢黜，则破坏了朝中健康的政治力量，使西晋官僚阶层经历了一场巨大的动荡，朝中为之一空。[1]

在武帝生命的最后几年，尚存的部分士族元老荀勖、冯紞等人遭遇冷落后去世，卫瓘被免职，外戚势力与宗室势力，无疑成为组织体制中最具影响的力量。其中，特别受到武帝刻意提拔的皇后父杨骏及其弟杨珧、杨济等人，超越众多的司马氏家族成员及其他士绅功臣，逐步在朝堂上一家独大。杨氏家族在齐王司马攸之国事件中站在武帝一边，这就和绝大多数士大夫朝臣、清流舆论处在对立的位置。随着三杨之中尚为朝野所接受的杨珧辞位，杨骏被封为临晋侯，俨然以武帝身后主要的辅政大臣自居。

公元289年，西晋太康十年，晋武帝去世前的五个月左右，他在重病中安排调整宗室诸王。《晋书·武帝纪》总论中透露："爰至末年，知惠帝弗克负荷，然恃皇孙聪睿，故无废立之心。复虑非贾后所生，终致危败，遂与腹心共图后事。说者纷然，久而不定，竟用王佑之谋，遣太子母弟秦王柬都督关中，楚王玮、

---

[1] 仇鹿鸣：《魏晋之际的政治权力与家族网络》，第267页。

淮南王允并镇守要害，以强帝室。又恐杨氏之逼，复以佑为北军中候，以典禁兵。"武帝完全了解太子司马衷缺乏统驭能力，意识到自己身后政局的一些不稳定因素，即太子妃贾南风与司马遹存在矛盾，杨骏作风强势不得人心等，武帝经过与王佑等少数心腹商议后，作出多项加强宗室势力的措施。

其一，大力提升汝南王司马亮在中央的政治地位，任命其为大司马、大都督，假黄钺。司马亮为司马懿之子、晋武帝的叔父，为人忠厚老实。晋武帝染疫病时，部分大臣拥立齐王司马攸，武帝病愈后任命司马亮为宗师，负责管理司马族家族事务，明显是用其来抵消齐王司马攸的声望。

其二，改封皇三子南阳王司马柬为秦王，皇五子始平王司马玮为楚王，濮阳王司马允为淮南王，并且都督一方军事。司马柬为司马衷同母胞弟，一度可能是晋武帝心中替换太子的人选之一。司马柬等三位皇子改徙封地，是为了让封国与都督军事的要地更为接近，造成帝系宗室拱卫中央的态势。其中司马柬转任镇西将军，坐镇关中；司马玮转任镇南将军，都督荆州诸军事；司马允担任镇东大将军，都督江扬二州诸军事。立皇子司马乂为长沙王，司马颖为成都王，司马晏为吴王，司马炽为豫章王，司马演为代王，大力增强帝系在宗室势力中的分量。除司马柬受封食邑八万户，其余皇子受封五万户，大大超过大国二万户的标准。

其三，立皇孙司马遹为广陵王。司马遹为太子司马衷唯一的儿子，相当于隔代指定接班人，避免贾南风节外生枝。

其四，立非帝系宗室司马迪为汉王，司马仪为毗陵王，又立一批宗室公爵，继续充实宗室势力在组织体制中的分量。另外，为了抗衡杨骏的政治野心，武帝任命王佑掌管禁军作为牵制。但对后来形势发展进行观察，发现这一安排没有起到预想的作用。

虽然晋武帝对外戚势力中的贾南风、杨骏等人心存疑虑，但是，他的性格温厚宽仁，不愿意实行法家式断然处置的方式。贾南风性妒诡诈，曾野蛮残害司马衷其他怀孕的嫔妃，"手杀数人，又以戟掷孕妾，子随刃坠；武帝大怒，修金墉城，将废之"（《资治通鉴·晋纪四》），却在杨芷皇后、杨珧和荀勖等人劝说下，最后竟然轻释了。

杨骏在朝廷中缺乏人望，心胸狭窄，在貌似忠顺的外表下隐藏着与其能力不相匹配的野心。公元290年，晋武帝病重，尚未安排遗诏宣布顾命大臣。杨骏"尽斥群公，亲侍左右，因辄改易公卿，树其心腹"（《晋书·杨骏传》）。武帝病情稍有好转，发现身边皆所用非人，严肃批评杨骏用人随便。稍前武帝曾任命司马亮都督豫州诸军事，出京镇守许昌，随即他要求司马亮留在洛阳，令中书颁发汝南王司马亮与杨骏共同辅政的诏书。结果诏书被杨骏以借阅名义取走藏匿，按下不发。

秦制、周制和胡制混合的始作俑者

武帝一生执政的风格，在于保持组织体制内部各种势力平衡，而将自己放在最终裁决者的地位，从而建立自己的权威，较为温和、缓慢地推动政治进程。他善待、迁就士族势力，同时将宗室势力置于组织体制中最重要的位置实施平衡；武帝与宗室、士族势力发生矛盾时，他又引入特定的外戚作为皇权工具予以平衡；当武帝发现外戚的野心后，他再次提升以帝系为核心的宗室势力的地位进行平衡。显然晋武帝以平衡的方法而不是专制的手段，实现皇帝主导的宗室、士族共治策略的有效性。

直到生命最后的时刻，晋武帝仍然致力于维护外戚、宗室之间的平衡，希望保持身后晋政权的持续稳定。武帝要求司马亮和杨骏共同辅政，而不是把大权交给某一个人即为显例。问题在于，这种平衡原则能否真正地执行，取决于仲裁者能力这一重要的前提。他应该了解太子司马衷不具备这样的水准，但他似乎已经无力改变。

晋武帝司马炎从小接受完整的儒家经学教育，也目睹了魏晋禅代残酷血腥的场面。诛曹爽时司马炎已14岁，弑高贵乡公时其25岁，晋武帝对晋王朝政权的合法性应该有一定的自我怀疑。他拒绝封禅可能的原因在于，在一系列仪式里势必要对晋王朝的建立过程进行追述，不论是作文称颂，还是立碑刻石，此必将唤起世人对宣、景、文三帝所作所为的回忆，这显然是晋武帝内心深处极力回避的。武帝对内心压力的回避与纾解，以及对士族的过分厚待与弥补，其直接后果就是士风的急剧下堕。[1]

在晋武帝的主导下，开国的晋政权启动了数百年来士大夫恢复周制理想的实践。在中央集权、君主专制和郡县制的秦制基础上，部分实行了对宗室、士族的分封，通过九品中正制、五等爵制和户调之式等制度安排，从政治上、经济上给予士族种种特权。魏晋士族从东汉末年的名士党人发展而来，却失去了清流派士大夫胸怀儒学理念、心系天下安危的情怀。他们在付出了对换代革命保持赞同或沉默的代价后，发展为先家后国、孝优先忠的新时期贵族，而这似乎又符合周制中以家族血亲为单位的小共体本位的逻辑。《晋书》《世说新语》等史籍上，极少有晋武帝时期

---

[1] 石玉:《晋武帝拒行封禅与及其自赎心态探微》，《历史教学（下半月刊）》2018年第3期。

名士清谈围坐的记载，"竹林七贤"中的山涛、王戎等人，反而在朝廷上位列三公。

南宋学者叶适曾言，"晋武帝时大议论有四：惠帝定嗣，一也；贾后为冢妇，二也；贾充荀勖进退，三也；齐王攸去留，四也。晋之治乱存亡虽在此四者，然不过一本"（《习学记言·晋书》）。即关系到晋政权国运的根本问题，还是武帝拒绝调整司马衷的接班人地位。晋武帝司马炎提倡以儒家名教治国，他坚持司马衷嫡长子继承不动摇，可能包含了坚持周制中儒家伦理正确的用意。如果他在辅政大臣的选择上作出合适安排，晋政权仍有可能平稳地度过瓶颈期。

唐太宗李世民在《晋书·武帝纪》中作出评论，在高度评价武帝统一天下、仁义治国的同时，批评了他缺乏国家长治久安的规划。"故贾充凶竖，怀奸志以拥权；杨骏豺狼，苞祸心以专辅……而世祖（即武帝）惑荀勖之奸谋，迷王浑之伪策……元海当除而不除，卒令扰乱区夏；惠帝可废而不废，终使倾覆洪基。"即重点指责武帝重用奸臣贾充、杨骏，采用荀勖、王浑的建议，没有清除刘渊和更换司马衷。

仔细研读李世民亲自撰写的史论，发现其帝王心思未必如武帝缜密，议论也有事后诸葛亮之嫌。晋武帝重用贾充、杨骏两人，其实可能和这两人没有儿子有关，不易形成新的可以传承的权力中心。贾充在历史上被严重丑化无非两个原因：其一，指使成济弑君杀害了曹髦；其二，女儿贾南风祸国。实际上，所谓弑君是代魏过程中迫不得已的意外，贾充更多地是帮司马昭背锅，而贾南风乱政发生在他身后多年，也不应该由贾充负责。

荀勖之谋可能指动员武帝驱逐齐王司马攸，王浑之策可能是劝阻武帝清除刘渊，问题在于司马攸是否留在朝廷，刘渊是否当时即被处决,这些都是带有高度不确定性的假设,对于西晋政权存亡并不存在立即的必然联系。真正产生决定性影响的因素,还是晋武帝选择司马衷为太子,把杨骏放在了辅政大臣的位置上。

晋武帝继秦汉帝国后重建大一统政权,进行了周制、秦制混合的政治实践,从而把东汉末年以来,围绕着皇权天命的价值与现实强权政治之间对立的死结,带到了较为舒缓的状态,提升了晋政权系统的合法性。但是,晋武帝严重忽视儒法国家中法家的方法论,不仅对于宗室、士族等势力过于宽纵,而且确立接班人、辅政大臣等重大问题上过于优柔,以至于在他身后不久,即出现皇权至上的价值,与宗室揽权、士族自保等政治现实的对立,形成了治理体系中新的死结。武帝去世仅二十余年,晋中央政权即分崩离析,随着刘渊率先带领内迁匈奴等少数民族起兵造反,第一次在北方建立以少数民族为最高统治者的政权,部分少数民族中的"胡制"被引入中原。从这个意义上似乎可以说,晋武帝司马炎在中国历史上,无意中成为周制、秦制和胡制三制混合的重要推手。

第 三 章

衍虽居宰辅之重，不以经国为念，而思自全之计。说东海王越曰："中国已乱，当赖方伯，宜得文武兼资以任之。"乃以弟澄为荆州，族弟敦为青州。因谓澄、敦曰："荆州有江汉之固，青州有负海之险，卿二人在外，而吾留此，足以为三窟矣。"识者鄙之。

——《晋书·王衍传》

第三章　大一统时代的终结

　　晋王朝作为中国历史上曾经的大一统政权，自灭亡江东孙吴政权始，至李雄割据成都建立大成，匈奴刘渊自称汉王，不过二十余年统一的时间。其中武帝去世后，惠帝皇后贾南风联络部分宗室亲王，诛杀外戚杨骏及其家族，通过控制惠帝主导共治，稳定的局面达到九年。贾南风废杀太子司马遹，赵王司马伦公然篡位，引发共治集团中的宗室势力陷入内争。

　　在晋惠帝无力担负最高统治者责任的情况下，部分宗室亲贵以伸张皇权至上为号召，把维护晋惠帝正统地位作为借口，俨然以共治集团的主导者自居，要求宗室、士族等各方势力支持，进行全面的军事动员。这些宗王即使获得一时的胜利，也难以形成真正的专制权威，又在下一轮的斗争中，被作为首恶遭到各方的围攻。朝廷出现新的正统代表，国家进入内战又一波的恶性循环。东海王司马越之所以赢取暂时的稳定，是因为与少数民族集团等外部矛盾已经大于共治集团内部矛盾。

　　共治结构内的士族享受了国家赋予的特权，却继续维持先家后国的风格。儒玄两种思想此消彼长，儒家价值失去了凝聚治理体系的功能。部分名士热衷清谈之音、任诞之举，沉醉于虚无的探索，对现实政务反而冷漠。在宗室势力的内战中，士族名士控制了清议舆论，一再对谁代表晋室正统作出新的评判，从而成为动乱难以终止的因素之一。

晋政权皇权至上的价值，与宗室揽权、宗室旁观等现实政治构成死结，直接造成混合周制、秦制国家统治的有效性大幅下降，也摧毁了武帝多年来塑造晋室受命于天的合法性努力。曾经德治教化的儒家王道，并没有使统治集团之外的少数民族部落、流民群体感激涕零，中央集权的法家压迫性一旦减弱，这些边缘性的对立力量反而乘势而起，进行另创皇权系统的价值动员，展开了对宗室、士族等世袭特权阶层的疯狂屠戮。不仅暴露出共治集团中权力分散、中央指挥系统混乱及资源动员能力较弱等种种弊端，而且，两汉以来国家对于非农耕文明民族的治理所激发的矛盾，随之也全面爆发了。

第一节
杨、贾外戚势力出局

晋惠帝司马衷登基不足一年,即发生外戚、宗室势力之间的相互残杀。外戚杨骏大权独揽,打破了共治结构的平衡原则,遭到宗室势力反击而身死族灭。皇后贾南风代行最高统治者权威后,重用张华、裴頠等大臣,一度实现了外戚、宗室和士族官僚的短暂共治。这是武帝建设儒家理想社会、晋室统治的合法性得到一定程度认可的结果,晋惠帝以及武帝生前认可的太子司马遹,共同构成了晋政权正统的象征。贾南风取得共治集团主导者的位置,一个很大的原因,即是晋惠帝受其控制、为其背书。随着司马遹最终被其杀害,贾南风沦为众矢之的。

外戚杨骏打破平衡

公元290年,西晋太熙元年,晋武帝司马炎去世。在他尚未瞑目的弥留之际,其精心安排的平衡局面已经被打破。杨骏在女儿杨皇后的协助下,扣下了武帝任命汝南王司马亮为辅政大臣的诏书。杨皇后向华廙(华歆之孙)、中书令何劭(何曾之子)传达武帝口头旨意,起草诏书任命杨骏为太尉、太子太傅、都督中外诸军事、侍中、录尚书事。"诏成,后对廙、劭以呈帝,帝亲视而无言"。(《晋书·杨骏传》)杨骏、杨皇后在武帝已经丧失最高统治者判断力的情况下，强行通过任命杨骏为唯一辅政大臣诏书的程序，这无疑是一场政变。

之后，杨皇后、杨骏一再催促司马亮去许昌镇所赴任。武帝在昏睡中一度醒来，曾问汝南王司马亮来了没有，左右皆支吾回答未到，不久武帝病危，在含章殿中驾崩。

杨骏是晋武帝司马炎用来平衡宗室诸王、功臣士族的工具，虽然权倾朝野，但是在组织体制内部风评较差，根本难以服众。杨骏的权力来源，主要依靠武帝的支持。晋武帝病危时起用汝南王司马亮共同辅政，固然包含着对杨骏任用心腹私人的不满，更多的可能还是出于稳定大局的深层考虑。对于杨骏一党而言，和宗室势力充分合作也是最为安全的选择。但是，杨骏才识浅薄，不能理解晋武帝的一片苦心，采取矫诏自立的方式，把自己放在了被攻击的危险位置上。

廷尉何勋等人随即鼓动司马亮起兵讨伐，司马亮的性格比较老实胆怯，没有及时实施反击，连晋武帝的丧仪也未参加，星夜奔赴许昌上任。杨骏与宗室势力之间的摊牌暂时得以避免。

司马衷在武帝去世的当日即位，是为晋惠帝，改年号永熙。杨皇后被尊为太后，贾南风被立为皇后，惠帝还正式任命杨骏为太傅、大都督，总揽朝政。杨太后并非惠帝的亲生母亲，杨骏以太后之父的外戚身份独掌大权，既无显赫的军功，又不是经学玄道大师，正当性很不充分。《晋书·杨骏传》中记载，"梓宫将殡，六宫出辞，而骏不下殿，以武贲百人自卫。不恭之迹，自此而始"。实际上，杨骏不去参加武帝的移殡仪式，不一定是因为对武帝不敬，而是担心遭遇暗算的一种自保反应。

杨骏任用外甥段广、张邵担任近侍，"凡有诏命，帝省讫，入呈太后，然后乃出"（《晋书·杨骏传》。即利用近侍与杨太后控制惠帝和外界联系的管道，从而保证令从己出。杨骏相当忌惮皇后贾南风不受控制，把亲信一一安插进禁军系统，这又引发了司马氏宗室贵戚的强烈不满。他模仿魏明帝曹叡大封天下人爵位的政策，免除天下租、调一年，二千石以上官员皆封关内侯。杨骏希望以此收买人心，但是，士族名士对他的品格、学识和才能看法很是负面，故其收买的成效相当有限。

杨骏住在曹魏大将军曹爽以前住过的宅第，用人范围比当年曹爽的圈子还要狭小。杨骏之弟杨珧、杨济的名望能力都超过他，多次劝他改变做法，杨骏不能听从，把他们废置家中。冯翊太守孙楚是杨骏的至交，向他解读形势："今宗室亲重，藩王方壮，而公不与共参万几，内怀猜忌，外树私昵，祸至无日矣。"（《晋书·杨骏传》）杨济、尚书左丞傅咸和石苞之子石崇相互议论，一致以为只有召回汝南王司马亮，实现与宗室势力共治，国家才有可能长治久安。杨骏听后，均不予采纳。

在晋武帝精心设计的共治策略结构中，杨骏一意孤行，选择一人独大，其悲剧性结局从一开始已经注定。

倒杨政变的正当性

贾南风为贾充、郭槐夫妇之女，贾充是武帝朝最为显赫的外戚重臣，两女分别嫁给齐王司马攸和太子司马衷。杨氏家族早期尽管一门两后，对于贾家仍是刻意地交好。晋武帝发现贾充在司马衷立嗣问题上态度暧昧，转而扶持杨骏兄弟取而代之。贾充去世后，杨家的权势完全超越了贾家。武帝一度想废除贾南风的太子妃地位，后又改变主意，杨芷皇后、杨珧等杨氏家人的求情还是起到了一定的作用。

晋惠帝的后宫之中，杨芷为皇太后，贾南风为皇后，实际上身为婆母的杨太后比贾南风还要年轻两岁。《晋书·武悼杨皇后传》上描绘杨芷皇后："婉嫕有妇德，美映椒房，甚有宠。"

《晋书·惠贾皇后传》记录贾充的女儿"种妒而少子，丑而短黑"，又称贾南风"妒忌多权诈，太子畏而惑之，嫔御罕有进幸者"。杨皇后淑婉、美丽和相对单纯是大致可以确认的，而对后来祸国的贾南风,《晋书》存在丑化她的可能。贾南风任性、善妒、控制欲强烈可想而知，但她既然如此丑陋，又怎能使司马衷受到诱惑呢？贾南风对杨太后过往的帮助不仅毫无感激，反而认为是杨太后造成了武帝对自己的厌恶。对于杨骏独掌外朝政务、杨太后继续统摄内宫，贾南风内心极度不满。

和司马懿、司马师父子蓄养死士发动政变不同，贾南风深居宫中，不可能拥有自己的武力。她通过东宫时代熟识的宦官首领董猛，秘密联络殿中中郎孟观、李肇等禁军将领，派遣李肇联络汝南王司马亮、都督荆州诸军事的楚王司马玮，要求他们带兵讨伐杨骏。司马亮没有同意，司马玮为惠帝异母弟，仅21岁，年少气盛，立即申请入京。杨骏素来忌惮司马玮勇猛的名声，曾想把他召至洛阳监视，司马玮主动请朝，杨骏马上表示同意。

公元291年，西晋永平元年初，司马玮和其弟淮南王、都督扬江二州诸军事的司马允来到洛阳，随后孟观、李肇向惠帝诬告杨骏谋反，晋惠帝同意起草诏书免去杨骏的职务，宣布洛阳戒严。东安公、司马伷次子司马繇时任散骑常侍，立即率领四百余名禁军出发攻击杨骏，司马玮亲自坐镇司马门。散骑常侍段广向惠帝泣求："杨骏受恩先帝，竭心辅政。且孤公无子，岂有反理？愿陛下审之。"(《晋书·杨骏传》) 惠帝一语不发。

杨骏闻变，在府中召集众人商量，太傅主簿朱振提议，火烧云龙门，率领东宫及外营军队以拥护皇太子司马遹的名义冲进宫去。杨骏犹豫不决，众臣纷纷散去。不久，禁军进攻，焚烧杨骏府邸，将杨骏杀死在马厩之中。孟观等人将杨珧、杨济、段广、张邵等杨骏亲属朋党全部搜捕，诛灭三族，死者达数千人。

杨骏德才不能配位，不仅使尚明事理的杨珧、杨济兄弟等被诛杀全族，还直接导致了女儿杨太后的惨剧。杨太后曾在绢帛上手书"救太傅者有赏"，用弓箭射出宫外，贾南风以此为理由，动员有关大臣上书，把杨太后贬为庶人，送往金墉城居住。随即又处死了此前被赦免了的太后之母庞氏，杨太后跪泣上表，愿做贾后的奴仆换取母亲的生命，依然不被理睬。公元292年，西晋元康二年，杨太后在软禁中被活活饿死。贾南风命人将她翻过身来埋葬，以防杨太后的冤魂在阴间向武帝告状。

晋武帝司马炎吸取魏文帝曹丕"薄骨肉"制度的教训，扶持宗室势力，使其控制从中央到地方组织体制的核心岗位。杨骏排斥与宗室诸王分享中央政权，违背晋武帝生前共治的政治安排，破坏了共治策略中最重要的平衡原则。倒杨政变由贾南风背后主使，由于实际上得到了智商较低的晋惠帝认可，因而具有一定的正当性。晋王朝经历了武帝二十余年和风细雨般的王道、清静治理，一夜回到了高平陵政变时期血腥的景象。

贾南风主导短暂的共治

倒杨政变结束后，惠帝、贾南风以汝南王司马亮为太宰，征召已退休的太保卫瓘为录尚书事，共同处理朝政。楚王司马玮被任命为卫将军兼北军中候，掌管一部分禁军，司马繇被任命为尚书左仆射，进爵为东安王。秦王司马柬等多位宗室亲王在中央担任军政要职。贾南风的亲属贾模、郭彰和贾谧等一起参预朝政。司马亮大权在握后，大肆封赏倒杨有功人员，"督将侯者千八十一人"（《晋书·惠帝纪》）。太宰府前附势求官者门庭若市，令人大失所望。

司马繇与哥哥东武公司马澹不和，司马繇又在背后发泄对于贾南风的不满，司马澹多次在司马亮面前构陷司马繇，不久惠帝下诏免去司马繇官职，将他废黜迁徙到外地。楚王司马玮年少轻狂，司马亮、卫瓘考虑派临海侯裴楷去收缴其兵权，司马玮闻讯相当愤怒，裴楷也不敢前去交接。司马亮、卫瓘又策划让司马玮之国，司马玮接受谋士岐盛、公孙宏建议，主动接近皇后贾南风。

不久，贾南风指使惠帝给司马玮下达密诏。《晋书·惠贾皇后传》中明确记载，"乃使帝作密诏令玮诛瓘、亮"，直接要求司马玮处死卫瓘、司马亮。《晋书·楚王司马玮传》记载略有不同，诏书上说："王宜宣诏，令淮南、长沙、成都王屯宫诸门，废二公。"只是把司马亮、卫瓘二人免职。在执行过程中，司马玮伪造诏书召集各路军队，宣布讨伐叛逆司马亮、卫瓘，搜捕中直接将他们杀死。

惠帝、贾南风采纳张华的计策，派禁军将领宣布司马玮矫诏滥杀，司马玮手下军士一哄而散。不久司马玮被判死刑，岐盛、公孙宏被夷灭三族。随着被武帝委以辅政重任的司马亮、倒杨中出力最多的司马玮被杀，与惠帝一母所生的秦王司马柬病逝，贾南风成为晋政权实际的统治者。她可能没有制定完整的政变计划，但在剧烈斗争的演变中，她推动了局势朝有利于自己的方向发展。

贾充和杨骏同样没有儿子。贾南风后党亲属中，车骑司马贾模是贾充从子，实际是他的侄子，贾谧是贾充小女儿贾午和韩寿的儿子，实际是贾充的外孙，承袭贾充之爵，右卫将军郭彰是贾后母亲郭槐的堂兄弟。另有写作《崇有论》的名士裴頠，出身河东世家大族，是郭槐妹妹之子，为贾南风的表弟。贾南风与贾谧商量朝廷主要大臣的安排，认为张华儒雅富有谋略，众望所归，既不是宗室又不是士族，没有犯上的本钱。又去征询裴頠的意见，得到了裴頠的认同。"乃以华为侍中、中书监，頠为侍中，又以安南将军裴楷为中书令，加侍中，与右仆射王戎并管机要。"（《资治通鉴·晋纪四》）

贾南风在历史上留下极大的恶评和骂名。《晋书·贾惠皇后传》中记述她淫乱后宫，不仅和太医令程据等人私通，还命人到民间寻找年轻俊男，装入竹箱偷带入宫，供自己云雨享用，事后还将人杀死灭口。

不过，贾南风通过操纵惠帝主政后，晋政权出现了九年左右相对稳定的局面，《资治通鉴·晋纪四》中评论："虽暗主在上而朝野安静。"在统治集团的上层，除了少数贾氏亲属，张华是寒族中的名士代表，裴頠、裴楷和"竹林七贤"之一的王戎等人，均出自著名的世家大族。贾南风虽然凶险，对张华、裴頠等名士大臣尚算尊重，加之贾南风毕竟是开国头号功臣贾充之女，控制地方军镇及部分中央禁军的宗室诸王尚能与之相处。从某种意义上说，贾南风代行皇权，一定程度实现了宗室、外戚、士族及少数寒士的共治。

张华、裴頠等人顺利施政，首先是晋武帝二十五年来推行周制成果的延续，武帝通过实践儒家王道仁义的价值，奉行黄老清静宽简的政策，至少使大多数士族等中坚力量形成了维持晋室有效统治的共识；其次，惠帝尽管较为愚笨，但仍然是晋政权正统的象征，贾南风掌握了晋惠帝，从而占据了正当性的高地，宗室、士族以及其他各种力量与之对抗的理由尚不充分；再有，皇太子司马遹为武帝生前所喜爱，很多人内心可能轻视惠帝、厌恶贾后，但是年龄渐长的太子司马遹的存在，保留了人们对于晋室未来的某种希望。这是共治结构得以维持的重要原因。

司马遹之死破坏共治象征

贾南风性情暴躁，私生活荒唐，曾引发裴𬱟、贾模和张华等大臣私下讨论。《晋书·裴𬱟传》中记载，"𬱟深虑贾后乱政，与司空张华、侍中贾模议废之而立谢淑妃"。张华、贾模都认为，如果得不到惠帝的认可，宗室诸王、士族朋党意见不一，擅自发动废立一定不会得到好的结果。张华还建议裴𬱟、贾模两位国戚，在统治者面前善尽劝谏之责。裴𬱟几乎每天劝说姨母广城君郭槐，让她告诫贾南风善待太子。稍早裴𬱟还上表，直言请求提高太子生母谢淑妃的封号、待遇。贾模多次向贾南风陈述利害，没有得到贾南风正面的回应，最后忧愤而死。

司马遹为惠帝唯一的儿子，成年后性情刚愎自用，不愿向贾南风献媚，和贾谧发生口角冲突而结怨。可能是出自贾南风的指使，一些宦官鼓动太子游玩不务正业。司马遹在宫中设置集市卖肉等食品，从中牟利乐此不疲。对规劝他修德的杜预之子、太子中舍人杜锡，司马遹反而以恶作剧回报，命人拿针放在杜锡常坐的毡上，致使杜锡被扎，鲜血直流。

贾南风政治上最大的失策在于和太子司马遹交恶，动员惠帝将太子废除，最终把司马遹残害至死。否则，她也许会成为类似吕后的一代女主。贾南风作为统治集团的共主，并没有掌握为所欲为的绝对权力，如果一味任性妄为，必将被反弹的浪潮所吞噬。母亲郭槐直至临终前，都一直嘱咐贾南风善待太子，相反贾谧在贾南风面前构陷太子："若宫车晏驾，彼居大位，依杨氏故事，诛臣等而废后于金墉，如反手耳。不如早为之所，更立慈顺者以自防卫。"（《晋书·愍怀太子传》）此话就是说如果太子即位，贾氏将难逃杨骏一家的命运，建议早作打算更换。

贾南风不听母亲劝告，反而轻信贾谧的挑唆。朝野盛传贾南风将废太子的流言。中护军赵俊请太子率先废除贾南风，遭到司马遹的拒绝。东宫左卫率刘卞曾找张华商议，图谋发动废除贾南风。张华认为没有得到惠帝的指令，而且权贵外戚满朝，各种势力交织，不可以贸然行事。贾南风听闻刘卞私下议论，将他外发雍州刺史，刘卞随即服毒自杀。贾南风伪称自己曾怀孕，秘密抱入妹妹之子韩慰祖进宫抚养，准备以之取代太子。

公元300年，西晋永康元年，贾南风设计将太子司马遹骗入宫中，假传惠帝旨意将其灌醉，诱使他写下要求惠帝退位自尽的大逆文书。文书中还提到，要与谢妃一起在宫中举事，封长子司马虨（字道文）为王，其母蒋俊为内主。惠帝得到文书后，召集朝会下令要将司马遹赐死。虽然经张华、裴𫖯等大臣竭力劝说，太子司马遹还是被废为庶人，随后其生母谢淑媛、宠妃蒋俊被处死，司马遹的三个儿子司马虨、司马臧和司马尚均被关押。不久后司马虨去世。

太子司马遹被罢黜后，朝野舆论激愤，成为贾南风共主地位被颠覆的开始。贾南风指使一个宦官"自首"，谎称参与太子的叛乱。惠帝下令将司马遹押往许昌幽禁。司马遹出发时，写作《徙戎论》的东宫洗马江统、舍人王敦等多人不顾禁止送行的命令，坚持赶到伊水向前太子辞别。江统等多人被逮捕后，其中被押到河南牢狱的人，被时任河南尹的乐广释放，被押到洛阳牢狱的人没有被释放。都官从事向贾谧建议，太子被废是因为他的作恶，今天东宫僚臣冒险送行，如果治罪，反而传闻四方，彰显了太子的美德，不如予以释放。贾谧随即要求洛阳令放人，乐广也没有受到惩罚。

　　贾南风了解到有人要废除皇后、拥立司马遹复太子位的传言后，索性一不做二不休，派遣太医令程据、心腹太监孙虑赶往许昌，在司马遹拒绝服用含毒的食物后，用捣药木杵将其击杀。这一事件，粉碎了晋室统治者正统延续的象征，把杨氏诛灭后重新形成的各方共治平衡再度破坏，极大激发了具备能力角逐大位者的觊觎之心。

第二节
宗室诸王的混战

随着惠帝之子司马遹被杀，宗室势力发动了政变，除了赵王司马伦直接篡位，参加角逐者以维护皇权至上的价值、维护惠帝的正统地位为号召，实际上追求掌握最高权力，又在下一轮的角逐中，被作为叛党遭到各方的攻击，国家陷入了内战的恶性循环。晋武帝以周制的分封、共治，提升了晋政权的合法性、正统性，然而，这种共治结构需要各种势力的平衡，一旦晋室最高统治者失去权威性，各种势力特别是掌握兵权的宗室诸王便互不买账；继外戚、宗室平衡打破后，宗室内部的平衡也被彻底打破了。

这不仅导致晋室获得天命的价值论述毁于一旦，而且在混战中无法形成新的类似秦制的统治者权威，晋中央政权逐步失去了统治的有效性。

司马伦篡位挑战儒家伦理

晋惠帝时期"八王之乱"中的"八王"，主要指在大混战中起到关键性作用的八位宗室亲王，实际上参与动乱的司马氏家族成员并不止这些。八王包括汝南王司马亮、楚王司马玮、赵王司马伦、齐王司马冏、长沙王司马乂、成都王司马颖、河间王司马颙和东海王司马越。

汝南王司马亮、楚王司马玮已在倒杨后第一波宗室内斗中死亡；赵王司马伦是司马懿幼子，齐王司马冏是司马攸的嫡子，司马伦时任车骑将军、领右军将军等职，司马冏时任散骑常侍、领左军将军等职，都在中央政权任职；长沙王司马乂、成都王司马颖分别为晋武帝的第六子和第十六子，河间王司马颙是司马懿之弟司马孚的孙子，东海王司马越是司马懿之弟司马馗的孙子，司马乂、司马越分别在各自的封国，司马颖、司马颙分别都督邺城和关中的军事。

其中赵王司马伦曾出镇关中，后入中央辅政掌握部分兵权，任车骑将军、太子太傅，长期被认为属于贾南风的小圈子。司马伦曾图谋得到录尚书事、尚书令的位置，遭到裴頠、张华的阻止。司马遹被废除太子之位后，司马伦在心腹谋士孙秀策划下，首先鼓动贾南风、贾谧等除去前太子，以绝司马遹可能复位的后患，随后又反戈一击，利用朝野对于太子被害的愤怒情绪，矫诏发动政变，杀死了贾谧、贾午等贾氏亲属，拘捕、废黜贾南风，后将其毒杀。裴頠、张华等大臣对于贾南风的逆行多有规劝，但是，司马伦可能出于消减朝廷人望、报复多年私怨的目的，还是将他们逮捕，皆夷三族。

司马伦诛杀贾南风及其亲属的行动，得到了共治结构中宗室诸王的普遍支持。当时在洛阳担任领左军将军的司马冏亲自带兵入宫，直接抓走了母亲贾褒的同父异母妹妹贾南风。虽然缺乏淮南王司马允参加政变的直接记载，但贾南风被废杀后，司马允升任骠骑将军等职，至少表明他持赞同的态度。司马遹是惠帝唯一的儿子，他被谋害后，除了司马遹的数位幼子，从晋武帝之子中选立储君的可能性增加。惠帝二十五位诸兄弟中，又以淮南王司马允、长沙王司马乂、成都王司马颖和豫章王司马炽最具人望,当时司马乂、司马颖出镇在外,司马允、司马炽在朝,司马允又比司马炽年长,太子司马遹被废之后,一直是皇太弟的人选之一。

赵王司马伦自封持节、大都督、督中外诸军事、相国、侍中等,取得了首席辅政大臣地位,又命齐王司马冏出镇许昌,将他体面地逐出京师。司马伦操纵惠帝,立司马遹之子司马臧为皇太孙,便于自己的控制。淮南王司马允密养死士发动政变,最终兵败为司马伦所杀,司马允的两个儿子秦王司马郁、汉王司马迪随后遇害,受牵连被夷族者数千人。不久,在孙秀、张林等亲信策划下,司马伦强行加九锡,逼迫晋惠帝退位为太上皇,自立为帝,又杀害皇太孙司马臧。孙秀被任命为中书监等职,掌握了朝中的大权。

司马伦是司马懿的幼子,坐镇关中时,曾因刑赏不公,激化了氐、羌等少数民族的动乱。作为晋武帝的叔父、惠帝的叔祖,司马伦所为完全违背了儒家的宗法伦理,他扔掉惠帝的招牌,意味着晋武帝标榜的儒家王道价值立国合法性的破局。司马伦强行称帝,严重侵犯了共治结构中其他宗室诸王的利益,迅速把宗室势力的内讧推向了新的高潮。如果他止于首席辅政大臣地位,重用宗室中重量级亲王、士族名士共治,尚有成为主导者的可能。

司马伦是宗室中少数不学无术的亲王之一。陈寅恪先生考证,司马伦、谋主孙秀和大将张林,此三人都是天师道(五斗米)道人。司马伦、孙秀之奉天师道,与琅邪这一地区颇有关系。司马伦始封琅邪,又曾之国,孙秀为琅邪土著。[1]《晋书·赵

---

[1] 陈寅恪著,万绳楠整理:《陈寅恪魏晋南北朝史讲演录》,第56—58页。

王伦传》中记载,"伦、秀并惑巫鬼,听妖邪之说"。司马伦登基之前,与孙秀一起指使牙门赵奉,假扮司马懿魂灵附身声称"伦宜早入西宫",以此作为帝位合法性的来源。司马伦、孙秀等人以此欺骗世人,可能他们自己也相信了这些神道。

司马冏迅速走向反面

公元301年,西晋永宁元年,出镇许昌的齐王司马冏以拥护惠帝复位的号召首先发兵,飞檄全国诸"征、镇、州、郡、县、国"。出镇邺城的成都王司马颖、出镇长安的河间王司马颙先后响应,构成了反对司马伦的"三王起义"的主力。被贬常阳的长沙王司马乂、司马懿之孙、新野县公司马歆等部分宗室势力,以及各地刺史、将军等部分士族官僚闻风而动。整体而言,反对司马伦的力量胜过支持他的人马。司马伦派出的中央禁军先胜后败,成都王司马颖大军率先逼近洛阳。京师一些将领、宗室乘机发动政变,杀死孙秀等司马伦死党,迎接晋惠帝复位,先是囚禁司马伦,最后将其处死。

在讨论司马伦篡位的附逆人员处置时,晋惠帝忽然提出杀义阳王司马威。司马威为司马懿之弟司马孚的曾孙,与赵王司马伦交好,贾南风掌权时任散骑常侍。司马伦篡位时,指使司马威与黄门郎骆休从惠帝手上夺过玺绶,任命其为中书令。惠帝说:"阿皮掜吾指,夺吾玺绶,不可不杀。"(《晋书·宗室传》)。阿皮是司马威小字。这一故事,成为一些学者说明惠帝虽然愚钝但非白痴的少数例证之一。作为晋室的象征以及共治集团名义上的共主,晋惠帝的存在是晋政权合法性的重要组成部分,对于惠帝是否尊重，遂成为检验实际主政者是否合法的重要指标。

齐王司马冏以其所谓首义之功，获得了首席辅政大臣的地位。在推翻司马伦战争中功劳最大的成都王司马颖，接受谋士卢志意见以退为进，主动返回邺城，救济饥饿灾民，收葬阵亡将士，获得了士族舆论的较高评价。司马冏立前太子司马遹唯一尚存的次子司马尚为皇太孙，然而，司马尚不久便死去，朝廷中出现拥立司马颖为皇太弟的声音。

公元302年，西晋永宁二年，司马冏上表晋惠帝，请立惠帝之侄、8岁的清河王司马覃为皇太子。司马覃之父为惠帝之弟司马遐，已于两年前去世。司马冏这一做法，和司马伦立司马臧为皇太孙的动机相同，都是为了便于自己控制朝政，但以周制嫡子继承顺位的逻辑而言，司马覃不具备唯一的合法性。这样就把同样具备储君候选资格的成都王司马颖、长沙王司马乂等人，推向了对立面。

司马冏是齐王司马攸的嫡子，被认为是司马氏家族中最优秀的成员之一。司马冏被诛杀时，叔公平原王司马榦为之哭恸，"谓左右曰：'宗室日衰，唯此儿最可，而复害之，从今殆矣！'"（《晋书·宣五王传》）不过，正因为其父司马攸曾与储君、辅政大臣位置失之交臂，司马冏内心可能长时期积累着委屈和愤怒的情绪，一旦掌握了最高权力，立即表现出强烈的以正统自视的心态。他居住在父亲生前的王府，大肆予以扩建，王府规格已经和皇帝的西宫相同。司马冏不愿进宫朝见惠帝，在府中坐着接见百官，向三台等各官衙发号施令，大量选用自己宠信的心腹。殿中御史桓豹向皇帝奏事，事先没有经过齐王府，竟被拷打至死，"于是朝廷侧目，海内失望矣"（《晋书·宣五王传》）。

宗室内部王公之中，司马冏自己的兄长司马蕤首先表示不服，策划倒戈行动败露后，遭到流放，最终被秘密杀死。南阳处士郑方、东曹属孙惠、嵇康之子嵇绍、参军江统等大臣，通过上书等方式向司马冏提出规劝，均不被采纳。部分出身吴郡的僚属预感到大乱将至，纷纷离去避祸。其中齐王的主簿顾荣，与陆机、陆云兄弟被称为"洛阳三俊"，为了和司马冏保持距离，顾荣有意每日醉酒，不省人事，终于转任中书侍郎。

公元302年，西晋太安元年十二月，长安的河间王司马颙在翊军校尉李含策动下，动员十万大军讨伐司马冏。他公开呼吁洛阳的长沙王司马乂废除司马冏之位，以成都王司马颖代替司马冏辅政之位，这一行动得到了邺城司马颖的支持。司马颙所部张方率军进抵新安之际，洛阳城中长沙王司马乂乘机起事，带领部分亲随冲入宫中，从而控制了晋惠帝，以惠帝的名义号召讨伐司马冏。双方在洛阳城中大战三天，最后齐王司马冏大败被处死，朋党死者两千余人。司马冏从万众景仰的天下第一英雄，发展为墙倒众人推的头号叛臣，不过一年半左右的时间。

宗室势力的内战循环

河间王司马颙、成都王司马颖不愿离开长安和邺城，这就形成了长沙王司马乂在洛阳执政、司马颖在邺城遥控的局面。虽然司马颙以长安为根据地，掌握着相当数量的军事力量，但是，他作为司马懿之弟司马孚的孙子，没有直接继承大统的合法性。司马颙及其亲信李含为此制定计划，改立司马颖为皇太弟，司马颙担任宰相专政，并且图谋将长沙王司马乂杀死。司马乂获悉后反将李含处死，司马颙遂以张方为帅发兵七万攻击洛阳。成都王司马颖可能出于争取储君位置的目的,以吴地士族陆机为帅发兵二十万,参加了针对长沙王司马乂的大战。

司马乂以尊奉惠帝为由率禁军反击,一度以少胜多,击溃成都王司马颖的大军,司马颖将战败的陆机处决。司马乂又将张方率领的部队逼退,一度形成战场上的僵持。战争进行到关键的时刻,洛阳城内担任司空、领中书监的东海王司马越突然发动政变,指挥部分厌战的禁军逮捕司马乂,而且把司马乂交给张方,长沙王司马乂在金墉城中被活活烧死。

公元304年,西晋永安元年三月,皇太子司马覃被废。成都王司马颖被立为皇太弟,继续担任丞相,河间王司马颙进位为太宰。司马颖返回邺城后,实际上凌驾于朝廷发号施令,这与百年前曹操把邺城作为政治中心的做法如出一辙。司马颖上表停派皇帝的宿卫部队而改属丞相府,"僭侈日甚,有无君之心"(《晋书·成都王颖传》),他还重用宦官孟玖等人,大失众望。

东海王司马越及部分在洛阳的将领,乘机拥奉晋惠帝北上讨伐,与成都王司马颖的军队在荡阴展开大规模激战。最后讨伐大军失利,惠帝身中三箭,面部受伤,百官、侍卫四散。侍中嵇绍在一旁保护惠帝,终被司马颖的兵士所杀,鲜血溅到惠帝的衣服上。晋惠帝被俘入邺城,成为司马颖集团手中的傀儡。战事平息后,左右要为惠帝浣洗御衣,"帝曰:'此嵇侍中血,勿去'"(《晋书·嵇绍传》)。此事又成为惠帝并非白痴的例证。

司马越战败后,逃回自己在山东的封国。不过,司马越之弟司马腾、幽州刺史王浚等随后联合乌桓、鲜卑武装,出兵攻破了邺城。司马颖不得不挟持惠帝出奔洛阳,被控制京师的司马颙部将张方强迫迁往长安。河间王司马颙废去司马颖皇太弟之位,改立豫章王司马炽为新的储君。

公元305年，西晋永兴二年，东海王司马越飞檄天下，号召迎奉晋惠帝返回洛阳。崤山以东司马越诸兄弟、大多数的宗室诸王和刺史将军，以司马越为盟主，组织起山东联军，进攻关中地区。司马颙接连战败，杀张方求和而不得。公元306年，西晋永兴三年、光熙元年，司马越大军以乌桓、鲜卑突骑为先锋进入长安，将惠帝、皇太弟司马炽等人接回洛阳。司马越升任太傅、录尚书事辅政。不久，逃亡荆州的成都王司马颖被缢杀。晋惠帝食饼中毒去世，皇太弟司马炽即位，是为晋怀帝，改年号永嘉。司马越以授予司徒为诱饵，征召尚在长安的司马颙入京，司马颙在路上被司马越之弟、南阳王司马模派人袭杀。

共有十余位宗室诸王死于"八王之乱"。除东海王司马越之外，八王之中的其余七位均为非正常死亡，其中包括武帝的三个儿子。八王中的大多数都曾出任首席辅政大臣，司马颖还被选立皇储，这说明参与混乱者从来以追求最高权力为目标。从愍怀太子（司马遹）被废杀，司马允争立太弟，至怀帝即位，嗣君之争几乎贯穿西晋后期动乱的始终。[1]司马颖、司马乂推翻齐王司马冏，司马颖参与河间王司马颙反对司马乂的军事行动，本质上都是这一原因。

晋武帝生前大力布局宗室势力，把禁军、国内各中心的军队统率大权交给司马氏家族成员，规定长安等重地必须由帝系宗室坐镇。司马颙作为司马懿之弟的后代，相当于疏属出掌关中，还是以贤能被选中的特例。这就决定只有掌握了武力的宗室诸王，才有资格参与最高权力角逐的游戏。八王中有的指挥部分禁

---

[1] 胡晓明：《西晋后期嗣君之争考论》，《南京晓庄学院学报》2011年第5期。

军，有的出镇长安、邺城和许昌等核心地区，而且又都有自己的封地，具有人财物的资源动员能力。武帝重用宗室势力的多种制度，即宗室分封制、宗室亲贵出镇要冲，以及宗室子弟在中央政权任职、出掌禁军等，为参与角逐的诸王创造了条件。

第三节
统治集团外部的挑战

永嘉是武帝第二十五子晋怀帝司马炽在位时使用的年号。这一时期发生的动乱,不仅体现汉民族的皇权系统与少数民族集团的结构性矛盾,更反映了体制外的边缘群体对宗室、士族共治的晋政权统治集团的反抗。晋武帝司马炎实施宽政简刑的政策,没有带来内迁少数民族、流民群体等被压迫阶级的晋室天命的认同,相反的是,一旦当中央集权、君主专制统治策略的有效性受到损害,这些人群对于晋室的合法性更加轻视,迅速转化为巨大的颠覆性力量。包括汉人在内的各族流民,以及刘渊等内迁匈奴首领,分别以宗教或兴复汉室作为起兵的号召,冲击晋政权已经陷入混乱的治理秩序。

而且,以五胡为主的少数民族集团横行北方,意味着两汉以来中原王朝边疆治理政策的最终失败。

曹操法家的治胡策略

两汉政权四百余年间,是中国本部汉人发展而成汉民族的时期。中原夏商周诸族群通过上千年的融合,历经秦汉帝国大一统熔铸,以农耕文明为主体的生产方式,以中央集权、君主专制为权威的皇权系统,以统一文字为基础的儒家价值心理沉积,奠定了全民共同的汉人身份认同。魏晋政权代汉之后，曹魏享国较短、天下没有统一，晋朝统一不久国家陷入动乱，相较于周边其他游牧、渔猎和山地部族，汉人可能仍旧是士民习惯的自称，或被少数民族他称。这是汉王朝达到了合法性与有效性"双高"状态的成果之一。刘备、诸葛亮集团偏居西蜀，号召兴复汉室还于旧都，实际上既号称汉政权正统，又以汉人、汉民族自居。

在汉民族的周边地区，存在着被称为东夷、南蛮、西戎和北狄的少数民族。其中匈奴、羯、鲜卑、羌和氐等族群，又被称为五胡。陈寅恪先生考证，"五胡"名称最早出自前秦天王苻坚之口，"次序"也是苻坚讲的。[1]五胡是两晋时期民族大混战主要的参与者，北魏崔鸿著有《十六国春秋》，依据"能建邦命者，成为战国者"的原则，记录各族先后建立的十六个政权，其中，五胡及汉族占了绝大多数。

匈奴游牧政权曾长期雄踞蒙古高原，是秦汉帝国最为强劲的外敌。汉武帝倾举国之力进行征伐，汉宣帝时南匈奴单于呼韩邪到长安朝见，当众跪拜称臣。东汉时代高原上遭遇干旱和饥荒，匈奴汗国分裂。窦固、窦宪及班超等率师北伐后，北匈奴主力举部西迁，之后历时两三个世纪，经中亚进入东欧，成为欧洲民族大迁徙的动能，被罗马人称为"上帝之鞭"。稍早南匈奴降附东汉政权，举族迁往长城之内五原塞，即今天内蒙古一带，随着鲜卑兴起成为高原的主人，匈奴继续南迁晋陕北部，建庭于山西离石的左国城。

曹操在北方重建统治秩序后，整合主要居住在山西汾水流

---

[1] 陈寅恪著，万绳楠整理：《陈寅恪魏晋南北朝史讲演录》，第75页。

域的匈奴诸部，他将前来朝见的呼厨泉单于留置邺城，根据地域分设左、右、南、北、中五部，各部置帅，又以汉人为司马来监督。曹操任命并州刺史兼任"使匈奴中郎将"一职，大致控制了匈奴三万余落。晋武帝司马炎代魏后，部帅改称都尉。《晋书·四夷传·匈奴》中记录，塞外匈奴依附者南来，武帝先后接纳四批。分别为塞泥、黑难二万余落，匈奴胡太阿厚率其部二万九千三百人，匈奴胡都大博及萎莎胡等各率种类十万余口，匈奴都督大豆得一育鞠等率种落一万一千五百口等。"凡十九种，皆有部落，不相杂错。屠各最豪贵，故得为单于，统领诸种。"即匈奴的单于出自屠各部。

除了迁到山西，匈奴各部还移向陕西、河北等地，中间包括作为匈奴别部的羯族。关于羯族的来源，唐长孺先生认为"入居塞内的匈奴十九种之中有羌渠，还有一种称为力羯，二者可能与羯族有关"[1]；也有的学者认为，羯族即为"羌渠之胄"；更多学者认为羯族出自西域胡，或与康居人、月氏人存在渊源。西域胡内迁过程中，与匈奴诸部、羌人、氐人和汉人混合，故羯族又被称为杂胡。

鲜卑、乌桓均属东胡系，语言、习俗和地域分布大致相近。南北匈奴分别迁离蒙古高原后，鲜卑进而占据漠北，乌桓占据漠南。辽西乌桓一度控制大部分部落，不断侵扰东汉政权，曹操亲率大军将其击破，强制他们迁入塞内，把乌桓突骑编入自己的军队。鲜卑距离中原稍远，反而得到较大的发展。其中东部的鲜卑部落，一度在檀石槐、轲比能时代形成强权，积极对外扩张，之后又分为宇文部、段部和慕容部。北部鲜卑主要为拓跋部。慕容

---

[1] 唐长孺：《魏晋南北朝史论丛》，第410页。

部一支向吐谷浑西迁，和当地羌人结合成吐谷浑部，与河西秃发氏、陇右乞伏氏并称为西部鲜卑。

羌族和氐族位于中原政权西部。羌人从青海草原逐步内迁，东汉时代被派发远征西域，随后羌人爆发起义，酿成所谓严重的"羌患"。东汉朝廷连年镇压，消耗了国家大量的资源。韩遂、马腾等西北军阀兴起，源于羌乱与地方势力的结合，最终均为曹操所灭。至晋武帝时期，陕甘多地遍布羌民；氐人以农耕为主，多有类似汉人的姓氏，东汉时分为十余部，移居蜀郡之北武都郡。赤壁大战之后，曹操讨伐马超、张鲁等割据势力，一举击败反抗的氐人，把五万余落氐民全部迁往扶风、天水二郡。

北方边地民族历来是中原王朝主要的外部挑战。匈奴等族内附后，保留了民族群居和部落组织的传统，一面失去了以往掠夺汉民财富等现实利益，一面学习到汉地统治者建立皇权系统的思维。这一群体对于汉室的天命缺乏认同，构成了对国家稳定的潜在威胁。在东汉末年天下大乱之际，一些少数民族武装集团加入到群雄逐鹿，如果不是曹操重建中央政权的权威，以法家的铁腕策略将其一一瓦解，两晋时期的民族大混战将会提前一个世纪。

晋武帝"怀远以德"

晋政权建立之后，少数民族内迁的规模有增无减，这不能不引发一些朝臣相当的焦虑。公元268年，西晋泰始四年，御史中丞傅玄针对西北鲜卑涌入，提出用汉人充实边境。公元270年，西晋泰始六年，河西鲜卑首领秃发树机能发动叛乱，秦州刺史胡烈战死。一年后，匈奴右贤王刘猛反叛出塞，又率部进攻并州。

侍御史郭钦上书建议，"渐徙内郡杂胡于边地，峻四夷出入之防"（《资治通鉴·晋纪三》）。就是把已在关中、并州等地居住的胡戎迁出，再将汉民迁入实边，让匈奴等族与汉民分开居住，加强少数民族出入地区的防卫。这种徙戎的政策主张，没有得到晋武帝司马炎正面的回应。

　　武帝刻意以儒家的王道教化的价值治国，采取鼓励少数民族内迁的政策。匈奴等族初入中原之时，朝廷免其贡赋，完成对其编户后，所征赋税也较汉族民众为轻。不过内迁的少数民族人口超过百万，对于晋政权而言，无疑还是增加了赋税收入。关中、并州等地门阀士族占有部曲、佃客等依附人口，少数民族的加入，弥补了汉民减少造成的赋役人口的不足。《晋书·王恂传》中记载："又太原诸部亦以匈奴胡人为田客，多者数千。"胡人是晋政权征发兵役的来源之一，国家在需要的时候，可以动员内迁少数民族参战。

　　中书郎阮种上策书："臣闻王者之伐，有征无战，怀远以德，不闻以兵。"（《晋书·阮种传》）即以皇帝的恩德安抚"四夷"，代表了晋武帝的政治追求。王浑、李憙等并州士族与匈奴上层交好，也反对徙戎之策。匈奴左部帅刘豹之子刘渊作为人质留住洛阳，王浑等人多次向武帝介绍刘渊的才能。秃发树机能叛乱发生后，上党人李憙甚至建议以刘渊为帅前往征伐。齐王司马攸见到刘渊，可能凭直觉认为此人未来将成为晋室的祸害，建议将其除去，立即遭到主张"怀远以德"的王浑等人反驳。

　　直至晋武帝全面出兵进攻东吴前夕，晋军才终于平息西凉鲜卑地区的动乱。但不久后，又发生辽西鲜卑慕容部攻打昌黎事件。晋惠帝即位后，山西匈奴人郝经、郝度元兄弟先后发动叛乱，关陇地区羌、氐民众纷纷响应，拥立氐族首领齐万年为帝，聚众十万围攻长安。赵王司马伦、梁王司马肜先后坐镇关中，无所作为。张华等选派参与诛杀杨骏的禁军将领孟观西征，总算将其击败。

公元299年，西晋元康九年，时任山阴令的江统撰写《徙戎论》，上奏惠帝，系统论述中原政权与"四夷"的历史关系。主张将占关中人口半数以上氐、羌等族全部迁出，提出并州的匈奴部落已为隐患，应尽快"还其本域"。虽然江统深刻洞察到了内迁少数民族与汉民及中央政权的矛盾，但他将少数民族反向驱离中原的主张并不能立即可行。假设国家突然放弃怀柔的王道，强迫少数民族大规模迁回故地，必然会引爆社会的动荡。而且，当时掌权的贾南风和太子司马遹形同水火，朝廷没有可能聚焦讨论这一富有挑战的课题。

从长远来看，以汉民族为主体的皇权系统与少数民族集团的矛盾是结构性的，存在着无法调和的因素。晋政权承接了两汉征服边地游牧、渔猎等民族的成果，即北方不再存在强大的游牧政权，国家还可征收内附少数民族赋税、征发兵役，同时也面临了中原王朝数百年来无法解决的非农业文明民族治理难题，即无法以儒家价值使之产生根本的认同感，从而有效地将其融化。

短期而言，国家只有保证强大的中央集权、君主专制统治的有效性，维持法家压迫型方法论的震慑力，这一矛盾或有可能被拖延、缓解。毛泽东读《晋书》后批注"迁亦乱，不迁亦乱。在封建时代非乱不可"[1]，可谓一针见血的透彻之言。

---

1 王小宽、张明林：《跟毛泽东读二十四史》，红旗出版社，2015年，第103页。

以宗教为名的流民起义

在晋政权共治集团内战的过程中，以往被压迫的体制外力量乘势而动。少数民族及汉民族流民起义，内迁少数民族集团拥兵自立，成为乱世中新兴割据政权的主体。即使在东汉时期，国家构建起士民对儒家价值、汉政权和皇帝的信仰体系，少数民族群体也是忠诚度最低的。除生活空间、生产方式与汉族不同之外，这些少数民族对儒家君权受之于天的理论尚未产生认同可能是重要原因。

汉族中失去土地的流民对皇权国家同样缺乏忠诚度，他们与部分少数民族共同沦为社会的边缘群体。一旦中央集权、君主专制的国家统治有效性受损，这一群体挑战统治秩序的概率最高。而且，底层的边缘群体另建系统反抗皇权，往往与民间的宗教价值动员结合在一起。东汉末年黄巾军大起义，是以张角创立的太平道进行号召，割据汉中一带三十余年的张鲁地方政权，实施行政与五斗米道政教合一的体制。五斗米道即为天师道，可能是东汉顺帝时张陵创建，要求信徒交纳五斗米作为入教条件，故称为五斗米道。

张鲁为张道陵之孙，是教团第三代首领"师君"，又被称为"天师"。五斗米道通过基层教区的"祭酒"召集信徒，以不断忏悔和自省的形式，捐献财物食品或义务劳动，提供给需要的流民和旅人，从而创造平等的共同生活的理想社会。张鲁归降曹操之后，受到曹操的善待，五斗米道因此传入中原其他地区。司马伦被封琅邪王时，即在封国接触到了天师道。

《晋书·李特载记》中记载，蜀中宾人投奔张鲁，全部信仰了五斗米道，其中包括李特的祖父李虎。之后，曹操将李虎及五百余家賨人迁往略阳。李虎至李特三代均为五斗米道的信徒。关西地区受氐人齐万年战乱影响,以及连年遭遇饥荒,大批氐人、羌人和汉人等沦为流民,秦雍两州六郡数万家百姓,一路向汉中、蜀地前行就食。李特、李庠兄弟等六郡大姓成为流民的领袖。经过向晋政权汉中官员行贿,流民队伍获准进入巴蜀地区。

公元300年,西晋永康元年,皇后贾南风被赵王司马伦杀死,时任益州刺中赵廞为贾氏姻亲,深恐受到牵连,利用李特、李庠等流民力量割据自立。不久,赵廞又诛杀李庠,李特率部攻入成都,赵廞出逃被杀。李特一度支持朝廷任命的益州刺史罗尚。随着罗尚强迫流民返回故地,李特被流民中各大姓、酋长等共推为统帅,在绵竹发动起义,再度向成都进军。

在与晋军及巴蜀本地势力的作战中,李特、其长子李始战死,其弟李流病亡。李特三子李雄掌握指挥权后,得到了益州大族范长生的大力支持。范长生是著名的五斗米道世家,率部曲千余避居青城山上。可能出于和李特、李雄父子共同的价值信仰,范长生向供给不足的流民军提供大批食物。

公元304年,西晋永兴元年,李雄攻入成都,称成都王。公元306年,西晋永兴三年,李雄称皇帝,定国号成。范长生被任命为丞相,尊为"天地太师",不仅允许拥有部曲数千家,而且"部曲不豫军征,租税一人其家"(《晋书·李雄载记》)。日本学者川胜义雄认为,李雄和范长江统治的成国,是一种与五斗米道张鲁的王国相似的理想国[1]。

当时,中原"八王之乱"进入高潮期,巴蜀地区从此脱离晋

---

1 [日]川胜义雄著,林晓光译:《魏晋南北朝》,
 第164页。

政权的统治，成为十六国之一。李雄连续治理三十余年，以道家无为价值理念与轻徭薄赋政策相结合，形成区域性的皇权系统闭环。李雄死后，大成政权陷入帝位内争。公元338年，东晋咸康四年，李雄堂兄李寿取得帝位，改国号汉，历史上将其连称为成汉政权。

"八王之乱"时期，荆州地区还发生少数民族义阳蛮张昌起兵的事件。晋政权要求征发荆州军去蜀地平定叛乱，结果引发义阳蛮、流民与地方势力结合反抗。张昌部众"皆以绛科头，擿之以毛"（《晋书·张昌传》），即头戴深红色头巾，着马毛所制须髯。常戴绛红头巾的特色，据陈寅恪先生考证，为南阳一带天师道徒的标志。所以荆州张昌的起兵反晋，可能也以五斗米道的理想为动员。

陈寅恪还作出判断，东莱海滨地区刘伯根、王弥等人发动的流民起义和五斗米道也有直接的关系。[1]刘伯根本为县令，王弥出身于官僚世家，他们以宗教为号召，聚集起上万人的反晋队伍。

张昌率部杀了新野王司马歆，一度控制荆州北部，其部将石冰攻入扬州，最终均被荆州刺史刘弘平定。而被称为妖贼的刘伯根死后，余部由王弥率领，横扫青州、徐州一带，最后加入到刘渊的匈奴汉军，成为摧毁晋政权在北方统治的重要力量。

匈奴举起复兴汉室的旗帜

宗室诸王内战的后期，司马越之弟司马模、幽州刺史王浚一

---

[1] 陈寅恪著，万绳楠整理：《陈寅恪魏晋南北朝史讲演录》，第62页。

方，以及作为对立面的成都王司马颖另一方，分别动员少数民族武力直接参战。其中乌桓、鲜卑突骑为东海王司马越集团所用，在攻击邺城、长安的战斗中打了头阵；匈奴刘渊表面上加入司马颖阵营，实际策划拥兵自立。内附的少数民族势力参与中原王朝最高权力的争夺，进而仿照汉民族模式另建皇权系统，这是秦始皇创建大一统帝制政权之后的第一次。刘渊、石勒等人所为，固然反映了部分少数民族首领追求本民族主导天下的野心，但也是其内心对于晋政权天命合法性不予认可的表现。

刘渊出自匈奴屠各部，据称为汉初时大名鼎鼎的冒顿单于后代，汉高祖刘邦曾把宗室女子作为公主与冒顿和亲，所以冒顿单于的后代，自以为又姓刘。刘渊是南匈奴单于于扶罗的孙子，《晋书·刘元海载记》中记载："幼好学，师事上党崔游，习《毛诗》《京氏易》《马氏尚书》，尤好《春秋左氏传》《孙吴兵法》，略皆诵之,《史》《汉》、诸子，无不综览。"而且，"遂学武事，妙绝于众，猿臂善射，膂力过人"。不但熟读汉文化儒家的经典，武艺也相当高超，是文武双全型的人物。王浑等并州士族向武帝推荐他，不是没有道理。

刘渊父亲左贤王刘猛去世后，晋武帝任命刘渊继任左部帅，之后又任命他为北部都尉。刘渊"明刑法，禁奸邪，轻财好施，推诚接物，五部俊杰无不至者。幽冀名儒，后门秀士，不远千里，亦皆游焉"（《晋书·刘元海载记》）。杨骏辅政期间，刘渊被任命为五部大都督，发生匈奴部众叛逃出塞事件时一度被免职。成都王司马颖镇守邺城时，上表推荐刘渊担任宁朔将军、监五部军事。

公元304年，西晋建武元年，刘渊骗取司马颖的信任，以招募匈奴部众助战为由离开邺城，在堂祖父刘宣等人劝说下，返回左国城称大单于。刘渊集团反晋并不是要把匈奴部众带回大漠游牧，而是要在中原另建皇权系统，这就形成针对胡汉的两套号召话语，反映出其背后不同的价值动能。

一方面，尽管刘渊、刘宣等匈奴上层汉化程度较深，但从未遗忘自己的民族身份。匈奴部族被一分为五，下层民众生活困苦，大量沦为士族豪门的佃客和奴隶。这使内迁的胡族深感被歧视，对汉民族的统治者充满仇恨。刘宣鼓动刘渊起兵时讲得相当明白："自汉亡以来，魏晋代兴，我单于虽有虚号，……降同编户。"当刘渊准备依照司马颖之命攻击鲜卑时，刘宣又说："单于（刘渊）积德在躬，为晋人所服，方当兴我邦族，复呼韩邪之业，鲜卑、乌丸可以为援，奈何距之而拯仇敌！"（《晋书·刘元海载记》）所谓"降同编户"，实指匈奴贵族屈辱的处境，而"复呼韩邪之业"，就是要复兴匈奴历史上的铁血荣光。

另一方面，刘渊等人在研读儒家经典的过程中，学会了以汉人视角去看待朝代的兴亡。不仅认为魏晋得国不正，还把晋室内乱看作是缺乏天命的表现。刘渊高度推崇统治的合法性与有效性达到"双高"的状态的汉政权，自称匈奴王族也流淌着汉室刘家的血液："吾又汉氏之甥，约为兄弟，兄亡弟绍，不亦可乎？"（《晋书·刘元海载记》）刘渊把自己包装为继汉高祖刘邦、东汉光武帝刘秀和蜀汉昭烈帝刘备之后又一位承担天命的汉室帝王，即否定魏晋国家的正当性，追奉蜀汉后主刘禅为孝怀皇帝，以光复汉政权为号召进行更为广泛的超越匈奴民族的动员。

刘渊自称汉王后，除了重新一统匈奴五部，还招纳了部分汉族士人加入。据周伟洲先生统计，史籍所载汉赵官员263人，匈奴刘渊家族有44人，刘氏宗亲有30人，其他匈奴任职官员40人，

晋朝的死结

汉族官员131人，其他少数民族官员18人。[1]汉人官员占了半数左右。刘渊集团与司马越之弟、并州刺史司马腾及继任者刘琨作战，先后攻取太原等地。"八王之乱"结束前后，刘渊军队进入河东、平阳地区，华北多地各族反晋武装相继归顺，其中包括鲜卑族陆逐延、氐族单于征、汉族王弥和羯族石勒等人。

后来建立后赵取代匈奴汉国成为北方最强国的羯族大将石勒，出身上党羯族部落小头领之家。并州发生饥荒时，他曾和家乡诸股胡人逃散，随后被司马腾部队抓获，以两人一枷这种极具侮辱性的方式，被押往冀州贱卖为奴。内乱爆发后，石勒先后纠集被贩卖的同族、群盗及好友多人，跟随马牧率汲桑共同起兵，加入到司马颖部将公师藩麾下作战。

司马腾出镇邺城时，多位并州将领及数万流民随行，这些流民因集体前往冀州就食，故而被称为"乞活"军。公元307年，西晋永嘉元年，汲桑、石勒攻破邺城，一举斩杀司马腾，天下震惊。田甄等乞活帅率众为司马腾复仇，击杀了汲桑。随后石勒投奔汉王刘渊，在河北多地继续攻击晋军，数次渡过黄河，配合刘渊之子刘聪、王弥流民军团攻击洛阳。

公元308年，西晋永嘉二年，刘渊正式称帝，次年正月迁都平阳。刘渊表面上仿照两汉政权设置组织机构，其实是实行胡汉分治的两种运营系统的治理模式。在汉区实行类似郡县制的领户制，设立司隶、内史等管理国家编户，对汉民族的人财物各种资源进行征收或掠夺；对匈奴及其他少数民族实行统领制，任命宗室、民族首领为王，分别统领本民族武装。刘渊皇帝兼大单于，

---

[1] 周伟洲：《汉赵国史》，社会科学文献出版社，2019年。

以长子刘和为太子，后又任命第四子刘聪为大单于，相当于把单于视为皇帝之下最大的武力首领。

这是长城以内中原王朝的土地上，第一次出现由少数民族作为最高统治者建立的政权，也是第一次采用胡汉分治的统治模式。相比较秦汉魏晋农耕民族政权，依照编户齐民方式收取赋税、征发兵役，匈奴汗国兵民合一、全族皆兵的游牧民族资源动员方式，无疑成本最低、效率最高。晋政权时期，国家实行宗室、士族共治，享有特权的皇亲贵族大量占有部曲等依附人口，影响了中央政权的兵源征集、财政收入，相比之下这或许是胡制的优势之一。

当然，胡制中宗室亲王领兵的组织体制，也决定诸王之间血腥内斗的必然性。在决定皇位继承等重大问题上，更多地表现为弱肉强食的强者生存逻辑。公元310年，刘渊病逝。太子刘和即位后，执意处理诸王拥兵的威胁，反被军力最强的大单于刘聪率军所杀。刘聪随后即皇帝位。

刘渊以汉室的名义动员没有取得预想的结果。即便身为最高统治者，他仍然无法化解尖锐的民族矛盾和强烈的匈、汉对立情绪，刘渊宗汉立国那一套理论虽出自儒家礼法，但身为匈奴人的现实将其争取汉族士人民众的积极作用消解殆尽。[1]刘渊的起兵虽然彻底动摇了晋政权统治的有效性与合法性，但也没能打开历史的死结，建立起匈奴汉国的天命正统与稳定统治，北方反而陷入了极其野蛮的民族仇杀漩涡。

---

1 高昕:《对刘渊争取汉族民族策略的思考》,《阿坝师范高等专科学校学报》2008年第1期。

第四节
宗室、士族大败局

相较于宗室诸王,共治集团中的士族势力不掌握兵权,处于较为次要的位置。虽然部分士族名士继续脱儒入玄,将追求个人、家族的声望与利益,放在忠于晋政权国家之前,但是,士族名士仍然引领了主流价值的舆论导向,在宗室诸王的混战中,充当了晋室正统的裁判者角色。东海王司马越最终胜出,很大程度上得益于这种士族舆论的支持,而他执政后重用名士领袖王衍,其幕府集结大批名士佐僚,又出自他与晋怀帝争夺正统的需要。

在匈奴、羯等少数民族集团及流民武装的野蛮攻击下,武帝生前竭力扶持的宗室势力遭遇毁灭性打击,士族势力或死于战乱,或选择隐逸,或策划自保,连累北方各地无辜的汉族民众。晋政权的共治在北方分崩离析。

元康名士强调自主性

晋武帝生前大力倡导把儒家名教作为官方的意识形态,从某种意义上说,武帝本人即晋政权儒教兴国的象征,对于玄风的渗透多少有所缓冲。武帝去世后,国家经历血腥的屠杀,惠帝、贾南风夫妇明显缺乏国家价值的引领能力。儒教式微,玄学上扬;源自正始名士的清谈之音、源自竹林七贤的放达之风,成为宗室、士族共治社会的风尚。从东汉晚期名士党人发展而来的士族阶层，完成了向特权阶层蜕变，传统的儒家士人品格在现实的特权制度下已经没有了吸引力和实行的土壤，而正始以来的玄学人格则受到关注。[1]

贾南风实际掌权的元康年间，出现了中断数十年的清谈聚会。从表面上看，东汉乡论清议的选官功能让位于九品中正制的中正定品，清谈已经偏重玄学抽象的探究；其实中正定品、朝廷选官，既注重士人父祖的家族地位，也取决于其个人玄学修养形成的声望。换言之，清谈活动中巨头们的价值取向，以及对于人物的评点等，依然很大程度影响着国家取士的选择。所谓名士的产生、坐大，主要来自前辈名士的赏识和推荐，以及同辈名士之间的相互赞扬等。贾南风时期的重臣裴頠、裴楷、张华和王戎等人，都曾为元康谈坐的上宾，其中的王戎，担任过中书令及司徒等职，是当年"竹林七贤"中最年轻者。

元康前后形成的中朝名士，又以乐广和王衍最为出名。乐广出身寒门，8岁时言行获得正始名士圈领袖人物夏侯玄的称赞，后受到卫瓘、王戎和裴楷等名士重臣推荐入仕，曾被贾充辟为掾属，其女儿嫁给成都王司马颖，继王戎后出任尚书令。王衍出身琅邪世族大家，是王戎的堂弟，长相俊美，口才极佳，入仕后宦途顺畅，一路高升至尚书令、中书令等职，后位列三公，成为公认的清谈领袖。王衍女儿为司马遹的太子妃。王衍少年时即受到名士山涛、羊祜的关注，晋武帝曾问王戎，当世谁可与王衍相比。王戎答，当世没有人能和他相比，只能从古人中寻找。

---

[1] 张爱波、徐传武：《"清谈"与中朝名士》，《理论学刊》2007年第4期。

王衍清谈时，喜欢手持白玉柄麈尾毛制成的扇子，口若悬河、风度翩翩。"麈"可能是一种较大的鹿。挥舞麈尾夸夸其谈几乎成为晋朝清谈家的标准形象。王衍的从弟王导也是"麈尾名士"之一，后来还专门写作《麈尾铭》一文。顶尖的士族大家琅邪王氏，通过相互的赞美炒作、共同的玄谈风采等手段，营造出令人仰视的高门名望。《世说新语·容止》上记述："有人诣王太尉（王衍），遇安丰（王戎）、大将军（王敦）、丞相（王导）在坐，往别屋，见季胤（王诩）、平子（王澄）。还，语人曰，今日之行，触目见琳琅珠玉。"有人去拜会王衍，一下子见到了六位超级名士，可见琅邪王氏的名士群体效应。

中朝的诸多名士中，有放达、任诞的一派。先后有王澄、阮咸、谢鲲、羊曼、桓彝、胡毋辅之和光逸等人，"皆以任放为达，至于醉狂裸体，不以为非"（《资治通鉴·晋纪四》）。

王澄完全不拘礼俗，《世说新语》中记述："王（澄）平子出为荆州，王太尉及时贤送者倾路。时庭中有大树，上有鹊巢。平子脱衣巾，径上树取鹊子。"随后又脱去内衣，"神色自若，旁若无人"。谢鲲出自陈郡谢氏家族，擅长啸歌与鼓琴，与王敦、庾敳、阮修并称四友。《晋书·谢鲲传》记载："邻家高氏女有美色，鲲常挑之，女投梭，折其两齿。"即因为调情被人打落了牙齿。至于名士们日以继夜聚集饮酒、以至于狂欢失态的场面，更是不胜枚举。

乐广对于任诞之徒的放纵行为，曾有委婉劝说："名教中自有乐地，何为乃尔也？"（《世说新语·德行》）就是说儒家名教中也有快乐，含蓄地表达了调和儒玄的愿望。王衍延续何晏、王弼等正始名士"以无为本、以有为末"的玄学逻辑，更为欣赏虚浮、放达的风气。所谓"贵无"的理论价值，影响了一代后进之士。

《资治通鉴·晋纪四》中评论道:"王衍之徒皆爱重之,由是朝廷士大夫皆以浮诞为美,弛废职业。"

相当部分士族官僚享受着国家的高官厚禄,却始终对晋政权缺乏真正的忠诚度;他们热衷于玄学之理,打造家族、个人的名望,却荒废现实的政务。王戎位极人臣,对国家政治的改善没有任何贡献,日常工作都委托下属去做,自己经常轻出游玩。太子司马遹遭到贾南风的陷害,朝堂上裴颜、张华据理力争,而身为太子妃之父的王衍不但一声不吭,还上表声称女儿和太子立即离婚。当司马遹从许昌给太子妃写信,陈述自己遭遇诬陷的详情,王衍知情后也不敢向惠帝报告。作为朝廷重臣、名士领袖,王衍"声名藉甚,倾动当世"(《晋书·王衍传》),其言谈举止所作所为,在当时的社会具有相当的示范作用。

裴颜专门写作《崇有论》,与"贵无论"抗衡,《晋书·裴颜传》中保留了《崇有论》全文。裴颜批评过于崇尚虚无的言行,主张适度回归儒学理念,反对行为上极端放荡和不务正事,实际上代表了维护晋政权统治合法性与有效性的主张,而王衍等多数士族名士则是在没有充分认可晋政权天命的情况下,更多地强调共治结构中士族的自主性。《资治通鉴·晋纪四》中总结:"然习俗已成,颜论亦不能救也。"即在惠帝、贾南风时期,武帝生前部分恢复周制、以儒家名教立国的一片苦心,已经开始走向破碎。

虽然大动乱尚未全面爆发,但较之晋武帝的统治,这一时期皇权在宗室、士族共治集团中的主导性,以及对于晋朝社会的控制能力进一步下降,各种极端的习气挑战儒学正统的价值秩序。

《世说新语》之中的《汰侈篇》与《俭啬篇》,集中展示了一些士族权贵奢侈斗富、吝啬聚财的种种癖好,令人不免摇头叹息。《晋书·五行志下》中记载："自咸宁、太康之后，男宠大兴，甚于女色，士大夫莫不尚之，天下相仿效，或至夫妇离绝，多生怨旷，故男女气乱而妖形之作也。"即士族名士中流行同性恋之风，竟然还有女性生产出了没有人形的怪胎。京房《易传》说："人生他物，非人所见者，皆为天下大兵。"这些被认为是战争大乱的凶兆。

士族、寒庶不同的选择

较之东汉晚期大动乱前后的名士党人忠于儒家价值和汉政权，晋惠帝时期的士大夫呈现出多重选择，这可能和士大夫内心尚未对晋政权形成共同的价值认同有关。一部分人依附权贵、追求功名利禄，完全不同于东汉士人对于理念的坚持。贾谧得势时附庸风雅，接纳多位文学士人在其门下，包括石崇、潘岳、陆机、陆云、左思、刘舆、刘琨和欧阳建等人，号称"二十四友"。"二十四友"中既有著名的士族子弟，也有不少寒门文人，大部分成员为官僚，且十二人为四品以上官僚，或被认为是"中层干部士族"[1]。

石崇是大将军石苞之子，又是因与王恺斗富而闻名的奢侈一派代表。潘岳文采列"二十四友"之首，又是最为出名的美男子。两人格外谄媚贾谧，每当贾谧及贾南风之母郭槐出来时，"降车路左，望尘而拜"（《晋书·石崇传》）。"二十四友"不是追求共同价值与利益的政治集团，也不是具有共同文学理想的文人集

---

[1]〔日〕福原启郎著，陆帅、刘萃峰等译：《魏晋政治社会史研究》，第228页。

团，其交游方式以宴饮游乐为主，彼此联系较为松散，最重要的共同点是依附在外戚权臣贾谧之下，希望得到其庇护与提拔。这是晋朝"士大夫不复有忠于朝廷的节操，却不能根本铲绝社会好名之风"[1]的体现。

"八王之乱"大规模爆发后，相当部分的士族名士一方面采取随波逐流、明哲保身的态度，尽力周旋于各宗室诸王之间；另一方面，又通过清议舆论的制造与传播，推动形势的转变，为新一轮的共治主导者提供合法性的支持。

在宗室诸王之间的火并中，所有的角逐者必须把自己包装为晋政权正统的代表，而把对立面指责为僭越和叛逆。除了名义上具有晋惠帝的招牌，清议舆论无疑是其合法性最重要的来源。士族名士一定程度引领了舆论的导向，对于博弈双方力量的此消彼长产生了影响，这和东汉晚期党人世家掌握儒家思想解释权，颇有些相似之处。太子司马遹被罢黜乃至遇害后，尽管王衍等大臣保持了沉默，但是，朝野悲愤的舆论不断发酵，为倒贾政变的发生，奠定了人心所向的基础。

赵王司马伦策划为自己加九锡，只有吏部尚书刘颂公开表示反对。司马伦为了取悦士民，规定全国荐举的贤良、秀才和孝廉都无须考试，郡国主管簿计小吏及十六岁以上太学生都可成为正式官员。大赦日在职的郡守县令均封侯，郡属小吏全都举为孝廉，县属小吏全都举为廉吏。尽管如此，齐王司马冏举起义旗后，孙惠、潘尼、王豹等赴司马冏帐下者络绎不绝，各地士人百姓纷纷响应。成都王司马颖的谋士卢志说"赵王无道，肆行篡逆，四海人神，莫不愤怒"，充分展现了批判司马伦的舆论已经

---

[1] 钱穆：《国史大纲》上册，第222页。

遍及全国。

齐王司马冏大权独揽后，多位士人部属向他提出规劝，要求他"还第"，退辅政之位，实际上代表了人心向背、舆论转向。福原启郎先生认为，这种要求司马冏退让的舆论趋势，最终引发了对司马冏的讨伐，推动了八王之乱的历史进程，也从逻辑上维系了八王之乱的因果关系。[1]

相同的情形，也发生在成都王司马颖身上。曾经深受舆论好评的司马颖听信宦官孟玖等人谗言，杀害吃了败仗的吴地名族、前锋都督陆机，并株连兄弟陆云及其他家人，这一行为引起争议，深受士大夫舆评的谴责。司马颖被立为皇太弟后，将储君所用的车马服饰全部搬到邺城，宛如权臣曹操再世，这又引发了新的一轮讨伐，东海王司马越遂在舆论的期望中脱颖而出。

贾南风、司马伦倒行逆施，又缺乏驾驭全局的政治能力，身死族灭的命运不可避免，而齐王司马冏、赵王司马颖等人虽然才具平常、徒有其名，但也没有多少十恶不赦的行为。士族名士本身对惠帝的认可度不高，却把诸王对待惠帝的态度作为评判其合法性的主要标志，从而形成符合皇权至上价值的舆论。这可能是武帝生前倡导周制儒家伦理的成果之一。司马冏、司马颖等宗室亲王受制于共治结构的逻辑，无法成为新的专制权威，乘着舆论烘托的大势而起，最后又被舆论转向的浪潮反噬。

"八王之乱"的过程中，部分的寒庶之士扮演了推波助澜的角色，这部分人期望通过打破现有的宗室、士族共治的秩序，达到出人头地、改变个人命运的目标。晋政权实行九品中正制的选

---

1 ［日］福原启郎著，陆帅、刘萃峰等译：《魏晋政治社会史研究》，第177—178页。

官制度，士族、寒门的出身不同造成个人命运不同，这使得部分寒族士人既向往跻身于士族阶层，又对士族权贵充满了仇恨。

司马伦的亲信孙秀出身琅邪国小吏之家，得到琅邪士族王戎、王衍等中正的同意，勉强通过了"乡议"而获乡品，在仕途升迁道路上饱受歧视。孙秀在司马伦诛杀贾南风、篡位的过程中，积极出谋划策，起到关键性作用。司马伦称帝后，孙秀掌握了朝中实权，对曾有私怨的石崇、潘岳和欧阳建等大肆屠杀。三人均为贾谧"二十四友"成员，贾谧被诛杀后，"二十四友"也失去靠山。史载孙秀曾为琅邪内史潘芘的下属，侍奉其子潘岳，饱受欺负；石崇拒绝将美妾绿珠赠与孙秀而遭嫉恨；欧阳建为石苞之外孙、石崇之外甥，曾劝淮南王司马允诛司马伦。石崇、潘岳和欧阳建全家被族灭，石崇庞大的家产皆被抄没。孙秀之子孙会相貌丑陋，看似不如一普通奴仆，却强娶惠帝、贾南风之女河东公主为妻。

类似孙秀这样的寒士成为宗室诸王私党的情况，在"八王之乱"中较为普遍。包括赵王司马伦府中的大将张林，成都王司马颖府中的孟玖，河间王司马颙府中的李含、张方等，以及大量投入不同阵营的军中将校。这些寒士经常站在舆论价值的反面。在支持司马伦篡位的各色人等中，除了非晋武帝系的少数宗室王公，大多数均为中下级的文职、武卫。相比较士族名士，他们对于晋政权及皇帝的忠诚度更低。

成败司马越

东海王司马越是司马懿四弟司马馗之孙。在所有参加"八王之乱"的宗室诸王中，司马越与皇帝一脉的血缘较为疏远，他也不是手握兵权、坐镇一方的军事都督，惠帝、贾南风时期，始被封为东海王，食邑不过六县。荡阴之役失败后，司马越只身逃回东海国。成都王司马颖考虑到司马越兄弟为宗室中的优秀人才，发布赦令召他前往，随后太宰司马颙又请他去长安共同辅政，均遭司马越的拒绝。司马越首倡奉迎惠帝返回洛阳，得到宗室、士人普遍的响应。

司马越能在众多的宗室成员中胜出，最终结束"八王之乱"的原因是他凭借了少时起积累的名声。《晋书·东海王越传》中记载，司马越"少有令名，谦虚持布衣之操，为中外所宗"。八王之乱后期，这种名声和士族控制的舆论支持相结合，使他一跃而成为晋室皇权正统的代表。晋中央政权洛阳时代五十年间，除武帝、贾南风之外，唯有司马越曾经主持朝政超过五年。

《晋书·惠帝纪》上说：帝"因食饼中毒而崩，或云司马越之鸩"。司马越排斥前太子河清王司马覃，拥立武帝第二十五子司马炽即位，是为晋怀帝。从惠帝、司马覃和怀帝当时的情况看，惠帝是白痴，司马覃年仅13岁，怀帝则已24岁，史载怀帝自少"专玩史籍，有誉于时"（《晋书·孝怀帝纪》）。司马越清除貌似更容易驾御的惠帝、司马覃而立怀帝，陈苏镇教授认为，可能是要解决八王之乱后期遗留下来的惠帝羊皇后问题。[1]

贾南风被废杀后，赵王司马伦立泰山世家羊氏之女羊献容为惠帝皇后。司马颖、司马颙掌权期间，羊皇后成为部分人士反对宗王专权的旗帜，因此经历了五度被废立的曲折。河清工司马覃

---

[1] 陈苏镇：《司马越与永嘉之乱》，《北京大学学报（哲学社会科学版）》1989年第1期。

是武帝之孙、惠帝之侄，一旦继位，羊皇后即可以太后身份干预朝政，这可能是羊皇后主张司马覃继位而被司马越否定的原因。不过，司马越始料未及的是，被认为是在朝中毫无根基的怀帝继位后，积极培植亲信势力，力图振作皇权，司马越与之矛盾不断，这也成为中央政权崩溃的原因之一。

公元306年，西晋光熙元年，司马越开始主政时，其弟新蔡王司马腾、高密王司马略和南阳王司马模，分别镇守邺城、襄阳和长安，其他封疆大吏刘琨、王浚、张轨、苟晞和周馥等人，分别镇守并州、幽州、凉州、兖州和扬州等地。尽管刘渊以及石勒、王弥等反晋武装步步紧逼，晋政权仍控制着中原的核心区域；但是，司马越并未强化中央集权的强势地位，随着怀帝频繁过问军国大事，司马越自请出镇许昌，相当于晋政权出现两个领导中心。

司马越较为被动地应付匈奴汉国的进攻，积极安排亲信对各战略支点的控制，而刘渊、石勒等乘机逐步打开了河东和河北的局面，先后出镇兖州、青州的苟晞，都督扬州军事的周馥等人，与洛阳的怀帝取得政治联系，越来越表现出自立的倾向。司马越疲于奔命，连续前往鄄城、濮阳和荥阳等地督师，没有起到聚歼石勒、王弥主力的作用，反而许昌一度也被王弥的流民军团攻破。

一方面，司马越沽名钓誉，幕府中招纳大批佐僚装点门面。现可考知者七十九人，加上辟而未就者十二人，则为九十一人。绝大多数为士族和低等士族，染玄风之士约比儒学之士多出一半以上。[1]《世说新语·赏誉》中称:"司马太傅府多名士,一时俊异。"

另一方面,司马越对于重建中枢的怀帝实行"清君侧"。公元309年,西晋永嘉三年,司马越返回洛阳,"勒兵入宫,于帝侧收近臣中书令缪播、帝舅王延等十余人,并害之"(《晋书·孝怀帝纪》)。司马越还把怀帝身边的宫廷武官全部驱逐,怀帝形同软禁。之前,司马越已经下令将囚禁在金墉城中的河清王司马覃杀害。司马越这些举动,无疑使他陷入"大失众望"的境地,与齐王司马冏、长沙王司马乂和成都王司马颖后期遭遇的情形相同。

在司马越幕府的佐僚中,聚集了庾敳、胡毋辅之、郭象、阮修和谢鲲等一干"元康名士"。王衍作为玄学清谈的领袖级人物,位居三公高位,获得司马越特别的礼遇。司马越在与怀帝的分庭抗礼中,可能需要借助王衍等人的名声为自己背书,从而维持自己主导政权的正当性。这些士族名士沉溺老庄玄学,热心于组织清谈活动,还以饮酒放诞、不事俗务为荣,对于拯救国家的危局,并没有太多实际的帮助。

王衍意识到晋政权面临生死存亡的危局,出于维护琅邪王氏家族的利益,向司马越推荐兄弟王澄出为荆州刺史,从弟王敦为出青州刺史。王衍明确关照王澄、王敦,"荆州有江、汉之固,青州有负海之险,卿二人在外,而吾留此,足以为三窟矣"(《晋书·王衍传》)。王衍族弟王导曾为司马越幕府参军,跟随琅邪王司马睿出镇下邳和建康,共同稳定了江东的局面。

洛阳军民曾多次击退刘聪、石勒和于弥的进攻,北方并州刘

---

[1] 林校生:《司马越府"隽异"与西晋王朝的历史出口》,《华侨大学学报(哲学社会科学版)》2003年第3期。

琨、幽州王浚和凉州张轨等诸镇仍在背后对匈奴汉国构成压力。刘琨遣使约司马越主动北上破敌，司马越疑"朝臣贰己"，担心都督青、徐、兖、豫、荆、扬六州军事的苟晞乘机攻击自己，故迟迟未行。

此前，司马越下令讨伐乞活军田甄、田兰兄弟。乞活军为司马越之弟司马腾前并州部属，聚集了大批反抗少数民族集团屠杀的汉族流民，与司马越共同抗击反晋武装，随后又与其发生争夺地盘等冲突。尽管李恽、薄盛等其他乞活首领斩杀田兰归降，继续和刘聪、石勒作战，田甄等人弃部而去；但是，对于各地不断自发涌现的抵抗少数民族集团的武装士民，司马越及其晋政权显然缺乏凝聚和统一指挥的能力。

公元310年，西晋永嘉四年前后，王弥南下占据兖州、豫州一带，切断了洛阳的东南粮道，整个形势急转直下。司马越"羽檄征天下兵"，然而"莫有至者"。(《晋书·孝怀帝纪》)司马越不得不亲率行台及甲士四万余出征，要求太尉王衍及诸多官员随行，大军驻屯于项城一带，洛阳城内空空荡荡。平东将军、扬州都督周馥上书建议怀帝迁往寿春，司马越认为这是对自己权威的挑战，下令进行讨伐。

公元311年，西晋永嘉五年正月，晋怀帝密诏青州刺史苟晞讨伐司马越，三月又诏告天下，列举司马越种种不臣的罪状。不久，司马越在项城军中忧惧而死。

司马越既做不到成为像曹操、司马懿那样的一代枭雄，以法家的手段大破大立号令天下；又不愿主动放弃权力，协助晋怀帝恢复宗室、士族共治主导者的权威。司马越终究是在士族名士清议舆望中产生的人物，他行为上的矛盾之处，是他标榜的价值正确与现实政治需要之间的巨大反差。司马越没有比司马冏、司马颖等人更有能力，他之所以未被怀帝或其他宗室、士族势力推倒，完全是因为司马氏家族已经元气大伤，匈奴汗国等中原朝廷体制外的武力挑战呼啸而来，内斗不得不有所减缓。

共治集团内部儒玄两种价值此消彼长，大多数士族名士改入玄学，国家皇权至上的价值，与宗室揽权、士族旁观等现实政治形成对立的死结，君主的权威丧失，国家分裂为多个力量中心，严重削弱了国家的资源动员能力，中央组织指挥系统混乱，大敌当前仍然各自为政。司马越的挣扎与失败，是晋朝统治合法性与有效性，双双走向瓦解的缩影。

体制外边缘群体的报复

东海王司马越的去世，掀开了晋政权宗室、士族灾难的序幕。王衍，司马玮之子、襄阳王司马范等率领十余万军民，护送司马越灵柩，向东海王国方向进发。公元311年，西晋永嘉五年四月，大队人马行至陈郡鹿邑县宁平时，被石勒的军队包围射杀，死者堆积如山。其中一些被王弥之弟王璋残酷地焚杀、食用。司马范及梁王司马禧、齐王司马超、任城王司马济、西河王司马喜等宗王被杀，王衍、庾敳等大批士族名士、公卿官僚遇害。

《晋书·石勒载记上》中记述，石勒14岁时去洛阳经商，"王衍见而异之"，认为他"恐将为天下之患"。王衍被俘后，石勒呼唤王公，与他相见。王衍自称不曾参与国事，为求脱身，甚至劝石勒称帝。"勒怒曰：'君名盖四海，身居重任，少壮登朝，至于白首。何得言不豫世事邪！破坏天下，正是君罪！'"（《晋书·王衍传》）石勒仇视晋朝皇权宗室，更加痛恨享受特权却又不忠于国家的士族名士。晚上，石勒派遣兵士推倒墙壁，把王衍及司马范压死。王衍临死前感叹，假如不崇尚虚浮，一心一意匡救天下，或许不至于落到今天的地步。

留在洛阳的司马越部将闻讯，立即护送司马越夫人裴妃、世子司马毗出走，大批王公士民跟随东行。队伍在许昌附近颍川洧仓与石勒大军相撞，石勒拘捕所有的王公卿士，全部杀害，其中包括司马毗等四十八位宗王。裴妃等遭到抢掠贱卖。五月，刘聪命族弟刘曜、部下王弥等率军杀入残破的洛阳，残杀了皇太子司马诠、吴王司马晏和竟陵王司马楙等宗室诸王，百官、百姓遇害者超过三万人。兵士们挖掘晋室陵墓，纵火焚烧宫殿、宗庙，各种官府、巨室荡然无存。

惠帝皇后羊献容被凌辱，随后被刘曜纳为妾室。晋怀帝成为俘虏后，被押到平阳。公元313年，西晋永嘉七年，在刘聪举行的一次宫廷宴会上，怀帝被要求穿上奴婢的衣服行酒，在场的晋朝旧臣无不痛哭。刘聪随即下令将怀帝毒杀，怀帝时年30岁。

洛阳沦陷后，刘聪之子刘粲、刘渊从子刘曜一度攻入长安，南阳王司马模、其子范阳王司马黎投降后被杀。之后，中原地区的一些刺史、太守联合起来，收复了长安。秦王司马柬之子司马邺被拥立为帝，是为晋愍帝。这一政权实际控制区域，仅为长安及其周边州县。公元316年，西晋建兴四年八月，刘曜率军攻陷长安外城，内城外援无望，存粮逐渐耗尽，至十一月，愍帝不得已抬棺出降。

当时的北方地区，半独立的青州刺史苟晞、幽州刺史王浚先后为石勒所杀，一度占据秦州的司马模之子南阳王司马保不久去世，仅存并州刺史刘琨联络鲜卑将领继续抵抗，张轨之子张寔割据西凉。

晋愍帝被押至平阳后，受尽屈辱。刘聪出去打猎，命愍帝扮作车骑将军，穿戎服执铁戟作为先导；刘聪举行宴会，命愍帝在一旁劝酒，洗涮酒爵；上厕所时，又命愍帝手拿便桶盖子。刘聪对于晋朝旧臣的痛哭感到厌恶，不久下令将晋愍帝杀害，愍帝时年仅19岁。

公元318年，东晋元帝太兴元年，刘聪病死，直系后代死于司空靳准之乱，族弟刘曜据有长安称帝，改国号赵。刘曜立羊献容为皇后，曾问："我与司马衷相比何如？"羊献容答："陛下开基之圣主，彼亡国之暗夫……贵为帝王，而妻子辱于凡庶之手。"（《晋书·惠羊皇后传》）。她还称自己生于高门，原以为世间男子都是那样，自从成为刘曜之妻，方知天下有大丈夫。这番表白令刘曜相当受用，对她备加宠爱。羊献容曾与惠帝生育一女，又为刘曜生了三个儿子。

"永嘉之乱"距离高平陵政变不过六十余年，司马懿直系子孙的绝大部分遭到残杀，这是晋武帝建构的混合周秦的治理体系的极大失败。尽管晋朝国家对于被统治民众没有强加特别的恶行，但是，部分少数民族及流民等体制外的边缘群体，对于共治结构中享有特权的宗室及士族等势力，仍然爆发出极大的敌意。

在国家控制有效性下降的情况下，其正统的合法性地位只会进一步减少。晋室宗王及部分士族被残酷屠杀，两位皇帝被恶意羞辱，最终被杀，一国之后被纳入后宫，这些无不透露出内心自卑的被压迫阶级的仇恨与报复心理，同时，也包含着对晋政权得国不正的鄙夷，对士族官僚先家后国的不屑。东汉末年黄巾起义及军阀混战时期，没有发生大规模屠戮刘氏宗亲及士大夫的现象，这就是汉朝被认为享有天命而晋朝存在系统死结的区别。

第四章

王与马,共天下。

——《晋书·王敦传》

第四章　建康，共治的新起点

以建康为首都的南方六朝，是中国大分裂时期的产物。司马睿在建康即皇帝位，历史上称为东晋政权，又把晋王朝的洛阳、长安时代称为西晋。东晋、西晋属于同一朝代的不同时期，东晋又承袭孙吴政权在南方的统治，是六朝中承前启后的关键。东晋君臣以克复神州、保卫中华正统为新的价值号召，全新诠释了晋室政治系统合法性地位，这个理念迅速成为南北士族、各方势力的共识。

相较于西晋时期皇帝主导的宗室、士族共治结构，东晋时期皇权衰落，宗室势力损失百分之九十以上，形成了几家当权士族主导的君主、士族共治策略。王导为了维护共治集团内部的和谐，竭力推行"务必清静"的基本国策，对于南渡的侨姓士族、江东的吴姓士族优容宽松，这就严重削弱了东晋国家的资源动员能力，进而影响到恢复中原价值的实现。晋元帝、明帝试图加强皇权，庾亮兄弟采取集权措施，先后引发王敦之乱，苏峻、祖约之乱等，最终不了了之、无法成功，反映出在士族联合专政的背景下，国家恢复神州的价值倡导，与"务必清静"、优容士族的现实政治操作之间，形成了又一个治理死结。

严格地说，东晋几大当权门户之间的共治游

戏，并不是一种规范意义上的制度设计，而是士族名士在不断实践的动态过程中，逐步摸索出来的一整套潜规则。包括以各自实力为后盾、维持斗而不破的平衡；上游军事重镇荆州和中央政权所在的扬州，分别由不同的门户领军掌控；要实现对于国家政权的领导，当权者必须要得到其他士族名士的认可；等等。

永嘉之乱后，留在北方的士族保持了儒学传家、聚族而居的传统，在少数民族政权频繁更替的环境中顽强地生存；南渡士族则带来了清谈、任诞等玄学之风，整体上完成脱儒入玄的转变，在与江东士族结合之后，成为东晋共治集团的主导性力量。要想成为共治集团的成员，首先必须是擅长玄学清谈的名士。除了名士的血缘家世，其本人的仪容、学识、清谈水平以及事功能力等，都是决定其能否上位的重要的指标。虽然说当权士族的产生，局限在较窄的圈子范围内，但名士的沉浮和流动，在一定的范围内仍然存在。这是士族政治与先秦时期的贵族政治并不相同的地方。

第一节

王马共治与东周模式

晋元帝司马睿是帝制时期中原王朝崩溃后,第一位到南方恢复旧有政治系统的最高统治者。元帝重建晋政权,主要是南渡侨居士族、江东在地士族及在北方坚守的士族将领等在大敌当前之下共同拥立的结果,其中以王导、王敦为代表的琅邪王氏发挥了决定性的作用。王导在建康主持国家的大政方针,王敦在荆州控制了最重要的兵权,原共治集团中的宗室势力已经损失十之八九,晋武帝创立的皇帝主导的宗室、士族的共治,已经向当权士族主导的君主、士族的共治转变。

当然,东晋初期的王马共治处于不稳定的变动状态中,国家尚未形成被各方普遍接受的统治策略。

司马睿为何在江东得到支持

司马睿是司马懿曾孙,其家族中祖父母一辈,与东吴政权颇有渊源。祖父司马伷为司马懿与伏夫人之子,先后受封东莞王、琅邪王。司马伷比司马昭小十六岁,曾经坐镇邺城,参与看管曹魏的宗室土公。曹髦挥剑进攻司马昭府邸时,司马伷率部赴宫中阻止,顾虑到曹髦皇帝身份,司马伷及手下兵士选择散开,从而与弑君的恶名擦肩而过。司马伷是平吴之役的主要指挥者,

"率众数万出涂中,孙皓奉笺送玺绶,诣仙请降"(《晋书·宣五王传》)。

司马仙之妻即司马睿的祖母,为诸葛诞的女儿。诸葛诞起兵失败后,作为人质留在东吴的幼子诸葛靓,即司马睿的舅公,归降对方后,担任右将军、大司马等职,一度奉命镇守建康。孙吴亡国后,诸葛靓返国请罪,回到洛阳其姐诸葛太妃处。

司马睿父亲司马觐35岁病逝,司马睿15岁继承琅邪王位。"八王之乱"中,司马睿叔父司马繇参与诛杀杨骏的政变,一度大红大紫接着又遭贬斥,最终为成都王司马颖所害。司马睿跟随东海王司马越参加荡阴之战,兵败后被劫掠至邺城,随即一路潜逃,回到了封国。

公元305年,西晋永兴二年,司马越命司马睿为平东将军,监徐州诸军事,镇守下邳。王衍族弟王导,参东海王司马越军事,与司马睿多年交好,司马睿请王导任安东司马,"军谋密策,知无不为"(《晋书·王导传》)。公元307年,西晋永嘉元年,司马睿受命以安东将军、都督扬州诸军事,偕王导等人南渡建康。

在这之前,两汉政权四百余年间,尚无中原的亲王坐镇江南。孙权在南方立国,建立了宗族间分配利益的领兵与复客制度,即孙氏统治集团以若干大族及与将领为代表拥有世袭的军队,占有大量的田客与土地,有的还享有食邑与委任食邑长官的权力。这样就构成南方大族的经济基础及其政治特权。[1]淮南国相刘颂曾向武帝上书,考虑到原先原孙氏集团文武官员"一旦堙替,同于编户",建议"今得长王以临其国,随才授任,文武并叙"(《晋书·刘颂传》),即分封亲王常住江南,对失去政治特

---

[1] 唐长孺:《魏晋南北朝史论丛》,第24页。

权的世家豪族予以任用。

武帝去世前五个月，调整宗室诸王安排，分封九子司马允为淮南王，都督扬江二州诸军事，分封9岁的二十三子司马晏为吴王，以丹阳、吴兴和吴三郡作为食邑。晋政权也启动了在南方选拔人才，除了留用的原东吴集团部分官员，陆机、陆云兄弟，以及顾荣、纪瞻、贺循等名士得到征召。

相比较孙吴政权繁重的赋调、徭役和兵役等资源剥削，以及严刑峻法的暴力压迫，晋武帝根据其儒道合流的清静政策理念，在吴地采取宽大之政，轻徭薄赋、无为而治，世家豪门拥有土地与依附田客的经济利益未予触动，"吴人大悦"（《晋书·武帝纪》）。

东汉时代起，江南士民对中央政权便存在敬畏之心，曹操大军南下之时，孙权手下张昭等文官主张投降，反映了南渡名士及江东士族仍把中原政权视为正统。孙权作为第一位在南方建立皇权系统的最高统治者，主要是和世袭军团将领、在地豪族组成利益共同体，而不是被士民认为真正享有天命。对照中原的士大夫，吴地士族名士对司马氏得国不正并不敏感，反而对晋政权抱有一定程度的好感。

公元303年，西晋太安二年，张昌部将石冰率流民武装侵入长江下游，由于郡县没有守军，阳羡周玘等豪族以佃客私兵为主自发组织部队，推举吴郡世家顾秘为盟主，主动协助江北晋军攻击石冰，次年取得胜利后，解散部队各自返乡。这充分证明了世家豪族自保的基本诉求，以及对晋政权统治的合法性尚持认可的态度。

公元305年，西晋永兴二年，讨伐石冰之役中立有战功的晋军将领陈敏，乘中原动乱、司马越率军西行之际，假称皇太弟司马炽任命自己为扬州刺史，企图割据江南自立。陈氏兄弟驱赶朝廷的官员，分别攻占江州等重要据点，一时尽略吴越之地。陈敏自称大司马、楚公，加九锡，私自任命顾荣等四十余位南方士族为郡守、将军，顾荣等人可能出于保境安民的想法，一度接受了他的官爵。

与南士交好的司马越集团军咨祭酒华谭闻讯，立刻修书顾荣进行劝说，直指陈敏出身仅为"仓部令史，七第顽冗、六品下才"（《晋书·陈敏传》），不可能再创类似孙氏家族割据的历史。周玘、顾荣等人因此转向，主动与江北晋军联络，再度动员世家豪族举兵，里应外合击杀了陈敏兄弟。陈寅恪先生认为，对于江东豪宗来说，他们宁可拥护与自己阶级出身、思想信仰（儒家名教）相同的司马氏立国于孙吴旧境，而不愿看到陈敏这种令史、顽冗、下才在孙吴旧境称王。[1]

司马睿、王导仅带少量随从进入建康，世家豪族一度处于观望状态。"居月余，士庶莫有至者。"（《晋书·王导传》）为此，王导特别策划了阴历三月三上巳日水边祓禊。

司马睿端坐华轿，王导、王敦等人皆骑骏马跟随，展现了雍容的王者风范、飘逸的士人之风。正在现场的江东名士顾荣、纪瞻，不觉惊叹下拜。王导主动前往礼聘顾荣、贺循入仕，顾、贺接受后转相推荐，纪瞻、周玘等当地名流纷至沓来。这表明他们不再顾忌江北扬州都督周馥阵营的监视，转而拥戴具有皇族正统身份、属于东海王司马越集团的司马睿。

---

[1] 陈寅恪著，万绳楠整理：《陈寅恪魏晋南北朝史讲演录》，第131页。

王导在中枢的主导作用

司马睿抵达建康最初的日子里，经常处在焦虑、不安的状态中。《世说新语·言语》中描述："元帝始过江，谓顾骠骑曰，寄人国土，心常怀惭。"顾骠骑即顾荣，时任骠骑将军。司马睿竟把住在前东吴政权故地，视为寄居异国他乡；反而是顾荣不断劝慰司马睿"王者以天下为家"，透露出江南大族希望通过拥立正统的皇权，从而维护和扩大自身的各种利益。

公元310年，西晋永嘉四年，建武将军、吴兴郡豪族钱璯奉命北援洛阳途中，在扬州发动叛乱，司马睿、王导直属卫队的武力不足。顾荣居中协调，周玘继平定张昌、陈敏之后，第三次指挥自己的私兵进行平叛，这在史书上被称为"三定江南"。公元311年，西晋永嘉五年，司马越下令攻击周馥，司马睿奉令北上增援，主要的力量仍是南人将领甘卓的军队。

在司马睿争取吴中世家豪族支持的过程中，王导起到了沟通、周旋和定策的重要作用。随着北方士族名士的南下，王导又成为南渡侨居士族实际的核心人物。公元311年，西晋永嘉五年，匈奴汉国军队攻陷洛阳，晋怀帝司马炽被俘，司空荀藩、司隶校尉荀组等人传檄天下，共推琅邪王司马睿为盟主。《晋书·王导传》中记载："洛京倾覆，中州士女避乱江左者十六七。导劝帝收其贤人君子，与之图事。"

田余庆先生考证，南来的中原士族名士，大多属东海王司马越系统[1]，拥护出自同门的司马睿理所当然。其中，前骑都尉桓彝到建康后，深感司马睿孱弱而不足以图大事，后见王导，遂感慨

1　田余庆：《东晋门阀政治》，第321—322页。

江东有管仲而心安。

公元313年,西晋建兴元年,司马睿获得了晋政权丞相的名位。王导大量任用北方人士,占据司马睿任用官僚中的大部分位置,取得了对南方世家豪族的主导地位。王导一方面继续给予南方人士经济利益上的照顾,一方面利用南人身上的弱点,进行政治上的分化,从而达到分而治之的目的。

日本学者川胜义雄研究后提出,虽然同样被称为江南豪族,但知识人才辈出的吴郡、会稽名门,和阳羡周氏、武康沈氏这种粗鄙的乡野豪族之间,仍存在着社会评价上的等级落差。王导注意到江南豪族自身隐含的这种微妙嫌隙,成功扩大其落差,分裂了江南豪族。[1]

江东吴地社会较之北方发育要晚,又以中原文化作为先进的榜样加以倾心学习。孙吴士族对洛阳士族在钦羡之余,处处都仿效洛阳士族。《抱朴子·外篇》卷二十六《讥惑篇》讲到,吴地士族在书法、语言乃至哭上,都学"中国"。[2]

随着中原士族、名士云集江南,当时所带来的所谓先进文化,其核心性的支柱就是九品中正制度及支撑着这一制度的观念。简而言之,那就是"基于乡论空间中的人物评价来构建政治性、社会性的金字塔秩序"[3]观念,即朝廷依据乡论来选官。王导特别安排南士中的文化世家担任"郡中正",行使对江南士人的乡品选举大权,邀请他们参加南渡士族名士社交聚会,授予其

---

[1] [日]川胜义雄著,林晓光译:《魏晋南北朝》,第174页。
[2] 陈寅恪著,万绳楠整理:《陈寅恪魏晋南北朝史讲演录》,第219页。
[3] [日]川胜义雄著,林晓光译:《魏晋南北朝》,第174页。

高位。

对于其他武力豪族,王导采取了政治压制的方法。这不能不引起阳羡豪族周玘等人的强烈不满,周玘有"三定江南"之功,去世前把愤怒的情绪传递给儿子周勰。公元314年,西晋建兴二年,吴兴郡豪族徐馥联络周勰动员部曲私兵叛乱,"孙皓族人弼亦起兵于广德以应之"(《晋书·周处传附周玘传》)。不过,孙氏在江东经营九十年余年,从未建立起士民对于价值、吴政权和皇帝三合一的信仰体系,孙皓时期过度消耗资源,引发士民强烈不满,孙氏后人在江东号召能力有限。

王导利用豪族间不能联合的弱点,任命周勰族兄周莚进行平叛,迅速将其瓦解,对周勰则从宽处理了事。之后,包括吴兴沈氏在内的其他武力豪族,不得不向以王导为中心的南渡侨居士族暂时臣服。

王敦控制了中上游

《资治通鉴》的编撰者,没有采纳《晋书》中王敦参与三月三祭祠活动的记录。公元307年,西晋永嘉元年,王敦在太尉王衍安排下出任青州刺史,公元308年,即永嘉二年三月三,他可能尚在青州刺史任上。王敦为王导从兄,不仅是琅邪王氏家族中重要成员,还是晋武帝司马炎的女婿。前太子司马遹遭废被送往许昌幽禁时,他曾经不顾禁令前往伊水送行,早年的名声远在王导之上。

不过,王敦也有作风残忍的风评。当年王恺、石崇以豪侈相斗,一次在王恺家中,王恺令美人敬酒,如果客人不把杯中之酒喝完，王恺即杀死美人。"酒至敦、导所，敦故不肯持，美人悲惧失色，而敦傲然不视。导素不能饮，恐行酒者得罪，遂勉强尽筋。"（《晋书·王敦传》）王导、王敦性情之高下可见一斑。

公元309年，西晋永嘉三年，王敦被东海王司马越任命为扬州刺史。第二年恰逢钱璯叛乱，王敦又被任命为尚书，但王敦没有返回洛阳，而是选择前往建康，担任了司马睿府的军咨祭酒。公元311年，西晋永嘉五年，盘踞中游的江州刺史、华歆之曾孙华轶不服从司马睿指挥，王敦奉命组织西征军进行讨伐。其中主要的力量，还是属于原江南豪族的周访、甘卓等部，包括一度属于华轶阵营的陶侃军团。

击败华轶之后，王敦指挥陶侃、周访等武装，进一步歼灭了盘踞湘州一带的西蜀杜弢流民武装，随即王敦先后自兼江州刺史、荆州刺史，都督江扬荆湘交广六州军事，把陶侃调任最为边远的广州刺史，将周访派到北部前线襄阳担任梁州刺史，从而有效地掌握了长江中上游的广大地区。

需要注意的是，琅邪王氏也不是铁板一块，在独霸荆州的过程中，王敦杀害了前荆州刺史王澄。太尉王衍设计狡兔三窟之局时，动员司马越任命其弟王澄为荆州刺史。王澄名声当时在王敦之上，王衍品评天下人物，把王澄放在第一，庾敳第二，王敦仅列第三。王澄荆州上任后，纵酒行乐不理政务，巴蜀流民散入荆湘，王澄派军讨伐，把请降的八千余人沉入江底，"于是益、梁流人四五万家一时俱反，推杜弢为主"（《晋书·王澄传》），王澄实际上是造成杜弢流民起义的直接责任人。

之后，司马睿征召王澄为军咨祭酒。王澄前往建康途中，路经豫章时，王敦设宴款待。席间王澄言语之间，仍以昔日的傲慢对待王敦，引发王敦极度不满。王敦把王澄及左右护卫全部灌醉,派力士将其扼死。"二十四友"之一、坚持在北方抗击匈奴的并州刺史刘琨闻讯,不由叹息王澄咎由自取。虽然王澄军政实务能力较弱,但他的名士声望仍远在王敦之上,王衍遇难后,王澄的清谈水平可能在王氏家族中最高,这可能也是他遭到王敦忌惮而被杀害的主要原因。

王氏家族人员众多,不久王敦推荐了从弟王廙担任荆州刺史。永嘉南渡后,王导在建康主导中枢,王敦长期控制以荆州为中心的中上游区域,王氏子弟遍布朝中,这和司马氏皇族的凋零形成了鲜明对比。时人"王与马,共天下"的评论,是司马睿政权形成前后政治现实的客观描述。

东晋成立是各方拥立的结果

从某种意义上说,司马睿、王导南下建康,是东海王司马越集团的安排。王导、东海王妃裴氏等人居中策划,最终得到了司马越的首肯。从军事政治上说,是为了填补陈敏被消灭后江左的真空,使之同江淮、荆楚呼应,保障徐州,并为中原掎角。从经济上说,很可能有替坚守中原的司马越、王衍搜括江南财富,特别是漕运江南粮食的目的。而且,司马睿南下最初的安排,与平东将军、扬州都督周馥的职能重复,司马越用以对付周馥阵营的目的明显。总之,司马睿坐镇南方,最初是作为司马越集团的一个分支,而与皇权系统的转移无关。

"永嘉之乱"洛阳失陷后,中原地区先后出现了三个太子行台。其中青州刺史苟晞拥立豫章王司马端,幽州刺史王浚自建皇太子行台,又始终没有明确拥立的对象,随着石勒的军队先后将其击破，这两个行台随之烟消云散。荀藩、荀组兄弟在密县设立行台后，虽一度奉司马睿为盟主，但在武帝之孙、吴王司马晏之子司马邺到达后，荀藩等大臣又拥立司马邺为太子。随后，司马邺被阎鼎等关中武装带往长安称帝。

公元317年，西晋建兴五年，安东将军宋哲从长安辗转来到建康，传达晋愍帝司马邺在陷落前发出的诏书。愍帝声称自己处境极度危险，"恐一旦崩溃"，要求向丞相司马睿转达，"使摄万机，时据旧都，修复陵庙，以雪大耻"（《晋书·元帝纪》）。从诏书的口气、内容来看，宋哲传递愍帝口谕的可能性较大，城破之际，愍帝可能通过多个渠道，向外部传达了希望司马睿延续大统的信息。

远在西凉的张轨之子张寔，也接到愍帝最后的诏书，其中特别提到："琅邪王宗室亲贤，远在江表。今朝廷播越，社稷倒悬，朕以诏王，时摄大位。"（《晋书·张寔传》）这些无疑增加了司马睿传承晋室帝位的正统性。

"八王之乱"和"永嘉之乱"之后，晋武帝司马炎二十五个儿子及其后代几乎全部死亡，其父司马昭一系也没有血脉传承。渡江南来的司马氏皇族成员，以司马睿、西阳王司马羕、南顿王司马宗、汝南王司马祐和彭城王司马雄五王最为著名。这些惊涛骇浪中的幸运儿，或为司马懿孙辈，或为司马懿之弟的后人，均非司马师、司马昭和司马炎帝室的嫡系。司马睿先是进位为晋王，征召王府官员百余人，时人称为"百六掾"，并着手在建康建立宗庙社稷。为了体现自己帝室身份的纯正，司马睿以晋武帝司马炎的嗣子自居。

公元318年，确认了晋愍帝最终遇害的消息，在孤悬北方、坚持抗击匈奴汉国的士族官僚刘琨、邵续，鲜卑将领段匹磾、慕容廆等一百八十余人的联名劝进下,司马睿即皇帝位,改年号太兴,是为晋元帝,历史上称其引领的统治为东晋政权。

这是秦始皇统一中国创立帝制以来,第二次在南方出现新的皇权系统。与第一次孙权自立不同的是,东吴政权自始至终都被认为是区域性的割据政权,而司马睿在建康称帝,首先是晋王朝中央政权的延续和重建,其次,也是南渡侨居,江东在地和坚守北方的各地士族、将领共同拥立的结果。晋政权虽然离开了中原故地,但是,依然以代表中国的正统政权自居。

当时的北方地区,坚守十余年的并州城被匈奴汗国攻破,司空、并州刺史刘琨与鲜卑段匹䃅部会合,继续宣誓忠于晋政权,派出司空府左长史温峤南下劝进;冀州刺史邵续孤守富平城,委托前渤海太守刘胤等人南渡;鲜卑大都督慕容廆据守辽东,收留大流亡的士族庶民,发展农耕、开设学堂,仍以建康朝廷为正朔。之外,西凉张寔沿用晋愍帝的建兴年号,隐含割据自立的用意,不过,他也向天下发布檄文,表达了拥戴晋王司马睿为帝。

相比较晋武帝司马炎开国,元帝司马睿重建晋政权呈现出不同的统治形式。魏晋革命历经十余年的准备,公开反对者被残忍清除,虽然武帝登基,收到了大量劝进、效忠的表文,但是,这种禅代本质上还是暴力压迫的产物,武帝通过重用宗室势力掌握各地兵权的方式,保证了皇帝在宗室、士族共治策略中的主导性。西晋政权的建立,处于合法性较低而有效性较高的"低高"型状态;而元帝受到拥戴,其实是南北士族等各派势力在大敌当前形势之下的选择。元帝显然缺乏君主专制的能力,其宗室诸王中十之八九已经死于动乱,以王敦为代表的士族权臣控制了兵权,东晋政权的统治处于合法性较高而有效性较低的"高低"型状态。

在元帝的登基大典上，元帝升御床要求王导共坐。"导固辞，至于三四，曰：若太阳下同万物，苍生何由仰照！帝乃止。"（《晋书·王导传》）晋元帝与王导同年，这一年都是43岁，元帝居然还曾称呼王导仲父，反映出元帝内心极度的不自信。

以王导、王敦为领袖的琅邪王氏，作为当权的士族，事实上主导了君主、士族共治的东晋统治集团。王导把元帝比喻作太阳，说明当权士族至少名义上尚奉晋元帝为共主。如果说西晋时皇帝主导的宗族、士族共治类似西周的模式，那么当权士族主导的君主、士族的共治更接近东周早期的模式，即皇帝仅仅作为国家的象征，而不是实际的专制统治者。晋元帝当然不可能满足于自己的象征地位，而且，当权士族与其他士族之间也会存在种种矛盾，这些都注定了东晋之初政治系统巨大的动荡。

第二节
皇权与当权士族的冲突

北方少数民族创立政权初期，胡汉分治模式处在探索之中，这就决定了汉族士民把建康朝廷视作正朔。东晋政权以维护中华正统、恢复中原为价值动员的号召，短时期内凝聚了南北士族团结的共识，但是，当权士族主导的君主、士族共治统治策略意味着中央集权弱化、国家资源动员能力的下降，东晋国家倡导的价值与现实政治之间形成了新的对立。晋元帝出于加强皇权的需要，推翻了王导主张的笼络南北士族的清静宽刑政策，转而扶持宗室势力，重用具有法家思维的大臣，抑制当权士族王导、王敦等人，结果引发王敦举兵反叛。

士族阶层固然反对司马氏皇权专制，但也不赞成当权士族成为新的皇族。在晋明帝借助北方流民帅势力平定王敦之乱后，君主、士族的共治仍是各方最大的共识。

自古无胡人为天子者

北方少数民族在中原建立政权，是帝制时期从未发生过的政治实践。晋政权在北方的统治崩溃前后，石勒统帅的羯胡军团发挥了越来越大的作用。公元311年，西晋永嘉五年，石勒设下鸿门宴，诱杀重要的竞争对手——汉人流民集团首领王弥。此事引起匈奴汗国刘聪的愤怒。并州刺史刘琨遣使，劝石勒接受晋室招安，公开提出"自古以来诚无戎人而为帝王者"（《晋书·石勒载记上》）。

石勒拒绝了归顺，北上河北作为根据地，半独立的苟晞、王浚先后为其所灭。之后石勒攻下并州，刘琨投奔鲜卑部段匹䃅，死于段部的内斗。石勒杀害了邵续、段匹䃅等北方忠于晋室的将领，雄踞并州、幽州和冀州等广大地区，南下河南，一时称霸中原。不过，胡族统治者称帝是否拥有天命，这一问题始终是困扰于石勒等少数民族首领内心的梦魇。

刘渊、刘聪父子以恢复汉室为复兴匈奴民族的包装，一定程度上是假冒汉族帝王后代身份的行为。公元318年，即元帝在建康登基数月后，刘聪去世，太子刘粲即位，刘聪、刘粲父子两代的岳父、权臣靳准发动政变，不仅杀尽在平阳的刘氏宗室，还把刘渊、刘聪陵墓掘开，焚烧其宗庙。《资治通鉴·晋纪十二》记载："准自号以大将军、汉天王，称制，置百官，谓安定胡嵩曰，自古无胡人为天子者，今以传国玺付汝，还如晋家。嵩不敢受，准怒，杀之。"其中提到被杀的安定人胡嵩，原本是晋朝归降匈奴汉国的官员。

靳准出身匈奴靳氏部落，他愿意把制于秦始皇时期的传国玉玺归还东晋政权，不认可胡人成为天子，一度向东晋称藩，反映了北方各族大部分人的普遍心态。

这一观念，决定了当时少数民族首领不可能确立统一中国的目标，对已经被武力控制的地区，往往更注重于攫取短期的利益。刘聪、石勒推行的所谓胡汉分治，本质上就是匈奴、羯等统治民族全民皆兵，称之为国人武装；汉民及其他被统治民族作为国家的编户或奴隶，沦为被屠杀、掠夺和奴役的对象。"八王之乱"后期，曾有一些汉人流民与少数民族势力共同把斗争的矛头指向晋政权，随着少数民族统治者对汉民的大肆屠杀，情况早已改变。

唐长孺先生判断，在五胡时期，疯狂的屠杀到处在进行；由于战争、报复，也由于统治者的残杀狂，常常有几万以至几十万的生命集体牺牲，而由于残酷的徭役、赋税与饥冻而陷于死亡的更不知其数。所有的部落酋长为了满足其贪欲，不但经常以武力劫夺财富，并且也经常劫夺劳动力。二者是在同时进行的，攻下了一个地区，先来一场洗劫，接着就将大批人民迁移到被认为易于控制的地区去，把被迁移的人民安置在指定土地上，要他们提供兵役、徭役及各种物资。刘渊、刘聪时期曾经将各族人民集中到平阳及其周围，刘曜将甘肃以及陕北氐、羌集中到长安；石勒又将平阳、长安及其附近的氐、羌各族迁到黄河流域。[1]

公元319年，刘曜、石勒联合歼灭了靳准势力，双方争夺平阳又不愿驻守，各自强迁民众返回。不久，刘曜改国号为赵，称帝，历史上称为前赵，石勒随后自称赵王，历史上称为后赵。前赵、后赵及各族地方势力大规模混战，造成北方民众生命、财产极大的损失。广大的汉民接受其统治完全是被迫的，反而怀念晋王朝的治理，把偏安江左的东晋政权视为正统的象征。

汉民们通过集体性的迁徙、自卫和流亡等方式，尽可能降低少数民族统治者造成的伤害。部分士族流民迁至南方、辽东和河西走廊等地；部分留在北方的士族豪宗团聚族人、乡党和部分逃难民众，通过建立坞堡壁垒等防御组织而自卫，进而在坞主领导下共同生产和生活。

---

[1] 唐长孺：《魏晋南北朝史论丛》，第156页。

又有一种流人，其背弃乡贯、转徙地方，与前者相似；而凭坚乘险，保守坞聚，又与后者仿佛。然既未能构成当地文化上或社会上之势力；复非暂求安全，以自治自卫为主。周一良先生考证，流民之中团结最坚、活动地域最广、历时最久者，为晋史零星记载而语焉不详之乞活。[1]

石勒攻陷河北之后，对于汉族士人的屠杀政策有所改变。公元309年，石勒搜罗一些河北士人，设置"君子营"，提拔张宾为军中主要谋士，"先定河北，后争雄天下"，即出自张宾的策略。石勒、张宾发展出一种"胡君汉臣"的合作模式，即少数民族的君主和拥有经学传统的汉臣之间亲密无间的配合。而这种配合在政治征伐之外不经意间就为以经学为主的汉文化的传播和民族融合提供了机会，成为汉文化传播的特殊方式。[2]

张宾去世后，石勒延续了这一路线。公元319年，石勒要求制定律令，"重其禁法，不得侮易衣冠华族"（《晋书·石勒载记下》）。公元320年，石勒又在襄国设立崇仁里，让汉族士大夫居住。这些都为石勒最终战胜前赵刘曜而称帝，预作了价值上的准备。

以克复神州为号召是把双刃剑

北方地区持续动乱，少数民族统治者无意立即倾全力南下一

---

[1] 周一良：《魏晋南北朝史论集》，商务印书馆，2020年，第18、21页。
[2] 龚源浩：《浅谈永嘉之乱后北方少数民族政权执政模式——以王弥为切入点》，《才智》2018年第23期。

统中国，这些形成了东晋政权偏安江东的外部环境。公元312年，石勒一度占据江汉，策划南犯，司马睿以江东名士纪瞻为帅，率领主要由南人组织的武力北上寿春抗击，击溃了石勒从子石虎指挥的骑兵，这些彰显了江东士族保卫家园的诉求。

南下逃难的中原士族、流民，除了举族而来者及零星小股，还有一些被称为流民帅的将领或强人。这些强人招募训练流民，组织起规模大小不一的民间武装。流民帅政治上半独立，军事上带有私兵性质。他们投奔、依附东晋政权，固然出于抵抗少数民族统治者的侵扰的需要，更多地还源自保卫家族及个人利益的需求。这与东汉末年大动乱时期，士大夫光复汉室的价值理想颇不相同。

祖逖、郗鉴等人出身士族，成为流民帅中地位较高者。大部分流民帅并不来自士族高门，既有被陈寅恪定义为次等士族者，也有起于寒族行伍者。流民帅多有和匈奴、羯族军队作战的历史，长期周旋于北方复杂的政治集团斗争中，为了求得生存，甚至干过杀人越货、劫富取财的勾当。洛阳倾覆后，祖逖率乡党宗族数百家南下避乱。《世说新语·任诞》中记录，南下之初，祖逖的公库私府都相当拮据。一次大臣王导、庾亮去拜访他，"忽见衰袍重叠，珍饰盈列。诸公怪，问之，祖曰，昨夜复南塘一出"。祖逖相当于直接承认，派兵士到秦淮河南岸抢劫，当政者对此只得容忍不予追究。

晋元帝司马睿、王导等人内心并不信任他们，禁止他们率部过江，仅给予其太守、刺史或将军的名义，将其安置于长江以北、淮河流域。出于对南北士族政治、经济利益的保护，既不允许流民帅参与侨居士族的朝廷政争，也不允许其骚扰吴地士族的家园。对于这些体制外的武力集团，东晋政权仅利用其作为抵御北方少数民族的屏障。祖逖南渡后，很快被任命为徐州刺史、豫州刺史，被指令率部北上布防。元帝登基前，以子司马绍、司马裒先后镇广陵，扼制南渡通道，以王导从弟王舒镇广陵，节制流民帅不使南渡，相当严格。[1]

司马睿即帝位前后，置史官、立太学，设《周易》《仪礼》和《公羊》博士，主观上还是采取两汉以来皇帝的传统做法，即通过兴儒宣扬最高统治者的天命，但是，在士族名士脱儒入玄背景未改的前提下，这种努力不可能产生应有的效果。至少南渡的士族、流民武装，没有把元帝视作天命所归的绝对权威。王导通过倡导克复神州的理念，发挥把东晋皇权、南北士族和广大流民团结在一起的作用。

《世说新语·言语》中记录："过江诸人，每至美日，辄相邀新亭，藉卉饮宴。"南来的士人在建康滨江聚会，武城侯、名士周𫖮感叹到，这里风景虽与洛阳相同，但是山河的主人却有了变化。众人相对而泣。唯有王导变色道："当共勠力王室，克复神州，何至作楚囚相对！"王导激励众人所体现的价值，是打动东晋各方的最大公约数。刘聪、石勒等人残酷屠杀晋朝宗室、士族名士和广大汉民，南渡的晋室、士民与汉赵政权结下血海深仇。司马睿进位晋王时，向天下颁布大赦诏书，宣布"其杀祖父母、父母及刘聪、石勒，不从此令"（《晋书·元帝纪》），即与刘聪、石勒不共戴天。

以维护中华正统、克复神州为价值合法性动员的旗帜，短时间内最大程度地凝聚了士族民众的人心，迅速重建了中央政权的中心地位。祖逖率部北上后，大力招募各地流民勇士，训练步卒

---

[1] 田余庆：《东晋门阀政治》，第48页。

铸造兵器，屡屡击败割据的坞堡武装和后赵军队，一度收复黄河以南的部分地区。问题在于，东晋国家力量较弱，晋元帝、王导等人无力进行恢复河山的多方面规划，对于积极从事北伐的祖逖等武装，至少缺乏具有实际意义的支持。

魏晋禅代、晋朝统一东吴之际，原魏吴两国编户人口分别为四百五十万和二百三十万左右，即中原、吴地人口比例大约在二比一的水平。东晋政权实行门阀主导的君主、士族的共治策略，士族豪宗大量占有土地、依附人口，严重影响国家的财政收入、军事动员，相比较前赵、后赵少数民族政权兵民合一的匈奴族、羯族等国人武装体制，以及对广大汉民掠夺式的财政，国家资源动员能力明显处于劣势。东晋政权统治的方法论，与其克复神州、恢复中原的价值观构成了一对矛盾。

从短期来看，围绕着加强中央集权和维护士族利益，这对矛盾衍生出元帝与士族、当权士族与其他士族之间的冲突；从长远来看，随着时间的推移，偏安保境的政策占据上风，东晋政权的合法性就会呈现下降趋势，而且延伸出谁有能力恢复故土统一中原，谁就有资格奉天承运称帝的思想。这就为野心家们以北伐之名夺权提供了借口，形成威胁国家治理持续稳定的重大危机。

元帝挑战清静之政

东晋政权成立之初，在王导的主持下，确立了"务必清静"的施政总方针。晋元帝发布的诏书中，一度表示"我清静而人自正"（《晋书·元帝纪》），这与晋武帝司马炎倡导的无为之政一脉相传。两晋政权的所谓清静，就是充分尊重士族政治、经济上的各种特权，实行君主、士族共治。具体到东晋新时代，就是实行对侨居中原士族、江东在地世家的优容。不同的是，晋武帝时期宗室势力强盛，掌握着国家的武装力量，天下统一后进入日常体制，罢州郡兵、实行户调式，西晋政权控制了更多的编户人口，军事支出的需求下降，呈现出"太康之治"的繁荣景象。到了元帝时期，东晋政权局促于南方一隅，国家面临着完全不同的形势。

永嘉之乱前后，中原士族、流民大量南逃。谭其骧先生估计，总数为九十余万，占北方总人口的八分之一强。[1]根据王导的提议，东晋政权推行侨寄法政策，在南方一些地旷人稀的区域，设置侨州、侨郡和侨县。国家任命侨立州郡县的各级官职，不受当地郡县的管辖。

在东晋渡江之初，由于从兖州、青州和徐州北部（淮河以北）南下的侨民较多，因此东晋政府首先在京口界内侨立南徐州和南兖州（南兖州初在京口，其后迁往江北之广陵），在广陵界内侨立南青州，在芜湖界内侨立南豫州等州一级的机构；其他如幽州、冀州流徙南下到达江南的侨民，人数较少，就不设立州一级的机构，而只是在大江南北侨置幽、冀诸州的郡级或县级的机构，并把它们拨给南徐、南兖、南青等州来管辖，这样以南徐州一州而论，就包括徐、兖、幽、冀、青、并等州的郡邑。[2]

根据《宋书》记载，长江下游一带的南方，就有三十三个侨郡，七十五个侨县。除了扬州地区，北方人南渡的聚居地，还有

---

1 何兹全：《魏晋南北朝史略》，北京出版社，2018年，第92页。
2 王仲荦：《魏晋南北朝史》，上海人民出版社，2016年，第347页。

集中在长江中下游的荆州地区。"荆扬二州，户口半天下。江左以来，扬州根本，委荆以阃外。"(《宋书·何尚之传》)

南来的侨人无须负担赋税和徭役，其中士族大户尚有依附性的田客、部曲和奴婢等，同样享有免除课役的特权。这些田客虽为豪族耕种土地，交纳地租，却不在国家编户的范围之列，不向晋政权纳税服役。田客要恢复自耕农的身份，要经过豪族主人的同意，经过自赎、放遣等程序。晋武帝时期实行户调之式，限定了士族豪门根据官品占田和荫庇田客的数目，不过到了现实操作层面，存在着占有附属人口超量的现象。

江东士族豪宗政治上无法同北方士族竞争，经济利益上反而更加斤斤计较。王导所谓愦愦之政，便是对吴地士族超额占有田地人口的包容，睁一只眼闭一只眼，对吴人违反纲纪不予追究。东晋政权照顾了北方士族民众南迁后的生活，也尽量避免和江东士族矛盾冲突，但是，国家财政资源因此捉襟见肘，军队正常的兵源受到相当的影响。

作为王朝中兴的最高统治者，晋元帝不能接受中央政权地位长期衰弱，对于王马共治而君主失去主导地位的现实，即"敦总征讨，导专机政，群从子弟布列显要"，元帝"畏而恶之"(《资治通鉴·晋纪十三》)，内心极其不满。无论是北上恢复中原，还是恢复皇权在君主、士族共治结构中的主导性，元帝都有加强中央集权的需求。他对于"申韩之术"颇有研究，《晋书·庾亮传》中提到，元帝登基之初，"方任刑法，以《韩子》赐皇太子"，实际上希望太子司马绍学习法家的策略。

晋元帝调整了清静的政策，采取一系列扶持宗室、疏远王导和抑制王敦的措施。他一边效法晋武帝重用宗室，授予南渡的残存诸王一定职位，其中西阳王司马羕进位为侍中、太保，旋即又领录尚书事、大宗师，南顿王司马宗官拜抚军将军，领左将军等；一边把刘隗、刁协等主张"崇上抑下"法家思想的大臣引为心腹。司马睿称帝前，刘隗、刁协分别为丞相府司直和丞相左长史，东晋政权成立后，刘隗先后担任侍中、丹阳尹，刁协担任尚书令。刘隗、刁协性格强悍、刚直，对豪强士族执法严格，这种苛刻繁琐的"刻碎之政"，与王导主张包容和稀泥的"愦愦之政"，形成了鲜明的对照。刘隗弹劾王敦胞兄中郎将王含，引起了王氏家族极大的愤恨。

公元320年，东晋大兴三年，晋元帝任命谯王司马承为湘州刺史，用以牵制王敦，拒绝了王敦举荐心腹沈充任湘州刺史的要求。随后晋元帝采纳刘隗的意见，任命南方士族出身的戴渊为征西将军，驻守合肥，都督兖、豫等六州军事；刘隗为镇北将军，驻守淮阴，都督青、徐等四州军事。名义上是防备北方的石勒，实际是对付上游的王敦。

为了解决戴渊、刘隗部队的兵源问题，东晋政权推出新给客制度，即允许士族官吏根据官品提高荫占人口的数额，但必须如实申报佃客总量，超出规定的部分变为国家直接控制的人口。公元321年，东晋大兴四年，晋元帝"诏免中州良民遭难为扬州诸郡僮客者，以备征役。尚书令刁协之谋也，由是众益怨之"（《资治通鉴·晋纪十三》）。即下令释放扬州地区内北方流民沦为僮客者，分别以万人为量直接编入戴、刘所部。

这一可能出自刁协的主意，极大损害了南渡、在地士族的实际利益。坐镇武昌的王敦乘机以清君侧，诛刘、刁的名义，发动了针对元帝中央政权的战争。

王敦起兵的政治困局

司马睿称帝不足四年，内部即发生大规模动乱，这充分表明东晋门阀主导君主、士族共治的统治策略还处于不稳定的状态。皇帝、当权士族和其他士族，对各自在共治结构中的角色并不清晰。尽管南北士族中对刘隗、刁协苛政不满者大有人在，但直接参与反叛的主力，主要还是集中在王敦身边的亲信，以及琅邪王氏中的少量成员。王导等大多数王氏家族成员，至少名义上仍站在元帝一边。另外，吴地豪族中的沈充、钱凤等人，也是支持王敦举兵的重要力量。

吴兴武康的沈充是与阳羡周氏比肩的江南大豪族，曾铸造"沈郎钱"，在当时堪称财阀。310年左右，在北来亡命贵族们鼓吹的进步的乡论主义意识形态下，他们与吴郡、会稽等地的江南一流豪族之间出现差别，在建康政府中，位于金字塔型官僚制度的下层。[1]其中吴郡、会稽等地文化世家选择继续支持元帝，而沈充、钱凤等武力豪族，则把王敦作为他们政治上的新靠山。

王敦出兵前在公开上疏列举刘隗的罪状中，除了指责刘隗"邪佞谄媚，谮毁忠良，疑惑圣听"，还重点批评他"免良人奴""皆充隗军"，以及"复依旧名，普取出客"（《晋书·王敦传》），把检籍人口中超额的奴客编入军队，以及依照西晋时期旧有户口簿籍，征调江南豪族合法的佃客。

晋元帝时，国家主要的军事力量，除了王敦集团以及新建的刘、戴两军，尚有陶侃、祖逖等诸武装集团，以及吴地豪族纠集的部分武力。其中陶侃集团远镇广州，祖逖集团北上豫州攻击石

---

[1] ［日］川胜义雄著，李济沧、徐谷芃译：《六朝贵族制社会研究》，第166页。

勒，不在王敦的掌控之内。元帝以吴人戴渊为征西将军，节制祖逖集团，祖逖深感不快，"且闻王敦与刘隗等构隙，虑有内难，大功不遂"（《晋书·祖逖传》），竟然抑郁成疾而逝。王敦闻讯后，认为后顾之忧解除，遂兴师向建康进发。

王敦行进到芜湖时，上表列举刁协的罪状，晋元帝下令刘隗、戴渊两军驰援建康。刘隗来到建康后，与刁协一起建议元帝尽数诛杀王氏家族成员，未被元帝采纳。王导为此率从弟及宗族二十余人，每天清晨到朝堂等候定罪，元帝接见时，王导将王敦比作家族中的"逆臣贼子"。晋元帝任命王导为前锋大都督以平叛，又命王敦、王导从弟王廙去劝说王敦退兵，其实已经隐含与王敦和解之意。但是，王敦扣下王廙为己效力，大军继续前进。

当时建康分为台城、石头城和金城三大区域，除元帝皇家居住的台城以外，刘隗驻守金城，周札都督军事要塞石头城。周札是阳羡豪族周玘之弟，周玘之子周勰反叛时，他选择站在东晋政权一边，被元帝任命为右将军。这次可能出自与吴兴武康沈充同样的原因，周札下令打开城门，公然迎接王敦部队进城。元帝命刘隗、刁协和戴渊等率军反击，强征的奴客新军不堪一击，均被王敦击溃。元帝不得不要求刘隗、刁协自行逃离，刁协在亡命路上被人杀害，刘隗北上投奔了石勒。

元帝被迫任命王敦为丞相等重职，总揽朝政，王敦表面上推辞，实际凌驾于朝廷之上。王敦兴兵诛杀刘、刁，得到了相当部分南北士族的同情。已经获取了特权的士族阶层不愿意放弃自身的权益，从而支持元帝旨在提升国家动员能力的政策。不过，王敦试图取代皇权发号施令，其合法性比晋元帝更为不足。如果王敦不选择兵临建康，而是积极支持祖逖集团北伐，或者率师西进巴蜀，为东晋政权开疆拓土恢复河山，弘扬克复神州的价值，他可能会得到更多合法性。王敦杀害在南北士族中享有较高威望的戴渊、周𫖮等人，是他内心不自信的表现。

王敦一度控制了国家组织体制人事的任免。"以西阳王羕为太宰，加王导尚书令，王廙为荆州刺史；改易百官及诸军镇，转徙黜免者以百数。"(《资治通鉴·晋纪十四》)但是，王敦也做不到完全为所欲为，他考虑到皇太子司马绍颇有勇略，受到朝野士人拥戴，想诬以不孝的罪名废除他，遭到太子中庶子温峤及百官坚决抵制，王敦只得作罢。名士谢鲲在王敦大将军府中任长史，多次婉劝王敦适可而止，王敦返回武昌前夕，谢鲲又劝王敦去宫中面见元帝，"若能朝天子，使君臣释然，万物之心于是乃服"《晋书·谢鲲传》。这反映出朝廷中多数的士族官僚，在排除了刘隗、刁协等人后，仍然希望与司马氏家族达成平衡、维持共治局面的心态。王敦未予采纳。

晋元帝在王敦离开后，名义上继续主持朝政，实则王敦在武昌遥控。元帝诏命陶侃为湘州刺史，王敦立刻上书，又让陶侃返回广州。谯王、湘州刺史司马承坚持抵抗王敦的军队，兵败后被俘，王敦指使荆州刺史王廙，在押解司马承赴武昌的半道上将其杀害。梁州刺史甘卓兴兵讨伐王敦，但在行动上迟疑不决，最后自行返回襄阳，终被王敦派人杀害。元帝对于王敦所有这些行为均无可奈何。

引入流民帅势力平叛

公元323年，东晋永昌二年初，晋元帝司马睿忧愤成疾而死。太子司马绍即位，是为晋明帝，改年号太宁。远在武昌的王敦担心失去权力，暗示明帝召他入朝。晋明帝立即亲写诏书征召，"加敦黄钺、班剑，奏事不名，入朝不趋，剑履上殿"（《资治通鉴·晋纪十四》）。王敦继而忧虑入朝后的安全，遂移镇距离建康百余里的姑孰，自领扬州牧，企图就近遥控朝局。王敦改司空王导为司徒，之后调任宗族中王含为征东将军，王舒为荆州刺史，王彬为江州刺史。

在琅邪王氏家族内部，除王含、王应父子以外，王导、王舒和王彬等多数人坚决反对王敦篡位自立。王舒之子王允之仅20岁，一次酒醉卧床时，偶然听见了王敦、钱凤策划造反，立即佯装呕吐，以打消王敦的怀疑。不久王允之借机返回建康，向王舒汇报了王敦、钱凤的密谋。王导、王舒马上告知明帝。

王敦患病后，在钱凤的策动下，担心吴地豪族中周札的势力不受控制。周札曾打开石头城献降，时任会稽内史，掌握着一支与沈充并驾齐驱的武装力量："札一门五侯，并居列位，吴士贵盛，莫与为比，王敦深忌之。"（《晋书·周札传》）周札兄长之子周莚在王敦军中任职，母亲去世时，前往送葬者数以千计，引起王敦相当的疑惧。王敦借口周莚与道士李脱等人的不轨行为有所牵连，下令将其捕杀，随后派人赶赴吴地联系沈充，把周札子侄尽数杀死，进而发兵进攻会稽。周札仓促组织抵抗而死。至此，号称曾"三定江南"的吴地周氏武力基本被消灭。

晋明帝司马绍延续了元帝重振皇权的路线，《晋书》中称他"性至孝，有文武才略，钦贤爱客，雅好文辞"，是晋朝历代君主中较有能力的皇帝。明帝立妃子庾氏为皇后，任命皇后之兄庾亮为中书监，温峤为侍中、中书令。庾亮为出身颍川的名士，死于永嘉之乱的名士庾敳是其堂叔父；温峤是并州刺史刘琨派往建康劝进司马睿的使者。庾亮、温峤和卞壸等共为司马绍太子时代的

"布衣之好"。明帝大力起用庾亮、温峤和卞壶等人,不乏重建中枢、平衡王导的用意。在陶侃集团远在广州、吴地豪族没有完整武力可以动员的情况下,明帝把眼光投向江北的流民帅武装。

祖逖之死,引发石勒后赵政权新的一轮南犯。祖逖之弟祖约接管军团后,不得不从河南谯县后撤至寿春一带。另有郗鉴率数万流民武装退至合肥,河南地区抗击石勒的坞主刘遐退至泗口,淮陵内史苏峻暂驻盱眙。郗鉴为东汉经学世家后代,不属于晋朝士族等级中第一流的家族,永嘉之乱后返回兖州高平故里,以上千户亲族、邻里为基础,逐渐聚集起数万人的武装。晋明帝任命郗鉴为南兖州刺史,坐镇合肥。王敦担心其成为建康的外援,立即上表反对,要求征召郗鉴入朝为尚书令。

启用流民帅武装平定王敦叛乱,起于明帝和曾为流民帅的郗鉴共谋。郗鉴赴建康任职途中,一度被王敦扣留,碍于他的名声,王敦又不得不将他放回。为了控制明帝身边的温峤,王敦要求温峤成为自己大将军府幕僚,温峤前往赴任后,与王敦等人虚与委蛇,从而得到王敦及其谋士钱凤的信任,外放丹阳尹。温峤脱离王敦控制后,随即向明帝报告王敦的图谋。

公元324年,东晋太宁二年六月,明帝颁发宣布王敦、钱凤等人为逆贼的诏书。稍早,王导动员王氏子弟,为病中王敦发丧,以此激励前方将士作战的勇气。王敦指令王含、钱凤等率部进攻建康,尽管叛军一度攻入城内,沈充也率部从吴地赶至建康加入,但是,明帝及士族大臣始终留在建康坚持苦战。随着刘遐、苏峻等流民帅奉命驰援平叛,战场形势发生逆转。关键时刻主帅王敦病死,随即王含、王应父子兵败而逃,最后被荆州刺史王舒沉入江中溺死。钱凤、沈充逃亡吴地后先后被杀。

王敦之乱的发生和平定,是东晋政权当权士族主导的君主、士族共治策略形成过程中的重大事件。王敦第一次起兵针对刘隗、刁协等人，得到了王导、庾亮等大部分士族的默许和支持。《晋书·周𫖮传》中记载，甚至连温峤都觉得："大将军此举似有所在，当无滥邪？"即认为王敦的行动事出有因。

　　王敦第二次发兵建康，其实是晋明帝主动宣布其为叛逆集团的结果。包括王导在内的绝大多数南北士族，几乎都站在晋明帝一边。士族阶层既排斥司马氏家族皇权专制，也不希望士族中出现新的强权。王敦曾与亲信探讨过建立新的皇权可能性，私立侄子王应为继承人，结果都是自说自话，不了了之。当权士族在士族中的优势地位是相对和有限的，如果不解决天命合法性问题，就不可能得到整个士族阶层支持，从而无法树立新的政治权威。晋元帝重建集权的尝试固然失败了，但王敦以武力绑架君主及其共治集团，在政治上也是没有前途的。

第三节
共治实践的游戏规则

庾亮家族成为新的当权士族后,采取了一系列"任法裁物"、加强集权的政策,其中包括土断、整肃流民帅等具体举措,旨在提升以庾亮个人权力为中心的国家资源控制与动员能力。庾氏兄弟将此作为北伐中原、恢复故土的必要条件,与晋元帝、晋明帝加强皇权的内在逻辑并无不同。这些政策遭到南北士族各种形式的抵制,特别是流民武装首领苏峻、祖约等人发动叛乱,君主、士族的共治体制再次经受挑战。历经王敦、苏峻两次叛乱的反复,国家终于形成"一家士族弱势主导、多家士族联合专政"的君主、士族共治的独特策略。几家主要的当权士族摸索出了斗而不破、荆扬平衡等新的共治游戏规则。

庾亮当国的集权整顿

王敦之乱结束后,王导仍然留在建康政权中发挥作用,但是,琅邪王氏家族主导共治的局面已经终止。从元帝即位始,直到王敦起兵、揽政和失败,王氏全面主导中央政权不过四五年的时间。公元325年,西晋太宁三年,即在王敦之乱平定的第二年,年仅27岁的晋明帝司马绍去世,遗命庾亮、王导、卞壸和郗鉴等七人为顾命大臣。5岁的明帝长子司马衍即位,是为晋成帝,其母庾氏成为太后。庾亮"徙中书令。太后临事，政事一决于亮"（《晋书·庾亮传》）。

相较于第一等士族高门琅邪王氏，颍川庾氏的门第并不十分显赫。李济沧博士认为，魏晋时期，门阀盛行，贵族之间风流相尚，玄儒双修，仪容、清谈、学问成为士大夫立足门阀贵族社会，进而迈入仕宦的资本。庾亮走的正是这一条道路。《晋书·温峤传》中，记载温峤与名士们交往时称，"王导、周𫖮、谢鲲、庾亮、桓彝等并与亲善"，可见庾亮为南渡士族名士圈中仪容、才学最出众的成员之一。

晋元帝征辟庾亮为西曹掾，聘其妹为司马绍的太子妃。大将军王敦对庾亮也很重视，认为他的才识和能力，超过了贾后当政时期的外戚重臣裴𫖮。时人多将他比作正始时期的名士领袖夏侯玄。

明帝任命他为中书监时，庾亮上书表示了推辞。《晋书·庾亮传》中，保留了庾亮上书的全文。其中提到，"臣领中书，则示天下以私矣。何者？臣于陛下，后之兄也。姻娅之嫌，与骨肉中表不同"。实际上庾亮是担心自己外戚的身份被人议论，这种推辞的姿态，可能也和东汉以来士大夫通过再三谦让官位而获得清议认可的做派有关。

作为士族政治高层中的重要成员，庾亮在东晋国家治理价值、方法等许多重大问题上，大致与王导等士族精英持有相同的立场。晋元帝一度崇尚申、韩加强皇权的法家思想，庾亮表达了反对的意见，元帝重用刘隗、刁协等人严肃礼法，限制王导、王

1　李济沧：《东晋贵族政治史论》，江苏人民出版社，2016年，第156—157页。

敦等琅邪王氏权力,他也没有予以支持。

不过,当庾亮逐步处于东晋政权中心位置后,他的态度似乎发生了某些微妙的变化。一方面,庾亮竭力破解明帝重用宗室、重振皇权的策略,保证士族门阀控制国家政权的实际能力;另一方面,对于南北士族、北方流民首领和南方寒人将领等各种势力,庾亮采取"任法裁物"的政策,即根据国家的制度、法律进行严肃整顿,和王导先前推行的宽容放任的清静之策大不一样。庾亮的所作所为,实际目的在于提升以他个人权力为中心的国家资源控制与动员能力,解决共治造成的权力分散的弊端,试图突破系统的死结,这就引发了新一轮的矛盾和动乱。

《世说新语·尤悔》中记述,王导、温峤曾一起去见明帝,明帝问起晋室先人取得天下的来龙去脉。"王乃具叙宣王创业之始,诛夷名族,宠树同己。及文王之末高贵乡公事。明帝闻之,覆面著床曰,若如公言,祚安得长!"即明帝得知司马懿、司马昭诛杀士族及魏帝曹髦等情节时,叹息晋朝的国运不会长久。这件事被选入《晋书·宣帝纪》中,作为司马懿"狼顾之相"造成伤害的某种注解,提醒着后人晋政权得国不正的先天性缺陷。

尽管明帝对于晋室的天命信心不足,但他还是想乘着平定王敦叛乱之势,扶持晋政权仅存的宗室诸王势力,试图恢复皇帝主导宗室、士族共治的西晋统治策略。明帝有意亲近南顿王司马宗、其兄西阳王司马羕及元帝虞妃之弟虞胤等人,任命年长的司马羕为太尉,对于司马宗还"委以禁旅"(《晋书·汝南王亮传》),即将中央禁军交给他掌管。这种做法遭到了庾亮、王导等人的抵制。明帝弥留之际,庾亮闯入明帝寝宫,向明帝力陈司马宗等人可能图谋废黜执政大臣,终于促使明帝感悟,明确庾亮、王导等大臣接受遗诏、辅助幼主的地位。

成帝继位后，庾亮对宗室势力乘胜追击。公元326年，东晋咸和元年十月，御史中丞钟雅出面弹劾司马宗谋反，庾亮立即派将领赵胤前往搜捕，司马宗率兵抵抗被杀。随后西阳王司马羕受到牵连，被降为弋阳县王。先前司马宗、司马羕之侄汝南王司马祐去世，其子均因南顿王司马宗谋反事件而被废。

庾亮在建康主政期间，可能批准了东晋政权历史上第一次土断行动，历史上称为"咸和土断"。所谓土断，就是对侨居、在地士族的户籍重新认定，清理土地和人口，从而扩大国家财源、兵源的基础。这一政策与元帝的给客制度本质是相同的，立即遭遇南北士族各种形式的抵制。《晋书·山遐传》中记载山遐遭诬免官案，可能就发生在成帝初年。山遐为山涛之孙，上仕余姚县令仅八十余天，即查出当地士族私藏人口万余。土断过程中，对于天文颇有研究的名士虞喜隐匿的人口最多，按律可以判处死刑。但是，县中士族都为虞喜求情，反告山遐私自扩建官署等罪名。结果山遐反被撤职，会稽内史何充为他申辩，但无济于事。

苏峻、陶侃的异同

王敦之乱平定仅三年之后，东晋政权发生流民帅苏峻、祖约兵变事件，建康城再次遭遇兵灾。在平定王敦叛乱事件中，来自北方的数支流民武装发挥了主力的作用，战后这些势力都得到了加强，其中作为主要的定策者、组织者，郗鉴一直在建康担任尚书令，进入了庾亮、王导等士族高层的圈子，成为接受明帝遗诏的七位顾命大臣之一。与其关系较为密切的刘遐、郭默等武装，尚能服从郗鉴及中央政权的调遣。刘遐去世后，庾亮、王导等安排郭默接管刘遐军团及部曲，刘遐的一些旧部不满而反叛，所幸迅速被东晋政权平息。

立下大功的苏峻出任历阳内史，占据了建康上游两百里处的重要军镇，手中握有万余精兵，成为离中央政权最近的半独立武装集团。苏峻是山东青州的儒生，年少时被举荐孝廉。永嘉之乱爆发后，聚结民众数千家修筑坞堡，后率众一路南行，其经历与祖逖、郗鉴等流民帅基本接近。他私自收留遭到朝廷通缉的南顿王司马宗部下，行为举止骄狂，引发了庾亮极大的猜疑。

另外，祖逖之弟祖约坐镇寿春，自认为"名辈不后"郗鉴，却没有成为明帝托孤的大臣。后赵石勒养子石聪攻击寿春，朝廷没有及时组织援助。石聪转而进扰淮南诸地后，朝廷又拟在江南涂塘构建防线，祖约对此深为不满。

庾亮策划召苏峻入建康任大司农，将他调离所在的流民军团，部队暂交其弟苏逸掌管。此举本意是想拆除国家安全的隐患，就是以类似郗鉴模式进行招安，将其武装吸纳进国家体制。从某种意义上说，这是庾亮加强中央集权、维护以他为中心的士族联合专政的需要。苏峻不愿意离开部队，拒绝庾亮征召，上书陈言"讨贼外任，远近从命，至于内辅，实非所堪"《晋书·苏峻传》）。卞壶、温峤和王导大臣均主张不宜操之过急，庾亮将征召苏峻比作汉景帝削藩，"犹七国之于汉也"（《资治通鉴·晋纪十五》），一意孤行下达诏书。

庾亮对南北武人的整肃，是他"任法裁物"政策的一部分，并不仅针对苏峻个人。王敦之乱平定后，南人陶侃武装集团移驻荆州，庾亮对此同样充满疑虑。公元327年，东晋咸和二年冬，苏峻联络祖约共同发起兵变后，时任江州刺史的温峤打算引军驰援，庾亮居然回复"吾忧西陲，过于历阳。足下无过雷池一步。"

(《晋书·庾亮传》)其中所说的西陲,就是指荆州刺史陶侃,庾亮的意思是要温峤时刻防备上游陶侃军团的异动。时任徐州刺史郗鉴坐镇广陵,提出率部回师建康,庾亮也要求他原地不动,重点要提防后赵的南侵。

然而,庾亮指挥的郭默等部队不敌叛军的进攻,卞壶等人奋战至死,仍未能阻止苏峻、祖约联军攻入建康。庾亮不得不带着三位弟弟出奔寻阳投奔温峤,而把成帝、庾太后留给王导等大臣照看。

庾亮主导"任法裁物"的整顿政策期间,王导处于较为边缘的位置。成帝举行即位大典,王导一度称病不想参加,遭致卞壶严词批评。王导不去朝会,郗鉴赴广陵出任徐州刺史,王导又私下相送,卞壶为此上奏王导"亏法从私,无大臣之节"(《晋书·卞壶传》)。虽然王导没有能阻止庾亮征召苏峻的举动,但是,王导以往清静政策留给苏峻等各种势力的好感,某种程度上减轻了动乱的伤害。王导等少数大臣在殿前护卫晋成帝,终令叛军不敢上前。

如果庾亮延续王导无为之政的方针,苏峻叛乱事件或可避免。苏峻的叛军进入建康后,一方面大肆劫掠,"侵逼六宫……驱役百官……裸剥士女……哀号之声震动内外"《晋书·苏峻传》),国家金银财物尽遭毁弃;另一方面,苏峻无意废黜晋室及成帝,被庾亮排挤的宗室诸王反而兴高采烈。司马羕被恢复西阳王封号,其子司马播恢复官职,彭城王司马雄、章武王司马休等前来投奔。

苏峻自领骠骑大将军独领朝政,考虑到王导的名声、威望,又把王导列在自己之前。这些都似乎说明苏峻对晋室的天命、权威虽无特别的敬畏,但也没有能力另起炉灶,对于东晋政权君主、士族共治的统治策略，苏峻内心也是认可的。

庾亮和温峤会合后，不得不采纳温峤联合陶侃的建议。陶侃为东吴将领之后，早年因父亲早逝家境贫困而仕途坎坷，被举孝廉后赴洛阳，辗转于张华等大臣门下，颇受士族高门的冷遇和歧视。"八王之乱"时期荆襄流民起义，辞官在家的陶侃得到荆州刺史刘弘辟用，在平定张昌、陈敏之乱中立下大功，成为一方军事首领。司马睿主政建康后，陶侃背弃了江州刺史华轶的阵营，在击败杜弢流民起义的战事中发挥了主力作用。王敦之乱平定后，晋明帝任命陶侃都督荆、湘、雍、梁四州军事、征西大将军、荆州刺史。陶侃再度坐镇荆州。

陶侃的家世门第与苏峻差别不大，对东晋政权的贡献胜于苏峻，受王敦、庾亮等当权士族的排挤、防范也超过了苏峻。陶侃几经反复，最终选择支持庾亮等当权士族，是中央政权终止苏峻之乱的决定性事件。其中固然有其子陶瞻死于苏峻叛乱，其妻催促他出兵的因素。陶侃审时度势，判断自己凭一己之力，不可能动摇晋室招牌及君主、士族共治的体制，也许才是最为根本的原因。

温峤从中再三撮合，拉上庾亮背书，多次承诺给予陶侃讨苏盟主之位。陶侃稍早声称庾亮相逼导致苏峻造反，主张杀庾亮以谢天下，双方见面后情况发生了转变。《世说新语》中两处留有记述。《世说新语·容止》中云："庾风姿神貌，陶一见便改观。谈宴竟日，爱重顿至。"《世说新语·假谲》中云："庾乃引咎责躬，深相逊谢。陶不觉释然。"即庾亮的名士风采、诚恳态度，使陶侃折服，其实这恰好反映了东晋时期社会尊崇士族名士的普遍心理，即使如兵权在手的陶侃，内心也以与士族名士为伍而荣。这和苏峻攻占建康后，依然尊崇王导的原因是相同的。

公元328年，东晋咸和三年，陶侃、庾亮和温峤率军顺流而下建康。三吴地区的南方士族王舒、虞谭等人乘机举兵响应，均归都督扬州八郡军事的郗鉴节制。其后战事一度陷入胶着。苏峻强行将成帝迁入石头城，但未予伤害，路永、匡术、贾宁等将领主张尽诛王导等朝廷大臣，被苏峻拒绝。王导反而派人策反了路永等人。援救成帝计划失败后，王导率二子逃往讨伐军辖区。郗鉴、郭默等回屯京口后，建起大业、曲阿和庱亭三座堡垒，分散叛军的兵力。苏峻派军强攻大业垒，陶侃、庾亮和温峤等乘机攻击石头城，苏峻酒醉，迎战后坠马被杀。

公元329年，东晋咸和四年正月，讨伐军进入建康，苏逸等叛军余部被逐一剿灭。驻守历阳的祖约率家族数百人北逃后赵，不久遭到石勒诛杀。

苏峻、祖约之乱的平息，进一步加强了东晋国家政治中的两大趋势。其一，司马氏残存的宗室势力继续遭到削弱，站队苏峻的西阳王司马羕及其两子、彭城王司马雄等在战后被问斩，章武王司马休战死。稍早被杀的南顿王司马宗和司马羕同为惠帝时辅政大臣司马亮之子，已经去世的汝南王司马祐是司马亮之孙，至此"永嘉之乱"前后渡江南来的著名"五马"，即晋元帝司马睿、司马宗、司马羕、司马祐和司马雄等，除元帝系以外，其他均死于非命，或后人遭削爵为民的处分。其二，庾亮个人的政治权威受到严重损害，动乱中庾亮之妹、成帝之母庾太后去世，庾亮失去内廷的支持。从明帝去世起主持朝政至宣称奉陶侃为盟主，庾亮实际上主导共治集团的时间不超过三年。

四巨头斗而不破的逻辑

战后陶侃、郗鉴和温峤分别坐镇荆州、徐州和江州,政治话语权大幅上升。朝廷以"征西大将军陶侃为太尉,封长沙郡公;车骑将军郗鉴为司空,封南昌县公;平南将军温峤为骠骑将军,开府仪同三司,封始安郡公"(《晋书·成帝纪》);庾亮向成帝自请处分,多次要求将自己免职。年幼的成帝为其缓颊,派官员拦住了庾亮准备归隐的舟船。"亮乃求外镇自效,出为持节,都督豫州扬州之江西宣城诸军事、平西将军、假节、豫州刺史,领宣城内史。亮遂受命,镇芜湖。"(《晋书·庾亮传》)庾亮以退为进,采取自我外放掌握兵权的方式,迂回地影响中央政权的决策。

司徒王导恢复在中枢主持日常朝政的角色。鉴于建康遭遇战火的巨大破坏,温峤曾有迁都豫章之议,三吴地区士族建议迁都会稽,王导坚持建康为帝王之地,"且北寇游魂,伺我之隙,一旦示弱,窜于蛮越,求之望实,惧非良计。今特宜镇之以静,群情自安"(《晋书·王导传》)。王导以沉静不变的态度,维护建康及东晋政权的安定。

公元329年,东晋咸和四年四月,江州刺史温峤病逝。王导、庾亮、陶侃和郗鉴四人,实际上成为东晋主导君主、士族共治的代表人物。

东晋政权以建康为都立国十余年,既要抵御北方少数民族政权南侵,又要防止权臣控制长江上游顺流而下。东晋形成的当权士族专政,必须以地盘和武力为后盾,掌握中上游军事资源,得地理之便,这是控制中央政权决策的重要途径。王敦盘踞荆州、江州时期,与建康中央所在的扬州之间,表现为一种"荆扬之争"。

对于庾亮出掌侨置豫州后的形势，田余庆先生作出了深入的总结，即建康不但要应付上游荆、江可能兴发的顺流之师，还要时刻提防近在肘腋的豫州的突袭。徐州刺史郗鉴正是在这种条件下发挥着京口的作用。这样，所谓上下游之争，就不是简单的荆、扬之争，而是已经演化为复杂得多的多头之争。有实土的荆州、江州、扬州，加上侨置的豫州、徐州，都在这种反复的斗争中占有各自的地位。[1]

田余庆先生进一步分析，三州加上侨置的豫州、徐州，大体构成一条"画江为牢"的南北防线。这个时期，南北力量虽然时有消长，但大体上是平衡的。"画江为牢"逐渐成为东晋对付北方威胁的国策。除了要求荆、江、豫、扬、徐诸州治所或军府必须设置在长江沿岸，不得南移，并要求尽可能在江北控制住一定的土地，以为南北缓冲。如有可能，甚至还要掌握一部分江、淮以北的土地。正由于长江一线具有这种重要的战略价值，东晋士族门户之间的冲突往往发生在长江一线，门阀政治中权力结构的变化也往往发生在长江一线。[2]

温峤去世后，王导任用刘胤为平南将军，都督江州诸军、江州刺史。刘胤为邵续派往建康的使者，随着官位高升，性情逐渐骄奢粗略。时人对此颇有议论，"江州，国之南藩，要害之地，而胤以侈忲之性，卧而对之，不有外变，必有内患"（《晋书·刘胤传》），即认为刘胤难以胜任。不久，刘胤果然被右将军、流民帅郭默擅杀。郭默不愿意被征召入京拱卫中央，对刘胤含有私怨。虽然事变本身存在着偶然性，但是，王导事后采取承认郭默自立

---

[1] 田余庆：《东晋门阀政治》，第106页。
[2] 田余庆：《东晋门阀政治》，第107页。

江州刺史的做法，立即引发四巨头之间的连锁反应。

可能出于和王敦之间的恩怨，陶侃对琅邪王氏的代表王导颇不友善。苏峻之乱后期，王导抛下年幼的成帝逃离建康，也丢失了自己的持节。平乱回城后，王导取回了故节，陶侃因此嘲笑道："苏武节似不如是。"(《晋书·陶侃传》)以苏武持汉节十九年不屈的故事，对王导的行为进行讽刺。这次陶侃又写信，严厉批评王导的和稀泥政策："郭默杀方州，即用为方州；害宰相，便为宰相乎？"《晋书·陶侃传》）不久陶侃从荆州兴兵讨伐郭默，得到了坐镇芜湖的庾亮大力支持："亮表求亲征……会太尉陶侃俱讨破之。"(《晋书·庾亮传》)

随着郭默兵败被杀，流民帅集团半独立地盘踞大江南北的局面告一段落，先后融入了建康政权的体制，以东晋方镇的形式戡乱攘外。顾凯博士认为，出力最多者，当属颍川庾氏。最终荆州与江州连成一片，使得陶侃势力达到顶峰。这是庾亮、王导等人在处理流民问题时产生的一个副产品，也是王、庾意见分歧、利益冲突的必然结果。[1]

不过，当陶侃图谋进一步进军建康推倒王导时，却遭到坐镇京口的徐州刺史郗鉴坚决反对，庾亮也从中予以劝解，从而避免类似王敦、苏峻之变的情况再度发生，保证了君主、士族共治的稳定性。

京口位于建康之东，是东晋政权连接吴中战略后方的重镇。郗鉴以寓居于此的北方流民为基本骨干，组建起拱卫京师的重要军事力量。是为东晋时代安内攘外的北府兵团发端。虽然郗鉴与

---

[1] 顾凯：《庾氏家族与东晋政治》，中国社会科学出版社，2017年，第125—126页。

王导的政治主张并不完全相同，但两家仍通过联姻等方式结成政治联盟，郗鉴之女嫁给了王导之侄——后来大名鼎鼎的书圣王羲之。王导竭力与郗鉴交好，又重用、保全赵胤及贾宁、路永、匡术等武人降将，从而维护自己在中枢的执政地位。

公元334年，东晋咸和九年，陶侃在离职不久后去世。庾亮获得"都督江、荆、豫、益、梁、雍六州诸军事，领江、荆、豫三州刺史，进号征西将军"（《晋书·庾亮传》），从芜湖移镇武昌，庾氏家族势力向荆州上游地区发展，庾亮、王导再现荆扬对峙的场景。

庾亮一面清除陶侃在荆州的子侄旧部，一面把江北襄阳仅存的桓宣流民集团拆解吸纳，积极与王氏家族争夺江州等战略要地的控制权。对内在荆州倡导儒家礼乐，强化人力、财力的整合，对外利用北方后赵政权内乱的时机，推动展开北伐军事行动，这就和王导的政治利益、理念发生严重的冲突。庾亮一度图谋兴兵废除王导，并为此致信郗鉴，终为郗鉴等人所阻止。

公元339年至340年半年间，王导、郗鉴和庾亮三巨头先后去世，东晋政权度过了成立以来最为平稳的十年。经历了王敦、苏峻动乱的创痛和教训，几大当权士族通过不断政治实践，逐步摸索出一些为大多数士族所接受的共治游戏规则，即以各自的实力为后盾，尽力维护各方势力之间斗而不破的平衡。中央政权所在地扬州，以及上游荆州重镇，大致分别由不同的门阀家族掌握。当权士族治理毕竟不等于简单的世袭政治，和以往权臣称王传子有着根本的不同。即使握有兵权也只是部分的暂时的优势，要实现对国家政权的掌控，必须家族中要出现能人理政领军，必须要得到其他家族的认可和赞同。这也为共治结构中当权士族的更替提供了可能性。

后王导、庾亮时代

王导、庾亮去世前不久，曾向成帝荐何充："总录朝端，为老臣之副。臣死之日，愿引充内侍。"（《晋书·何充传》）成帝于是加何充为吏部尚书，进号冠军将军。王导逝世后，何充转任护军将军，与庾亮的二弟中书监庾冰参与总领尚书事。随后庾亮去世，庾亮幼弟庾翼代替他出掌荆州。以何充为一方，以庾冰、庾翼兄弟为另一方，继续主导着君主、士族的共治策略。

何充为王导妻姐的儿子，又迎娶明穆皇后庾文君之妹，与王导、庾亮都存在亲戚关系。他年少时即与王导关系亲善，在政治上更加偏向琅邪王氏家族。不过，何充处理政务较为客观公正，这也是他能被庾氏及其他士族接受的原因之一。在著名的山遐免官案中，何充为山遐遭遇的不平而申辩；对于会稽名士虞喜的才学，他也充分肯定，并向朝廷力荐。

何充与庾氏兄弟最公开的两次冲突，主要围绕着晋室帝位的传承。公元342年，东晋咸康八年，年仅22岁的晋成帝司马衍病危，何充主张"父死子承"由其子继位；庾冰、庾翼等可能因为不愿意动摇自己帝舅的身份，所以主张"国有强敌，宜立长君"，由成帝之弟，即明帝与穆皇后庾文君的次子司马岳继位。成帝采纳庾氏兄弟建议，之后司马岳即皇帝位，是为晋康帝。

不久何充要求外放徐州刺史，前往京口坐镇，以抗衡庾氏兄弟的权势。出于支持庾翼北伐的考虑，庾冰旋即外任江州刺史，何充重新返回了建康任扬州刺史，主持中枢工作。

公元344年，东晋建元二年末，23岁的晋康帝司马岳又病危，何充主张由其子继位，庾冰、庾翼等主张拥立元帝幼子、明帝之弟会稽王司马昱为帝。这一次的争议，何充获得了胜利。康帝去世后，2岁的儿子司马聃即位，是为晋穆帝，改年号永和。康帝皇后褚蒜子以太后名义摄政，何充乘机将褚后之父褚裒等人引入中枢，庾氏兄弟失去了外戚身份。

庾冰、庾翼兄弟的施政方针，基本延续了庾亮任法裁物、加强集权的策略。由于对南北士族的优容照顾，因此东晋国家编户齐民的控制范围主要集中在江南自耕农身上，这显然不能符合庾氏兄弟北伐的资源需要。庾翼在中上游主政，"并发所统六州奴及车牛驴马"，对江南豪族荫附人口及相关物资进行征发，结果遭到南方士族百姓的激烈反对。

公元341年，东晋咸康七年左右，庾翼再次发起对南渡侨民的"土断"政策，"王公以下皆正土断白籍"，即国家根据户籍收取赋税、征召兵员，取消北方侨人免除赋役的特权。针对部分侨人、百姓逃亡、隐蔽人口现象，在中枢的庾冰又下令严查"隐实户口"，"料出无名万余人，以充军实"。（《晋书·庾冰传》）

从庾亮、庾怿到庾冰、庾翼，庾氏兄弟进行的北伐，是东晋建立以来，第一次由当权士族发动的代表共治政权的国家行为，有助于维护建康正统、恢复神州的价值合法性。不过，北伐的具体成果相当有限。庾亮的北伐行动先胜后败，数个江北的战略要地失去，庾翼北讨后赵、西征成汉，仅取得几场小规模战斗的胜利。庾氏兄弟集权任法、控制资源之举，触动了南北士族的利益，虽然提升了国家能力，对东晋社会士族共治的基础却颇有伤害。这和晋元帝司马睿试图提升皇权的行为逻辑是一致的。

何充大致继承了王导清静、宽简的政策，尽量优待共治中的南北士族及其他社会势力。王导在王敦之乱后，主张给予曾经打开城门迎敌，后又被王敦诛灭的周札平反；在苏峻之乱后，王导又重用曾经建议加害自己的叛将；对略有犯法的士族、武人，王导一般都不予以惩罚；王导晚年几乎不仔细阅读公文，收到即批示许可。《世说新语·政事》中记述："丞相末年，略不复省事，正封箓诺之。自叹曰，人言我愦愦，后人当思此愦愦。"意思是虽然别人批评我处理事情糊涂，但是以后人们会怀念我的糊涂。

王导、何充等人以其之包容和放任，维持士族共治表面上的团结，但是，这也造成了东晋政权国力不振，是北伐无法获胜的原因之一。当时东晋社会大部分士人站在王导一边，而对庾亮有所抵制："王导辅政，以宽和得众，亮任法裁物，颇以此失人心。"（《晋书·庾亮传》）

司马光在《资治通鉴》中，站在儒家正统的立场，对庾亮某些法家的做法，以及王导无为而治的黄老之政都进行了批评。苏峻之乱时期，湘州刺史卞敦拥兵而不救援朝廷，动乱平定后王导不愿意处罚，仅将他调任广州刺史。司马光因此评论道："庾亮以外戚辅政，首发祸机，国破君危，窜身苟免；卞敦位列方镇，兵粮俱足，朝廷颠覆，坐观胜负。人臣之罪，孰大于此！既不能明正典刑，又以宠禄报之，晋室无政，亦可知矣。任是责者，岂非王导乎！"（《资治通鉴·晋纪十六》）司马光将东晋政权乱象的责任归结到王导的身上。

东晋政权自元帝、明帝之后，成帝、康弟、穆帝和哀帝（成帝之子），连续五位皇帝皆以冲龄继位，二十余岁即告不治病亡。将近五十年时间，皇帝客观上失去了主导君主、士族共治的可能，晋室仅能作为某种象征意义而存在。

在排除了宗室、南方豪族武力和北方流民帅等势力干扰后，当权士族主导的君主、士族共治的统治策略终于进入相对稳定期，其中王导、庾亮等几家当权士族发挥了关键性的作用，这和东周春秋时代齐桓公、晋文公"尊王攘夷"的做法有异曲同工之妙。不过，王导、庾亮等家族分别独掌权力的时间并不长，执政期间控制能力相对弱势，既相互竞争又维护平衡，这是几家当权士族主导共治的基本特征。

王导、庾亮治国理念的分歧，本质上反映了维持内部团结与提升国家能力之间的矛盾、冲突。在东晋社会特殊的大环境下，内部团结和国家能力成为一对反向的关系。而反向关系的背后，本质上就是"务必清静"、优容士族的现实政治，与恢复神州的价值倡导之间存在着对立的死结。

王导倡导以克复神州为价值，"笼络江东士族，统一内部，结合南人北人两种实力，以抵抗外侮"[1]，这只能暂时解决晋室天命不足的缺陷，在外部敌对政权不够强大时，维持南方偏安的局面。要想真正实现克复神州统一天下的价值，就必须全面提升国家的资源动员能力，而这又势必会损害士族的利益，从而影响内部社会的团结，动摇君主、士族共治的基础。元帝、明帝和庾氏兄弟的集权政策无法取得成功，充分证明了在士族的联合主导下，为了实现价值号召而轻易改变政治现实，可能带来系统崩溃的严重后果。

---

[1] 陈寅恪：《金明馆丛稿初编》，译林出版社，2020年，第89页。

第四节
渡江名士的选择

永嘉南渡之后，以王导、庾亮为代表的侨姓士族名士，主导了东晋政权君主、士族共治集团。士族名士群体中出现两种对立而又统一的倾向。一方面把钻研玄学清谈作为进入共治集团的通行证，士群名士整体上完成了脱儒入玄的过程；另一方面，士大夫中治国平天下的儒家务实精神又有所恢复，克复神州、保卫中华正统成为各方共同遵守的价值观念。部分渡江名士虽然保留了元康时期的任诞之风，但也逐步失去了将之继续发扬光大的环境。

随着第一代侨姓士族凋零，渡江名士中的二代精英人物登上东晋的政治舞台。

侨姓士族和名士身份

两晋相交之际，是魏晋南北朝士族社会重要的分野。中原地区民族仇杀的大动乱发生后，有些家族继续留在北方，有些则迁往江南。田余庆先生判断，大体说来，真正根深蒂固、族大宗强的士族，特别是旧族门户，往往不肯轻易南行，例如范阳卢氏、博陵崔氏、弘农杨氏，等等。甚至于与司马睿关系甚深的河东裴氏，都宁愿留在北方，甘冒风险。东海王司马越府聚集的名士，构成了以后江左门阀士族的基础。由于王国地境所在和活动范围所及，所团聚的名士大抵为黄河以南诸州人，所以江左用事臣僚也多籍隶青、徐、兖、豫诸州。[1]

永嘉乱后留在北方（主要在黄河以北）的士族旧门，历十六国和北朝，与南迁士族相比，维持着比较保守的门风。他们也较多保持着东汉世家大族的特点，一般地以儒学传家而不重玄学，聚族而居而不举家迁徙。他们的宗族大抵不因胡族政权频繁易手而骤衰，一直到隋唐时期还保存着固有的势力。南渡江左的侨姓士族，一般来说所携者止于父母兄弟辈近亲，没有北方士族那样的强大宗族和根基，更得直接凭借权要地位求田问舍。侨姓士族的门户地位由于不是特别稳定，所以一旦政局变化，他们就可能受到大的影响。[2]

侨姓士族大多数出自魏晋之后出现的新门户，其主要的特征是官僚职位与名士身份的结合。无论是出于旧有的儒学世家，还是来自较低门第的士族或者寒门，如果要得到进入上层社会的通行证，获取名士的地位是主要的途径。如果说晋政权在洛阳的时代，士族脱儒入玄还是一种时尚，那么到了东晋新的时期，玄学成为士族名士必修的功课。除了仪容、学问，玄学清谈的水准，被名士圈认可，以至于成为新进士族的重要指标。一些儒学世家的子弟纷纷改学玄道，钻研清谈的各种技巧；否则，除非因缘际会掌握军事力量，一般较难成为共治集团中拥有话语权和影响力的人物。

王导年轻时期，曾在京师洛水边参加过裴𬱟、阮瞻等人的清谈活动，可能称得上一位二流的清谈家。他南渡建康后，经常把

---

1 田余庆：《东晋门阀政治》，第321页。
2 田余庆：《东晋门阀政治》，第322—323页。

参加当年的活动挂在嘴边。《世说新语·企羡》中记述，名士羊曼认为何必一而再反复提及，王曰："亦不言我须此，但欲尔时不可得耳！"即不是我唠叨，而是怀念当年的景象不可再现。裴颁为惠帝、贾后时期与张华齐名的首席大臣，已经遇害十余年，阮瞻是"竹林七贤"之一的阮咸之子，永嘉时期曾任太子舍人，已经在动乱中病逝。王导多次向人回忆昔日玄谈的场面，完全是想彰显个人清流名士的高贵身份。

一代中兴名士卫玠的经历，相当完美地诠释了两晋之交士族的价值取向。卫玠为魏晋名臣卫瓘之孙，又是名士乐广的女婿，少时即美男子。《晋书·卫玠传》中称其为"风神秀异"，"见者皆以为玉人，观之者倾都"。长大后好谈玄理，其后体弱多病，母亲禁止他多言，有时亲友请他说上几句，无不赞叹其说到了精微之处。琅邪王氏家族中仅次于王衍的一代名士王澄，极少推崇他人，都赞他："每闻玠言，辄叹息绝倒。"卫玠屡拒朝廷征召，后曾出任太子洗马。大动乱发生后，卫玠考虑移家南下，母亲不忍离开侍奉怀帝的长子卫璪，卫玠遂以"为门户大计"说服母亲。

卫玠南下至豫章时，曾与大将军王敦、长史谢鲲长谈一天。之后王敦认为卫玠才比王辅嗣，"复闻正始之音，何平叔若在，当复绝倒"。所谓王辅嗣、何平叔，即玄学清谈的开创者王弼、何晏。卫玠判断王敦恐非国家忠臣，即离去前往建康。"京师人士闻其姿容，观者如堵。"不久卫玠劳累成疾而逝，年仅27岁。卫玠先是葬于南昌，谢鲲为之痛哭，认为国家损失栋梁。后又改葬江宁。丞相王导特意告谕："卫洗马明当改葬。此君风流名士，海内所瞻，可修薄祭，以敦旧好。"

实际上卫玠英年早逝，出仕时间较短，一生没有特别的事功和政绩，对国家的贡献极其有限。但是，卫玠居然受到如此之高的推崇，连丞相王导、枭雄王敦这样顶级的人物，都表现出了五体投地的佩服。这充分反映了东汉以来，崇拜儒家文化的士大夫阶层，经历了东汉魏晋禅代中历史死结的转折，已经发展到以家世取人、以相貌取人和以玄学取人的病态的程度。曹魏时代的夏侯玄、东晋时代的庾亮，大致就是同卫玠一种模式的人才。

随着士族势力取代君主、宗室，在东晋时代成为共治集团的主导性力量，注重门户、崇尚虚谈和爱惜羽毛等名士之风，逐渐成为社会通用的行为准则。

共治集团的内部，少数非玄学名士出身的大臣将领，凭借自身的政绩、战功跻身高位，却始终在社会声望及家族发展上逊色一筹。受到明帝托孤的顾命大臣之一、尚书令卞壶，坚持恪守儒家礼教、忠于皇权，与名士的做派格格不入，最后在苏峻、祖约之乱中，与其二子一起壮烈殉国。虽然卞壶身后受到了东晋皇帝的表彰，但卞氏子弟后继无人。晚年雄踞荆州的大将军陶侃，一生出生入死，但他出生南方寒门，长期受到王敦、庾亮等士族巨头的歧视、排挤。陶侃辞官去世后不久，其子侄、部下即受到出镇荆州的庾亮的清洗。

四巨头之一的郗鉴，在稳定东晋士族共治策略的过程中作用巨大，他名义上虽居朝廷三公之列，但他从未入主中枢，他的家族在江左也未曾获得最高的社会地位。其家族在两晋之际，基本上未曾脱离东汉儒学家族轨道，直到郗鉴的子侄辈，才完成向玄学士族的转化过程。郗鉴以三公之位尊重镇历十余年，而名士出其州府者寥寥无几。这也是郗氏家族地位、门户状况的一种反映。[1]

---

[1] 田余庆：《东晋门阀政治》，第97—98页。

儒玄精神的混合

元康名士中的部分放达派南渡后，延续了任诞、放纵的习气，其中又以聚集酗酒的"八达"最为出名。《晋书·胡毋辅之传》载，曾被东海王司马越引为从事中郎的名士胡毋辅之："性嗜酒，任纵不拘小节。与王澄、王敦、庾敱俱为太尉王衍所昵，号曰四友。"胡毋辅之还发现了数位出身较低的狂士，如军士王尼、小吏光逸等，王澄称其"诚为后进领袖也"。胡毋辅之南渡后，被司马睿引为安东将军谘议祭酒。光逸随后前来投奔。

《晋书·光逸传》记载："初至，属辅之与谢鲲、阮放、毕卓、羊曼、桓彝、阮孚散发裸袒，闭室酣饮已累日。"光逸被看门挡住后，就在户外脱衣，露头在狗进出的孔洞窥视大叫。胡毋辅之惊叹，他人绝不至于如此，一定是光逸。"遽呼入，遂与饮，不舍昼夜。时人谓之八达。"

如果说竹林名士以放浪的行为毁弃名教，隐藏着对司马氏代魏政治压迫的价值不满；前期元康名士通过崇尚虚浮，彰显士族的自主地位；那么部分名士渡江后的狂饮放荡，可能包含了对家园沦陷的巨大痛苦的自我麻醉。唐代君臣编撰晋史时，将这些名士一并编入《晋书·光逸传》中，并且在史论的部分，站在儒家皇权的角度，整体上予以了批评："通其旁径，必凋风俗；召以效官，居然尸素。""旨酒厥德，凭虚其性。不玩斯风，谁亏王政？"即跟随他们的道路，必然败坏社会风俗，如果不是他们沉溺于这种风俗，皇权国政又是怎么被败坏的？

坚持儒家礼教的尚书令卞壸曾试图进行纠正，反而被王导、庾亮制止。"壸厉色于朝曰，悖礼伤教，罪莫斯甚！中朝倾覆，实由于此。欲奏推之。王导、庾亮不从，乃止。"（《晋书·卞壸传》）王导、庾亮本人并不酗酒，王导还曾劝说有酒瘾者戒酒，醉心于玄学清谈的名士也并非人人有放达之气，王导、庾亮阻拦卞壶，是出于维护士族名士在共治集团中的领导地位。

李济沧博士考证，西晋时期，王朝大力提倡儒学，而社会舆论却对放达之士赞誉有加。国家与社会舆论在人物评价上的这种乖离与分裂，深刻说明了个事实，就是此时的社会舆论具有了某种脱离政府意向的色彩。[1]《晋书·羊曼传》中，记录了兖州地区的舆论对州里人物的评价，冠以"八伯"之称的既包含了郗鉴、卞壶和蔡谟等较为传统的儒学士大夫，又囊括了阮放、胡毋辅之、阮孚和羊曼等放达之士。以乡论为代表的士族舆论，已经越来越认同于玄学的价值，而与儒家的礼教伦理价值处于对立的状态。

不过，士族名士南渡之后，大环境发生了极大的变化。其一，中原、巴蜀等沦为少数民族逐鹿、割据的地区，保卫中华正统、克复神州成为东晋政权最重要的动员价值，儒玄之争下降至次要的位置；其二，随着以南渡名士为主的士族阶层成为共治集团的主导力量，士大夫以天下为己任的意识重新复苏，士族名士虽然并不特别忠诚于具体的某位皇帝，却依然认可晋室作为国家的象征，换言之，士族名士在精神上以玄学出世脱俗自许，至少其中很大一部分兼具了务实为国的一面，即形式上完成了脱儒入玄，而治国平天下的儒家入世态度又有所回归。

这种儒玄混合的情形，并不仅仅发生在王导、庾亮等当权士族身上。所谓以放纵闻名的江左八达，除江州长史毕卓、"竹林七贤"之一阮咸之子阮孚饮酒过度，不把王事放在心上以外，其余

---

[1] 李济沧：《东晋贵族政治史论》，第49页。

人入仕东晋政权后,《晋书》上基本没有特别负面的记载。湘州刺史胡毋辅之、给事中光逸分别死于任上；阮放曾任吏部郎,"在铨管之任,甚有称绩"(《晋书·阮放传》),后死于交州刺史任上；大将军府长史谢鲲多次对王敦作出劝谏,被外放为豫章太守；谢鲲"莅政清肃,百姓爱之"(《晋书·谢鲲传》),最后死于任上。

苏峻、祖约动乱期间,羊曼、桓彝尽忠职守,率众与叛军血战,最后以死殉国。这与信仰儒家礼教的卞壶父子的牺牲,没有本质的区别。羊曼出自泰山羊氏,曾出任丹杨尹要职。叛军进攻时,羊曼以前将军的身份,率文武守卫云龙门。战事不幸失利后,有人劝他躲避。"曼曰:'朝廷破败,吾安所求生?'"(《晋书·羊曼传》)坚持率众不退,被叛军杀害。

桓彝出自谯国桓氏,为东汉名儒桓荣九世孙。因为父亲早逝,所以桓彝从小较为孤贫,为了实现跻身士族上层的目标,他改习玄学,主动加入名士的活动。《晋书·桓彝传》记录,桓彝"少与庾亮深交,雅为周颛所重"。南渡后受到元帝的重用,参与明帝讨伐王敦的计谋,随后出任宣城内史,"在郡有惠政,为百姓所怀"。苏峻叛乱起来后,桓彝动员组织义兵勤王,不久朝廷大军失利,他率部退守泾县。多处州郡均向苏峻请降,桓彝坚决拒绝跟从。"彝曰:'吾受国厚恩,义在致死,焉能忍垢蒙辱与丑逆通问!如其不济,此则命也。'"桓彝固守一年左右,"将士多劝彝伪降,更思后举。彝不从,辞气壮烈,志节不挠"。遇难时53岁,那一年其长子桓温正好15岁。

名士周颛曾任太子少傅、尚书左仆射和吏部尚书等职。周颛性格张狂,南渡后更是颓唐放浪,多次因为酗酒误事而遭到弹劾。《世说新语·任诞》中记录:"王导与周颛及朝士诣尚书纪瞻观伎。瞻有爱妾,能为新声。颛于众中欲通其妾,露其丑秽,颜无怍色。有司奏免颛官，诏特原之。"但是，在王敦造反谋划取代晋室的根本问题上，周颛表现出了坚决与王敦决裂的态度，最后与名士将军戴渊一起被残酷杀害。稍后遇难的名士中，还包括以诗文、卜算著名的郭璞等。

周颛为一代名士，在士族中的影响力仅次于王导。周颛曾在入朝时，碰见王导率宗族子弟在朝堂待罪，王导要求周颛向元帝求情，周颛未予理睬；但实际上周颛在元帝面前竭力为王导辩白，出来之后，又上表元帝力陈王导无罪，不过，王导并不知情。王敦杀害戴渊、周颛时，两次向王导试探意见，王导未置一词。后来王导整理中书省档案，发现周颛的表文，"导执表流涕，悲不自胜，告其诸子曰，吾虽不杀伯仁，伯仁由我而死。幽冥之中，负此良友"（《晋书·周颛传》）。

渡江后保留放达作风的名士，对晋政权的认可、忠诚程度，与渡江前王衍等人贪生怕死的风格有着较大不同。这可能是因为西晋政权合法性较低，相较于宗室、外戚，士族处于次要的位置，故而大多采取自保旁观、维护家族利益优先的态度，而东晋政权合法性较高，处于主导地位的士族，认同保卫中华正统、克复神州的价值。由于恢复中原、提高国家能力与士族阶层自身利益之间的矛盾，系统形成了新的死结，东晋政权偏安南方有余，北伐中原则面临各种挑战。随着王导、庾亮等第一代南渡士族衰老、辞世，侨姓士族中的第二代登上历史的舞台，曾经的任诞之风归于沉寂，为精致华丽的艺术追求所取代。

名士权力的传承

苏峻之乱平定后,庾亮自请外放芜湖,后又向荆州上游发展,而王导继续留在建康,主持中央政权日常事务。东晋当权士族主导的共治集团形成了扬州、荆州两大中心。建康、武昌两地,特别是王导、庾亮的幕府中,聚集着较多顶尖的名士。相较于四巨头中的陶侃、郗鉴,王导、庾亮不仅是士族联合专政的政治领袖,还是江东的名士领袖,这就使王导、庾亮在以侨姓名士为主体的共治集团中,拥有了更大的号召力、领导力。

《世说新语》和《晋书》上,记录了两则王导、庾亮分别与年轻一代名士清谈聚会的场景,从中不仅可以看出王导、庾亮名士的清谈风采,也可以从中推测几大当权士族之间的真实关系,以及新陈代谢、子弟传承的线索。

公元336年,东晋咸康二年,"庾太尉在武昌,秋夜气佳景清,使吏殷浩、王胡之之徒登南楼理咏"。名士们谈兴正浓,忽然庾亮率左右十余人来到现场。他随意坐在一张胡床上,加入到与殷浩等人的清谈之中,"竟坐甚得任乐"。在场的王羲之后来与王导谈及此事,丞相曰:"元规尔时风范,不得不小颓。"《世说新语·容止》)即王导认为,庾亮的清谈水准不容低估。

公元337年,东晋咸康三年,殷浩来到建康,王导特地在相府召集清谈活动。参加者包括桓温、谢尚、王濛和王述等人。王导亲自取下帐带上的麈尾扇,语殷曰:"身今日当与君共谈析理。"王导与殷浩一问一答、一难一解,延续到三更时分。王导最后总结道:"向来语,乃竟未知理源所归。至于辞喻不相负,正始之音,正当尔耳!"即刚才的清论没有得出共同的结论,但在言辞上、比喻上势均力敌,当年的正始之音,就是这样的吧。第二天上午，桓温出来告诉大家说："昨夜听殷、王清言，甚佳。仁祖（谢尚）亦不寂寞，我亦时复造心。"（《世说新语·文学》）他还把王濛、王述两人，比喻成插着漂亮羽毛的母狗。

王导当时已年过六旬，庾亮将近五十，两三年后分别去世，标志着渡江南来的侨姓第一代名士逐渐凋零。殷浩、王羲之、王胡之、桓温、谢尚、王濛和王述等在场其他名士，年纪都在三十岁左右。殷浩、王羲之和王述出生于惠帝太安二年，即公元303年，时值三十三四岁风华正茂，桓温年仅25岁，最为年轻。这些名士出生于中原地区，基本上都随父母、家族南迁，渡江时尚为幼年或少年，是侨姓士族中的第二代，又被称作东晋新时期的江左名士。

其中殷浩时为渡江名士二代的标杆性人物，唯一参加了上述两场清谈活动的年轻一代。殷浩来自陈郡长平以玄学著称的殷氏家族。《晋书·殷浩传》中记载："浩识度清远，弱冠有美名。尤善玄言。与叔父融俱好《老》《易》。融与浩口谈则辞屈，著篇则融胜。浩由是为风流谈论者所宗。"殷浩不但长相俊美，清谈口才更是超越了叔父殷融。《世说新语》中记录殷浩清谈轶事五十余条，其中《世说新语·文学》中存有十八条。毫无疑问，殷浩属于和夏侯玄、卫玠同一类型的顶尖清谈名士。

尽管殷氏族人一直是以庾氏的同僚或佐吏形象出现，但两者之间一直龃龉不断，甚至互生嫌隙。其中的原因，与两家的家学学风和政治观点及江左的政治生态有着密切关系。[1]和庾氏兄弟主张的"网密刑峻"的集权政权相比，殷浩之父殷羡、叔父殷融等殷氏兄弟更加赞同王导"网漏吞舟"的宽松之政。殷浩多次表现

---

1 顾凯：《庾氏家族与东晋政治》，第98页。

出避世隐逸的倾向，而他一度在庾亮幕府担任长史，可能与庾亮也属于夏侯玄、卫玠同类有关。

作为东晋政权共治策略的主要奠定人，王导已经年过花甲，他郑重其事地接待殷浩，并把殷浩作为清谈的主要对象，可能是在名士治国的大环境影响下，视二代中最负盛名的殷浩为士族联合专政未来的继承人。

庾亮幕府中的王羲之、王胡之等人，是琅邪王氏家族的子弟，其中王羲之是王导堂侄，并且娶郗鉴女儿为妻。王导幕府中的王述、王濛，出自太原王氏家族。王导没有过于重用同一门户的王羲之，反而对太原王氏子弟王述欣赏有加，而王羲之充分利用自身有利条件，周旋于王、庾及郗鉴等几大家族之间，并始终保持与庾亮友好的关系。可见，几大当权士族门户之间虽然充满斗争与算计，但也并不是泾渭分明、水火不容，而是你中有我、我中有你的竞合关系。当权者选择事业接班人，眼光也没有仅仅停留在自己子弟的身上。

王导幕府中的谢尚，是八达之一的陈郡谢鲲之子，谢安的堂兄。谢尚比殷浩年轻三岁，"善音乐，博综众艺。司徒王导深器之，比之王戎，常呼为小安丰"（《晋书·谢尚传》）。即王导将其比作著名的"竹林七贤"之一的族兄王戎；桓温十八岁时，参与谋害桓彝的泾县县令江播去世，"温诡称吊宾，得进"，把江播之子江彪等三兄弟先后杀死，为父亲报仇雪恨，"时人称焉"（《晋书·桓温传》）。王导对桓温同样予以了关注。

除了殷浩，这两场清谈活动的参加者，恰好来自东晋时期影响最大的五大当权士族。即王导、王羲之和王胡之的琅邪王氏，庾亮的颍川庾氏，桓温的谯国桓氏，谢尚的陈郡谢氏，以及王述、王濛的太原王氏等。殷浩是当年最被看好的政治新星，最终却是昙花一现，反而被桓温、谢安等人后来居上。

这些似乎进一步印证了两大事实。其一，东晋政权共治集团阶层固化，当权者主要集中在几大家族较为狭窄的圈子内；其二，这种阶层固化又不是一成不变的，血缘关系仅是代际传承过程中的因素之一。家世、仪容、玄学清谈水平及克复神州武功等，都是决定名士权力转移的重要指标。从某种意义上说，士族专政就是在印刷术还没有发明的背景下，少数掌握了学术、教育资源的文化世家或其他文化名人，对社会政治、经济等领域实行群体垄断。

第 五 章

桓公入蜀,至三峡中,部伍中有得猿子者。其母缘岸哀号,行百余里不去,遂跳上船,至便即绝。破视其腹中,肠皆寸寸断。公闻之,怒,命黜其人。

——《世说新语·黜免》

第五章　桓温独大的时代

东晋政权历经三十年皇帝、士族共治策略的探索，终于迎来了较为平衡稳定的时期。北方后赵政权无法克服"强者得立"继承法则造成的混乱，拒绝向正常的治理体系转变，因而在石虎死后陷入崩溃。一治一乱之间，南北强弱形势反转，东晋进入了高举克复神州价值旗帜的时代。

桓温西征成汉的胜利，以及褚裒、殷浩北伐的失败，改变了不同门户分别控制荆扬的力量对比。继王导代表的琅邪王氏、庾亮兄弟代表的颍川庾氏之后，桓温代表的谯国桓氏势力兴起。桓温北伐中原的号召和动员，成为他逐步主导士族联合专政共治集团的手段。桓温了解东晋政权资源不足、分散等弊端，一直采用以较少军力深入敌境且速战速决的战术，在他的主持下，东晋政权也曾实行"并官省职""庚戌土断"等资源集中的改革措施。不过，桓温受制于恢复神州的价值与优容士族政治之间死结的制约，不愿过于触碰南北士族的既得利益，不愿发动大规模的战争动员，这是他北伐最终无法实现的原因之一。

从东汉晚期党人抗争，魏晋时期士族脱儒入玄，最后到东晋门阀联合专政，士大夫群体历经百年巨变，早已背离担当天下兴亡的初心。桓温的出现，也许可视为士大夫初心的某种回归。问题在于，桓温生长在晋室天命不足、皇权极度衰弱的年代，在他未能通过北伐证明自己享有天命的情况下，桓温陷入了称帝不成、忠于晋室又不甘心的尴尬境地。

  正是由于桓温在防击外患中发挥了中流砥柱的作用，建康、会稽的士族名士们才充分享受了和平安逸的生活。部分世家名士把桓温轻蔑地称为老兵，折射了玄学文人重清谈而轻实务的价值取向。东晋中期前后，新一代的士族名士拥有政治、经济上的种种特权，在隐逸与出仕之间较为自由选择，以真实的性情创造出艺术文学的瑰宝，出现了王羲之、谢安等先仕后隐或先隐后仕的典型。在谢安出山并迅速上升的过程中，他本人二十年隐逸东山养望自重，以及当权者桓温的欣赏和器重，是决定性的原因。

第一节

恢复神州的价值付诸实践

北方少数民族建立政权的探索历经半个世纪，仍未能建立稳定和长期的国家治理体系，这无疑加强了东晋政权作为天下正统的合法地位。随着桓温继庾氏家族入主荆州，司马昱、殷浩等入主建康，渡江名士第二代成为统治集团的主角，各大士族门户取得政治上新的平衡，造就了永和年间君主、士族共治的黄金时代。不过，士族权力之间的分散和平衡，有助于维护偏安政权的稳定性，却并不利于加强中央集权，实现恢复神州的目标。后赵政权石虎死后，北方地区陷入分崩离析状态，客观上激发了彰显价值正确迅速北伐的呼声。

在这一对外征伐的过进程中，桓温一战而灭成汉，与建康名士集团褚裒、殷浩等人北上的惨败，形成了鲜明的对照。桓温借此不断打破平衡，成为了北伐的主帅。

为什么后赵政权不能持续

公元330年，石勒在襄国称大赵天王，行皇帝事。不久正式登基称帝，以石弘为皇太子，石宏为大单于，继续实行胡汉分治、羯胡全民武装的军政合一体制。分封战功最大的石虎为太尉、尚书令。稍早两年，石勒率军攻下洛阳，擒杀了前赵皇帝刘曜，自刘渊、刘聪传至刘曜的匈奴汉赵政权灭亡。石勒随后平定秦州、陇西，氐族首领苻洪、羌族首领姚弋仲归降。除凉州牧张骏以河西为中心割据、鲜卑族慕容部兴起于辽东以外，北方几乎全被石勒的后赵政权控制。

后赵是帝制时期第一个接近统一北方的少数民族政权。石勒建国称帝的过程和刘渊创立匈奴汉国有着很大的不同。刘渊是出身于匈奴的贵族，从小接受过较完整的儒家文化教育，匈奴又是汉人之外主要的少数民族。石勒为部落小帅之子，少时即被贩卖为奴，目不识丁，羯族的地位也要更为边缘低微。尽管石勒天资聪颖，善于学习各种直接或间接经验，但他毕竟长期混迹于社会底层，对晋政权共治集团充满仇恨。

石勒身上具有极大的双重性。一方面他残忍成性，通过大规模的屠杀，树立个人及羯胡部族武装的威望。在他起兵早期，俘获西晋政权官员二千石以上者，一律斩杀。公元307年，石勒率部攻下邺城，焚烧宫殿、劫掠财物，屠杀当地居民数万人；公元311年，石勒与司马范、王衍率领的晋军发生大战，宗室、士族及兵士十余万人惨遭屠戮，随后石勒又杀害了洛阳东行的大批王公名士；公元329年，石勒派遣石虎进攻上邽，坑杀前赵政权刘氏宗亲三千余人，又在洛阳附近坑杀五郡的匈奴屠各部落五千余人。

另一方面，石勒竭力模仿中原汉族政权的统治理论、策略和组织机制及资源控制方式等，希望突破自古无胡人为天子的宿命。《晋书·石勒载记上》中多处记录，石勒在中央及地方多地建立儒家学校，设有经学、史学和律学等专科。"立太学。简明经善书吏署为文学掾，选将佐子弟三百人教之"，"置宣文、宣教、崇儒、崇训十余小学于襄国四门，简将佐豪右子弟百余人以教之"。

石勒还"亲临大小学,考诸学生经义,尤高者赏帛有差"。石勒对史学较为重视,"虽在军旅,常令儒生读史书而听之,每以其意论古帝王善恶,朝贤儒士听者莫不归美焉"。(《晋书·石勒载记下》)

石勒对胡汉分治中的一些弊端作出调整。后赵仿照汉魏建立汉族职官体系,吸收了部分汉族士人入仕,制定了相应的官吏考核规则。石勒主导颁布了一系列律法,特别鼓励汉民恢复农业生产,国家开始设立正常的租赋户税制度。石勒试图改变以往对汉族民众采取的屠杀、掠夺等短视政策,把大量人口迁入司隶地区,奖励生育,从而增加农业劳动力。

石勒没有能改变胡制中宗室贵族分别掌握各自武力的特权,这就注定了羯胡军事首领对汉民延续着镇压与强取的关系,国家无法真正进入类似中原王朝的治理常态。少数的汉族士大夫为石勒所用,并不能证明后赵政权已经取得天命。而且,后赵政权无法突破初民社会最为致命的继承人瓶颈问题,即"五胡"在北方草原时期,"强者得立"的权力继承法则,随着他们进入中原,也一并带入他们所建立的政权中,从而带来了灾难性的后果。[1]

刘渊建立匈奴汉国后,率先模仿汉族王朝制度,实行嫡长子继承制,立长子刘和为皇太子。如果刘渊去世后,刘和能够顺利接位,臣民接受刘汉政权继承的制度安排,而不是仅认可强者皇帝个人的权威,也许可以视为匈奴汉国具备了某种天命的意义;然而,实际情形完全背离刘渊的设想。刘渊第四子刘聪发动政变,杀害刘和自立为帝。刘聪去世后,太子刘粲即位,权臣靳准

---

[1] 杨学跃:《十六国北朝权力嬗代新探》,中国社会科学出版社,2016年,第143、147页。

发动政变，随后大将刘曜夺取政权。

刘曜作为刘渊的养子，可能与刘渊并无血缘关系。统治者培植以血缘为核心的忠诚体系过程中，把部分将领收为养子并赐予宗室的姓氏，是仅次于重用儿子、兄弟的选择。这些所谓养子的领兵作战能力，往往超过统治者的亲属，在"强者得立"的草原继承逻辑下，比首领的亲生儿子更具有实际的竞争优势。

石勒在长子石兴去世后，坚持以次子石弘为太子。《晋书·石弘载记》评论，石弘"幼有孝行，以恭谦自守"，立为太子后，"虚襟爱士，好为文咏。其所亲昵，莫非儒素"。这说明石勒同样希望后赵政权得到儒家的天命。在他去世前不久，他还派遣使节向东晋朝廷输送钱币，希望与天下正统政权言和，遭到成帝等东晋君臣坚拒。公元333年，60岁的石勒死去，掌握最重要武力的石虎随即夺权，自称摄赵天王。

石虎字季龙，是石勒母亲的养子，可能是石勒的堂侄、堂弟或者族人，史书上的记载并不十分明确。石虎夺取后赵政权，最后没有采用禅让的方式，而是直接把石弘废黜，即不愿礼遇石弘，还把石勒的嫡系子孙全部斩尽杀绝。石虎继续执行大规模屠杀、掠夺等针对汉民的政策，拒绝向正常的儒家治理体系转型，无休止、非必要地滥用人力、物力资源，造成大量汉族民众非正常死亡。

石虎残杀了自己两位妻子，下令把全国13岁至20岁的女子三万余人征入后宫，不管对方是否婚配；屠灭与他发生冲突的长子石邃、次子石宣全家。

《晋书·石季龙载记下》记录："时沙门吴进言于季龙曰，胡运将衰，晋当复兴，宜苦役晋人以厌其气。"石虎立即指令尚书张群征调附近郡县男女十六万、车辆十万，在邺北运土建造华林苑和长墙，长宽各数十里。尽管有大臣从天文、民生等角度进行劝谏，如"季龙大怒曰，墙朝成夕没，吾无恨矣"；仍命张群秉烛施工，最终遭遇狂风暴雨，十余万人死于风雨之中。石虎故意重役汉人使其大量死亡，可见在石虎的心目中，北方地区的民众仍是晋人而不是赵国的臣民。

石虎一面崇信沙门，可能将其作为某种价值的寄托；一面对东晋、前凉和辽东前燕政权采取攻击性策略，希望通过暴力手段征服天下。公元349年，石虎在称帝不久后死去，幼子石世即位。在随后的内斗中，石虎的子孙几乎全部身亡。

石虎的汉族养孙石闵（冉闵）积极参与了最高权力的争夺，他先是支持彭城王石遵废石世自立，从而在朝中大权独揽。进而又扶持义阳王石鉴杀石遵即位。不久，石闵废黜并杀害了反复无常的石鉴，改回汉人的冉姓，称帝，变更国号为魏。

可能因为冉闵的汉族身份，皇城中的羯胡官僚、禁军几乎都站在他的对立面。冉闵为此颁布《杀胡令》，"内外六夷，敢称兵杖者斩之"，"斩一胡首送凤阳门者，文官进位三等，武职悉拜牙门"。（《晋书·石季龙载记下》）冉闵亲自指挥屠杀，死者二十余万。冉魏、石赵残余势力、前凉、前燕，以及氐、羌流人集团等相互混战，后赵政权迅速崩溃。

自公元304年刘渊自称汉王，中原地区少数民族统治者建立政权已经半个世纪，先后出现了汉赵、后赵两大政治系统。这些胡族政权，实行本民族全民皆兵的国人武装体制，在冷兵器时代，具备一定的资源动员优势。胡汉分治的策略处于早期探索阶段，少数民族集团居于统治的地位，对人口占大多数的广大汉民，始终徘徊于征服者与治理者的角色之间。

匈奴汉国、前赵与后赵统治的有效性，完全建立在最高统治者个人的暴力权威之上，一旦统治者死亡，国家立即进入内乱的状态，而与统治者没有血缘关系的养子将领，往往成为争位中最后的胜利者。这种缺乏价值向心力的系统注定是短命的。

士族共治偏安的黄金时代

相较于北方少数民族政权持续动荡，东晋当权士族主导的君主、士族的共治，反而进入了较为稳定的时期。即太后代表幼帝作为国家的象征，谯国桓氏、陈郡谢氏、河南褚氏、陈郡殷氏等新兴门户崛起，新老士族名士充分表达意见，最终取得人事、政策等方面的共识。荆襄上游、扬州下游等重镇分别由不同门阀控制，暂时实现了以实力为后盾的权力平衡。会稽王司马昱、司徒蔡谟及扬州刺史殷浩等在中央秉政，桓温、谢尚及太后之父褚裒分别统领荆州、豫州和徐州。

公元345年，东晋永和元年，年仅2岁的穆帝即位后，其母22岁的康帝皇后褚蒜子晋升为皇太后。不久，庾冰、庾翼兄弟先后病逝，何充一度处在主导的地位。在这前后，何充曾提议褚太后之父褚裒为录尚书事，进入中枢辅政。褚裒看重名士的清誉，忧心外戚的身份遭到议论。后为桓温谋士的袁乔写信给他："皇太后践登正祚，临御皇朝，将军之于国，外姓太上皇也。"（《晋书·袁乔传》）褚裒为了避嫌，坚决推辞进京赴任。之前褚裒担任左将军、兖州刺史、都督兖州徐州诸军事，镇守金城，于是改加徐州刺史镇守京口。会稽王司马昱因此出任录尚书六条事，相当于次辅的角色。

庾翼在去世之前，推荐次子庾爱之接替荆州刺史一职。对此大部分朝野人士认为可以接受,《晋书·何充传》记载:"于时论者并以诸庾世在西藩,人情所归,宜依翼所请,以安物情。"不过庾翼去世之后,其管辖区域一度发生动荡。荆州将领干瓒叛乱,镇守芜湖的豫州刺史路永北投后赵。何充力排众议:"荆楚,国之西门,户口百万。北带强胡,西邻劲蜀,经略险阻,周旋万里。得贤则中原可定,势弱则社稷同忧。"他认为庾爰之白面书生不足以担当大任,主张由桓温接任:"桓温英略过人,有文武器干。西夏之任,无出温者。"

桓温时年33岁,已经娶晋明帝之女南康长公主为妻,加拜驸马都尉。先后出任琅邪内史、辅国将军和徐州刺史等职。曾率部据守临淮,协助庾翼北伐。丹阳尹刘惔认为桓温虽有才略,但也许有不臣之志,因此劝告会稽王司马昱,"温不可使居形胜地,其位号常宜抑之"(《晋书·刘惔传》)。不能让他占据有利地形,对于他的名号要予以抑制,建议司马昱坐镇荆州。遭到婉拒后,刘惔提出自己去担任荆州刺史,又不被采纳。

桓温随即出任安西将军、持节,都督荆、司、雍、益、梁、宁六州诸军事,领南蛮校尉、荆州刺史。刘惔任监沔中诸军事,领义成太守,取代庾翼又一子庾方之。

何充进行一系列部署之时,曾相当自得地说:"桓温、褚裒为方伯,殷浩居门下,我可无劳矣。"桓温、褚裒等出镇地方,动员殷浩出山进入中枢,首先意味着东晋政权建立三十余年后,渡江名士第二代已经成为共治集团的主角;其次,桓温接手庾氏兄弟长期经营的荆州,褚裒继郗鉴、蔡谟、何充和桓温之后出镇京口,代表了各派士族共治的建康晋室的权威。随即何充发病去世,会稽王司马昱跃居为共治集团首席大臣。

司马昱是晋元帝司马睿幼子,为宠妃郑阿春所生,元帝去世时仅为4岁。司马昱幼年聪慧，元帝生前分封其为琅邪王。东晋帝室出自琅邪王司马伷一支，琅邪王因而在诸皇子中具有仅次于太子的地位。之前太子司马绍同母弟司马裒、郑阿春所生司马焕先后受封琅邪王，不过均英年早逝。公元328年，东晋咸和三年，东晋政权处于苏峻叛乱最为混乱的时刻，8岁的成帝可能在庾太后、庾亮等的主导下，改封长他1岁的叔父司马昱为会稽王，这与以会稽为中心的三吴地区作为建康政权的大后方，也许有一定的关系。

东晋自元帝重建以来，当权士族对宗室成员多持排斥的态度，唯独对司马昱表现出了相当的赞许。褚裒被征召为录尚书事主持朝政时，遭到多位大臣劝阻，其中度部尚书刘遐、长史王胡之要求把大政授予司马昱，甚至将其称为"国之周公也"。晋武帝司马炎时期，士族名士曾把齐王司马攸视为周公，两者之间如出一辙。无论是皇帝主导的西晋还是士族主导的东晋，在士大夫们潜意识的深处，总是习惯把理想中的周朝模式，作为晋政权对标的参照物。

司马昱打破了司马氏皇族重儒的传统，主动研习玄学清谈，在会稽期间与许多士族名士交往，《世说新语》中多处记录了司马昱在会稽王府中召集清谈聚会的景象。除了殷浩、王濛、谢尚和刘惔，还有太原孙氏的孙盛、高阳许氏的许询、僧人支遁等多人赴会。

《世说新语·品藻》中叙述，桓温曾问刘惔司马昱的清谈水平，"刘曰：'极进，然故是第二流中人耳。'桓曰：'第一流复是谁？'刘曰：'正是我辈耳！'"在名士领袖刘惔看来，司马昱之清谈固然难及一流，但亦有极进可取之处。这相当于认同了会稽王的名士地位。[1]换言之，司马昱是以具有特殊背景的名士身份主持中枢，而不是仅凭宗室亲王的出身。

事实上司马昱主政后，始终依赖和重用享有声望的名士集团。永和之初，司马昱不过是二十六七岁的青年，与之搭档的左光禄大夫、司徒蔡谟65岁，属于渡江的侨姓士族第一代，为著名的"兖州八伯"之一。根据褚裒的推荐，任命前光禄大夫顾和为尚书令，前司徒左长史殷浩为建武将军、扬州刺史。不过，从东汉至东晋三百余年来，士大夫婉辞朝廷征辟的风气愈演愈烈，司马昱的选才工作显然并不顺利。顾和以母丧为由坚拒入仕，殷浩作为最负时誉的名士、清谈家，已经称病隐居将近十年。司马昱以书信恳切相劝，终于说服已经42岁的殷浩出山。

公元340年，东晋咸康六年，陈郡谢氏的谢鲲之子谢尚出任建武将军、历阳太守，负责三郡的军事，完成了名士向将军的转换。褚蒜子母亲谢真石是谢鲲的女儿，褚蒜子先后成为皇后、皇太后，谢尚具有了国舅的外戚身份，一路升迁为南中郎将、江州刺史，不久又转为西中郎将，都督六郡军事、豫州刺史。太后之父褚裒坐镇京口，太后之舅谢尚坐镇牛渚，不仅防备后赵石虎军队的南下，更与坐镇长江中上游的桓温形成了鼎足之势。

如果不是外部动乱的蔓延，恢复神州的价值呼声再度高涨，这种共治偏安的局面可能会持续较长的时间。

---

1 段德庆：《司马昱与门阀政治》，硕士学位论文，华中师范大学历史文化学院，2012年。

西征成汉，桓温功业的起点

在东晋当权的士族名士群体中，桓彝、桓温属于比较不同的另类。桓氏父子脱儒入玄，研习清谈之道，桓彝甚至加入了彻夜酗酒的任诞狂欢，较大可能是为了迎合高门名士的身份认同，从而跻身士族专政的共治集团。纵观桓彝、桓温父子一生的事迹，基本没有脱离勠力王事、恢复中原和建功立业的儒家思想框架，而其说玄论道的清谈能力，可能连司马昱的二流水准也不及。

桓彝名列"江左八达"，不过在《晋书》中，其余七位与"竹林七贤"中的多数名士编于同一列传，桓彝和除桓温以外的其他桓氏子弟单列，可见编撰者并不认为桓彝等同于狂士；而桓温被列入与王敦、沈充和苏峻等逆臣之类，则反映了唐代史臣未免苛刻的正统观点。

桓氏出自谯郡龙亢，桓彝大约为东汉经学世家桓荣九世孙。田余庆先生推测，曹魏时期预于曹爽之狱而被诛夷的桓范，就是谯郡龙亢桓氏第六世的主要人物，是桓彝的曾祖或曾祖的兄弟。[1] 可能受到这一重大变故的影响，西晋时代桓氏门第较低，桓彝南下时族单力薄。尽管桓温后来权重一时，桓氏的世族地位仍被其他门户轻视。

桓温之所以在仕途上迅速崛起，首先得益于桓彝结交名士、壮烈殉国创造的基础，青年桓温手刃杀父仇人，又为他赢得了广泛的名声；其次，桓温英俊挺拔、气度不凡，《世说新语·容止》中叙述："刘尹道桓公，鬓如反猬皮，眉如紫石棱，自是孙仲谋、司马宣王一流人。"刘惔把桓温的相貌比作孙权、司马懿，虽有

---

[1] 田余庆：《东晋门阀政治》，第135页。

暗示其包藏野心的用意，但也从侧面凸显了桓温高贵的仪容。这在严重以貌取人的魏晋时代，还是颇为加分的。

桓温和晋明帝嫡长女南康公主成婚，相当于成为晋成帝的姐夫。南康公主为庾后所生，故桓温又是庾亮、庾翼兄弟的甥婿。刘惔之妻是晋明帝女儿庐陵公主，故桓温、刘惔又是连襟的关系。桓温取代庾氏家族经营荆州，接收了其多年累积的军事、政治资源。刘惔参与了部分的接管工作。桓温把庾方之、庾爰之兄弟流放至豫章，迅速控制、稳定了荆州的局面。

桓温与庾亮、庾翼等建功立业、恢复中原的价值理念大致是吻合的，反而与刘惔等务虚清谈的风格大相径庭。桓温曾在庾翼手下担任辅国将军，积极支持、参与了北伐行动。《晋书·庾翼传》中记载，庾翼曾在晋成帝面前，称赞"桓温有英雄之才，愿陛下勿以常人遇之"；《世说新语·排调》中叙述，桓温乘着大雪打猎，可能身着戎装，先去了王濛、刘惔等名士那里。刘惔见其装束单急，问："老贼欲持此何作"？桓曰："我若不为此，卿辈亦那得坐谈？"意思是说，如果没有桓温等军人保家卫国，玄学名士们哪里能够坐而闲谈。

桓温主政荆州的第二年，即发动了讨伐西蜀成汉政权的战争。自巴氐族李雄在成都建立大成国，成汉政权已经延续了四十余年。其中李雄在位三十一年，以流民中六郡大族为统治集团骨干，结合了范长生天师道的部分势力，充分发挥道家无为而治的价值，简刑、宽政和兴学，一度把蜀地建设成避乱的乐土。《晋书·李雄载记》中称："时海内大乱，而蜀独无事，故归之者相寻。"但是，李雄没有建立嫡长子继承统治的儒家制度，宗室亲族领兵分权，为他身后的动乱埋下了种子。

公元334年，61岁的李雄去世，指定兄长李荡之子李班继位。

李班称帝仅四个月，李雄之子李期、李越等人即发动兵变，把李班刺杀。李期即位后，和大族的关系迅速恶化，铲除异己、人人自危，李雄堂弟、汉王李寿听从巴西人龚壮建议，与略阳人罗恒、巴西人解思明以及部将李奕等密谋起事，立誓成功后向东晋政权称藩。公元338年，李寿率军攻克成都，背弃归顺东晋的盟誓称帝，改成国号为汉。李寿一面拒绝巴蜀本土势力要求以晋室为正统的呼声，一面杀害了李雄全部的子孙。

公元343年，李寿去世，其子李势即位。李势斩杀了解思明等直言的大臣，将军李奕反叛，成汉政权发生了内乱。

桓温可能注意到了这种有利的战机。东晋立国以来，长江上游天险成汉与江左共存，仅《晋书·帝纪七》所记成康年间，成汉与东晋发生大小战争就达十三起，严重威胁了荆州的安全，制约了东晋的北伐战争。前燕慕容皝政权当时向东晋称臣，长史刘翔出使建康，曾一针见血地提出："今石虎、李寿，志相吞噬。王师纵未能澄清北方，且当从事巴、蜀。一旦石虎先入举事，并寿而有之，据形便之地以临东南，虽有智者，不能善其后矣。"一旦石虎占据了西蜀，对下游建康政权的威胁可想而知。

桓温调整了庾亮、庾翼兄弟先胡后蜀的北伐策略，采取先易后难的战略方针，将战略目标首先指向成汉。[1]不过，西蜀地理环境险峻，北方后赵石虎与西凉的作战暂告一段落，对荆襄地区保持着压力。桓温决定西征，除江夏相袁宏等人以外，大部分幕僚及东晋朝廷均持反对态度。

公元347年，东晋永和三年前后，桓温率袁宏，益州刺史周

1　金仁义：《桓温伐成汉考述》，《安庆师范学院学报（社会科学版）》2008年第1期。

抚，南郡太守、谯王司马无忌，参军孙盛、龚护等多位部属，仅以万余军力深入蜀境。行前向建康"拜表辄行"，即不等朝廷批复便自行出发了。大军沿长江逆流而上，三月份左右，一战而下彭模。随即桓温留下辎重及少数老弱，亲率主力轻装直扑成都，三战三捷，在笮桥与成汉主力展开决战。这场战役相当惨烈，参军龚护战死，桓温一度下令撤出战斗，但鼓吏误鸣前进之鼓，晋军一鼓作气攻下成都。不久，李势抬棺自缚投降，被送往建康，封为归义侯。

《世说新语·豪爽》中叙述："桓宣武平蜀，集参僚置酒于李势殿，巴蜀缙绅莫不来萃。桓既素有雄情爽气，加尔日音调英发。叙古今成败由人，存亡系才，其状磊落，一坐叹赏。"巴蜀本土势力大多拥护晋政权正统地位，为桓温的风度所折服。桓温一面坚决镇压少数前成汉将领的反抗，一面将常璩等巴蜀士绅引为幕僚，留下益州刺史周抚继续平乱，坐镇蜀地。桓温在成都等地停留三十余天后，率部分军队返回荆州。在江陵城外十余里，受到刘惔等名士官僚的热烈欢迎。

桓温速战速决攻灭成汉，是晋政权在建康重建以来最大的胜利，不仅使东晋国家人力、财力资源的动员能力有所增强，实际提升了北伐成功的可能性，而且还特别彰显了晋室作为天下正统的合法性。由此产生了一个有趣的现象，即南方的士族名士内心未必真正认可晋室，而北方、西蜀的汉族士民却把晋政权视为天命所在。桓温个人的声望高涨，先后封为征西大将军、临贺郡公，开府仪同三司，在共治集团内部的话语权大幅上升。

殷浩失败的原因

公元349年，石虎死去，后赵政权急剧滑向混战，加之东晋收复四十余年被割据的蜀地，北方掀起了以东晋建康政权为正统的高潮。除了前凉张氏、前燕鲜卑慕容氏政权曾长期接受晋室册封，吕思勉先生统计，苻洪、段龛、张遇、姚弋仲、周成、李历、吕护、王擢等先后来降。[1]其中苻洪、姚弋仲分别为氐族、羌族流民集团首领。石虎唯一幸存的儿子汝阴王石琨率妻妾逃奔东晋，全家被斩杀在建康街头，"石氏遂绝"（《资治通鉴·晋纪二十一》）。

不过，东晋共治集团清谈名士典兵、建康一方的褚裒、殷浩等与上游的桓温不仅未能建立起北伐统一的中央指挥系统，反而处于相互提防、牵制的内耗状态。桓温听闻后赵变乱，即由江陵出屯安陆，给建康造成一种压力。不久后，后赵的扬州刺史王浃以寿春来降，征北大将军褚裒立即上表请求北伐，朝廷随后任命褚裒为征讨大都督，统帅徐、兖、青、扬、豫五州军事，变相拒绝了桓温北上的要求。

褚裒率军三万北上，北方士民前来归降者数以千计。鲁郡五百余家民众聚兵附晋，褚裒即派王龛、李迈率兵三千迎接，结果竟在代陂为后赵军队所败。褚裒不得已退驻广陵。这时黄河以北大乱，二十余万民众渡河，希望归附晋室。但是，褚裒已经退回京口，无法接应，这些心向晋朝的士民死亡殆尽。褚裒"忧慨发病。及至京口，闻哭声甚众，裒问：'何哭之多？'左右曰：'代陂之役也。'裒益惭恨"（《晋书·外戚传·褚裒传》）。至年底，

---

[1] 吕思勉：《两晋南北朝史》，天津社会科学院出版社，2019年，第120页。

褚衰羞愤而逝。

朝廷任用吴国内史荀羡为使持节，监徐、兖二州及扬州之晋陵诸军事，任徐州刺史。荀羡年仅28岁，为颍川荀彧六世孙，尚不具备统领全局的名声。司马昱不得不更多地依赖殷浩顶级清谈名士的舆望，内防桓温，外抗强敌。稍早桓温征蜀凯旋后，司马昱即把殷浩引为腹心，让其参与中枢军政决策，以此与桓温抗衡。这就使殷浩、桓温产生了相互竞争、猜忌的关系。护军将军、王导之侄王羲之曾进行劝说："羲之以国家之安在于内外和，因以与浩书以诫之，浩不从。"（《晋书·王羲之传》）。

殷浩的家世、仪容和学问无可挑剔，在士族名士群中享有清谈的盛名，被第一代渡江名士充分认可。经过多年的隐逸、婉辞之后，已经在朝野上下造成了"非他莫属"的氛围。如果继续在相对平和的环境里，殷浩完全可能成为继王导、庾亮后，君主、士族共治集团中又一位当权门阀首领。可是，内部产生了经过战争考验的竞争者桓温，外部后赵政权瓦解后，各族英豪草莽群雄并起，这些种种的军事斗争、政治算计，又怎是一介书生的殷浩所能应付的。

从殷浩处理蔡谟辞官、桓温发兵和姚襄复叛等内外几件大事上，即可看出他欠缺处理复杂事务的水平。

蔡谟为东晋历经元、明、成、康、穆五朝老臣，郗鉴称其"平简贞正，素望所归"，在郗鉴去世后，蔡谟一度接替其坐镇京口，任征北将军，都督徐兖青三州，以及扬州的晋陵、豫州的沛郡诸军事，任徐州刺史。蔡谟在北伐问题上态度保守，多次表达反对劳民伤财之意。蔡谟被任命为侍中、司徒后，竭力上疏推辞，整整三年没有就职。一次晋穆帝亲自临朝，派官员前去征召，往返十余次蔡谟还是不来。8岁的穆帝相当疲惫，褚太后下诏结束朝会。司马昱要求尚书曹处理蔡谟藐视皇帝的行为，公卿于是上奏建议，"送廷尉以正刑书"（《晋书·蔡谟传》）。

中军将军殷浩出于立威，先是奏请免除吏部尚书江彪官职，随后又决定要判处蔡谟的死刑。殷浩曾经多次拒绝朝廷的征召，而他对蔡谟辞官行为，居然想采取处决的极端措施，实在匪夷所思。幸而此念为入朝的荀羡所阻止。《晋书·荀羡传》记载："羡曰：'蔡公今日事危，明日必有桓、文之举。'"意思是说，如果杀了蔡谟，一定会有人以此为借口，像齐桓公、晋文公那样举兵问罪。殷浩这才放弃了杀害蔡谟的念头，由褚太后下诏将蔡谟废为平民。

桓温多次上书要求北伐未果后，率师四五万人顺流而下，进驻武昌，对建康构成威胁。之前桓温掌控的八州之地，人力、财政资源皆不受朝廷统一调拨。殷浩闻讯惊慌失措，一度想以辞职躲避，又想挂起驺虞幡即天子止兵的令旗，震慑桓温的部队，使其不得前进。吏部尚书王彪之立即向司马昱、殷浩进言，力陈既不能一走了之，也不能以挑战的做法刺激对方，建议司马昱亲自致信桓温，诚恳地进行劝说。桓温接信退兵后，殷浩随即出师北上许昌、洛阳，以谢尚、荀羡为督统驻扎寿春。

姚襄是羌族流民集团首领姚弋仲之子。北方大混战期间，苻洪之子苻健率氐族军团攻破长安，抢先占据关中，建立前秦政权。姚弋仲不得不进入河南，和石祗等后赵残余势力一起，继续与冉闵作战。尽管冉闵最终击败了后赵残余势力，但是，鲜卑族前燕慕容俊大举南下，冉闵最终兵败被俘、身死国灭。前秦、前燕两强逐鹿中原，一些前石赵、冉魏将领周旋于几大势力之间。

稍早姚弋仲选择南下向东晋政权投诚，被任命为使节、六夷大都督、都督江淮诸军事、车骑大将军、开府仪同三司、大单于、高陵郡公，姚襄被任命为持节、平北将军、都督并州诸军事、并州刺史、平乡县公。姚弋仲去世后，姚襄接掌了羌民军团，被朝廷安置驻守于谯城。随后姚襄只身渡过淮河来到寿春，与谢尚相会，一见如故。

公元352年，东晋永和八年五月，姚襄随谢尚一起北上，讨伐降晋复又叛晋的后赵前将领张遇，前秦苻健派军突然加入战斗，谢尚大败而归，逃回淮南，一度被贬为建威将军。殷浩不得不返回寿春。

姚襄退守历阳后，在淮河两岸广泛屯田，训练军士，这就引起了殷浩的疑虑。姚襄被称人杰，史载"襄少有高名，雄武冠世，好学博通，雅善谈论，英济之称著于南夏"（《晋书·姚襄载记》）。司马光赞其"才气豪迈，兼资文武，有孙策之风"，不仅作战勇猛，而且特别善于笼络人心，赢得不少百姓追随，一些江东人士都很推重他。但是，姚襄毕竟是羌人的领袖，在五胡各族自立的环境下，不大可能真正忠于缺乏价值归属感又不具大一统能力的东晋政权。殷浩采取先发制人的行动，其实不无道理。

问题在于，殷浩采取的手段过于幼稚、粗暴。他首先派出刺客去暗杀姚襄，结果"刺客皆推诚告实，襄待之若旧"；殷浩偷偷地派将军魏憬率部曲子弟五千余人袭击姚襄，结果"襄乃斩憬而并其众"；殷浩派出将军刘启守谯，将姚襄迁往梁国蠡台，改授其梁国内史；殷浩又派出谢万前去袭击他，"襄逆击破之"。不久，殷浩整军北伐，对姚襄也不作提防，还以姚襄的部队作为前驱。姚襄在山桑设伏，斩杀擒获后续晋军数以万计，收缴大量物资装备。殷浩派遣刘启、王彬进攻山桑，姚襄又从淮南出击，一举将其斩杀、消灭。

殷浩倾徐、兖、青、扬、豫五州之力连年北伐，"军破于外，资竭于内",粮食、军械损失殆尽,人力、财力资源极大消耗。殷浩为了征集财物以供军用,不惜停止太学生的学习,将其解散,太学从此关闭。这除了说明儒家经学在东晋士族名士眼里得不到尊重,也说明国家财政可能已经破产。吕思勉先生认为,殷浩之败,实败于兵力之不足。[1]这应该也是重要原因之一。虽然桓温统一西蜀,实际上提升了东晋国家的资源控制与动员能力,但在荆扬制衡、优待士族等共治的策略规则之下,无法发挥出整体的优势。

一代清谈名士殷浩出局,既有他个人军政能力严重不足的因素,又是东晋系统结构性死结的反映。在尽力维护士族各自利益的情况下,国家的人力、财力事实上得不到最充分的集中。桓温利用朝野对殷浩的强烈不满,上书列举其罪行,朝廷不得已把殷浩废为庶人。司马昱、殷浩政治伙伴关系宣告终结。桓温继续高举起恢复神州的价值旗帜,以荆州为基地兴师北伐,凭借武力后盾,逐步取得了君主、士族共治集团的主导权。

---

[1] 吕思勉:《两晋南北朝史》,第123页。

第二节
桓温主导共治的开始

桓温洞察了东晋政权治理体系的弊端，即人力、财力资源不足、分散，缺乏统一的指挥，遂采取动用少量军力速战速决的策略，永和年间先后发动两次北伐。第一次伐秦功亏一篑，两年后再度出发，光复了汉晋故都洛阳。这不仅大为提升了东晋政权的天命合法性，对桓温个人而言，无疑也大为提高了其主导共治集团的正当性。尽管朝廷拒绝桓温迁都洛阳的建议，但在他的武力震慑下，不得不向他一步步妥协。桓温获得了东晋政权最高军事统帅权，处在相当于宰相的位置上。

为了部分地解决资源动员上的困境，在桓温的主导下，东晋政权发起了"并官省职""庚戌土断"等系列改革，为他继续高举北伐的价值旗帜创造条件。

对决前秦的胜负

公元354年，东晋永和十年，桓温统率步骑兵四万余人自江陵出发，踏上了北伐的征程。步骑兵由淅川直奔武关，另有水军自襄阳进入均口，抵达南乡。桓温还命令建威将军、梁州刺史司马勋自汉中出子午道，西进长安。桓温这一次的北伐，矛头直指氐族前秦政权。稍后，前凉政权张祚闻讯，派出后赵降将、秦州刺史王擢攻击陈仓，对建国不久的前秦苻健政权形成了包围之势。

苻氏原称蒲氏，是氐族的部落，历代为今甘肃一带的西戎酋长。氐人和汉人长期混居，处于游牧向农耕的转变中。北方民族大动乱发生后，石勒曾迁羌、氐及其他胡部一十万户于河北，刘曜迁巴氐二十余万户于长安。石虎夺取最高权力后，强行把苻洪氐部、姚弋仲羌部数万户置于关东，形成了两大以民族为纽带的侨居流民集团。石虎死后，苻洪在枋头自立，派人向东晋政权称臣。之后苻洪遭降将麻秋毒害，其子苻健杀麻秋，率众西进占领长安。

考虑到关中士民对于晋室的情感，苻健以晋征西大将军、雍州刺史自居，"遣使献捷京师，并修好于桓温"（《晋书·苻健载记》）。公元352年，苻健放弃晋室的册封，正式称帝改国号秦。

前秦是继成汉、汉赵、后赵等少数民族首领称帝后，又一个宣布称帝的少数民族政权，比前燕政权还要早大半年。苻健称帝与晋室平起平坐，甚至以天下唯一正统自居，这对东晋政权而言，就是一种僭越行为。桓温把北伐的首个目标锁定前秦，这可能也是原因之一。桓温首次北伐的规划，《晋书》等史籍中没有明确记载，不过，根据灭亡成汉政权的模式，长途奔袭、速战速决，一举击灭尚不稳定的前秦政权，或许是桓温等人的设想。桓温深刻了解东晋国家资源分散、相互内耗的弊端，仅以四万余人的规模孤军北上，不可能支持长期的消耗策略。

战争开局较为顺利。北伐军一部攻打上洛，俘虏前秦荆州刺史郭敬，继而又攻破青泥。苻健派遣太子苻苌、丞相苻雄、淮南王苻生、平昌王苻菁、北平王苻硕率五万秦兵驻扎峣柳，阻击晋军。双方在蓝田附近展开激战，淮南王苻生异常勇猛，杀死晋军将领应诞、刘泓等,桓温亲自督战,指挥将士终于击退秦兵。桓温之弟桓冲,又在白鹿原击败前秦丞相苻雄。桓温转战前进,率晋军抵达灞上,距离长安城仅三十余里。

前秦太子苻苌退守城南,苻健与六千余名老弱固守长安,派出三万精兵,交由大司马雷弱儿指挥与苻苌会合。三辅地区郡县纷纷来降,当地百姓带着酒肉犒劳晋军,男女夹道围观,《晋书·桓温传》记载:"耆老感泣曰,不图今日复见官军。"这些情节仿佛在证明,尽管长安陷落、晋室东迁已经四十余年,关中民众的内心仍然以晋政权为正统。

在桓温驻军灞上期间,数年后出仕前秦的王猛隐居在华阴山,闻讯后前往拜访,一起纵论天下之事。《晋书·王猛载记》中记录:"温察而异之,问曰:'吾奉天子之命,率锐师十万,杖义讨逆,为百姓除残贼,而三秦豪杰未有至者,何也?'猛曰:'公不远数千里,深入寇境,长安咫尺而不渡灞水,百姓未见公心故也,所以不至。'温默然无以酬之。"桓温所称的三秦豪杰,应该指关中地区拥有佃客、部曲的世家大户,他们在桓温与前秦分出胜负之前,当然不愿意轻举妄动,王猛的这一洞察无疑是准确的。

不过,一些后世学者以王猛的责备为依据,认为桓温可入长安而有意止步灞上,是"意在自营""故不克罄其力于北略"的表现[1],这至少是缺乏逻辑推断的主观想象。桓温领军历经长途跋涉、艰苦血战,对方仍有数万机动精兵,决定在灞上稍作休整和观察是持重而合理的行为。桓温还打算收割前秦当地的麦子作为军粮,更表明其已做好持续作战的准备。只是苻健已提前下令坚

---

1 吕思勉:《两晋南北朝史》,第116页。

壁清野，事先已经把麦子抢割，致使桓温的这一计划落空。

尽管前凉王擢攻下陈仓，杀死前秦扶风内史毛难，但司马勋的部队在子午谷被前秦丞相苻雄击破。随后桓温率军在白鹿原大战苻雄，晋军死亡上万。在部队军粮发生严重匮乏的情况下，桓温不得不下令全军撤退。关中地区三千多农户、三秦大族匈奴人呼延毒兵众万余人，一同随军南下归晋。在撤退过程中，前秦太子苻苌一路追击，至潼关时，桓温的军队又损失万余人。

《晋书·桓温传》中特别提到，桓温自认其雄姿风度为宣帝司马懿、刘琨一类的人物。时人将他与王敦相比，他内心甚为不平。这一次北伐，在北方得到一位手巧的老婢女，细问之下，原来是刘琨当年的伎女。一见到桓温，就流泪哭泣。"温问其故。答曰：'公甚似刘司空。'温大悦，出外整理衣冠，又呼婢问。婢云：'面甚似，恨薄；眼甚似，恨小；须甚似，恨赤；形甚似，恨短；声甚似，恨雌。'温于是褫冠解带，昏然而睡，不怡者数日。"《晋书》编撰者对桓温显然怀有嘲讽之意，通过刘琨伎女之口，指责桓温相差刘琨较远。

其实，刘琨是当时抗击汉赵、后赵政权的英雄人物，桓温对他的崇敬，既是他个人真实情感的流露，又是他实践恢复神州价值的理念表达。桓温同时也崇敬晋政权的实际开创者司马懿，确实可能隐含着统一天下者即可获得天命的用意。这在晋室天命不彰、皇权低落的士族共治时期，也并不是大逆不道的思想。

光复洛阳具有象征意义

公元356年，东晋永和十二年，桓温再度从江陵出发北伐。

这一次主攻的对象为姚襄羌兵集团，目标应该是光复汉晋旧都洛阳。当时前燕自辽东占领河北逐步南下，前秦据有关中，原司隶、豫州、青州和兖州等地，被张遇、周成及段龛等前赵将领割据。不过，这些大小军阀都曾向建康称臣，意味着东晋政权名义上曾经收复了这些地区。公元351年即永和七年，占据洛阳的张遇降晋，东晋政权名义上收复了故都。殷浩北伐时，曾至洛阳修复西晋皇陵。桓温多次提议，把京师迁回洛阳。表疏上了十几次，穆帝及建康中枢司马昱等均不同意。

姚襄叛晋率部北归后，辗转占领许昌，进而攻击叛将周成盘踞的洛阳。周成降晋复又叛晋，控制洛阳已近两年。朝廷"进温征讨大都督、督司冀二州诸军事，委以专征之任"（《晋书·桓温传》）。桓温命督护高武占据鲁阳，辅国将军戴施屯驻黄河岸上，率领水军进军许昌、洛阳。《晋书·桓温传》中提到："以谯梁水道既通，请徐豫兵乘淮泗入河。"说明荆梁、徐豫两边的军队，都参加了这一次收复故都的行动。

桓温一路之上发表了很多议论。《晋书·桓温传》中记载，桓温与僚属登上平乘楼，眺望中原，"慨然曰，遂使神州陆沉，百年丘墟，王夷甫诸人不得不任其责"。记室袁宏回应，国家兴亡自有天命，不一定是他人之过。桓温变色对四座说，昔日刘表有一头千斤大牛，吃的食物是普通牛的十倍，其负重致远，不如一头病弱的母牛。曹操进入荆州后，把它杀了分给军士们享用。以大牛比作袁宏，"坐中皆失色"。桓温认为，西晋的沉沦，王衍等士族名士要负相当的责任，他是站在儒家士大夫的立场上，对崇尚务虚清谈的士族名士的否定。所谓只会吃食而不会干活的大牛，可能也有暗指占有资源而无所事事者的用意。

在洛阳城外伊水，桓温率部与姚襄的羌兵军团遭遇。姚襄把部队隐藏在伊水边树林中，派出使者要求桓温退后，企图以诈降伏击晋军。桓温当即识破，亲自披甲督战，指挥军队列阵向前。姚襄精锐死亡数千，不得不一路西逃。洛阳城中的周成率众投降，桓温入洛阳城后，屯军于太极殿前，随后又迁移至金墉城。"谒先帝诸陵，陵被侵毁者皆缮复之，兼置陵令。"（《晋书·桓温传》）

桓温继续扩大战果，"遣西阳太守滕峻出黄城，讨蛮贼文卢等，又遣江夏相刘岵、义阳太守胡骥讨妖贼李弘，皆破之，传首京师。"（《晋书·桓温传》）随后桓温上表建议，任命镇西将军谢尚为都督司州诸军事，镇守洛阳。由于谢尚还未抵达，桓温决定留下颍川太守毛穆之、督护陈午、河南太守戴施等文武官员，以两千军力驻守洛阳，保卫晋室皇陵。桓温采用其惯用的速战速决策略，完成了北伐的主要目标，把三千余家百姓迁至长江、汉水之间，押解着周成凯旋。

桓温统率晋军占领洛阳，是历史上的偏安王朝第一次真正意义上实现光复昔日故都的目标。洛阳是东周、东汉、曹魏和西晋王朝的京师，汉魏晋易代禅让一脉相传，静卧着司马懿、司马师、司马昭及武帝、惠帝等晋室五代帝王的陵寝，具有传承天命合法性的象征意义。至公元365年，即东晋兴宁三年，差不多九年的时间，洛阳一直控制在东晋政权手上，重获洛阳无疑极大地提升了晋政权天命的正统地位。

建康朝廷接到洛阳光复的消息，即由晋穆帝下诏，派兼司空、散骑常侍车灌，龙骧将军袁真等人持着符节，前往洛阳谒陵，修整先帝的五座陵墓。15岁的穆帝率群臣身穿细麻布衣，至建康太极殿谒拜三日。鉴于谢尚病重无法成行，朝廷改派王廙之子、丹阳尹王胡之替代他，任命其为西中郎军、平北将军和司州刺史，但在出发前夕，王胡之猝然去世。换言之，建康朝廷一直没能派出镇守洛阳合适的统帅。

桓温取得名义上的统帅权

桓温两次北伐，声望大增。但是从结果来看，他对内既未能插手中枢政柄，又未能获得豫州、徐州。[1]荆扬平衡、名士典兵等这些规则，无疑有助于维护皇帝、士族共治策略的稳定性，但是，对于实现恢复神州的共同价值，实际上起到相当负面的效果。东晋政权一方面坚持北伐中原，一方面又要维护士族的利益。这种价值观与方法论的结构性死结，严重制约了国家实现再造统一的目标。

桓温主导的光复洛阳行动，除有少量徐豫部队参与以外，建康朝廷没有其他战略性的配合。其间鲜卑段部首领段龛割据青州，致信批评前燕慕容俊称帝而受到攻击，向东晋政权求援。徐州刺史荀羡接诏自下邳北上，不敢与前燕军队正面作战，仅斩杀降燕的段部将领王腾等人，几乎坐视广固城破、段龛败亡。虽与前燕作战互有胜负，但对北伐全局几乎毫无影响。桓温、建康中枢之间，更像是互不信任的盟友，共同拥有恢复神州的价值理念，又彼此提防、算计，无法形成统一的指挥。

谢尚去世后，朝廷任命其堂弟谢奕都督豫司冀并四州诸军事、安西将军、豫州刺史、假节。谢奕上任仅一年去世，司马昱一度考虑任用建武将军、桓温之弟桓云，被王导之侄、尚书仆射王彪之阻止。《晋书·王彪之传》中记载，彪之曰："云不必非才，

---

[1] 田余庆：《东晋门阀政治》，第171页。

然温居上流，割天下之半。其弟复处西藩，兵权尽在一门，亦非深根固蒂之宜也。"就是说，国家的兵权不能归于桓氏一家，司马昱于是改派吴兴太守谢万继任。徐、兖两州刺史荀羡病重去世后，朝廷任命郗鉴次子郗昙继任。

然而，谢万根本不具有作为军事统帅的基本素质。《晋书·谢万传》记载，"万既受任北征，矜豪傲物，尝以啸咏自高，未尝抚众"，他与诸将领关系相当糟糕。公元359年，东晋升平三年冬，朝廷诏令谢万、郗昙分别北上，准备攻击前燕军队。谢万率部驰援洛阳，这时郗昙因病退兵，谢万以为是前燕军队强盛所致，惊慌失措擅自撤返，造成军事上一场大溃败。许昌、颍川、谯、沛诸城，皆被前燕军队攻破。之后，桓温任命其弟桓豁都督沔中七郡诸军事，兼任新野、义成二郡太守，暂时夺回许昌。

公元361年，东晋升平五年，年仅19岁的晋穆帝病逝，褚太后主导由21岁琅邪王司马丕继位，是为晋哀帝。作为明帝长孙、成帝长子，又是继元帝、明帝后又一位长君，他可能曾有振兴皇权的想法。哀帝以其弟司马奕为琅邪王，加侍中、骠骑大将军、开府仪同三司；以庾冰之子庾希、原庾翼部下袁真分别出掌徐州、豫州兵权。庾冰妹庾文君为哀帝、司马奕之嫡祖母，庾冰女庾道怜与司马奕联姻，庾希诸兄弟以外戚受到重用。

次年，前燕继续在河南的攻势，河南太守戴施逃奔宛城，守卫洛阳的冠军将军陈祐告急。桓温一面派庾希、竟陵太守邓遐率领三千水军，紧急驰援洛阳，可能有借机将庾希北调之意；一面旧话重提，再次上疏请还都洛阳，要求永嘉之乱以来迁徙江东者，全部北迁，充实河南地区的力量。

对于共治集团的士族名士而言，桓温此议无异于绑架朝廷，企图凌驾在皇帝、士族大臣之上，后世学者多持同样的观点；而对于桓温而言，要实现北伐中原统一天下的目标，就必须突破共治的平衡状态，实行组织上的集中指挥、资源上的总体动员。桓温在攻占洛阳之后，提议谢尚作为镇守的主帅，即包含着希望朝廷注入更多资源的用意。北方地区千里萧条，洛阳孤悬一隅，防守所需兵员、粮草均需从南方运送。如果要在河洛与前燕展开决战，可能确实需要皇帝亲征，倾举国之力北上。

问题是，永嘉南迁已经五十余年，皇室、士族和百姓早已习惯了南方的生活，东晋自上而下的国家控制能力松弛，士族高门自行其是，没有可能进行全面战争动员。晋哀帝、司马昱等对于桓温的提议采取拖延策略，接受尚书令王述的建议，下诏授予他北伐中原、经营旧都的全权，相当于把皮球又踢回桓温一边。朝廷还改授桓温都督并、司、冀三州，桓温立即上表拒绝。

公元363年，东晋兴宁元年，朝廷正式加桓温为侍中、大司马，都督中外诸军事、录尚书事，予其持假黄钺。公元364年，东晋兴宁二年，朝廷以桓温为扬州牧，录尚书事，派遣侍中召桓温入朝参政，桓温不予接受。不久，朝廷又下诏令，再次征召桓温至建康。桓温带上大军出发，一路浩荡行至赭圻，司马昱连忙派出尚书车灌予以劝止，桓温于是在赭圻筑城而居，坚辞录尚书事，遥领扬州牧。次年桓温改迁姑孰，其时桓温弟桓豁坐镇荆州，桓冲坐镇江州，桓温遥控朝廷的决策，颇似昔日王敦居姑孰、庾亮居芜湖的做派。至此，桓温至少在名义上取得了东晋政权的军事统帅权。

公元365年，东晋兴宁三年，即在武帝司马炎正式建立晋政权百年之际，旧都洛阳被前燕军队攻陷。稍早，守将陈祐以援救许昌为名，已经撤离了洛阳。留守洛阳的守将沈劲，为王敦之乱中的逆臣沈充之子，由于出自刑家，沈劲30岁仍不得出仕，后得到吴兴太守王胡之的帮助，终于解除禁锢。洛阳危难之际，沈劲主动上表前往效力，亲自招募兵士，最后以五百人坚守至城破时刻，从容被俘就义。"劲志欲致命，欣获死所。"（《晋书·沈充传》）

司马光在《资治通鉴·晋纪二十三》中给予沈劲高度评价："沈劲可谓能子矣！耻父之恶，致死以涤之，变凶逆之族为忠义之门。"沈劲的壮烈殉国，意味着桓温第二次北伐的成果完全丧失。桓温要继续主导共治集团，甚至要代晋自立，必须继续高举北伐的旗帜，占据恢复神州的价值制高点；而要北上战胜日渐兴盛的前燕、前秦两大强权，东晋社会不进行全面改造，根本是不可能的。

资源动员的改革

公元363年，东晋兴宁元年，桓温被授予相当于宰相的职位后，立即向晋哀帝上疏，力陈改革时弊七项建议。"其一，朋党雷同、私议沸腾，宜抑杜浮竞，莫使能植。其二，户口凋寡，不当汉之一郡，宜并官省职，令久于其事。其三，机务不可停废，常行文案宜为限日。其四，宜明长幼之礼，奖忠公之吏。其五，褒贬赏罚，宜允其实。其六，宜述遵前典，敦明学业，其七，宜选建史官，以成《晋书》。"《晋书·桓温传》重点的内容为革新中央政权组织机构，打击浮夸清谈行为，裁减官职冗员，奖惩分明，从而提高朝廷的效率。

东晋政权控制的财政资源有限，而各级官僚机构臃肿，为了尽量满足南北士族的利益，可能还安排了不少士族子弟入仕，人浮于事。大量岗位从事务虚的事宜，从上到下弥漫着拖拉的作风。《世说新语·政事》中记录："简文为相，事动经年，然后得过，桓公甚患其迟，常加劝勉。太宗曰，一日万机，那得速！"其中简文、太宗即司马昱，身为共治集团的核心人物，司马昱处理公事的态度尚且如此，其组织机构的效率可想而知。王彪之虽然反对桓温扩充个人势力，但对于"并官省职"的政策，上疏给予了充分的支持。他在奏折中明确指出，"职事之修，在于省官；朝风之澄，在于并职"（《晋书·王彪之传》。）

根据胡秋银博士对《太平御览·职官部》中保留的桓温奏表考证，桓温"并官省职"的工作包括四个方面内容：门下、著作、秘书三省减半；九卿除太常、廷尉以外裁省；诸员外、散客、军府参佐无职所长者皆并；车驾、郊庙、藉田之属临时权兼，事讫即罢。自兴宁二年（公元364年）二月政策始推行至宁康元年（公元373年）七月因桓温去世而政策废弛，其间已有10年之久。[1]

公元364年，东晋兴宁二年，即在桓温上疏哀帝的第二年，桓温主持了大规模清查户口的土断行动。《晋书·哀帝纪》中记载："三月庚戌朔，大阅户人，严法禁，称为庚戌制。"庚戌年三月一日行土断法，故称为"庚戌土断"。如果说"并官省职"对于财政资源是节流的做法，那么"庚戌土断"则是开源的积极措施，是继庾亮、王导时期"咸和土断"、庾翼"土断"后，东晋政权又一次的资源动员行为。

和前两次土断相同，东晋政权的土断，就是以现在的居住地为准，撤并部分侨置郡县，将南渡侨人正式登记在国家户籍之

---

[1] 胡秋银：《桓温并官省职考释》，《武汉大学学报（人文社会科学版）》2000年第4期。

上，取消其免除赋役的特权，开展正常的课税、征役。随着时间的推移，南下侨人总数不断增多，流徙的群体逐步适应了新的土地，重新安居乐业，国家不可能对其长期施行政策优惠。

考虑到北伐等军事行动消耗巨大的人力财力资源，南下侨人被免除赋役之征，朝廷就不得不过度征发江南豪族及自耕农的租税、力役。因此李济沧博士判断，桓温发动的"庚戌土断"，既能增加王朝的财政收入，同时又可以减轻江南自耕农民及江南社会的压力和负担，当然也可以消除江南豪族的不满。"土断"政策还暗含另外的目的，这就是防止流民的"浮浪化"或依附于豪族。[1]

由于部分侨人、逃亡的江南自耕农等流民投奔豪族，沦为躲避赋役的田客、私丁，土断政策不可避免地会延伸至豪族私藏人口的清理。《晋书·彭城穆王权传》中记载："会庚戌制不得藏户，（彭城王）玄匿五户，桓温表玄犯禁，收付廷尉。既而宥之。"彭城王司马玄仅私藏五户，即被视为违法，可见桓温清理的力度颇大；王彪之时任会稽内史，《晋书·王彪之传》记载："居郡八年，豪右敛迹，亡户归者三万余口。"会稽曾是司马昱之前的封国所在，又是当权的琅邪王氏、陈郡谢氏等大族南下后的聚居之地，王彪之持续八年清查藏户，说明共治集团最高层对土断存在着共识。

较为彻底的土断政策，无疑增加了国家的财源，而进一步清理藏户，不仅扩大了征税的对象，且为实行世兵制兵源不足的军队，提供了从民户中补充兵源的渠道。后来夺取晋室江山的宋武帝刘裕对"庚戌土断"评价较高："及至大司马桓温，以民无

---

1 李济沧：《东晋贵族政治史论》，第195页。

定本,伤治为深,庚戌土断,以一其业。于时财阜国丰,实由于此。"(《宋书·武帝纪中》)大部分的学者都认为,"庚戌土断"的实施,为桓温的第三次北伐,以至于为谢安主持的淝水大战,奠定了物质资源的基础。

第 三 节

桓温的两难困局

桓温的伐燕之役失败，是影响历史进程的事件之一。一方面，它改变了燕秦两大少数民族政权的力量平衡，造就前秦统一北方的契机；另一方面，桓温高调宣扬的恢复中原的目标，最后在实践中以惨败告终，实际上终结了他取晋而代之的可能性。尽管桓温通过北伐之举，几乎掌握东晋国家的全部兵权，颠覆了荆扬平衡的士族共治游戏规则，但是，作为士族的一分子，桓温仍然无法摆脱一些士族基本理念的束缚，而只能在大多数士族门户认可下顺势而为。

桓温身上融合了儒法玄各种思想。他的出现，也许是东汉中晚期士大夫精神的一种回归。桓温曾经做出种种努力，试图突破系统内部的死结，但还是受困于时代的条件。这既是北伐不能成功的原因之一，也深刻反映了士族共治政治的局限性。

内外环境的改变

桓温发动第三次北伐之前，东晋君主、士族共治集团的内部状态，以及北方各族政权的外部环境，都已发生了较大变化。桓温接近完成了东晋内部军事资源的整合，而北方前燕、前秦两强东西对立，自后赵石虎死后出现的混乱局面告一段落。其中前燕占据了中原核心区域，控制各族编户人口近千万，远高于东晋、氐族前秦政权统治区域的人口。前秦政权苻坚夺取天王之位，在王猛的辅佐下，实行一系列政治革新，国势蒸蒸日上。

无论"并官省职"还是"庚戌土断"的一系列政策，都是桓温在不改变优容士族大方向的前提下，对于国家过度照顾士族行为的一次策略性调整。前者裁撤了组织机构中部分士族子弟的岗位，后者至少取消了南渡侨人中士族免除赋役的特权。从某种意义上说，这是桓温在提升国家能力与优容士族之间的政治平衡，对于缓解系统的死结、增强国家统治的有效性，具有一定的作用。

公元365年，东晋兴宁三年，故都洛阳陷落后，司马昱、桓温曾专门在洌州商议征伐，这时传来了晋哀帝司马丕去世的消息。稍早哀帝为求长生而服丹药，导致身体中毒，不识万机，褚太后不得不再度临朝。晋哀帝去世未留子嗣，褚太后主导立其弟琅邪王司马奕即帝位，历史上称之为晋废帝。随后庾冰女庾道怜被立为皇后，除庾希出任徐、兖两州刺史之外，庾友、庾蕴、庾倩、庾邈及庾柔等兄弟，分别担任着东阳太守、广州刺史、太宰长史、会稽王参军和散骑常侍等官职。这引起了桓温极大的不满。

公元367年，东晋太和二年，庾希援救鲁郡、高平郡不利，被桓温指使官员弹劾免职。随即桓温推荐郗鉴长子、郗昙之兄郗愔都督徐、兖、青、幽、扬州之晋陵诸军事，领徐、兖二州刺史，假节。桓温以郗愔居京口，不是引为羽翼，而是利用郗氏以平抑庾氏在京口的潜在力量，然后再相机处置郗氏，夺得徐州。[1]

---

[1] 田余庆：《东晋门阀政治》，第172页。

京口军团主要由北方流民组成，作战能力较强，是桓温内心相当在意的军事力量。《晋书·郗超传》中记载："时愔在北府。徐州人多劲悍，温恒云，京口酒可饮，兵可用。深不欲愔居之。"桓温相约郗愔一同北伐，郗愔复信，表示将"共奖王室，修复园陵"。郗愔之子郗超为桓温参军，深知桓温的想法，把父亲的信销毁，另书"自陈老病，不堪人间，乞闲地自养"等内容替代，桓温据此改授郗愔为会稽内史，都督五郡军事，自己兼领徐、兖两州。郗鉴创建之京口军团，历经褚裒、荀羡、郗昙、范汪、庾希和郗愔等统帅，终于落入桓温之手。

之前益州刺史周抚去世，梁州刺史司马勋乘机率部围攻成都，企图割据蜀地自立。桓温派出鹰扬将军、江夏相朱序前往救援，与周抚之子周楚等平定叛乱，把司马勋等叛将押至建康斩首。至北伐前夕，除了豫州刺史袁真的直属部队，桓温几乎掌握了荆江、益梁和徐兖的全部军队。大部分历史学者认为，桓温是借北伐为名而控制国家的兵权，从这个意义上说不无道理。

被桓温作为北伐目标的鲜卑前燕政权，自首领慕容廆被册封为西晋鲜卑都督始，已历经四世。慕容氏是鲜卑中最早建立政权的部族，确立嫡长子继承制后，逐渐突破"强者争立"的北方游牧政权传承瓶颈，这可能与其较早接受汉族生产方式、文化传统相关。

惠帝时期，慕容廆率部落迁至大棘城，"廆以大棘城即帝颛顼之墟也，元康四年乃移居之。教以农桑，法制同于上国"（《晋书·慕容廆载记》）。颛顼为传说中五帝之一，慕容廆率部落定居于颛顼曾经的住地，学习农业生产，照搬晋政权的制度，证明其认同儒家文明的价值。永嘉之乱爆发后，冀、豫、青、并诸州士人流民，纷纷北逃至辽东。慕容廆设置冀阳、成周、营丘和唐国等侨州郡县,这比东晋政权采取同样措施还要领先数年。[1]公元317年,慕容廆参与了劝进司马睿的联名上书,被封为辽东郡公。

慕容廆去世后,世子慕容皝即位。他战胜了胞弟慕容仁、慕容昭及庶兄慕容翰等人的挑战,重新统一了辽东。公元337年,慕容皝自称燕王,"皆如魏武、晋文辅政故事"(《晋书·慕容皝载记》)。公元341年,东晋政权经过内部辩论,终于破例分封异姓为王,由晋成帝派使者授其侍中、大都督河北诸军事、大将军、燕王。慕容皝灭亡了鲜卑段部、宇文部,迫使高句丽政权臣服,在与后赵的对抗中反守为攻。

公元348年,慕容皝去世,29岁的世子慕容俊顺利继位。慕容俊抓住石虎死后赵内乱的时机,灭亡冉魏攻占邺城,乘胜进军中原,扫荡后赵及段部残余势力。公元352年十一月,继前秦苻坚称帝后,慕容俊在中山称帝,对东晋使者说:"汝还白汝天子,我承人乏,为中国所推,已为帝矣。"(《晋书·慕容俊载记》)就是说他承担人民的困苦,被中原百姓推为皇帝,表明了其以中国正统自居的心理。慕容俊把都城从辽西龙城迁至蓟城,再迁至邺城,下令各州郡户籍普查,准备大规模扩军,实现攻灭秦晋、一统天下的目标。

公元360年,慕容俊去世。11岁的世子慕容㬂继位,由慕容俊之弟慕容恪受慕容俊遗托辅政。史称慕容恪"深沉有大度",15岁起即随父亲慕容皝领兵作战,可能为前燕政权的第一名将。"恪虚襟待物,咨询善道,量才处任,使人不逾位。"(《晋书·慕容恪载记》)在他的直接指挥下,燕军陆续攻占洛阳、许昌等东

---

[1] 刘卓一:《浅析东晋十六国时期前燕的侨置政策》,《牡丹江教育学院学报》2014年第11期。

晋重镇，创造了前燕时代最大的疆域。公元367年，慕容恪去世，改由慕容㑺之弟慕容评主政。慕容评排挤善战的慕容俊之弟慕容垂，风评较差，史载"评等贪冒，政以贿成，官非才举，群下切齿焉"（《晋书·慕容炜载记》）。

慕容俊去世时，即有东晋大臣倡议伐燕，桓温认为，"慕容恪尚存，所忧方为大耳"（《晋书·慕容恪载记》）。可见桓温终于下决心北伐，与前燕政权主政者的变化颇有关系。

伐燕惨败的原因

桓温北伐前燕的战争先胜后败，类似十五年前征伐前秦的结局。北伐大军孤军深入，最后因为粮草供应缺乏，不得不全军南撤。在退军的过程中，遭遇敌方军队的围追，损失惨重。这与伐秦之战的情节发展几乎如出一辙。

公元369年，东晋太和四年四月，桓温率江州刺史桓冲、豫州刺史袁真等五万精锐北上，以水路深入前燕控制地区，至兖州金乡时河道转浅，桓温命冠军将军毛虎生开掘运河，连接汶水、清水，把黄河之水引入。郗超可能预感到未来的粮草供应会出状况，因此提出了两条建议：其一，放弃水道，改由陆路轻装疾进，直扑邺城，一举歼灭燕军主力；其二，部队停止前进，就地修筑要塞，花一年时间囤积粮食、辎重，等待次年夏天再度进军。

桓温可能觉得第一方案过于冒险，而第二方案则离开南方大本营过久，还是决定继续沿水路北进。晋军起初势如破竹，连续在湖陆、黄墟等地，击败前燕将领慕容忠、慕容历等人，前燕高平太守徐翻、兖州刺史孙元等起兵响应。桓温率大军行至黄河渡口枋头，距离邺城不过百里。前燕慕容㙒、慕容评等人，一度打算逃奔龙城。但是，随后慕容儁之弟、吴王慕容垂主动要求挂帅出征，慕容㙒派出使者前往长安，以虎牢关以西土地为代价，请求前秦天王苻坚出兵相助。

桓温在枋头与慕容垂的援军形成对峙，晋军连续小败，进攻的势头被阻止。不久，袁真率领另一路晋军在攻打石门的战役中，被慕容垂之弟慕容德击败，以致桓温连接睢水与黄河的运送粮草计划落空。

在秋季河道水位下降、舟船无法进退的情况下，备用军粮日益减少，桓温不得不烧毁全部舰船、辎重，下令全军从陆路南撤。

李硕博士认为，因为江南水乡的居民多依赖舟楫，所以南方军队在北伐中，也更多借助河流进行后勤运输。另外，南方政权缺少骑兵，也使其军队后勤更多地依赖后方运输，而不能靠在战区征集（抢劫）粮食，这也迫使南军更重视运用河流进行水运。与水运相关的是季节问题。到冬季，北方（淮河以北）河流封冻无法航行。北方降雨量减少，且集中在夏季。只有在雨季涨水时，北方河流才能保证航运所需的水量。[1]这是地理、气候因素对北伐的制约。

为了防止前燕军队在沿途的河流、水井中下毒，桓温命兵士们一路"凿井而饮"，步行七百余里，全军因此异常疲惫。慕容垂采取以逸待劳的策略，率骑兵一路缓慢尾随，终于在襄邑把晋

---

1 李硕：《南北战争三百年：中国4—6世纪的军事与政权》，上海人民出版社，2018年，第250页。

军赶入慕容德的伏击圈。桓温的军队大败，被斩杀三万余人，前秦将领苟池率援军乘机在谯郡发起攻击，晋军再度死伤过万。

桓温被迫退至山阳，勉强收拢溃散的残军。桓温这一次北伐的惨败，并不仅是军事策略的失误所致。首先，桓温缺乏清晰的政治大战略。北方地区兴起的前燕、前秦两大政权的治理，不同于后赵石虎的滥杀与掠夺的政策，而是崇尚儒学，具备一定的内部凝聚力，都以统一天下为己任。桓温代表的东晋政权可能受限于正统的理念，对燕秦两国同时坚持敌对的战略，而不能采取联合一家打击一家的灵活方针。桓温虽然曾以蜀汉丞相诸葛亮为榜样，诸葛亮在东吴孙权称帝的情况下，仍然坚守联吴抗魏的战略；而桓温了解东晋的资源明显弱于对手，却没有作出必要的战略调整。

反观前秦君臣在得到前燕的求援后，迅速作出了出兵援燕的决定。"王猛密言于坚曰，燕虽强大，慕容评非温敌也。若温举山东，进屯洛邑，收幽、冀之兵，引并、豫之粟，观兵崤、渑，则陛下大事去矣。今不如与燕合兵以退温，温退，燕亦病矣，然后我承其弊而取之，不亦善乎！"(《资治通鉴·晋纪二十四》)王猛为苻坚作出的战略规划，基本料准之后形势的演变。十五年前，王猛婉谢桓温南下加入东晋政权的邀请，无疑是正确的选择。

其二，相较于成汉控制的巴蜀地理上孤立，前燕、前秦占据的地区疆域辽阔、路途遥远，桓温孤军深入速胜的策略无法获得成功。昔日晋武帝最强盛的时期，尚不能一举解决边疆鲜卑部族的挑战，桓温率军从江南出发，千里迢迢奔赴远方，怎么可能一战而定胜负？即使侥幸获胜攻克邺城，又怎么可能做到常态化驻扎？桓温二次北伐时收复洛阳、许昌等地，之后也先后失守，从纯军事的角度而言价值不大。

而且，桓温动员的兵力仅在五万左右，又以徐豫二州的部队为主体，和上两次的规模大致相当。尽管经过了"庚戌土断"，东晋政权财政资源有所改善，桓温掌握了包括京口军团在内的国家军事机器，但是，桓温似乎并没有展开大规模的战争动员。换言之，桓温可能确实没有长期经营北方的打算，而是希望通过速战速决，打几场像样的歼灭仗，从而进一步拉高自己在共治集团中的威望。

桓温有无篡位的安排？

《晋书·桓温传》中记载："温既负其才力，久怀异志，欲先立功河朔，还受九锡。既逢覆败，名实顿减。"《晋书》的作者们可能是根据桓温之后的表现，甚至是其子桓玄三十年后篡晋建楚的史实，作出了桓温早就准备代晋自立的判断。实际上桓温在北方大败，严重损害了他主导共治集团的正当性，桓温回归后的所作所为，首先还是维护自身的权威和控制力。

桓温将石门失利作为北伐惨败的主要原因，奏请把豫州刺史袁真贬为庶人。袁真上表辩护无果后，作出了极端化的反应。即占据寿春反叛，直接投降前燕，派使者向前燕、前秦求助。不久，袁真病逝，其子袁瑾被推为刺史，并先后得到前燕、前秦的任命。这一时期，北方发生了前秦大举攻灭前燕的历史性事件，在秦燕大战的前后，前燕、前秦政权都曾出兵援救寿春，但都被桓温派军击退。

公元371年，东晋太和六年，"温遣桓伊及弟子石虔等逆击，大破之，瑾众遂溃，生擒之，并其宗族数十人及朱辅送于京都而斩之,瑾所侍养乞活数百人悉坑之,以妻子为赏"(《晋书·桓温传》。乞活军主要由强悍的北方流民组成,桓温把依附于袁氏父子稀里糊涂造反的乞活兵民全部坑杀,暴露了狭隘、极度没有安全感的内心世界。之前,桓温、司马昱曾在涂中相会,朝廷对桓温再三安抚。先是下诏封桓温长子桓熙为征虏将军、豫州刺史、假节,南康公主去世后,又下诏赠布千匹、钱百万。桓温一面表示推辞,一面征调扬州地区民力修筑广陵城,随后移镇广陵。

在寿春被攻克后,桓温曾问郗超:"此足以雪枋头之耻乎?"郗超认为这并不足以洗刷北伐失败的耻辱,郗超献计道:"明公既居重任,天下之责将归于公矣。若不能行废立大事、为伊霍之举者,不足镇压四海,震服宇内,岂不可深思哉!"(《晋书·郗超传》)根据《晋书》中描述,桓温于是诬称司马奕阳痿而不能生育子嗣,其男宠相龙、计好、朱灵宝等在宫廷参侍,后宫所生三子可能并非皇帝亲子,强逼崇德太后褚蒜子下诏废司马奕为东海王,另立会稽王司马昱为帝。

司马奕作为君主、士族共治集团的象征,24岁即帝位,是东晋时期少数的长君。即位六年来小心翼翼,并无特别明显的过失。不过,桓温将其废除,也没有引发强烈的反弹。褚太后得到奏报后,"乃曰,我本自疑此。至半,便索笔答奏云,未亡人罹此百忧,感念存没,心焉如割"(《晋书·康献褚皇后传》)。尽管已临朝三十余年的褚太后感怀生者和逝者,心如刀割,但她还是同意了桓温的要求。其他琅邪王氏、陈郡谢氏以及太原王氏等士族代表人物,大多表达了默认的态度。尚书令王彪之甚至说,应比照东汉权臣霍光废黜昌邑王刘贺的旧例,依礼仪处理废立。

这一方面说明褚太后及群臣可能惧于桓温的军事高压,认为即使拒绝也于事无补,反而可能遭致不测之祸;另一方面,桓温选择会稽王司马昱继立为帝，这又是共治结构中大多数士族门阀可以接受的。

52岁的司马昱为元帝幼子，又是名士清谈集团的领袖人物，主持晋室中枢已经二十余年。《晋书·简文帝纪》《晋书·孝武文李太后传》等记载，司马昱幼年时期，善于风水看相的大学者郭璞曾经评论："兴晋祚者，必此人也。"司马昱曾有五子，或夭折，或遭废黜而早逝，"其后诸姬绝孕将十年"。在相士的指引下，找到宫中织坊中奴婢李陵容侍寝。李陵容"形长而色黑，宫人皆谓之昆仑"，之后"数梦两龙枕膝，日月入怀，意以为吉祥"。先后生下二子一女，二子分别为后来的孝武帝司马曜、会稽王司马道子。这些预言、异梦等，仿佛都在营造简文帝司马昱、孝武帝司马曜父子的天命色彩。

如果桓温以一废一立作为篡位的准备，似应拥立更年少的皇帝以便于控制。司马师认可的曹髦、司马昭选定的曹奂，年纪均不超过15岁。霍光虽无代汉的野心，但仍希望继续独揽大权，其选立的宣帝刘病已，当时不掌握任何的政治资源。桓温的做法相反，选立的司马昱比废帝司马奕更年长，更富有斗争的经验，而且是自己在共治集团内部多年的政治对手，司马昱在改朝问题上给桓温造成的阻碍，显然要超过废帝司马奕。《晋书》中说，在司马昱去世前，桓温曾希望他禅位于自己，但至少在拥立之初，桓温不可能有此考虑。桓温比司马昱年长8岁，他无法预料到司马昱先自己而逝。

桓温固然通过擅行废立，弥补自己因北伐失利造成的威望下落，但他选立司马昱为帝，说明他还是想顺应、驾驭东晋的共治集团，而不是要走到大多数士族名士的对立面，推翻体制、另起炉灶。公元371年1月，东晋太和六年十一月，司马昱被桓温及百官奉迎入宫，是为简文帝，改年号咸安。东晋帝系从元帝曾孙辈，又转回到元帝之子。

虽然，简文帝被认为是桓温的傀儡，但他也并不是处处都听桓温。简文帝之兄武陵王司马晞崇尚习武，对桓温擅权极为仇视，深受桓温忌恨。桓温派遣其弟桓秘，逼迫新蔡王司马晃前往西堂，自陈与司马晞等人谋反。桓温以此要求诛杀司马晞，简文帝不予同意。桓温再三要求，"帝手诏报曰，若晋祚灵长，公便宜奉行前诏。如其大运去矣，请避贤路"（《晋书·简文帝纪》）。实际上就是说，如果桓温愿意继续维持晋室，那就听从皇帝的意见，否则皇帝愿意让贤。"温览之，流汗变色，不复敢言。"

在整个废立的进程中，桓温的内心都非常紧张。无论是在等待褚太后最后的诏复，还是在简文帝登基的朝堂上，桓温其实都表现出某种惶恐，表明桓温对晋室，始终还是存在着某种敬畏。而且，桓温没有建立类似曹操、司马昭的霸府，他的爵位也依然是南郡公，这些都似乎证明在北伐失利的背景下，他不可能制定禅代的计划。换句话说，桓温缺乏如此操作的合法性，东晋政权恢复神州的共同价值，对他形成了相当的制约。

桓温最终下令诛杀了废帝司马奕三子及其生母，之后又把东海王再降为海西县公，押至吴县柴西里监视居住，以进一步宣示发动废立的正当性。司马晞、司马晃则被免为庶人，桓温将司马晞及其三子流放了事。

对士族大臣中最直接的反对者，桓温采取了杀人立威的粗暴方式。其中有殷浩之子殷涓，殷浩去世后，桓温曾派人吊唁，殷涓不予理睬，也不拜访桓温，反而与司马晞交往；废帝皇后庾道怜虽已去世，但庾氏兄弟大多仍居高位，对桓温废帝行动的仇恨可想而知。

在司马晃交代的所谓司马晞叛乱集团名单中，包括了殷涓、庾倩、庾柔，以及掾属曹秀、舍人刘强等人，均被桓温下令族诛。广州刺史庾蕴服毒自杀。先前被免职的庾希闻讯后，与其弟会稽参军庾邈、儿子庾攸之等逃至海陵水泽中。数月后庾希、庾邈潜返京口，以废帝名义动员部分故旧武装反抗桓温，结果兵败被俘，皆被押至建康处斩。庾冰一系几乎遭致灭门之祸，仅次子庾友与桓温之弟桓豁联姻被赦免。

桓温是否等待简文帝禅位？

简文帝司马昱登基仅八个月去世，桓温在简文帝去世一年后去世。在这将近两年的时间里，桓温打破了荆扬分属不同阵营的士族专政规则，几乎完全控制了上下游的兵权。桓温对皇帝、士族共治集团的主导程度，超过了之前乃至以后的任何一位门阀，但是，这并不等于桓温已经成为国家事实上的统治者。桓温对于国家政权的控制，远不如曹操以及司马师、司马昭兄弟。桓温始终没有能做到取代共治。

桓温完成废立、清除政敌之后，又返回了姑孰镇所。自桓温出镇荆州始，这次发动废立，是他第一次短暂地留驻建康。这既反映出他对建康朝廷的长期防范，又暴露了他担心离开军队大本营后出现失控。桓温在姑孰等镇所，主要通过公函、信件等方式对建康实行遥控，之前司马昱也曾数度出京，先后在洌州、姑孰和涂中等地与桓温会商军国人事。

尽管桓氏兄弟子侄掌握了荆、江徐、豫等州的军政，但是在建康朝堂之上，除了担任中书侍郎的郗超忠于桓温，大部分的士族大臣，对他更多地只是惧于威胁的敷衍。在桓温率军克复洛阳后，声望一度如日中天，包括琅邪王氏、陈郡谢氏、太原王氏在内的士族上层，可能为了和桓温搞好关系，纷纷派其子弟加入桓温的军府。谢鲲之侄谢安、侄孙谢玄，王导之侄王羲之、孙王洵，王述之子王坦之，以及袁宏、习凿齿、顾恺之等世家新人，都曾是桓温军中的下属。但是，这不能说明桓温已经得到了广泛拥护。

士族门阀希望维护共治的策略，希望司马氏继续作为象征而存在，而不希望类似王敦的强人长期掌权。桓温即使北伐成功，其他士族也未必愿意拥戴他称帝，更不用说桓温北伐惨败，已经从估值高地跌落。相反简文帝较为软弱，忧惧被桓温再次废黜，曾当面向郗超求证。郗超不得不为桓温作出不会再行废立的保证："非常之事，臣以百口保之。"（《晋书·简文帝纪》）简文帝在去世前，表现出向桓温妥协的无奈情绪。也许正因为如此，"谢安称为惠帝之流，清谈差胜耳"（《晋书·简文帝纪》）。

公元372年，东晋咸安二年六月，简文帝病危。根据《资治通鉴·晋纪二十五》记载，简文帝"急召大司马温入辅，一日一夜发四诏，温辞不至"。简文帝随即口述遗诏："大司马温依周公居摄故事。"又称，"少子可辅者辅之，若不可，君自取之"。侍中王坦之手持诏书，在简文帝面前撕个粉碎。帝曰："天下，傥来之运，卿何所嫌？"简文帝认为，晋室的天下，纯属得自命运的偶然，也就是说其天命合法性是不足的。王坦之予以了反驳，晋室是宣帝司马懿、元帝司马睿创建的，陛下没有随意处置的权力。于是，"帝乃使坦之改诏曰：家国事一禀大司马，如诸葛武侯、王丞相故事"。

简文帝去世后，10岁的太子司马曜尚未登基。有大臣提出是否要征求桓温的意见,"尚书仆射王彪之正色曰:'天子崩,太子代立,大司马何容得异!'"崇德褚太后发布诏令,建议桓温依照周公摄政的遗规行事,王彪之把诏书密封退回。这些对桓温专权的抵制,实际上得到了谢安等大多数士族大臣的支持。

《晋书》《资治通鉴》的编撰者,都以为桓温希望简文帝禅位于自己,至少可以仿效两晋对标的西周王朝周公代行最高统治权。桓温写信给其弟桓冲:"遗诏使吾依武侯、王公故事耳。"语气中似乎充满了失望。其实之前除了儒家经典中上古三代尧舜禹的传说,夏商周秦汉的历史中,并没有发生过天子主动禅位给大臣的先例。无论是王莽代汉,还是曹丕、司马炎的易代革命,都是发动者精心策划的结果。桓温作为饱经沧桑的政治老手,怎么可能幼稚到被动地等待黄袍加身?除非桓温已经放弃了取而代之的念头。他不过是又心有不甘,向其弟发下牢骚而已。

公元373年,东晋宁康元年,桓温进京朝见孝武帝司马曜,吏部尚书谢安、侍中王坦之率文武百官至新亭迎候。《晋书·谢安传》中称:"大陈兵卫,将移晋室,呼安及王坦之,欲于坐害之。坦之甚惧,问计于安。安神色不变,曰,晋祚存亡,在此一行。既见温,坦之流汗沾衣,倒执手版。安从容就席,坐定,谓温曰,安闻诸侯有道,守在四邻,明公何须壁后置人邪?"谢安沉静不惧,反而质疑桓温为什么在壁后安排兵。桓温也不计较,与谢安笑谈许久。

虽然谢安气度非凡,确有一代名士之风,但这不足以挽晋室之既倒。桓温没有推翻晋室自立,是他本来就没有制定相应的计划。桓温在建康期间,主要处理了卢悚入宫作乱事件。史称卢悚为"彭城妖人""大道祭酒",可见其利用道教法术聚集底层民众。卢悚派遣子弟许龙,诈以崇德太后去迎海西公复位,被识破后逃逸。卢悚亲率众三百余人，至建康攻入皇宫。虽最终被闻讯而来的官军镇压，但是，折射出士族、宗室共治集团之外的北方流人、农民及奴客等民间反对力量的出现。

桓温处理了包括其弟桓秘在内的相关责任人，接着他就病倒了，在建康停留两周后返回姑孰。在桓温生命最后的日子里，他暗示朝廷为其加九锡。谢安、王坦之及王彪之等人，一面曲意表示同意，命袁宏起草有关诏书，一面又采取拖延战术，要求袁宏反复修改，谢安还拿走亲自修改，前后十几天不予定稿。

桓温临终前，桓冲曾向其询问谢安、王坦之日后的政治安排，"温曰：'伊等不为汝所处分'"（《晋书·桓温传》）。桓温考虑到世子桓熙才能不足，委托桓冲在他身后继续统领部众，但是，桓温又认为桓冲不能左右谢安、王坦之等人，这就充分证明了桓温对其身后的形势，有着相当清醒的判断，即桓氏家族不可能继续维持一家独大，包括谢氏、琅邪王氏和太原王氏在内的士族门阀将会恢复联合专政的局面。

公元373年，东晋宁康元年七月，桓温在姑孰军营病逝，标志着东晋共治时期一段强人岁月的结束。

混合儒法玄的复杂人物

《太平御览·职官部一》中保留的桓温奏折中特别提到："故光武初兴，多所并省；诸葛亮相蜀，简才并官；此皆达治之成规。"显然，桓温倡导政治系统组织机构改革，是以汉光武帝刘秀、蜀汉丞相诸葛亮作为效仿的榜样。刘秀是一代儒生皇帝，偃武修文、兴学讲经，倡导尚气节、崇廉耻的儒家价值观，同时他又以峻法打击豪强及舞弊官吏；诸葛亮坚守儒家士大夫恢复汉室的理想，同时他又依法治蜀，奖惩果断，抑制豪强、从严治吏。刘秀、诸葛亮把儒家的价值观和法家方法论完美结合，贯穿着霸王道杂之的治理思维。从某种意义上说，儒法兼容可能也是桓温的政治追求。

王心扬教授认为，当桓温执掌朝政，决定增加中央政府的实力并决心削弱士族后，他思想中法家的成分已经超越了玄学和儒学的成分。[1]也就是说，在桓温身上融合了儒法玄不同的价值，在不同的阶段呈现出不同的侧重。观察他行废立之前的大部分作为，桓温可能更像是东汉党锢案之前的士大夫，即以担当天下兴亡为己任，勇于任事、积极进取，要求皇帝言行必须遵循儒家伦理的规范。

至少桓温在荆州坐镇时期，处理一般的行政司法个案，相当强调儒家德治重于法家刑罚的原则。《世说新语·政事》中介绍，令史受到杖责时，大杖只是从红衣上轻轻带过。桓式年少，进来告诉父亲，刚才路过官署，见到令史受刑，杖高高举起像掎带去云根，又轻轻落下像拂过地面。意思是讥讽根本没打到。"桓公云：'我犹患其重。'"

桓温早年钻研玄学，积极参与清谈，曾经是王导主持的清谈圈中年轻的成员，但是，这只是他进入士族政治上层的一种手段。桓温在北伐途中，关于玄学清谈领袖王衍必须对西晋崩溃负责的议论，折射出他对名士崇尚虚谈、不理政务风气的强烈否定。

---

[1] 王心扬:《东晋士族的双重政治性格》，中华书局，2021年，第18页。

一些传统的诗书世家轻视桓温从事的军事活动，内心把他视为异类。《世说新语·方正》中记录，太原王氏的王坦之在桓温军中任长史时，桓温为儿子向王坦之女儿提亲，王坦之答应回家征求父亲王述的意见。王述闻后大怒，"恶见文度（王坦之）已复痴，畏桓温面？兵，那可嫁女与之！"在王述等一流士族心目中，桓温虽已贵为东晋第一权臣，但仍旧是兵族武人而已。直至王述去世后，桓温的女儿才嫁入王家，双方以另一种形式联姻。

　　虽然，桓温对王导的清静无为之政有所修正，以积极的态度去实现恢复神州的价值，但他依然保留了王导尽可能团结、迁就南北士族的策略。即使晚年独揽大权，破坏了士族联合专政的规则，桓温也没有和其他士族门阀闹翻、决裂。他主政荆襄时，十分注意与此地豪族的关系，网罗当地士人豪族，一起聚会、游宴、议论州事等，江陵出现了侨、土大族士人合流的局面。[1]

　　即使在推动"省官并职"政策、实行"庚戌土断"和发动北伐期间，桓温整顿、动员的对象，主要集中于体制内的官僚冗员及北方流民。现存史料并无江南豪族、自耕农对桓温北伐有何不满或抵抗的记载。这实际上也就暗示，桓温北伐不同于庾翼、殷浩，没有给江南地方社会造成过度的负担。就尊重和维护由豪族、自耕农民构成的江南社会这一点而言，桓温与王导之间没有区别。[2]这是桓温与之前掌权的庾氏兄弟很不相同的地方。桓温的西征北伐，动员的人力财力资源相对有限，尽可能不去触碰南北士族、民众的利益。换言之，桓温无意真正突破北伐的价值与优

1　陈国灿：《六朝时江陵大族的蜕变》，原载［日］谷川道雄编：《日中国际共同研究——地域社会在六朝政治文化上所起的作用》，日本玄文社，1989年。

2　李济沧：《东晋贵族政治史论》，第198、199页。

容士族的现实政治之间系统死结的束缚,而是尽可能采取调和、兼顾的立场。

在东晋、南朝时期,对桓温的评价还是较为正面。成书于南朝刘宋时代的《世说新语》中,记录有桓温的言行近百条,展现了一代名士豪杰立体的风采。其中桓温"昔年种柳"一段颇令人玩味。《世说新语·言语》中记录,桓温过金城时,见年少时任琅邪内史时栽种的柳树,已经有十围粗大,慨然曰:"木犹如此,人何以堪!"攀枝执条,泫然流泪。南北朝后期庾信作《枯树赋》中云,桓大司马闻而叹曰:"昔年种柳,依依汉南。今看摇落,凄怆江潭。树犹如此,人何以堪!"这些凄美哀伤的文字,反映了桓温内心奋斗一生而壮志未酬的情绪。

《晋书·桓温传》的编撰者,把这一情节安排在桓温第二次北伐的路途上。经后世学者考证,桓温自江陵出发北上,不可能经过琅邪金城,似为第三次北伐自姑孰转赴广陵途中的场景。[1]桓温当时已经58岁,被认为是为了夺取最高权力而出兵伐燕。《晋书》《资治通鉴》中桓温的描写负面,是唐宋史臣站在儒家天命的立场上,对桓温不臣之心的否定。问题在于,东晋时期儒学式微,晋政权从未真正获得受命于天的合法性评价。在玄风盛行、皇权低落的情况下,怎么可能要求桓温无条件去忠于晋室或者某一位皇帝呢?

如果把桓温置于汉末三国的环境中,桓温可能成为信仰儒学、忠于汉室及刘备父子的诸葛亮,但桓温身处维持晋室和代晋自立的两难困局,可能是他受到了东晋政权恢复神州的价值与"务必清静"、优容士族的现实政治之间死结的束缚。桓温也许希

---

[1] 田余庆:《东晋门阀政治》,第171页。

望实现北伐价值的目标，然后堂堂正正、大大方方改朝称帝，但是，作为士族门阀阵营中的一分子，他又希望获得共治集团中南北士族的一致拥护，不愿意挑战死结而全面实行专制，不愿意进行大规模的战争动员，仅采取少量军力孤军深入、速战速决的战术，这样注定无法取得最终的胜利。桓温也想过做晋室的忠臣，但是，这样东晋政权至多保持偏安，再无可能实现恢复中原的目标。那些口口声声主张忠于晋室、反对他独大的士族大臣，其实不过想维护联合专政而已。

《世说新语·尤悔》中记述："桓公卧语曰：'作此寂寂，将为文景所笑。'既而屈起坐曰：'既不能流芳后世，亦不足复遗臭万载邪？'"桓温认为如此碌碌无为，到了地下将为司马师、司马昭兄弟所耻笑；大丈夫如果不能流芳百世，也不惧怕遗臭万年。但是，桓温注定既做不到流芳百世，也无所谓遗臭万年。虽然桓温通过操纵废立，表面上不可一世，但其实是陷入了无解的困局。

第四节
江左名士：隐逸或出仕

士族名士渡江后的第二代、第三代群体，大多数生活在相对承平的东晋共治时代，既没有遭遇西晋崩溃的惨烈，一路流亡的艰辛，又无经历脱儒入玄的曲折和蜕变。士族专政带来的政治优越感，玄学之风盛行激发的心灵自由，江左特别是会稽地区优美的山水风光，这些都造就了士族名士文人贵族的闲适气质。一方面，名士们传承清谈的传统，玄学探索中吸收了佛教中的元素，寄情大自然的美景变幻，致力于天人合一的艺术创作；另一方面，他们又在隐逸与出仕之间游走，寻找个人心灵解放与家族、国家利益之间的平衡点，其中如谢安等代表人物，出山后在共治集团中发挥了重要的作用。

建康、会稽分别代表了什么？

永嘉南渡以后，建康一直是侨姓士族聚居之地，也是开展清谈活动的主要城市。除了稍早王导的宰相府邸，名士王濛、刘惔的家可能也是清谈中心。《世说新语·文学》中介绍，支遁、许询和谢安等人"共集王家"，曾以《庄子·渔父》为题目举行清谈聚会，谢安被推为主谈人。张凭被举孝廉后来到建康，但没有名声，至刘惔处，遇见王濛等名士前来清谈。"客主有不通处"，张凭发表自己的见解，"一坐皆惊"。立刻得到刘惔的重视，后被推荐给司马昱，张凭得到了太常博士的职位。

公元345年，东晋永和元年左右，晋穆帝2岁即位，会稽王司马昱先后出任次辅、首辅，司马昱的王府成为建康最重要的清谈场所。《世说新语·文学》中记录："殷中军、孙安国、王、谢能言诸贤，悉在会稽王许，殷与孙共论《易象妙于见形》，孙语道合，意气干云。一坐咸不安孙理，而辞不能屈。会稽王慨然叹曰：'使真长来，故应有以制彼。'"殷中军即殷浩，孙安国为孙盛，王谢分别为王濛、谢尚。孙盛先后入陶侃、庾亮、庾翼及桓温幕府，著述以史学居多，哲学思维上重儒轻老，与承袭王弼、何晏玄学的殷浩等人观点相反。

孙盛是清谈辩论好手，殷浩被认为是清谈第一流的人物，又有王濛、谢尚助力，竟然落得下风，司马昱不得不去搬真长即刘惔救兵，"孙理遂屈"，气势勉强被压制。

唐翼明教授总结，这件事之所以重要，不在殷、孙或孙、刘之胜负，乃在于它标志着咸康至永和间清谈热潮的巅峰。这次盛会由简文发起，参加者有殷浩、刘惔、孙盛、王濛、谢尚诸人，除桓温在武昌，支遁、许询等人在会稽以外，当时的清谈高手可谓毕集。[1] 司马昱当时较为年轻，清谈水平较为薄弱，但是，可能由于他宗室亲王的特殊身份，特别是司马昱自会稽期间起，就与清谈名士多有接触，造就了他清谈盛会组织者的地位。在此之前，似乎仅王导、庾亮等当权士族领袖担当过这样的角色。

东晋一朝，会稽地区在士族共治的结构中地位显著。晋元帝时期，诸葛恢出任会稽内史，行前元帝嘱咐："今之会稽，昔之关

---

1 唐翼明：《魏晋清谈》，第221页。

中。足食足兵,在于良守。"(《晋书·诸葛恢传》)陈寅恪先生考证,南来北人之上层社会"过江名士"集团,固占当日新都政治之高位,若复殖产兴利,与当地吴人作经济之竞争,则必招致吴人之仇怨。新都近旁既无空虚之地,京口、晋陵一带又为北来次等士族所占有,至若吴郡、义兴、吴兴等皆是吴人士族强盛之地,不可插入。故唯有渡过钱塘江,至吴人士族较弱之会稽郡,转而东进,为经济之发展。由此言之,北来上层社会阶级虽在建业首都作政治活动,然其殖产兴利为经济之开发,则在会稽临海间之地域。[1]

故而,包括陈郡谢氏、琅邪王氏和太原王氏等士族名士,纷纷落户会稽郡求田问舍。会稽地区又是山川形胜之地,景色秀丽独步江左。画家顾恺之曾形容:"千岩竞秀,万壑争流,草木蒙笼,若云兴霞蔚。"(《晋书·顾恺之传》)这些都足以使崇尚自然的玄学名士流连忘返。会稽不仅是共治政权的战略后方,还是京师建康的后花园。如果说建康意味着庙堂与出仕,那么会稽就代表了山林与隐逸。

历经正始名士的虚浮、竹林名士的放浪、元康名士的颓废,以及南渡名士流亡的血泪,魏晋士族走过百年沧桑蜕变,终于迎来了前所未有的黄金时期。除了政治、经济上享有的种种特权,最重要的标志之一,在于士族子弟可在庙堂和山林、出仕和隐逸之间自由地游走。玄学名士们纵情于会稽的山水之美,以追求心灵的解放为最高境界,洋溢着对隐逸生活的倾心。他们中有些人终生不仕,有些人兼顾家族门户的需求,选择先仕后隐或先隐后仕。对于东晋政权乃至天下兴亡的担当,他们反而较为淡然。

---

[1] 陈寅恪:《金明馆丛稿初编》,第82、83页。

当时的清谈高手中，许询、支遁等经常住在会稽。其中许询出自高阳许氏，随出任会稽内史的父亲迁居于此，终身未仕。与孙绰并称为玄言诗的文宗。支遁为一代名僧，在剡县沃洲小岭立寺行道。东晋"六家七宗"的佛教般若学派中，支遁代表即色宗。支遁之所以被显贵名流看重，主要是他借佛释玄、以玄说佛，被王濛称为"沙门中的王弼、何晏"。几代名士对《易经》《老子》及《庄子》的解读，至东晋已至思想的极限。玄佛相互结合，佛理由名僧引入清谈，触发玄学名士对佛学的兴趣，客观上壮大了佛教的独立发展。

虽然司马昱曾被支遁评论"有远体而无远神"（《晋书·简文帝纪》），即有清远的身体而无深远的精神，但他热衷清谈论玄，对名士平等相待，而不论其家世、官位。《世说新语·文学》中记录："支道林、许掾诸人共在会稽王斋头，支为法师，许为都讲。"支遁、许询等人集结在司马昱的静室，支、许一问一答开讲佛经，众人莫不赞叹两人唱咏之美。

桓温曾是清谈活动中的积极参与者，但他赴荆州上任后，至少没有再组织、加入过建康的谈坐；殷浩享有清谈的盛名，但他之前称病退隐十年。在这种情况下，建康、会稽的清谈名士们都聚拢在了司马昱的周围。

到了永和年间，建康城中的清谈热闹不再。孙盛前往荆州，进入桓温的军府，先后参加了征蜀、北伐之役；殷浩接受了司马昱征召，出任扬州刺史、中军将军，之后统兵北伐大败而归，被废为庶人，流放东阳郡；王濛、刘惔都不满40岁，居然得重病相继辞世。王濛去世时，刘惔前去送别，将一把犀角柄的麈尾放在他的身边，嚎啕大哭。刘惔随后出任丹阳尹，没过几年即死于任上。

孙绰的文才为当时士人之冠，温峤、王导、郗鉴和庾亮去世时，碑文都出自他的手笔。孙绰曾向司马昱品评风流名士："刘惔清蔚简令，王濛温润恬和，桓温高爽迈出，谢尚清易令达，而濛性和畅，能言理，辞简而有会。"（《晋书·外戚传·王濛传》）刘惔去世后，孙绰又为其撰写诔文，称他"居官无官官之事，处事无事事之心"。孙绰对刘惔、王濛等人的称赞，折射了东晋时期评价士族名士的价值取向，而他对刘惔的盖棺论定，认为其做官做事时态度粗略、松散，其实是朝廷中多数世族名士真实状态的写照。

王羲之的真性情

一代书圣王羲之是先仕后隐的代表。作为琅邪王氏第二代，王羲之出仕具有得天独厚的优势，但是，王羲之似乎始终无意跃居朝廷高位。无论是身在官场，处理政务；还是挥毫泼墨，闲云野鹤，他都心怀坦诚，无不洋溢着真实的性情。

王羲之为王导之侄，被郗鉴选为东床快婿，娶郗鉴之女郗璿为妻。王郗两大家族联姻，从某种意义上说，可能有抵制上游庾亮对建康政权威胁的考虑。不过，王导希望王羲之在朝廷任职，王羲之却选择前往武昌加入庾亮幕府任征西参军。得益于庾亮临终前推荐，王羲之迁任宁远将军、江州刺史等职。朝廷随后征召王羲之任侍中、吏部尚书和护军将军等职，遭到他的婉拒。殷浩为此致信劝说："悠悠者以足下出处足观政之隆替，如吾等亦谓为然。"（《晋书·王羲之传》）就是说，天下人都从足下的进退中观察政治的兴衰，可见王羲之在共治集团中颇具分量。

王羲之担任会稽内史后，仍然通过书信等形式，发表不随大流的见解："时殷浩与桓温不协，羲之以国家之安在于内外和，因以与浩书以诫之，浩不从。"（《晋书·王羲之传》）殷浩发动北伐，王羲之两度写信予以劝阻，同时上书主政的司马昱。王羲之坦言，东晋政权偏安江左，以区区吴越之地而去经营天下十分之九的中原，根本是不可能的任务。他特别提到战争资源的动员已经造成民间不堪重负。真性情的王羲之其实是讲了大实话，主张搁置北伐中原、恢复神州的价值，以此减少折腾，缓解结构性的死结，从而保证东晋政权的偏安。

《世说新语·言语》中记录，王羲之、谢安相约共登治城，王羲之以夏禹、周文王为例，证明踏实苦干的重要性："今四郊多垒，宜人人自效。而虚谈废务，浮文妨要，恐非当今所宜。"王羲之对务虚清谈表达了反思之意，尽管他也是清谈活动的组织者之一。在庾亮的幕府时期，王羲之参与了清谈夜会，至会稽之后，其内史府更成为清谈名士们聚集的中心。

王羲之"初渡浙江，便有终焉之志"。许询、谢安、王胡之、阮裕和支遁等名士都隐居在会稽地区，王羲之还请来孙绰担任右军长史。名士文人聚谈论道，"出则渔弋山水，入则谈说属文，未尝有处世意也"（《世说新语·言语》）。

公元353年，东晋永和九年三月三上巳节举行禊礼。王羲之邀请四十余位名士文人，在山阴兰亭聚会，饮酒作诗。其中有谢安、谢万兄弟，孙统、孙绰兄弟，庾友、庾蕴兄弟，还有王羲之儿子王献之、郗鉴之子郗昙等人。王羲之在著名的《兰亭集序》中描绘："群贤毕至，少长咸集。此地有崇山峻岭，茂林修竹；又有清流激湍，映带左右。"名士文人在大自然中开怀放飞，感悟天地生命的意义。共创作四言、五言诗三十七首，王羲之手书之序言，如行云流水、出神入化，为中国古代书法艺术的极品。唐太宗李世民对其推崇备至，亲自撰写《晋书·王羲之传》，以《兰亭集序》真迹殉葬。

《世说新语·企羡》中记录："王右军得人以《兰亭集序》方《金谷诗序》，又以己敌石崇，甚有欣色。"王羲之听说有人把《兰亭集序》与五十余年前石崇所写《金谷诗序》相提并论，十分自得。公元296年，元康六年，权贵石崇在其洛阳郊外豪华别墅金谷园中，召集可能包括贾谧"二十四友"在内的名士文人三十余人，昼夜游乐欢宴，在琴瑟笙筑的助兴下，众人畅饮赋诗，结集后由石崇写序。

且不论《兰亭集序》的艺术价值远高于《金谷诗序》，仅观察"二十四友"名士文人的命运，起先阿谀依附权臣贾谧，其中石崇、潘岳、欧阳建等死于赵王司马伦之乱，陆机、陆云兄弟为成都王司马颖所杀，诸葛诠、王粹和杜育在石勒军队攻击中丧生，挚虞遭遇战乱饿死等，即可看出相较于中朝元康名士的境遇，东晋江左名士政治经济的地位，以及思想自由的空间，无疑要优越太多。

兰亭聚会两年后，王羲之因与上司扬州刺史王述不和，愤而辞官，在父母墓前发誓永不出山。"羲之既去官，与东土人士尽山水之游，弋钓为娱。又与道士许迈共修服食，采药石，不远千里，遍游东中诸郡，穷诸名山，泛沧海，叹曰，我卒当以乐死。"《晋书·王羲之传》）王羲之"我最终将游乐至死"的感叹，道尽了部分享有经济保障的士族名士隐逸中的状态。

名士在桓温军府中

除了建康和会稽，武昌桓温的军府中，可能是名士文人集中的又一处地方。桓温勤于政事，以作为一代军事统帅而荣，同时，在两晋重文轻武的大环境中，桓温也相当重视笼络名士文人，将其招至军府之中，以壮大自己的声势，增强与建康名士集团抗衡的资本。东晋又是世族名士典兵的特殊时期，处于隐逸状态的名士文人，一旦接受朝廷的征召，立马就会成为一方军政大员，甚至指挥千军万马；因此部分高门世族子弟来到桓温军中，一方面是想与桓温发展关系，一方面可能存在着学习军政经验的考虑。

桓温自出镇荆州至病逝姑孰共二十八年，几大顶尖士族门阀子弟入幕任官者，计有琅邪王氏的王徽之、王珣，陈郡谢氏的谢奕、谢安和谢玄，太原王氏的王坦之，以及郗鉴之子郗超等，其他名士文人加入者，先后有习凿齿、罗友、孙盛、孟嘉、袁宏、车胤、伏滔和顾恺之等多人。

对照建康、会稽名士的散漫、风流，士族名士选择投奔桓温者，大都较为务实勤政。除参与征伐决策、外放地方官员以外，还承担机要、速记、撰文和参谋等行政性事务。不少名人文士多才多艺，兼有史学、文学、书法和绘画等多方面才能。其中史学著作如习凿齿《汉晋春秋》、袁宏《后汉纪》《名士传》，以及孙盛《魏氏春秋》《晋阳秋》等，皆为一时史论的精品。顾恺之《观涛赋》、袁宏《东征赋》《北征赋》等，都是描写山水、记录旅途的辞赋佳作。顾恺之《女史箴图》《洛神赋图》被称为古代绘画艺术的珍宝。

桓温虽久历戎行，但仍然保持着名士风格，与幕僚们沟通较为随和、平等。桓温有时召集游乐宴会，或登高临水赏景，与帐下的文人诗文游戏。《世说新语·文学》中记录，桓温命袁宏作《北征赋》，写成之后，大家一致称赞。当时王珣在座，说恨少一句，如能用"写"字来补足韵脚更佳。"袁即于坐揽笔益云，感不绝于余心，溯流风而独写。公谓王曰：'当今不得不以此事推袁。'"众人交流的氛围可见一斑。

和曹操等权臣府上的幕僚带有较大的依附性不同，桓温军中的名士文人始终保持着独立的思考，这种普遍的性情中人的风格，和建康、会稽的名士文人并无二致，反映了士族群体发展到东晋时期，已经更为注重自身风骨的人格追求。桓温后期流露代晋的意图，除郗超等个别幕僚出谋划策外，大部分名士文人均表达了反对的态度。习凿齿撰写《汉晋春秋》，改变陈寿《三国志》以曹魏为正统的史观，将蜀汉列为正统，认为司马昭派兵攻入成都，汉朝才算终结，而晋朝随之兴起。习凿齿以此证明皇权来自天命而不能强取，对桓温的企图予以合法性的否定。

《晋书·孙盛传》中记载："《晋阳秋》词直而理正，咸称良史焉。既而桓温见之，怒谓盛子曰：'枋头诚为失利，何至乃如尊君所说！若此史遂行，自是关君门户事。'其子遽拜谢，谓请删改之。"孙盛坚决拒绝桓温的威胁，诸子擅改枋头之役的记载后，孙盛抄写两个版本，专门寄往前燕皇帝处。后被孝武帝派人从辽东重新取得。

顾恺之对桓温的态度，又是另外一种真性情的典型。桓温曾相当欣赏年轻时代的顾恺之。《世说新语·言语》介绍，桓温修建江陵城非常壮丽，他聚集宾客僚属在长江渡口眺望，说谁能品题此城就有赏。"顾长康时为客在坐，目曰：'遥望层城，丹楼如霞。'桓即赏以二婢。"桓温去世以后，很多名士文人不大愿意提及他，即使说起也是褒少贬多，唯有顾恺之依旧对其保持着深厚的感情。《世说新语·言语》中记述："顾长康拜桓宣武墓，作诗云：山崩溟海竭，鱼鸟将何依！"有人请他形容一下痛哭桓温的情形。顾曰："鼻如广莫长风，眼如悬河决溜。"或曰："声如震雷破山，泪如倾河注海。"顾恺之真情实感凝聚的力量，超越了历史是非的本身。

谢氏兄弟接力崛起

东晋中期前后，陈郡谢氏门户兴盛，是士族联合专政共治集团的重要事件。田余庆先生判断，谢氏家族的地位迅速上升，其契机大体是：两晋之际，谢鲲由儒入玄，取得了进入名士行列的必要条件；穆帝永和之后，谢尚兄弟久在豫州，在桓温与朝廷抗争的过程中培植了自己的力量，取得了举足轻重之势，使谢氏成为其时几个最有实力的家族之一；谢安凭借家族势力和拒抗桓温的机缘，得以任综将相。[1]

谢氏家族渡江前地位并不显赫，史籍上记载其远祖可追述者，为谢鲲祖父、曹魏的典农中郎将谢缵，父亲、西晋国子祭酒谢衡。谢鲲以仪容、玄学水平等跻身名士，成为著名的王衍"四友"、江东"八达"，南渡后被王敦辟为江州长史，受封咸亭侯，力谏王敦不要背叛晋室，后任豫章太守。完全符合名士与官僚身份结合，而成为士族新兴门户的上升路径。

谢鲲之子谢尚的仪容修饰、玄理清谈更甚于父亲。音律、舞蹈、书法无不精通，被辟为王导僚属期间，曾应王导之邀跳起

---

[1] 田余庆：《东晋门阀政治》，第192页。

"鸲鹆舞","导令坐者抚掌击节,尚俯仰在中,傍若无人,其率诣如此"(《晋书·谢尚传》)。谢尚出任豫州刺史后,得以列为方镇,之后曾受命都督豫、冀、幽、并四州军事,为转型将军的名士中较为成功者。谢尚在北伐的过程中,其部下从冉魏军中取回传国玉玺,镇守寿春时遍访中原民间乐人,着手制作磬石,为朝廷准备太乐。这些都在无形中增强了谢氏家族的声望。

谢尚去世后,家族重心转入谢鲲弟、吏部尚书谢裒一系,谢裒子谢奕、谢安、谢万及谢石等人先后出仕。长子谢奕继谢尚后出任豫州刺史,不足一年即告去世,又由四子谢万继任。而声名在外的三子谢安直至40岁时,还在会稽东山高卧,是与王羲之相反的先隐后仕的典型。谢氏兄弟连续十余年主政豫州,既护卫建康的安全,又对桓温集团的扩张形成某种制约,奠定了家族在共治集团中的地位。

谢安幼时即获桓彝、王濛及王导等渡江第一代名士赞赏,"由是少有重名。初辟司徒府,除佐著作郎,并以疾辞"(《晋书·谢安传》)。谢安与王羲之、许询、支遁等人交游,多次参加建康、会稽两地清谈,意气风发,声名在外。《世说新语·言语》记载,当王羲之提及清谈可能误国时,谢答曰:"秦任商鞅,二世而亡,岂清言致患邪?"

谢安婉辞庾冰、吏部尚书范汪及司马昱等人多次征辟,产生了两种相互联系的结果。一方面,"有司奏安被召,历年不至,禁锢终身,遂栖迟东土",鉴于谢安长期拒绝征召,有司奏请朝廷,终身不予录用。另一方面,谢安可能深谙隐逸养望的风气,以致"诸人每相与言,安石(谢安)不肯出,将如苍生何!"(《晋书·谢安传》)这与殷浩隐居十年,朝野士族名士对他的期待大致相同。

谢安在东山隐居将近二十年，陶冶于山水与亲情之中，教导谢朗、谢玄等家族子侄。《世说新语·雅量》中记述，谢安曾与孙绰、王羲之等人乘船出海游赏。"风起浪涌，孙、王诸人色并遽，便唱使还。太傅神情方王，吟啸不言。"船夫因为看见谢安神色安详、愉悦，继续向前驶去。"既风转急，浪猛，诸人皆喧动不坐"，谢安这才慢慢地说："这样大概可以返航了吧？"众人即承响而回。于是审其量，足以镇安朝野"。谢安在隐逸中锻炼沉静的能力，所谓泰山崩于前而色不变，从而造就了日后主政所需的强大的心理基础。

对家族成员出仕、朝廷人事纠葛，谢安似乎保持着一份关注。谢安弟谢万性格傲慢、任诞，谢万接任豫州刺史、西中郎将时，王羲之即觉得很不适合，还专门致信桓温表示反对。隐居东山的谢安洞悉前线军中状况，为此修书劝告谢万："汝为元帅，诸将宜数接对，以悦其心，岂有傲诞若斯而能济事也！"（《晋书·谢万传》）要求他改善与诸将关系。谢万没有听从，大败后被废为庶人。谢安夫人为刘惔的妹妹，曾指着那些富贵的本家兄弟跟他开玩笑："大丈夫难道不应该这样吗？"安掩鼻曰："恐不免耳。"这说明谢安在谢万被废前后，已经做好了出山的准备。

谢氏家族势力除了因缘际会而崛起，还有两项重要的外部因素。其一，谢鲲的外孙女褚蒜子，即谢鲲之女谢真石与褚裒的女儿，为晋康帝司马岳的皇后，康帝去世后，21岁的褚蒜子升格为太后。褚太后一生历经六位皇帝，即康帝、穆帝、哀帝、废帝、简文帝和孝武帝，三度临朝代行象征性的皇权。作为谢尚的外甥女、谢安兄弟的堂外甥女，褚太后的信任、重视，对谢氏兄弟而言无疑是一大助力。

公元344年，东晋建元二年，褚太后第一次临朝，谢尚在这一年出镇豫州。公元352年,东晋永和八年,谢尚北伐为前秦军队所败,损失惨重,"收付廷尉"(《晋书·谢尚传》)。褚太后仅将其从安西将军降为建威将军,不久谢尚又升任尚书仆射、镇西将军等职。

其二,桓氏、谢氏继琅邪王氏、颍川庾氏后兴起,桓温控制了荆襄上游,在桓温西征胜利、殷浩北伐失败的背景下,选择谢尚坐镇豫州,是建康朝廷牵制桓温的重要策略。桓温与谢奕是布衣之交,桓温又敬重谢安的名士风采,继续重用谢氏兄弟,客观上可减轻桓温的抵触心理。谢奕曾入桓温军府担任司马,《晋书·谢奕传》记载:"奕每因酒,无复朝廷礼,常逼温饮,温走入南康主门避之。"公主说,若没有狂司马,我们夫妇怎能相见。谢奕与桓温手下的兵士喝酒,还自嘲道:"失一老兵,得一老兵。"桓温也不责备他,可见两人关系之亲密。

谢安进入桓温军府,开始了在共治集团的政治生涯。桓温相当器重谢安,与之畅谈至深夜,谢安走后,谓左右曰:"颇曾见如此人不?"即你们见过这么优秀的人吗?谢安离开桓温军府后,又进入建康朝廷任职。桓温来到建康即得病,谢安探视后离开,桓温望着他的身影,叹曰:"吾门中久不见如此人!"(《世说新语·赏誉》)即家中很久没有来过这么优秀的人了。这就是谢安在新亭从容应对桓温大军的真相。换言之,桓温不仅没有杀害谢安的想法,相反他毫不掩饰对谢安的欣赏和尊重,为谢安的上位烘托了气氛。

从某种意义上说,当权士族名士的风度、举止和心态等,是影响个人政治命运的重要因素,进而影响到共治集团乃至国家政权的命运。谢安就是其中最突出的正面的示范。反面的例子可能是殷浩。桓温、殷浩年轻时即朋友。《世说新语·品藻》中记载:

"桓公少与殷侯齐名,常有竞心。桓问殷:'卿何如我?'殷云:'我与我周旋久,宁作我!'"就是说殷浩不愿意与桓温进行比较,选择我行我素。

殷浩被废黜后,晚年在流放地诵读佛经,终日在空中手书,作"咄咄怪事"四字而已。桓温考虑让殷浩复出担任尚书令,派人送信给他。殷浩"将答书,虑有谬误,开闭者数十,竟达空函,大忤温意,由是遂绝"(《晋书·殷浩传》)。殷浩反反复复将回函打开又合拢,最后寄了张空白信给桓温,这可能是得了强迫症,心理上出现问题。谢安、殷浩曾有过相同的名声,结局却完全不同。这些都是东晋文人名士专政时期才会发生的事情。

第六章

玄等既破坚，有驿书至，安方对客围棋，看书既竟，便摄放床上，了无喜色，棋如故。客问之，徐答云："小儿辈遂已破贼。"既罢，还内，过户限，心喜甚，不觉屐齿之折，其矫情镇物如此。

——《晋书·谢安传》

第六章　苻坚与谢安的解决方案

东晋共治集团未能抓住后赵政权崩溃的大环境机遇，受制于系统的死结以及相延伸的国家能力严重不足的困境，在空转、内耗中坐视氐族势力在关中崛起。前秦天王苻坚仅用数年时间，即灭亡实力最为强盛的鲜卑族慕容氏前燕政权，继而灭亡氐族前仇池、汉族前凉和鲜卑拓跋氏代国政权，实现了北方自西晋"八王之乱"以来的和平局面，掌握天下土地、人口三分之二以上，从而使少数民族统一中国第一次成为可能。

苻坚以重建类似两汉的大一统政权为目标，重用汉人大臣王猛等儒学之士，一面加强君主专制的权威，一面提倡儒家的思想价值，废止氐族亲贵掠杀汉民的特权，力图建立中原国家正常的治理体系。不过，苻坚保留了氐族亲贵统兵的国人武装胡制，同时也保留了其他少数民族聚族而居、首领统兵的传统，目的可能在于共同统治占人口绝大多数的汉民。苻坚希望通过推行汉化，打造各民族共同的价值基础，把前秦政权塑造成为享有天命的唯一正统，培育臣民对儒家思想、秦室及皇帝本人的忠诚。为此，苻坚不惜进行最大规模的资源动员，执意向以正统自居的东晋发起进攻。

谢安主导共治集团后，采取了和靖平衡的治国路线：维持桓氏继续统领荆江地区，再建北府军作为中央政权的后盾，保证当权士族几大门户之间的平衡；支持提升皇权的思想，维护晋室正统地位的合法性，保证君主与当权士族之间的平衡；在和靖士族与提高国家能力这一源于死结的难题面前，谢安推行赋役改革，吸收北方流民南来，既尽力提升资源的动员，又尽量不触犯江南士族的利益。至少在大敌当前的环境下，东晋政权系统的死结暂时得以缓解，保卫中华正统的价值号召，与包括各方士族在内的战争动员现实政治，达到一定程度上的平衡，东晋共治集团呈现出一致对外的景象。

淝水大战的结果，深刻影响了秦晋两大政权的命运及中国历史的走向。前秦氐兵军团遭遇惨烈的重创，且分镇国内要地，汉兵四处溃散、自行解体，未受损失的鲜卑、羌人武装乘势起兵逐鹿。混合秦制、周制与胡制的前秦政权，无法在短时间内完成以汉化为中心的各民族融合，北方再度出现了分裂。东晋政权胜利后似乎得到了天命的背书，合法性得到进一步加强，刺激了共治集团内部君权进一步扩张，谢安等当权士族选择退让，加之渡江门户名士后继乏人，当权士族主导的君主、士族共治的东周模式，意外地回摆至皇帝主导的宗室、士族共治的西周模式。南北中国继续长期对峙，分别陷入了内乱和动荡。

第一节
混合秦周胡三制的前秦政权

苻坚以武力夺取帝位，虽符合北方少数民族强者得立的继承游戏规则，但明显有违中原汉文化的伦理秩序。苻坚通过重用汉人大臣王猛等人，倡导建设以儒家思想为核心价值、模仿两汉政权的君主专制国家，从而证明前秦政权及他本人的天命合法性。苻坚支持王猛终止了氐族勋贵对汉民随意掠夺、屠杀的政策，为建立正常的治理秩序扫清障碍；大力振兴儒家经学，从教育着手打造各族共同的价值基础；先后攻灭前燕、前仇池、前凉和代国等各族割据政权，优待亡国的君臣贵族，以儒家王道仁政的精神统一了北方。

苻坚未废除氐族宗室亲贵统领本族武装、其他少数民族保留兵民合一集团的传统，其实维持了胡汉分治的本质；借鉴西周诸侯分封模式，以氐族亲贵统领氐户分镇国内要地。这种以少数氐人为统治民族，混合了秦制、周制与胡制的统治策略，隐藏着重大的结构性隐患。

强者得立与苻坚夺位

前秦天王苻坚是苻洪之孙，苻健之侄，其父苻雄为苻洪少子，按照正常的皇位继承顺序，苻坚不大可能成为前秦的君主。

苻健称帝后，即以嫡长子苻苌为太子。桓温第一次北伐攻击前秦时，苻苌中流矢受伤，之后伤势复发而死，这就完全打乱了苻健的安排。苻健排斥强皇后立少子晋王苻柳的意见，坚持以三子淮南王苻生为太子，苻生"力举千钧，雄勇好杀，手格猛兽，走及奔马，击刺骑射，冠绝一时"（《晋书·苻生载记》）。除此之外，苻健相信所谓三羊五眼的谶文，认为苻生独眼应谶，可能享有天命。

苻健去世前，一面任命太师鱼遵、丞相雷弱儿、太傅毛贵、司空王堕、尚书令梁楞、尚书左仆射梁安、尚书右仆射段纯及吏部尚书辛牢八人为顾命大臣，一面又告诫苻生："六夷酋帅及大臣执权者，若不从汝命，宜渐除之。"对于苻健的临终嘱咐，司马光给予了严厉批评："顾命大臣，所以辅导嗣子，为之羽翼也。为之羽翼而教使翦之，能无毙乎？知其不忠。则勿任而已矣。任以大柄，又从而猜之，鲜有不召乱者也。"《资治通鉴·晋纪二十二》就是说任用顾命大臣，必须贯彻用人不疑、疑人不用的原则。

其实，如果前秦属于正常的儒家国家治理体系，司马光的告诫完全是有道理的，问题是前秦政权处于宗室、其他少数民族首领分掌兵权的阶段，这些军事贵族对皇权具有相当的威胁。虽然苻健已经模仿中原王朝首先册立嫡长子为太子，但是，作为继成汉、汉赵和后赵之后又一个称帝的少数民族政权，儒家伦理的价值信仰并未建立起来，强者得立的继承法则，仍然在相当程度上影响政权的兴衰。

苻健要求苻生严加防范贵族权臣，绝对不是空穴来风。苻健病重期间，即发生其侄、太尉苻菁率兵闯宫事件，企图杀死太子苻生夺位，苻健不得不勉强登上宫门，将其击溃处死。苻生即位后,派遣广平王苻黄眉、东海王苻坚等将领,击杀羌族军团首领姚襄,姚襄之弟姚苌率羌民归降。战后苻黄眉觉得没有得到奖赏,反受苻生言语侮辱,随即策划杀死苻生自立。苻生发现后,苻黄眉被诛杀,"其王公亲戚多有死者"(《晋书·苻生载记》)。

《晋书》中把苻生描绘成十足的暴君。苻生最主要的表现,是喜怒无常、嗜酒如命和滥杀无辜的臣民。所有的顾命大臣及梁皇后等人,或因对他有所进谏,或因被怀疑与某些天象、谶语关联,几乎全部遭到杀害;其舅光禄大夫强平劝告他爱惜百姓、大臣,反遭苻生的杀害,强太后为此忧恨而死。"宗室、勋旧、亲戚、忠良杀害略尽。"苻生先天独眼,忌讳的词如不足、不全、少、无、缺、伤、残、毁、偏、只等都不准说,左右因触犯而被处死的不可胜数。"至于截胫、刳胎、拉胁、锯颈者动有千数。"

不过也有学者认为,今存有关苻生的资料是在苻坚大检史官篡改历史、经过极度扭曲后才保存下来的。[1]目的在于为苻坚夺位制造正当性。

苻坚自幼热爱读书,8岁时要求祖父苻洪给他请家教先生。洪曰:"汝戎狄异类,世知饮酒,今乃求学邪?"欣而许之。(《晋书·苻坚载记上》)苻坚自此成为以喝酒为乐的氐族宗室子弟中,熟读儒家经典的凤毛麟角者。"坚挥剑捶马,志气感厉,士卒莫不惮服焉。性至孝,博学多才艺,有经济大志,要结英豪,以图纬世之宜。王猛、吕婆楼、强汪、梁平老等并有王佐之才,为其羽翼。"

尽管苻坚不具皇位继承人的身份,但从《晋书》这些记录

---

[1] 蒋福亚:《前秦史》,社会科学文献出版社,2020年,第70页。

中，仍可隐约看出苻坚早就胸怀大位的迹象。特别是他通过尚书吕婆楼，请出尚在华山隐居的王猛，"一见便若平生，语及废兴大事，异符同契，若玄德之遇孔明也"（《晋书·苻坚载记下》）。

公元357年，前秦寿光三年、东晋升平元年，即桓温收复洛阳的第二年，东海王苻坚、清河王苻法等人发动政变，把昏醉中的苻生降为越王，随后处死。苻坚一度推兄长苻法继位，苻法认为自己是庶出，予以婉拒。在群臣的支持下，苻坚即大秦天王位。苻坚之母苟太后考虑到苻法年长又有贤名，担忧会有变故，派人将他杀害。《晋书·苻坚载记上》记录，"坚性仁友，与法诀于东堂，恸哭呕血"。苻坚对苻法之死感到痛心，却不出面予以制止，在所有的情况推演中，苟太后、苻坚母子合演双簧，剪除皇位竞争者的可能仍然最大。

苻健、苻生均称皇帝，而苻坚改称天王，虽然实际的控制力未受影响，但名义上天王总比皇帝略逊一筹。之前面对群臣劝进称帝，后赵的石虎以王室多难等为由，称天王。像这样在原本应称皇帝但君主仍有所顾虑的情况下，就采用天王的称号。[1] 苻坚当时不满20岁，文治武功的政绩相当有限，以非正常手段夺取帝位，又排斥一起发动夺位的兄长苻法，苻坚可能觉得自己统治的正当性不足。

尽管在五胡十六国时期，强者得位的继承原则是一种常态，但苻坚深受中原王朝汉文化影响，这显然与他对照儒家伦理颇有关系。《晋书·苻坚载记上》中还记载，苻坚之母苟太后年轻守寡，与将军李威私通。对北方少数民族女性而言，其实也是常见

---

[1] ［日］三崎良章著，刘可维译：《五胡十六国：中国史上的民族大迁徙》，商务印书馆，2019年，第223—224页。

的现象。"史官记之。"苻坚发现起居注等记录后,"惭怒,乃焚其书而大检史官,将加其罪"。因为著作郎已经去世,所以总算作罢。苻坚以儒家价值的标准自我要求,不断证明前秦政权及自身的天命正统,这可能成为苻坚一生奋斗的动能。

王猛打击氐人权贵说明什么?

氐人为五胡中汉化程度最高的少数民族,"多知中国语","姓如中国之姓"。(《魏略·西戎传》)世代与汉民族杂居,以农耕生产为生。苻健创立前秦称帝后,仿效魏晋政权的组织体制,建立了中央及地方各级机构。苻健建政时,延续了汉赵、后赵胡汉分制设立大单于台的前例,以太子苻苌为大单于,统领六夷酋帅即兵民合一的其他少数民族武装。苻生、苻坚继位后,文献中便不再有大单于台记录。

前秦政权形式上取消大单于台的机构,并不等于实际废止了胡汉分治的统治策略。前秦多以宗室贵族担任州郡刺史或太守,一方面管理广大汉民,一方面继续实行由这些宗室贵族统领氐兵的制度;而在州郡之外,至少设置了八个护军,主要集中在司隶校尉部。

蒋福亚教授考证,护军有实际的辖地,是军政合一的特有建置,所辖主要是少数民族。前秦仿照曹魏的名称,设置护军统辖单于台所辖的六夷。这也表明前秦没有放弃以少数民族丁壮为军队核心,这几乎可以说是十六国时期少数民族政权共有的特点。因此,才会出现"宠育鲜卑、羌、羯,布诸畿甸"(《晋书·苻坚载记下》)的现象。这些被逼迁畿甸的鲜卑、羌、羯,保有其原先的部落组织，并分属长安周围的护军辖治。[1]

汉赵、后赵推行胡汉分治，实际上暗含了维护匈奴、羯等族的特权。这些统治民族特别是其贵族、首领等，实行对广大汉民的掠夺和屠杀，造成在汉地无法树立类似中原王朝的国家治理体系。汉族民众通过建造坞堡壁垒进行自卫，随着战乱的发展，坞堡主演变为割据一方的汉族地方豪强势力。前秦政权建立后，一面延续了后赵对汉族豪强的迁就态度，默许了各地坞堡主的权利，一面宽纵氐族贵戚勋旧横行不法，听任其掠杀汉民的行为而不予追究。

王猛受到苻坚的重用后，先后担任始平县令、咸阳内史、京兆尹、吏部尚书、尚书左仆射、司隶校尉和辅国将军等多个职务。他大力倡导中央集权、君主专制的统治策略，实际上要求恢复皇权独大的两汉秦制国家，而不是两晋政权混合周制秦制的共治模式。可能考虑到前秦以军功贵族和国人武装支持少数氐人统治多数各族民众的特殊皇权形式，王猛首先从维护君主个人权威及打击氐族权贵胡作非为入手。

氐人长期保持着宗室贵族领兵统民的传统，特别是当年跟随苻洪创业的贵族大臣，自以为是苻坚的祖父辈，长于作战而无文化，普遍缺乏法律和礼仪的概念，形成对君主专制的挑战。部落头领之一的特进、姑臧侯樊世，即其中挑头的代表。樊世自以为有大功于秦，认为国家损害其特权的政策出自王猛的主意，不仅在朝堂上公开辱骂王猛，还扬言动手杀人，引起苻坚极大的愤怒。《晋书·苻坚载记上》中叙述，坚怒曰："必须杀此老氐，然后百僚可整。"一次在朝堂上，樊世公开顶撞苻坚，在王猛的鼓

---

1 蒋福亚：《前秦史》，第85—90页。

动下，苻坚"命斩之西厩"。

苻坚、王猛在治国理念上一度发生过争论。王猛在氐人聚集的始平县整顿时，以鞭刑毙一恶吏，遭到弹劾。苻坚立即诏令把王猛用槛车押回长安，亲自主持廷审，曰："为政之体，德化为先。莅任未几而杀戮无数，何其酷也！"（《晋书·苻坚载记下》）王猛辩称："臣闻宰宁国以礼，治乱邦以法。"（《晋书·王猛传》）即太平之地以德治教化，治理乱世须以法治重典。王猛实际上强调，治国必须既要弘扬儒家德治王道的价值观，又要坚持法家严刑霸道的方法论，两者不能偏废、缺一不可，并在不同的情况下各有侧重。苻坚理解了自己的片面性后，对王猛愈加欣赏，当场将其释放。

王猛兼任京兆尹期间，立即以法家的霹雳手段，把无法无天的先帝苻健皇后之弟强德逮捕，而且先斩后奏陈尸于市。强德官至特进、光禄大夫，"酗酒，豪横，掠人财货、子女，为百姓患"（《资治通鉴·晋纪二十二》）。苻坚听说后派人予以赦免，但强德已经身首异处。王猛与御史中丞邓羌合作，数十天里斩杀京师贵族豪强二十余人，社会氛围为之迅速一变。这些措施，主要终止了氐族勋贵对汉民随意的掠夺和杀戮，从而着手建设以皇权为核心的国家治理体系正常秩序。《晋书·苻坚载记上》描述，坚叹曰："吾今始知天下之有法也，天子之为尊也。"

崇儒和弃玄

苻坚从教育入手，在各地设立学官建设学校，遍寻至少精通一部经书的儒生担任教员，要求太子、王公官员子弟必须入学研习。在后宫设置学校，挑选太监、宫女有"聪识者"讲授经义。要求氐族军人必须读书识字，下令"中外四禁、二卫、四军长上将士，皆令修学"（《晋书·苻坚载记上》）。每二十人配备一位老师。苻坚一个月赴太学视察三次，考核太学生经义之优劣，亲自挑选品学兼优者，到朝廷各级机构任职。

《晋书·苻坚载记上》记载，苻坚在太学视察期间，晋升优的罢黜差的，亲自给予奖励，不敢有所懈怠，唯恐周礼、孔子思想流失，苻坚曾询问博士王寔"汉之二武其可追乎！"是否比得上汉代的武帝、光武帝。王寔回答，自从刘渊、石勒扰乱华夏，"儒生罕有或存，坟籍灭而莫纪。经沦学废，奄如秦皇"，陛下拨乱反正，国运隆于虞夏，"垂馨千祀，汉之二武焉足论哉？"苻坚听后相当受用，自此每月驾临太学，诸太学生竞相好学。

值得一提的是，王寔所说颠覆神州的刘渊、石勒等少数民族统治者，其实也有推崇儒学文治的一面，国家学校的规模超过东晋政权同期的水平。后赵设有经学、史学、律学等专科学校，史学之独立为"学"，竟有羯人石勒之功。[1] 这充分说明了少数民族统治者的两面性，一方面内心可能认为胡人并不享有天命，一方面又通过尊儒营造统治的合法性。尽管这些少数民族政权不够稳定，却无例外地模仿汉朝的统治者，以儒家正统而不是清谈玄学作为重建天命所归治理体系的意识形态。

苻坚下令"复魏晋士籍，使役有常闻，诸非正道，典学一皆禁之"，就是恢复魏晋时期士族的名籍，重用汉族知识分子群体，隐含着苻坚自视为两汉魏晋正统王朝继承者的立场。前秦政权以

---

[1] 阎步克：《波峰与波谷：秦汉魏晋南北朝的政治文明》，第179页。

儒学为官方的核心价值，排斥经学之外的其他一切学说。

苻坚本人对于图谶并不反感，新平人王雕曾投苻坚所好，献上一套苻氏应王天下、强迁汉族三秦大户的图谶。苻坚一度封王雕为太史令。王猛主张务实，反对虚空之说，要求禁止玄学清谈和图谶。在王猛强烈坚持下，苻坚下令诛杀了王雕。王猛去世后，苻坚又下诏令："禁《老》《庄》、图谶之学。"（《晋书·苻坚载记上》）尚书郎王佩不遵旨意，依旧我行我素听谶，苻坚于是杀之，图谶之风得到遏制。

刘渊、石勒等人仅是追求儒家仁政的外在形式，根本没有放弃压迫汉人的民族歧视政策。后赵政权实行胡汉分治，"号胡（羯）为国人"（《晋书·石勒载记下》）。这种人为区分国人与非国人的方法，造成了国人与非国人的矛盾，后果很严重。石虎时期大兴劳役和兵役，巨大的灾难都落到了非国人的汉人和胡人身上。石虎死后，冉闵反过来利用"赵人，诛诸胡羯"，死者二十余万，"国人"几乎灭绝。后赵因之灭亡。[1]

苻坚要树立类似中原王朝的可持续治理体系，首先要实现占人口极少数的氐族统治集团与占人口绝大多数的汉民族以及其他少数民族的融合。陈寅恪先生认为，要统一汉人和各种不同的胡人，就要推崇汉化，要汉化就要推崇汉人，而推崇汉人莫过于推崇士族。[2] 苻坚恢复士族的地位而又禁止玄学，反映了他以汉武帝刘彻、光武帝刘秀为榜样，希望把儒家的内在价值打造为前秦政权多民族政权系统共同的信仰基础，从而获得真正的天命。

---

[1] 陈寅恪著，万绳楠整理：《陈寅恪魏晋南北朝史讲演录》，第196页。
[2] 陈寅恪著，万绳楠整理：《陈寅恪魏晋南北朝史讲演录》，第197页。

苻坚用人不拘一格，不问出身、不论民族、不计较之前是否属于敌对的阵营，其中氐人宗室、贵族占据相当的比例。不过，在官方的取才标准中，汉人士族的家世背景、本人儒家学说的精通程度，仍然是最主要的考量。

苻坚相当重视和礼遇儒学之士，秦军每攻下一个新的地区，即遣大员访问当地的大儒。前秦吞并燕地后，苻坚以安车蒲轮，礼征关东"通儒"王欢入京，担任国子祭酒一职；苻坚攻灭前凉汉族政权后，相当注意笼络凉州名儒，其中郭瑀因父亲去世而无法入京，苻坚命太守章选送青年学子三百人赴郭瑀处就学；秦军南下克复襄阳后，苻坚听闻把蜀汉列为正统的史学家习凿齿隐居于此，便用轿子将习凿齿一路接至长安，与其相谈甚欢。苻坚争取这些大儒名士的加入、认可，其实是为前秦政权的合法性寻找背书。

依照儒家伦理的价值，苻坚公开昭示天下："其有学为通儒、才堪干事、清修廉直、孝悌力田者，皆旌表之。"(《晋书·苻坚载记上》)平定前燕关东之地后，又下令俸禄百石以上的官吏，必须"学通一经，才成一艺"，如果一经一艺不通，一律罢官免职。命各州郡认真履行察举的职任，按照儒家孝廉的要求，将熟读经典、长于行政的汉族知识分子选入组织体制。苻坚亲自进行考察试用，确实推荐优秀人才者予以奖赏，反之予以追责。没有才能者，即使王公贵戚也不予任用。汉族士大夫皆以读书、任事自励。

像苻坚天王这样振兴儒学、重视文教的统治者，非但在十六国时期各少数民族统治者中不多见，即使在我国历史上，也不多见。[1]这和东晋政权士族子弟垄断大部分政治资源,儒学式微、玄风盛行,形成了相当鲜明的对照。

以王道仁政统一北方

前秦政权在与前燕、东晋等天下三大力量的实力对比中,处于相对弱势,但燕晋互为对手征伐,反而使前秦的位置较为安全。前燕进入中原后,始终与东晋军队争夺黄淮之间的地区,慕容俊去世后,慕容恪等人又忙于巩固内部的权力中心,没有将前秦作为主要攻击目标。东晋桓温则把相当部分的精力,用于与建康名士集团的政治博弈,第一次伐秦失败后,对前秦长期作战略守势的布置。这些给了苻坚、王猛君臣十余年的时间,他们得以从容整顿内部,壮大自身的国家能力。

苻坚服膺儒教王道的学说,他在平叛、统一的战争中不杀降将,善待亡国的君臣,而且重新委以重任。这一方面表达了苻坚宽容大度的性格,另一方面也是他迷恋于儒家思想最充分的展现,相信仁政教化可以使对手转变和臣服。

苻坚夺位成功不久,前秦大将冀州牧张平降晋,苻坚迅速动员大军亲征,历经名将邓羌、吕婆楼之子吕光等人反复攻击,终于生擒勇猛异常的张平养子张蚝,张平不得不请求投降。"坚赦其罪,署为右将军,蚝武贲中郎将,加广武将军,徙其所部三千余户于长安。"(《晋书·苻坚载记上》)

匈奴铁弗部左贤王刘卫辰、右贤王曹毂等首领,多次在前秦、前燕及草原新兴的鲜卑拓跋部代国之间投机,态度反复多

---

[1] 蒋福亚:《前秦史》,第120页。

变，苻坚派大军将其击败后，仍封刘卫辰为夏阳公统领其部，"毂寻死，分其部落，贰城已西二万余落封其长子玺为骆川侯，贰城已东二万余落封其小子曹寅为力川侯，故号东、西曹"（《晋书·苻坚载记上》）。

公元369年，前秦建元五年、东晋太和四年，东晋桓温发起了以前燕为目标的第三次北伐，一度势如破竹，打破了秦燕两强之间以及前燕内部脆弱的稳定。当时前秦政权占据关中，人口以氐族、汉族和羌族为主，而前燕政权位于关东、河北等中原核心，人口以鲜卑族和汉族为主。前燕控制区域的编户人口数倍于前秦，经济较为富庶、发达。苻坚、王猛审时度势后，接受了前燕虎牢关以西归秦的条件，迅速派出两万秦军助燕。

前燕最有能力的吴王慕容垂挂帅后，晋燕战争形势翻转。燕秦两军分别突袭撤退的晋军，不仅破除东晋政权恢复神州价值的再度尝试，也间接终结了桓温假北伐而代晋的政治目标。

随后，前燕政权内部再起争斗。摄政的皇叔祖慕容评等人，企图诛杀立下大功的慕容垂，20岁的皇帝慕容炜是非未明。慕容垂在割据辽西故地的计划失败后，不得不率部分子侄逃奔前秦，此时距离他击败桓温不过数月。苻坚喜出望外，亲往长安郊外迎接。前燕继而拒绝履行将虎牢以西土地划归前秦的承诺，引发苻坚发布战争动员。

不过，王猛对于慕容垂父子的投诚始终心存疑虑。他认为慕容垂为"蛟龙猛兽，非可驯之物，不如除之"（《晋书·苻坚载记上》）。苻坚予以拒绝，反而任命慕容垂为冠军将军。王猛率师攻下洛阳后，又设计令慕容垂嫡子慕容全逃归前燕。慕容垂闻讯，感到恐惧而逃亡，被前秦骑兵追回。苻坚在东堂召见，好言安慰，引用《尚书》上言："父父子子，无相及也！"苻坚恢复慕容垂的爵位,"恩待如初"(《晋书·慕容垂载记》)。

公元370年,前秦建元六年、东晋太和五年,苻坚再度以王猛为帅进攻前燕。王猛率军改走北部壶关路线,越过太行山脉,从而绕开燕军主力,直扑邺城。虽然整体上秦军人数处于一比六左右的劣势,但王猛等将士作战意志坚定,战术得当,朝廷补给充足,关键时刻苻坚亲征邺城,终于取得决战胜利,俘获慕容㬀、慕容评君臣等大批王公贵族。苻坚、王猛利用桓温废立皇帝、无心北顾之际,出人意料地以弱击强,前燕政权历时八十余年,竟然在鼎盛之际一朝覆亡。

苻坚下令将前燕的皇帝后妃、王公贵族和朝廷百官,以及京城邺城的所有鲜卑人,共四万余户,全部迁往长安。这就造成部分鲜卑族内迁至关中,和羌、羯等族布满京师附近。苻坚通过宽恕、优待等王道的方式,希望鲜卑民族接受氐人主导的治理秩序。对前燕君臣,苻坚不但不伤害,反而分别授爵加官。皇帝慕容㬀被封为新兴侯,后来还担任了尚书令。其他前燕诸王大多被任命为偏远地方主官,连慕容评也被封为给事中。冠军将军慕容垂为此提出异议,认为慕容评导致国家败亡:"愿陛下为燕戮之。"苻坚改封慕容评为范阳太守。

苻坚任命王猛都督关东六州。根据王猛的推荐,"秦以清河房旷为尚书左丞,征旷兄默及清河崔逞、燕国韩胤为尚书郎,北平阳陟、田勰、阳瑶为著作佐郎,郝略为清河相"(《资治通鉴·晋纪二十五》)。这些人全都是关东享有声望的汉族士家。

公元371年,前秦建元七年、东晋太和六年,前秦军队灭亡了氐人前仇池政权。杨氏家族割据陇西边地七十余年,苻坚善待末代国主杨纂,将部分族人迁往关中。任命杨纂叔父杨统为南秦州刺史,杨纂宗弟杨安都督南秦州诸军事,镇守仇池。公元376

年，前秦建元十二年、东晋太元元年，前秦军队又分别灭亡了张氏前凉政权和鲜卑族拓跋部代国政权，基本实现了西晋"八王之乱"后北方的统一。

其中张氏家族自立于以河西走廊为中心的西北，那里是十六国时期汉文化保存最完整的地区。其间经历多代国主，计有张轨、张寔（张轨之子）、张茂（张寔之弟）、张骏（张寔之子）、张重华（张骏之子）、张耀灵（张重华之子）、张祚（张重华之兄）、张玄靓（张重华之子、张耀灵之弟）和张天锡（张重华之弟）等，其中张骏、张重华父子时期国势强盛，一时称雄陇右、西域。前凉几代统治者迫于形势，不得不向汉赵、后赵等强权称藩，但始终又以晋臣自居，积极倡导儒家经学，假道前仇池及成汉，保持与东晋政权的联系，这就吸引了大批来自中原避难的汉族士人、民众。

公元363年，东晋兴宁元年，张轨曾孙辈的张重华去世，前凉陷入了严重的最高权力内争。十年之内四易其主，张耀灵、张祚和张玄靓均死于非命，被迫向前秦称藩。末代国主张天锡一度断绝与秦的关系，双方严重地对立。苻坚遣使召张天锡入朝，张天锡下令乱箭射杀前秦的两位使者，动员凉州青壮男子全力抵抗。前凉的抵抗未满一月，即告全线失败，张天锡被俘后被押至长安。

苻坚在京师已为他准备好豪华的府邸，赐封张天锡为归义侯，还任命他担任北部尚书，即专职管理北部藩属的主管。凉州豪强富户七千余家，全部被移至关中。前凉的汉族官员大多得到任用。"以天锡晋兴太守陇西彭和正为黄门侍郎，治中从事武兴苏膺、敦煌太守张烈为尚书郎，西平太守金城赵凝为金城太守，高昌杨干为高昌太守。余皆随才擢叙。"（《资治通鉴·晋纪二十六》）

兴起于今天内蒙古、山西的鲜卑族拓跋部代国，是后来再次统一北方的北魏政权前身。苻坚当时将游牧为主的拓跋各部安置于北部边境，仍由本族首领自己管理，引导他们学习农耕及各种谋生手艺。其君主拓跋什翼犍苦心经营三十余年，被灭国后命运说法不一。《晋书·苻坚载记》中叙述，什翼犍被送入太学读书，苻坚去太学视察时，还关心他的学习情况。周思源教授认为，鲜卑拓跋部被前秦政权所灭后，真正奠定了汉化的基础。苻坚采取两大措施：一是让他们变成半农半牧，逐渐重视农耕；二是什翼犍进入太学，为拓跋氏子孙重视学习汉文化树立了杰出榜样。[1]

《资治通鉴·晋纪二十六》中，采用了《魏书》《北史》的记载。即什翼犍为其庶长子拓跋寔君、其侄拓跋斤所杀，前秦军队乘机出动，降伏拓跋部，将拓跋寔君、拓跋斤等人押赴长安。苻坚立即下令车裂弑父凶手，拓跋什翼犍幸存的儿子拓跋窟咄被带到长安，苻坚把他送入太学读书。

模仿周制的氐人亲贵出镇

苻坚即位天王二十余年，通过不断地统一疆土与实行儒家仁政，来证明自身的天命合法性。不过，这些可能对于并不掌握武力的汉族士人民众产生一定的影响，对于氐人，特别是宗室贵族，以及氐人以外的其他少数民族集团，苻坚希望达成的效果就要差上很多。其中鲜卑、匈奴、羌、羯等族，本质上与前秦存在着结构性的民族矛盾，而部分苻健系的王公对苻坚令位始终耿

---

[1] 周思源：《风云南北朝之苻坚》，清华大学出版社，2015年，第178页。

耿于怀。苻坚把推翻苻生之举包装为"成汤革命",这无疑是较为牵强的,一味地进行儒家伦理灌输,也许只能增加他们对苻坚合法性的质疑。

十六国期间,北方政权坚持宗室皇族统领本族武装、其他少数民族集团保留武装的统治策略,前秦政权延续了这一传统,成为国家出现动乱的重要原因。苻生被杀后,其五位兄弟以国公身份各据一方,存有将大位夺回苻健一脉的觊觎之心。

公元364年,前秦甘露六年、东晋兴宁二年,苻健第七子、汝南公苻腾起兵谋反,结果事泄被杀。王猛向苻坚建议,乘机除去苻生其他各位兄弟:"不去五公,终必为患。"(《资治通鉴·晋纪二十三》)苻坚没有听从。公元365年,苻生胞弟、淮南公苻幼策划叛乱,得到苻坚弟赵公苻双、苻生弟晋公苻柳的支持。苻幼奔袭长安失败被杀后,苻双、苻柳参与密谋的情况暴露,但苻坚还是选择宽容,未予追究。

公元367年,前秦建元三年、东晋太和二年,苻双、苻柳联络魏公苻庾、燕公苻武等人,不顾苻坚再三规劝,一意孤行发起叛乱。苻双、苻柳分别为秦州刺史、并州刺史,苻庾、燕公苻武均为苻生之弟,分别为洛州刺史、雍州刺史,四公均以大将军名义坐镇一方,手中握有兵权,一时"国分为五"。其中并洛两州连成一片、紧邻前燕,苻柳、苻庾还曾派人前往邺城求援。幸而前燕掌权的慕容评接受苻坚使者的贿赂,否决慕容垂出兵前秦的提议。这可能是后来苻坚不愿意处死慕容评的原因之一。苻坚下令兵分东西两路,历时一年有余,终于将四公联军分别击破。

公元380年,前秦建元十六年、东晋太元五年,行唐公、幽州刺史、征北将军苻洛,自恃灭代有功,要求享受三公开府待遇,未准,联络其兄北海公苻重造反。苻坚之弟苻融率吕光等将领平叛,苻重被杀、苻洛被俘。苻洛、苻重均为苻健之侄,父亲可能为石虎所害,苻坚将苻洛赦免,仅派往偏远的西海郡。

苻洛叛乱平定不久,苻坚即着手实施把氐族宗室亲贵分镇国内要地,并分配给一定数量氐户的策略。苻坚"引其群臣于东堂议曰:'凡我族类,支胤弥繁,今欲分三原、九嵕、武都、汧、雍十五万户于诸方要镇,不忘旧德,为磐石之宗,于诸君之意如何?'皆曰:'此有周所以祚隆八百,社稷之利也'"(《晋书·苻坚载记上》)。这一策略,虽然没有采用西周分封诸侯的名义,实质却与周制非常相似。

其中苻坚庶长子长乐公苻丕为都督关东诸军事、征东大将军、冀州牧,受命镇守邺城,统领氐人三千户,被称为"新券主"。"以仇池氐酋射声校尉杨膺为征东左司马,九嵕氐酋长水校尉齐午为右司马,各领一千五百户,为长乐世卿……膺,丕之妃兄也;午,膺之妻父也。"(《资治通鉴·晋纪二十六》)苻丕的世卿,均是与他有亲戚关系的氐人。

其他苻坚任命的"新券主",包括平原公苻晖、钜鹿公苻睿,以及石越、韩胤、梁谠、毛兴和王腾等人,多为前秦宗亲或者外戚姻亲,少数为异姓的氐族功臣,均统领氐户,配置统领氐户的世卿。"新券主"、世卿享受世袭特权。这与周天子分封诸侯的方法形式上大致相同,诸侯前往东方的封国时,带领着周人组成的武装队伍。难怪苻坚提出此议时,群臣多以周室分封、享国八百余年的话语进行奉承。

不过,这与中原王朝实行中央集权、郡县制的秦制是反向的,也不同于晋武帝实行混合周制、秦制的西晋分封制度。西晋的近支亲王虽然往往兼任封地就近的方镇,集军、政、民大权于一身,却没有世袭方镇的特权。他们也没有配置世卿,其主要僚属均由中央直接任命，或自行辟署后经中央认可，僚属也无世袭的特权。[1]

当时王猛已经去世五年，苻坚之弟苻融接任了其侍中、中书监、都督中外诸军事、车骑大将军、司隶校尉和录尚书事等职。王猛生前劝说苻坚除去归降的慕容垂，以及觊觎大位的苻生兄弟诸人，他设计促使慕容垂、慕容全父子逃亡，为此司马光在《资治通鉴·晋纪二十四》中谴责道："猛何汲汲于杀垂，至乃为市井鬻卖之行，有如嫉其宠而谗之者，岂雅德君子所宜为哉！"实际上，王猛从汉族士大夫维护中央集权的角度出发，可能对宗室亲贵及其他少数民族贵族领兵特别警觉，进而希望废除这一制度。

而苻坚作为氐族君主，一方面要高举儒家仁政的旗帜，一方面也许以为氐人集团内部的矛盾，氐人与鲜卑、羌等其他少数民族集团的矛盾，要小于氐人与广大汉民之间的矛盾，始终不愿意去触动这一制度。苻坚推行氐族亲贵分镇要地的策略，可能是希望把氐人宗室领兵制与西周分封诸侯制结合起来，从而缓和氐人亲贵集团内部的矛盾，确保对于广大汉民及其他少数民族的优势统治地位。

问题在于，西周实行分封之时，周人大量迁往殷商旧地，华夏民族尚处于融合阶段。到了前秦苻坚时期，汉民族的主体地位已经奠定，东晋政权在建康以中国正统自居；匈奴、羯、鲜卑和羌等少数民族各自颇具能量，虽然匈奴、羯族元气大伤，而鲜卑、羌人等兵民合一的集团仍保持相当的实力，作为统治民族的氐族人数处于绝对少数地位。前燕灭亡后，除迁入长安附近鲜卑贵族四万余户之外，苻坚还把乌桓、丁零等各种夷族十五万户迁

---

[1] 蒋福亚：《前秦史》，第234页。

至关中，加上回归关中的羌人姚苌集团，其他少数民族在关中的势力大增。

苻坚推行氐族亲贵分镇国内要地的策略，把关中十五万户氐人分为多批，有的一千五百户，有的三千户，远离故乡迁往统治区域内各地，至少减少了关中地区一半氐族人口，大大分散了氐族的力量。长安及其附近地区，氐人变作少数，成为后来前秦政权败亡的重要原因。

第二节
谢安主导士族联合专政

自桓温去世、谢安主政十余年，桓氏势力退返荆江上游，荆扬平衡的政治规则，以桓、谢两大家族分居上下游而恢复，东晋政权君主、士族共治的策略得以改善。作为国家象征的君主权威有所提升，谢安主导各方世族门阀联合专政的系统良性运营，国家通过按人头收税的赋役改革、再建以北方流民为主体的北府军团，一面取消王公贵族免于赋役的特权，一面对于江南士族的利益尽量不予触动，从而以和靖团结的手段，强化了东晋政权财力、人力资源的控制与动员。凭借北府兵在江淮战场优异的表现，谢氏家族成为继王氏、庾氏和桓氏之后，又一名实相符的当权门阀。

在前秦政权统一北方、大举南下的背景下，东晋政权的价值目标，已经从北伐中原、恢复神州，退缩至维护中华正统、保障南方偏安，"务必清静"、优容士族的现实政治，已经被包括各方士族的战争动员所取代，系统的死结得到了暂时的缓和。

恢复"荆扬平衡"的共治规则

公元373年，东晋宁康元年，桓温去世之后，桓氏、谢氏、琅邪王氏、太原王氏等几家顶级士族，在共治集团中的位置进入调整状态。其中谢安作为实际的主导者，面临着外患内忧的严峻环境。北方的苻坚灭亡了强敌前燕，前秦大军攻入梁、益二州，汉中、西蜀地区再次失去，东晋的疆域退回原三国东吴地区，不再拥有控制长江上游的局部军事优势。这和司马昱主政之初，北方政权分崩离析的局面完全不可同日而语。

在东晋共治集团的内部，桓氏兄弟至少在军事武力方面，仍然掌握了绝大部分的资源。中军将军桓冲坐镇姑孰，都督扬、豫、江三州诸军事，兼任扬、豫二州刺史；桓冲之兄、征西将军桓豁坐镇荆州，都督荆、梁、雍、交、广五州诸军事，兼任荆州刺史；桓豁之子、宁远将军桓石秀坐镇寻阳，兼任江州刺史。桓冲充当了桓温继承人的角色，不过，相较于桓温生前担任的侍中、都督中外诸军事、录尚书事和大司马等职，桓冲掌握的权力，主要集中在军事和扬州地方层面，而且桓氏势力一分为三，彼此配合协调、统一指挥明显弱于桓温时代。

桓冲与谢安共同辅政，谢安为了排斥桓冲而自己专断，以孝武帝司马曜13岁未能亲政为由，建议崇德太后褚蒜子第三次临朝摄政。尚书令王彪之未能理解谢安的意图，表示反对。《晋书·王彪之传》中记载："彪之曰，……今上年出十岁，垂婚冠，反令从嫂临朝，示人君幼弱，岂是翼戴赞扬立德之谓乎……时安不欲委任桓冲，故使太后临朝决政，献替专在乎己。彪之不达安旨，故以为言。安竟不从。"王彪之认为孝武帝已接近婚龄，辈分上褚太后与孝武帝不是母子关系，而是皇帝的堂嫂，不太符合伦理。谢安没有听从王彪之的意见。

褚太后临朝摄政后，以王彪之为尚书令，谢安为尚书仆射，王坦之为中书令及丹阳尹，加上坐镇姑孰的桓冲，形式上实现了琅邪王氏、谢氏、太原王氏和桓氏等门阀士族的平衡，褚太后为谢安的堂外甥女，谢安表面上是尚书台的副职，实际通过褚太后牵制桓冲，在与王彪之、王坦之等人的联合中，处在相对有利的中心。

从这个意义上说，谢安请出褚太后临朝称制，可以被视为结束桓氏一家独大、恢复君主、士族共治的第一步，而要真正保证共治集团正常的运营，则必须恢复军政上"荆扬平衡"的实力原则，即荆州、扬州由不同的门阀家族实际控制。

在与桓冲的政治地盘博弈中，谢安采取了渐进、借力和顺势的策略，以其多年累积的巨大声望作为后盾。朝廷任命桓冲为扬、豫二州刺史，却将桓温生前兼任徐、兖二州刺史职务，先是授予刁协之子刁彝，刁彝去世后，又派中书令王坦之出镇。扬州是拥有实土的大州，豫州、徐州和兖州均为侨置州，其中徐州治京口，兖州治广陵，徐、兖二州是保卫建康的重要门户，依惯例刺史由一人兼任，算作一个方镇。谢安以桓冲执掌扬州，兼任治所在芜湖的豫州刺史，是对桓氏势力的默认，而把徐、兖两州列出，改由忠于晋室的士族名士出任，则是缩小桓氏势力范围的开始。

公元375年，东晋宁康三年，桓冲主动提出，愿意将兼任的扬州刺史一职让给谢安。谢安立即抓住机会，"于是改授都督徐兖豫青扬五州之六郡军事、车骑将军、徐州刺史，以北中郎府并中军，镇京口，假节"（《晋书·桓冲传》）。在朝廷的诏令中，给予了桓冲侍中职位，允许他带甲杖五十人进入宫廷大殿，即让桓冲享有与谢安相同的待遇，但是，谢安巧妙地剥夺了本应由他兼任的兖州刺史一职，改派桓氏集团的朱序担任，这就进一步裁减了桓冲个人的行政权力。

公元376年，东晋太元元年，孝武帝司马曜大婚后，随即举行加冕亲政之礼，崇德褚太后归政。皇帝下达诏令，以谢安为中书令、录尚书事，谢安继桓温之后，正式成为共治集团的首席辅政大臣。孝武帝皇后王法慧，为太原王氏王濛一支的王蕴之女。谢安与王蕴亲近，以褚太后之父褚裒执掌方镇的往例，有意说服他出镇徐州。于是解除桓冲徐州刺史职务，改由王蕴担任。桓冲"直以车骑将军都督豫江二州之六郡军事，自京口迁镇姑孰"（《晋书·桓冲传》）。

桓氏势力在扬州节节后缩，桓冲主动选择退让是相当重要的原因。《晋书·桓冲传》中认为，"谢安以时望辅政，为群情所归，冲惧逼，宁康三年，乃解扬州，自求外出"。就是说，桓冲让出扬州刺史这一重要兼职，是鉴于谢安辅政形成众望所归的态势，桓冲感受到威胁而作出的决定。东晋士族专政的特殊环境中，当权士族的家世、仪容、玄学水平，以及事功等，必须得到士族集团基本的认可，将桓冲、谢安全方位进行比较，桓冲当然拜在下风，谢安顶级名士的风度、举止和心态等，连桓温生前也赞叹不已。

而且，桓冲的退让是战略性的，即让出一些地盘，换取桓氏在共治集团内继续控制国家主要的武力。这也许和桓温临终前的境况相关。以桓温的才华、威望和实力，最后要求加九锡而不可得，桓温应该确信，他的接班人不可能有能力驾驭晋政权的共治集团。桓温共有六个儿子，最年长的桓熙为南郡公世子，桓温认为桓熙能力较弱，而把兵权交给幼弟桓冲，这其实映射出桓温对其身后桓氏家族安危的担忧。

《晋书·苻坚载记上》中记载，坚闻桓温废海西公也，谓群臣曰："温前败灞上，后败枋头，十五年间，再倾国师。六十岁公举动如此，不能思愆免退，以谢百姓，方废君以自悦，将如四海何！"桓温当然不可能获悉苻坚对于自己的批评，但是，前秦灭亡前燕席卷北方之大势，至少桓温在临终前应该知晓。《晋书》《资治通鉴》等各种记载中，均无桓温、桓冲兄弟关于应对前秦崛起的议论，但是，面对异族强敌前所未有的压力，桓温有以抗秦大局为重的嘱咐，可能是符合逻辑的推断。

桓温去世前，桓温之弟桓秘、次子桓济联络，企图谋害桓冲。桓温去世之后，桓冲立即采取行动，拘捕了桓熙、桓济兄弟，随即桓冲废黜桓秘，把桓熙、桓济迁徙到长沙，接着桓冲宣布桓温遗嘱，以5岁的幼子桓玄继承南郡公的爵位。

桓冲接任桓温军权，有人劝说桓冲杀死朝廷中有威望的大臣以便独断朝堂，遭到了桓冲拒绝。不仅如此，桓冲还将死刑审核权上交朝廷。"温在镇，死罪皆专决不请。冲以为生杀之重，当归朝廷，凡大辟皆先上，须报，然后行之。"（《资治通鉴·晋纪二十五》）桓冲决定让出扬州之时，桓氏集团中的骨干一致表示反对，无不扼腕苦谏，郗超恳切地进行劝阻，桓冲均不采纳。

公元377年，东晋太元二年，谢安受封司徒，都督扬、豫、徐、兖、青五州诸军事，假节，从桓冲手中接过了扬州地区的军事指挥权。不久，征西大将军、荆州刺史桓豁去世。朝廷遂调任桓冲为荆州刺史，都督江、荆、梁、益、宁、交、广七州诸军事，任命桓冲之子桓嗣为江州刺史。为了表示对桓冲的笼络，桓冲出发去荆州时，孝武帝亲自在西堂为他饯行，赐钱五十万，"又以酒三百四十石、牛五十头犒赐文武。谢安送至溧洲"。（《晋书·桓冲传》）

至此，在桓温去世四年后，桓氏集团的势力又退回荆江地区，桓冲退出京口，放弃了姑孰大本营，"荆扬相衡"的君主、士族共治游戏规则，基本上得以恢复。北方强敌南下之前，桓氏集团对内主动让步，国家得以减少内耗而集中资源对外，这也是系统死结舒解的一种反应。

尊崇皇权、推行赋役改革

自王坦之外放徐州刺史，谢安受诏命总管中书事。《晋书·谢安传》中评述，面对前秦南逼，梁州、益州等地失陷的严峻形势，"安每镇以和靖，御以长算。德政既行，文武用命，不存小察，弘以大纲，威怀外著，人皆比之王导，谓文雅过之"。谢安之应对温和安宁，着眼于长远规划，团结各方士族势力，不纠缠于小事而以大局为重，实际上延续了王导清静、宽简的政策。不过，两人所处的环境不同，相较于王导的"愦愦之政"，谢安主政拥有更多主动作为的地方。

东晋自元帝、明帝之后，成帝、康弟、穆帝和哀帝接连五位幼主临朝，君主、士族共治结构中的皇权空前低落，庾氏兄弟、后期王导、何充和司马昱等首席辅政大臣，大致可以自行其是，而不必过于担忧与皇室之间的关系。到了晋废帝司马奕、简文帝司马昱时期，虽然都是长君继位，但是，桓温以武力为后盾而高度专制，擅行帝位的废立，作为国家象征的晋室已到了岌岌可危的地步。

孝武帝司马曜亲政之后，面对晋室的又一位长君，谢安实施了与以往不同的帮助孝武帝提升皇权的策略。谢安的这一选择，可能取决于多重主客观的因素。首先，谢安继桓温主导共治集团后，谢氏家族的实力依然有限，尤其是直属的军事力量尚未建成。而桓氏集团虽然失去主帅桓温，并在桓冲领导下退回荆州，但仍是东晋政权内部最大的武装势力。谢安对外要抗击强大的前秦多民族政权，对内要维护东晋共治集团的统一和团结，必须高举保卫中华正统与晋室的价值旗帜。在否定桓温"一人独大"的形势的过程中，谢安得到了以褚太后为代表的君权支持，反之他也必须维护晋室的正统地位。

其次，孝武帝司马曜是简文帝司马昱之子。简文帝虽由桓温拥立，在位仅八个月，但之前二十余年在中枢辅政，作为玄学名士，他是清谈活动的主要组织者，名士集团的核心人物，与桓温、谢安、王彪之、王坦之及众多士族名士保持着私谊。较之司马氏皇室其他成员，谢安等大臣可能对于孝武帝更具好感。

再者，谢安作为一代玄学名士，兼具治国平天下的儒家士大夫气质，与王导、庾亮等当权士族的儒玄兼修相仿。谢安没有桓温积极入仕的态度，曾经多年隐逸东山，内心坚持着儒家忠君伦理的观念。《世说新语·品藻》中记述，谢安与才俊品说前人，谢玄、谢朗等子侄在座。谢安要求中书侍郎李充将其伯父李重跟中朝名士乐广进行比较，于是李充潸然流涕曰："赵王篡逆，乐令亲授玺绶。亡伯雅正，耻处乱朝。遂至仰药。恐难以相比！"谢安欣赏李充的说法，称赞"有识者果不异人意"。对于名士乐广晚年的附逆，谢安显然持否定态度，并以儒家忠孝的正统理念教育子侄。

15岁的孝武帝正式亲政之前，谢安特意安排其为大臣们讲解《孝经》。晋朝自司马师、司马昭兄弟创业始，即宣称以孝治天下。《孝经》作为儒家经典之一，主张孝"始于事亲，中于事君，终于立身"，年轻皇帝亲自宣讲，确有重建晋室权威的价值意义。前秦苻坚在北方大张旗鼓倡导儒家经学，可能也给东晋共治集团的当权士族带来一些压力和反思。

谢安相当重视这次讲经活动的仪式感，政治宣示意味相当浓厚。《晋书·车胤传》记载："孝武帝尝讲《孝经》，仆射谢安侍坐，尚书陆纳侍讲，侍中卞耽执读，黄门侍郎谢石、吏部郎袁宏执经，胤与丹阳尹王混摘句，时论荣之。"车胤后担任国子学博士，为东晋中后期儒学振兴中的重要人物。《世说新语·言语》中还记录："孝武将讲《孝经》，谢公兄弟与诸人私庭讲习。"谢安、谢石事先进行了彩排，参加者包括车胤、袁宏等人。此外，谢安还提拔了出身寒庶的大儒徐邈为中书舍人，把他推荐给孝武帝。

谢安总领朝政不久，即推出改革赋役的新方案，这是东晋政权继桓温主持"庚戌土断"后，资源动员方式的再度充实。《晋书·食货志》记载："孝武太元二年，除度田收租之制，王公以下口税三斛，唯蠲在役之身。"这次改造的重点聚焦两大方面：其一，废除以田收租的制度，改以按人头收税；其二，以前得到宽免的王公贵族，均要按照家中人口纳赋，服兵役、力役人员可免交赋税。

东晋政权成立后，延续西晋按户收租的户调制度，国家依据每户适龄的男女劳动力人数征赋。成帝时期，在王导、庾亮的主导下，朝廷改为度田收租的制度，即占有田地越多，交纳赋税也越多，"亩三升"。在针对北来侨人的土断政策未产生明显效果前，江南豪族、自耕农承担了国家大部分赋税，占有大土地的豪族尤多。桓温主政的哀帝时期，田租降为每亩二升，是在实行土断、国家财力增加的前提下，对江南社会的一次减负。

谢安废除度田收租制，改为依据人头征税，表面看对于掌握大土地的豪族有利，实际上也减少了小户贫民依附豪族逃避赋役的动机，一定程度制止了土地兼并、人口隐匿现象。而且，朝廷收税不再需要丈量土地，或者审核每户劳动力状况，从而扩大了征税基础，降低了征税成本，国家因此获得更多财力资源的控制能力。

两晋时代宗室、士族享有免除租赋与力役的特权，晋武帝批准的户调之式相关规定，允许士族地主占有一定数额的田地、附属人口，无须承担国家租役。成帝时期启动土断及度田收租制，似已取消士族地主免除赋役的规定。谢安针对"王公"征收赋役，哪怕这只是一种形式，或者说并没有彻底执行，也已体现了一种将贵族官僚与豪族、自耕农、华北流民融为一体的理念。[1]在大敌当前的形势下，这体现了全面战争动员的政治现实要求，也有助于减缓共治集团与被统治阶层的对立。国家免除负有兵役、力役者的口税，对兵户家庭、出了劳力的家庭是很大的恩惠，亦便于新军的征募，无疑促进了军心、民心的稳定。

《晋书·食货志》记录："至于（太和）末年，天下无事，时和年丰，百姓乐业，谷帛殷阜，几乎家给人足矣。"《晋书·谢安传》记录："是时宫室毁坏，安欲缮之。尚书令王彪之等以外寇为谏，安不从，竟独决之。"从推崇晋室天命正统意义出发，谢安坚持修缮皇宫，宫殿的设计，皆依照天象，符合北极星的方位，"而役无劳怨"。这些都似乎在证明，谢安尊崇皇权、推行赋役改革的政策，对于大战前东晋社会的正面意义。

重建北府军团

谢安从桓冲手中接任扬州刺史时，桓冲改镇徐州京口，桓氏旧部朱序为兖州刺史，之后西中郎将、桓温同宗桓伊兼任豫州刺

---

1 李济沧：《东晋贵族政治史论》，第206页。

史，建康周围桓氏势力依然十分强大。前秦军队攻占益、梁后，又北上攻打前凉汉族政权。为了声援前凉，桓冲派朱序前往西部前线骚扰秦军。不久桓豁奏请朝廷，任命朱序以梁州刺史名义守卫襄阳，腾出了兖州刺史一职。"朝廷求文武良将可以镇御北方者，安乃以玄应举。"（《晋书·谢玄传》）谢安推荐其侄、谢奕三子谢玄应征。

谢玄是陈郡谢氏中，继谢鲲、谢尚、谢安等渡江名士的第三代，谢安出山时，谢玄已经18岁。在谢安等长辈的教育和影响下，谢玄的玄理、辩才堪称一流。"及长，有经国才略，屡辟不起。"（《晋书·谢玄传》）之后与王导之孙王珣一起，被桓温征聘为掾属。转为征西将军桓豁司马，领南郡相、监北征诸军事。谢玄与中书郎郗超关系虽然并不融洽，但是，郗超赞赏了谢安举贤不避亲的决定。当时很多大臣都有不同看法，郗超说："吾尝与玄共在桓公府，见其使才。"几乎和桓冲退返荆州同时，谢玄自荆州东下，出任兖州刺史、广陵相、监江北诸军事。

晋室东迁定鼎建康后，习惯上称侨置徐州京口为北府，即镇北将军、北中郎将等的军府所在地；侨置豫州历阳为西府，即镇西将军、西中郎将等的军府所在地。前者将领经常兼任徐、兖两州刺史，后者将领经常兼任豫州刺史。北府军、西府军为建康周边两支重要的军事力量，从部队人数而言，北府历来胜于西府。京口为徐州刺史王蕴所主持，谢安命谢玄在广陵建立武装，与郗超的祖父郗鉴当年创立北府军团的模式相同。

在王敦、苏峻之乱中，郗鉴引江淮流民帅武力参与平叛，最后形成以他为中心的北府。郗鉴利用京口、晋陵一带地广人稀的特点，招徕北方流民渡江定居，以此为基本骨干，组建起兵民合一的武力集团。一方面防备后赵胡骑南侵，一方面平衡上游其他士族门阀的威胁，历经二十余年的演变，起到了拱卫建康朝廷的巨大作用。桓温从郗超之父郗愔手中接任徐、兖两州刺史后，京口北府军团似不再独立见于史籍。

田余庆先生判断，谢玄时期北府兵的组成主要在募将，与后世常有的募兵者不同；应募的北府将可能自有兵众，只需授予军号或刺守名义，或者略作兵员补充，就能用于战争。谢玄组织北府兵，不过是集合一部分以前本属北府，后来分散开来，处于独立、半独立状态的江淮宿将和流民武装（江淮宿将亦出于流民武装）。谢玄赖以指挥和联络的人，是谢氏豫州旧将刘建之子刘牢之。[1]

谢氏家族中，谢尚曾主持豫州西府十余年，数度率师北伐，桓温一度建议谢尚都督司州诸军事，坐镇光复后的洛阳。谢尚去世后，谢奕、谢万先后接替他的职位。谢尚当权时期，把西府打造为拱卫建康、北伐中原的重要基地，而谢氏中断对维持其门户地位武力的领导，可能与谢奕、谢万缺乏统帅能力关系甚大。

谢奕性情放达，经常醉酒骂人，上任仅一年去世。谢万举止轻浮，对待众将领态度傲慢，《世说新语·简傲篇》中说"诸将甚愤恨之"。谢安曾亲自到军中，主帅之下大小将领，他都前往拜访致歉。"及万事败，军中因欲除之。复云：'当为隐士。'故幸而得免。"谢万北伐失利后，一些将领甚至想私下清除他，谢安打圆场说让他去当隐士，谢万这才得以幸免。庾氏旧部袁真接任西府豫州刺史后，逐步把部队经营成忠于自己的力量。公元369年，袁真父子在北伐中失利，遭桓温弹劾后，一度占据寿春自立，后被桓温指挥大军击溃。

---

[1] 田余庆：《东晋门阀政治》，第207页。

谢玄北府兵迅速成军，受益于谢氏家族与西府军的历史渊源。《晋书·刘牢之传》记载："时苻坚方盛，玄多募劲勇，牢之与东海何谦、琅邪诸葛侃、乐安高衡、东平刘轨、西河田洛及晋陵孙无终等以骁猛应选。玄以牢之为参军，领精锐为前锋，百战百胜，号为'北府兵'。"谢万当年北上驰援洛阳，"先遣征虏将军刘建修治马头城池"（《晋书·刘牢之传》）。刘建、刘牢之父子两代为将，刘牢之拥有丰富的作战经验，成为北府兵实际的战地指挥。

东晋朝廷曾发布"移淮北流人于淮南"（《晋书·孝武帝纪》）之诏，可能就有以江淮地区善战的北方流民弥补晋军兵户不足的意图。

谢安以谢玄为帅重建北府武力，大大加强了谢氏家族在共治集团中的地位，谢安之弟谢石、谢安之子谢琰先后进入统兵的大员之列。谢玄北府兵一经成军，即形成抗击北方外族、维护中华正统价值的主力，又是维护荆扬平衡政治规则的后盾，深刻影响了东晋中后期的政治的走向。北府兵中次等士族、寒族为主的武人团体在战争中壮大，继而在共治集团的内争中脱离士族控制，成为君主、士族共治结构终结的远因。

东西两大战场迎敌体制

公元378年，东晋太元三年，苻坚以庶长子苻丕为帅，分四路进攻西线的襄阳。其中包括慕容垂率领的鲜卑人军团、姚苌率领的羌人军团。稍早，桓冲将大本营从江陵迁至南岸上明，提前做好了依托长江天险御敌的战略准备。朱序坚守襄阳孤城，"序母韩自登城履行，谓西北角当先受弊，遂领百余婢并城中女丁于其角斜筑城二十余丈"（《晋书·朱序传》）。在朱序母亲等女子们的协助下，朱序指挥晋军击退了秦军第一轮进攻。"襄阳人谓此城为夫人城。"随后，苻丕采取了围点打援的策略，对襄阳围而不攻，而把注意力放在周边的援军身上，这可能是桓冲在上明坐拥七万大军而不敢轻易出击的原因。

北府兵组建完成后，立即被投入抗击秦军南下的第一线。《晋书·谢玄传》记载："诏玄发三州人丁，遣彭城内史何谦游军淮泗以为形援。"即北府何谦率徐、兖、青三州新军，在东线江淮地区主动攻击秦军，以策应西线的襄阳保卫战。前秦随即开辟东线战场，苻坚接受将军彭超的策略建议，从西线抽调将军俱难等部东进，进攻彭城等淮南诸地。

公元379年，东晋太元四年，前秦在西线战场取得重大胜利，慕容垂攻下南阳，与苻丕在襄阳城下会师。朱序曾多次出战击破秦军，部队因之劳顿松懈，"又以贼退稍远，疑未能来，守备不谨"（《晋书·朱序传》）。襄阳督护李伯护秘密与前秦接洽，作为内应，造成襄阳最终陷落，朱序被俘送往长安。不久朱序逃脱潜往宜阳，躲藏在夏揆家中。"坚疑揆，收之"，于是朱序向苻坚之子苻晖自首。苻坚认为李伯护不忠于晋室，下令把他杀死，反而欣赏朱序的气节，任命其为度支尚书。

谢玄命令何谦率北府兵北上后，设计解除了彭城之围。不久，秦军围攻距离广陵仅百里的三阿（今江苏高邮）。"诏征虏将军谢石率水军次涂中，右卫将军毛安之、游击将军河间王昙之、淮南太守杨广、宣城内史丘准次堂邑（今江苏六合）。"（《晋书·谢玄传》）随后盱眙城陷落，高密内史毛藻战死，毛安之等人相互惊扰，各自回撤，建康朝廷震动。

谢玄亲率北府兵自广陵北上救援三阿,一战而解三阿之围,俱难、彭超撤至盱眙;谢玄、田洛率数万北府兵乘胜北上,在盱眙二度大败秦军,俱难、彭超等退守淮阴;何谦等率水军继续沿河而上,三战秦军于淮河之南,焚毁秦军铺设的淮河浮桥,秦军不得不再退至淮河以北;最后秦晋两军在君川展开决战,秦军几乎全军覆没。"玄参军刘牢之攻破浮航及白船,督护诸葛侃、单父令李都又破其运舰。"(《晋书·谢玄传》)俱难、彭超仅以身免,狼狈北逃。之后,苻坚下令把彭超交付廷尉治罪,彭超自杀,俱难被削爵为民。

谢玄率北府兵四战四捷,击退了前秦的攻势,把东晋政权的东部防线稳定在淮河之北。"诏遣殿中将军慰劳,进号冠军,加领徐州刺史,还于广陵。以功封东兴县侯。"(《晋书·谢玄传》)朝廷把王蕴调任会稽内史,任命谢玄兼任徐州刺史,徐、兖二州又复为一镇,京口、广陵合为一体。谢石被封为兴平县伯。

君川大捷后,谢氏家族指挥的武力通过了严酷战争的考验。孝武帝拜谢安为卫将军,开府仪同三司,封建昌县公。谢安都督扬、徐、兖、青、豫五州诸军事,其中北府兵是决定性的主力,桓伊统率的豫州西府部队,起到了协同、平衡的作用。桓伊出于谯国铚县,桓温、桓冲兄弟出于谯国龙亢,他们属于同宗又不是至亲。桓伊与桓氏兄弟关系良好,又能接受掌握中央政权的谢氏指挥,配合谢玄北府兵协同作战。在前秦大军步步逼近的背景下,荆扬对立必须服从于一致对敌的大目标,豫州西府地处荆扬两大军事集团的接合部,谢安选择桓伊坐镇,实际上隐含了和揖桓氏的意味。

在桓温主导共治集团期间,桓氏家族指挥的军队,实际担负起了抗击外敌的主要军事任务,桓冲虽然已退返荆江上游,但至少在主观上，桓冲无意放弃自己的责任。《晋书·桓冲传》中记载，桓冲"自以德望不逮谢安，故委之内相，而四方镇扞，以为己任"。就是说桓冲仅把谢安视为主持内政的丞相，认为自己才是守卫四方的统帅。而且，桓冲可能受到桓温生前作为的影响，他主动退至上游，存在着以荆州为基地，通过战胜前秦而取得重返执政合法性的想法。桓氏、谢氏集团分居荆襄、江淮两大战场，至少在淝水大战之前，西线的荆襄战场承担着主战场的功能。

公元381年，东晋太元六年，桓冲派遣其侄桓石虔、桓石民兄弟率军反击秦军的南侵，攻克管城，斩首七千、俘虏万人；公元382年，东晋太元七年，桓冲派遣扬威将军攻击襄阳，焚烧沔水以北屯田，掳掠六百余民户返还；公元383年，东晋太元八年，即苻坚大规模南下之前，桓冲亲自率军十万进攻襄阳，派遣前将军刘波等进攻沔北诸城，辅国杨亮进攻西蜀，鹰扬将军郭铨进攻武当。苻坚不得不分遣苻睿、慕容垂、张蚝、姚苌和张崇等名将救援，尽管桓冲不久退回上明，但这一波攻势无疑减轻了东线战场的压力，慕容垂的鲜卑人军团、姚苌的羌人军团之后没有投入淝水大战。

至少在大战之前，共治集团中最重要的桓谢两大门阀，以及宗室与其他南北士族、江南自耕农与北方流民等各种势力，都处在相对和谐的状态之中。两晋政治系统产生死结以来，出现一段短暂的不同的时光，即在异族南下的大环境之下，保卫中华正统的价值，与全面战争动员的现实政治之间，取得了难得的平衡。东晋政权统治的合法性，及其在南方地区统治的有效性，都达到了一个较高的状态。

第三节
淝水之战的胜负与天命所在

随着前秦政权统一北方、攻克益梁，苻坚陷入建设以儒家王道为价值的大一统国家的执念。灭亡晋朝遗存的建康政权，是其彰显前秦作为天下唯一正统的最后一战。问题在于，北方汉民族接受前秦的统治，尚需长期渐进的心理过程，前秦保留宗室、其他少数民族贵族领兵的胡制传统，儒家王道对之的融合作用成效较弱。苻坚忽视法家霸道的统治策略，氐人作为规模较小的少数民族武装集团，既无力有效组织百万汉军征伐东晋，又不足以压制北方其他兵民合一的胡族集团集体反叛，淝水前线失败的一刻，已经注定了前秦政权崩溃的命运。

晋军在淝水的胜利，似乎证明天命仍在江东的建康一边，这大为增强了晋室的合法性，而且刺激了共治集团内部君主、士族关系的转变。即皇权进一步上升，谢安等当权士族逐步失去了主导权。东晋当权士族主导的君主、士族共治的"东周模式"，重新让位于皇帝主导的宗室、士族共治的"西周模式"。随着北伐中原、恢复神州再度成为国家的价值，士族利益必须首先得到照顾的政治现实再度浮现，系统的死结又一次出现。

苻坚为何坚持伐晋？

苻坚下决心对东晋政权发动以灭国为目标的征讨，在前秦统治集团内部遭遇很多反对的声音，这在《晋书》《资治通鉴》中都有不小篇幅的记载。公元375年，王猛去世前，曾向苻坚天王最后进言："晋虽僻陋吴、越，乃正朔相承。亲仁善邻，国之宝也。臣没之后，愿不以晋为图。鲜卑、羌虏，我之仇也，终为人患，宜渐除之，以便社稷。"

王猛的遗言隐含着两大深层的忧虑。其一，尽管苻坚推崇儒家的伦理价值，以王道仁政的方式善待各民族贵族、民众，但是，前秦统治者的"夷狄"身份，依然是其天命获得广泛认同的障碍。晋政权得国不正，并不为南方士族名士内心所敬仰，而北方地区经过了半个世纪以上的民族仇杀，士大夫、民众反而怀念晋政权的宽政统治，视其为正统之所在；其二，前秦政权模仿中原王朝，试图建立中央集权、君主专制和郡县制的统治策略，却又保留宗室、其他少数民族集团首领统兵的胡族传统。苻坚允许胡族部落保持聚族而居，重用鲜卑慕容垂、羌人姚苌等继续统帅本民族武装，这些都对中央集权、君主专制构成潜在的挑战。

苻坚、王猛君臣风云际会，整顿风俗、政务清明，国家劝课农桑、减免赋税，前秦统治区域出现了繁荣的景象。"关陇清晏，百姓丰乐，自长安至于诸州，皆夹路树槐柳，二十里一亭，四十里一驿，旅行者取给于途，工商贸贩于道。"（《晋书·苻坚载记上》）从王猛去世至淝水大战这八年间，苻坚大致统一北方，平定苻洛、苻重兄弟的反叛，推行氐族亲贵率部分氐户分镇要地的策略，创造了西晋"八王之乱"以来北方最稳定的局面。王猛的担忧却没有因此消除。

公元382年，前秦建元十八年、东晋太元七年，发生了东海公苻阳、员外散骑侍郎王皮、尚书郎周虓试图谋反事件。其中苻阳为苻法之子，对苻法当年为苻坚之母苟太后所杀，始终耿耿于怀；王皮为王猛次子，王猛不愿意为王皮谋取官职，王皮因此而迁怒于苻坚；周虓之前为东晋的将军，已经多次图谋反叛，苻坚认为其性格刚烈忠于故国而不予惩罚。从谋反的动机而言，至少苻阳、周虓对前秦政权及苻坚夺位的合法性不认可，同时他们又洞悉苻坚经常赦免宗室、降将的仁慈习惯，谋反不一定意味着要付出生命的代价。果然，苻坚把三人分别流放了事。

公元383年，前秦建元十九年、东晋太元八年，西域车师前部王、鄯善王前来朝贡，要求前秦依汉例设置都护府。"若王师出关，请为乡导。"（《晋书·苻坚载记下》）苻坚排斥苻融"虚耗中国，投兵万里之外"等不同意见，坚持以吕光为帅，统兵十余万出师西域。出发前，苻坚在建章宫为其饯行，亲自授之方略，"西戎荒俗，非礼义之邦。羁縻之道，服而赦之，示以中国之威，导以王化之法，勿极武穷兵，过深残掠"（《晋书·苻坚载记下》）。苻坚已经完全以中国正统自居，要求以王道教化收服边地。

不过，当时包括前秦亲贵在内的很多人，可能尚未形成前秦政权天命所归的观念。在苻坚召集的讨论征讨东晋的朝会上，诸多的反对意见中，除了东晋依托长江天险，以及东晋拥有谢安、桓冲等一流人才，主要集中在晋室仍然代表正朔相承上。《晋书·苻坚载记》中记载，尚书左仆射权翼认为："今晋道虽微，未闻丧德，君臣和睦，上下同心。"势力衰微而天子没有失德，即天命尚未转移。太子左卫率石越提到："晋中宗，藩王耳，夷夏之情，咸共推之，遗爱犹在于人。昌明，其孙也。"晋中宗司马睿登上帝位，是各地士族、将军及胡族首领共同拥立的结果，孝武帝是司马睿之孙，具有相当的合法性。

苻融私下向苻坚的进言，言语更加直截了当："且国家，戎族也，正朔会不归人。江东虽不绝如缒，然天之所相，终不可灭……陛下宠育鲜卑、羌、羯，布诸畿甸，旧人族类，斥徙遐方。今倾国而去，如有风尘之变者，其如宗庙何？"（《十六国春秋》）苻融明白把前秦政权称为戎族，而称江东的东晋天命所系。他再次提到了王猛的临终遗言，要求对京师附近的其他少数民族保持警惕。之后，太子苻宏、少子中山公苻诜、后宫张夫人，以及部分大臣多次进谏，均不被采纳。

问题在于，这些以晋室正统尚存而反对南下的意见，恰恰是苻坚决意发动伐晋战争的理由。苻坚的佛学友人释道安以"苟文德足以怀远，可不烦寸兵而坐宾百越"劝谏苻坚不必亲征东晋。苻坚答道："非为地不广、人不足也，但思混一六合，以济苍生。"（《晋书·苻坚载记下》）苻坚以建设大一统的儒家治理体系为目标，迷恋于天下实现王道教化的理想而不能自拔。在苻坚看来，唯有彻底消灭退居建康的东晋，才能彰显前秦政权唯一的天命合法性，汉民族和其他少数民族，才能真正从内心认可前秦。

秘书监朱肜、冠军将军慕容垂表态支持苻坚。慕容垂称晋武帝司马炎平定东吴，仅有张华、杜预等少数贤者赞同："若采群臣之言，岂能建不世之功。"（《晋书·苻坚载记下》）苻坚在秦军击败桓冲的西线攻势后，下达了对东晋作战的总动员令。

《资治通鉴·晋纪二十七》记载："秦王坚下诏大举入寇，民每十丁遣一兵；其良家子年二十已下，有材勇者，皆拜羽林郎。"良家子弟应征者三万余骑兵。"是时，朝臣皆不欲坚行，独慕容垂、姚苌及良家子劝之。"为了证明前秦已经享有天命，苻坚公开宣称在征服江东后将仿效处理前燕君臣的模式，任命东晋孝武帝司马昌明为尚书左仆射，谢安为吏部尚书，桓冲为侍中，并已在长安准备好官舍府邸。

秦军在淝水一哄而散

秦晋淝水大战的过程并不十分复杂，但前秦天王苻坚动员人力之多，东西战线之长，牵涉北方多个民族，几乎影响每一个家庭，这在中国帝制历史上是空前的。

公元383年，前秦建元十九年、东晋太元八年八月，苻坚任命苻融为征南大将军、前锋都督，督帅张蚝、慕容垂等步骑兵二十五万人作为先锋，任命兖州刺史姚苌为龙骧将军，督益、梁诸军事。东线淮南战场是主攻的方向，而姚苌统帅的水军，主要用于监视西线桓冲的动静。

苻坚指挥主力兵发长安，共动员戎卒六十余万，骑兵二十七万。"旗鼓相望，前后千里。"九月，苻坚抵达项城之时，"凉州之兵始达咸阳，蜀、汉之兵方顺流而下，幽冀之兵至于彭城，东西万里，水陆齐进，运漕万艘。阳平公融等兵三十万，先至颍口"（《资治通鉴·晋纪二十七》）。这与当时灭亡前燕的方略完全不同。王猛连续两次攻燕，所率精锐分别不过三万、六万，统帅王猛虽为汉族，但根据北方政权的传统，兵士可能多为氐人。苻坚这次以十丁征兵一人，除了部分氐族子弟，以及慕容垂、慕容炜的鲜卑军团、姚苌的羌人军团，其中大多数为第一次走上战场的汉族民众。

苻坚如此排兵布阵，近乎以武装游行的方式高调南进，反映出他以为代表天命王道而拥有足够能力的自大心态。朱序、张天锡等汉族降臣，均被要求随大军行动。相较之下，东晋政权军力的规模无疑要小很多，西线东线两大军团相加，不会超过二十万人。在整个两军对垒最严峻的时刻，谢安始终以个人沉静、从容的气度，起到了镇安朝野的核心作用。这与他在隐逸期间，和名士们泛海时遭遇风浪时的表现，是完全一致的。

东晋朝廷迅速作出部署，"诏以尚书仆射谢石为征虏将军、征讨大都督，以徐、兖二州刺史谢玄为前锋都督，与辅国将军谢琰、西中郎将桓伊等众共八万拒之"（《资治通鉴·晋纪二十七》）。

《晋书·谢安传》记载，面对前秦号称百万之兵的威胁，"京师震恐"。谢玄亲自入朝，向谢安问计。安夷然无惧色，答曰"已别有旨"。谢安命人驾车出游山间别墅，与谢玄下围棋，谢安棋艺不如谢玄，但谢玄内心焦虑而无法取胜。"安遂游涉，至夜乃还，指授将帅，各当其任。"西线桓冲为国家安危深感忧心，派出三千精锐支援建康，谢安却回复说："朝廷处分已定，兵革无阙，西藩宜以为防。"

十月，慕容垂驰援荆州西线，率军攻下郧城，慕容炜率部加入守卫。苻融在江淮东线攻克寿阳，擒获东晋平虏将军徐元喜等人，随即秦军推进至硖石，包围东晋龙骧将军胡彬的部队，又派出卫将军梁成至洛涧布防，防止晋军主力救援。苻融俘获晋军的使者，获悉硖石守军兵少粮寡的情报后，立即向苻坚汇报。苻坚于是离开项城的大军，带领八千轻骑，日夜兼程赶赴寿阳与苻融会合。

谢石、谢玄和谢琰等在洛涧以东二十五里扎下大营，谢石想以避战拖垮秦军。苻坚派遣朱序前去劝说谢石等人："以为强弱异势，不如速降。"朱序来到谢石大营后，反而主动告知秦军内情，

建议乘敌主力未至主动出击:"若坚百万之众悉到,莫可与敌。及其未会,击之,可以得志。"(《晋书·朱序传》)

谢琰力劝谢石接受朱序的建议。十一月,谢玄派广陵相刘牢之率精兵五千开赴洛涧。刘牢之径直渡河,攻击前秦氐人将领梁成所部,一举斩杀梁成及弋阳太守王咏。秦军逃向淮水,死亡超过一万五千人,前秦扬州刺史王显等人被俘。"于是谢石等诸军,水陆继进。秦王坚与阳平公融登寿阳城望之,见晋兵部阵严整,又望见八公山上草木皆以为晋兵。"苻坚又对苻融说:"此亦勃敌,何谓弱也!"(《资治通鉴·晋纪二十七》)

八万晋军扎营淝水东岸,三十万秦军布阵淝水西岸,决定双方命运及历史走向的大战沿淝水一触即发。谢玄派使者向苻融提出:"君悬军深入,而置陈逼水,此乃持久之计,非欲速战者也。若移陈小却,使晋兵得渡,以决胜负,不亦善乎!"(《资治通鉴·晋纪二十七》)要求秦军稍作后退,以便晋军渡河决战。秦军将领皆以为我众敌寡,不让其登岸为万全之策。苻坚考虑,秦军稍作后退,乘晋军半渡之际击之,没有不胜的道理。苻融也觉得可行,遂决定同意。

苻融挥旗指挥兵士后退,秦军居然在退却中一发而不可收。谢玄、谢琰和桓伊率北府、西府兵渡河猛攻秦军,混乱中苻融马倒被杀,朱序乘机在阵后高喊:"秦兵败矣!"秦军人心瓦解,全线崩溃,晋军乘机追击,直至寿阳城西三十余里。这场空前规模的大战,"秦兵大败,自相蹈藉而死者,蔽野塞川。其走者闻风声鹤唳,皆以为晋兵且至,昼夜不敢息,草行露宿,重以饥冻,死者十七八"(《资治通鉴·晋纪二十七》)。朱序、张天锡和徐元喜等乘机逃奔东晋,晋军缴获苻坚所乘云母车,一举收复寿阳。

苻坚身中流箭,单枪匹马逃回淮河以北,饥疲交加,有人献上汤饭熟食，苻坚下令赏赐十匹帛、十斤绵，却遭到献者的拒绝："臣闻白龙厌天池之乐而见困豫且，陛下目所睹也，耳所闻也。今蒙尘之难，岂自天乎！且妄施不为惠，妄受不为忠。陛下，臣之父母也，安有子养而求报哉！"（《晋书·苻坚载记下》）

数十万秦军在淝水未经苦战，居然一哄而散、溃败千里，充分体现了这支多民族军队缺乏凝聚力和作战意志，这是前秦统治下各族民众精神面貌的真实缩影。所谓秦政权享有天命，仅是天王苻坚个人内心的梦呓，而远未成为各族民众共同的认知。苻坚打破主要依靠国人武装即氐人征战的传统，以十丁征兵一人而大量使用汉人，所谓百万之众，他们大多根本没有接受过基本的军事训练，而与汉民族心目中的晋室正统作战，其畏战、厌战的情绪可想而知。

苻坚在逃亡途中，得到民众的献食及善意的批评，说明他推行儒家王道也不能说毫无成效。北方民众这些矛盾的所为，是整个社会心理演变长期性、复杂性的反映。

谢安得到淝水前线战报时，正在与人下棋。《世说新语·雅量》中对他的表现有生动记载："谢公与人围棋，俄而谢玄淮上信至。看书竟，默然无言。"谢公继续下棋，客人实在忍不住追问战况，他回答说："小儿辈大破贼。"意色举止，不异于常。《晋书·谢安传》中的记载，前部分和《世说新语》相仿，结尾处的记载更为真实："既罢，还内，过户限，心喜甚，不觉屐齿之折，其矫情镇物如此。"谢安内心狂喜，回屋过门槛时，木屐上的齿折断也没有发现。

苻坚百万大军南下，谢安其实并无特别的退敌计谋，但他以其独有的"矫情镇物"本领，主导共治集团度过了危机。

谁造成了苻坚之死

前秦政权没有再现百年前晋武帝灭亡东吴、再创一统的辉煌，苻坚北奔时的狼狈，颇似赤壁大战后曹操仓皇逃亡的景象。淝水大战秦军的失利，立即在前秦内部引发巨大震荡，被高压掩盖的民族矛盾急剧爆发。这和当年曹操返回后很快稳住阵脚不同，暴露了鲜卑、羌等各民族根本没有对前秦政权及苻坚本人建立高忠诚度，以儒家伦理为核心价值的民族融合远未完成。

氐兵军团在大战中损失惨重，汉人壮兵四处溃散，慕容垂、慕容炜、姚苌等人均无参加淝水之役，因而鲜卑、羌人武装集团基本未受损失。苻坚带领数千残部至慕容垂处时，慕容垂部三万余人保全完整。前燕灭亡后，一些宗室亲贵即在酝酿复国大计，并把希望寄托在慕容垂身上。大军南下前，慕容恪之子慕容楷、慕容绍兄弟就对慕容垂说："主上骄矜已甚，叔父建中兴之业，在此行也！"慕容垂给予了肯定的回答："然。非汝，谁与成之！"（《资治通鉴·晋纪二十七》）就是要与兄弟俩共图大业。

苻坚前来投奔后，慕容垂之子慕容宝，其弟慕容德等许多亲信，一致劝说慕容垂乘机杀死苻坚，立即树起复兴大燕的旗帜。慕容垂考虑到苻坚在自己被慕容评排斥时收留自己、在被王猛陷害时谅解自己，决定继续观察，以便为自己的行为营造道义正当性。慕容垂一边把三万兵马交给苻坚，护送苻坚北返，至洛阳时，苻坚已收罗秦军十余万人；一边又以祭陵为由要求前往邺城，即回到前燕龙兴的根据地，苻坚不顾谋臣权翼的坚决反对，同意慕容垂离开并派兵护送他。

慕容垂离开后，苻坚又担忧慕容垂及关东地区有变，"遣骁骑石越率卒三千戍邺，骠骑张蚝率羽林五千戍并州，留兵四千配镇军毛当戍洛阳"(《晋书·苻坚载记下》)。这些淝水大战后残留的氐兵精锐,又被苻坚派去戍卫关东。

慕容垂抵达邺城不久,传来丁零人翟斌在洛阳附近造反的消息。镇守邺城的苻丕命慕容垂前去平叛,又派氐人将领苻飞龙予以监视。慕容垂在进军途中,把队伍扩充至三万人,借机一举歼灭苻飞龙及千余氐兵,并接受了翟斌的归顺。公元384年,前秦建元二十年、东晋太元九年正月,淝水之战结束仅两个月后,慕容垂"乃依晋中宗故事,称大将军、大都督、燕王,承制行事,谓之统府。群下称臣,文表奏诰,封拜官爵,皆如王者"(《资治通鉴·晋纪二十七》)。以司马睿当年进位晋王的模式,把长安城中的亡国之君慕容㬪尊为皇帝,正式进行复国的号召,这被认为是后燕政权的起始。

留在邺城的慕容垂之子慕容农、侄慕容绍等人出城,动员北地乌桓、屠各等胡族加入反秦队伍,与北上的慕容垂大军形成对邺城的南北夹攻。

此前,苻坚回到长安后,鲜卑乞伏部首领乞伏国仁在陇西形成割据,即是西秦的前身。慕容㬪之弟慕容泓、慕容冲等动员西迁鲜卑部族先后起兵,慕容泓自称都督陕西诸军事、大将军、雍州牧、济北王,宣称复兴燕室,历史上称其政权为西燕。苻坚以其子巨鹿公苻睿都督中外诸军事,指挥对慕容氏兄弟的反击。在氐兵可能不足的情况下,苻坚不得不指派姚苌率羌兵军团加入。不久苻睿战死,苻坚杀死姚苌报信的使者,姚苌乘机逃出走。

姚苌来到羌人势力范围的渭北后,纠集当地豪酋数万人自立。相较于希望东归的鲜卑慕容氏,姚苌羌兵集团以关中为根据地,对前秦的生存构成更大的威胁。苻坚一度非常信任姚苌,南下攻晋前夕,授予他龙骧将军的名号。苻坚在发动政变夺位前,自己曾经担任该职，这被姚苌等人认为具有某种天意的暗示。姚苌自称大将军、大单于、万年秦王，是为后秦政权之开端。

长安城中慕容炜通过亲属族人串通，密谋袭杀苻坚。这终于促使苻坚痛下杀手，下令将慕容炜及长安城内数千鲜卑人全部格杀。此事稍早，慕容泓被部下杀死，慕容冲被拥立为皇太弟，率部攻入长安附近。慕容炜死后，慕容冲自立为帝，与前秦继续在长安激战九个月之久，逐渐取得军事优势。苻坚另一子平原公苻晖战败自杀。苻坚灭亡前燕之初，曾把慕容冲姐姐清河公主纳入后宫，12岁的慕容冲亦具龙阳之美，同时被苻坚占有。在王猛等再三劝谏下，慕容冲被外放为平阳太守。十五年之后，慕容冲终于把苻坚逼向绝境。

苻坚在生命最后的一年，愈加迷信天命、谶书。"城中有书曰《古符传贾录》，载帝出五将久长得。先是，又谣曰：坚入五将山长得。"（《晋书·苻坚载记下》）于是苻坚命太子苻宏留在长安监国，带着张夫人、少子苻诜和女儿等出奔五将山。

公元385年，前秦建元二十一年、东晋太元十年七月，五将山被姚苌部下攻破，苻坚被俘。随后姚苌派人要求苻坚交出传国玉玺，并向姚苌禅位，遭到苻坚严词拒绝："五胡次序，无汝羌名。违天不祥，其能久乎！玺已送晋，不可得也。"（《晋书·苻坚载记下》）传达出他认为天命仍在东晋政权的无奈。苻坚被姚苌下令缢杀于新平佛寺中，时年48岁。为了避免两位女儿受到凌辱，苻坚忍痛先杀女儿。张夫人和苻诜自尽。

前秦崩溃意味着什么

司马光在《资治通鉴·晋纪二十八》中议论："论者皆以为秦王坚之亡,由不杀慕容垂、姚苌故也,臣独以为不然。"司马光认为苻坚的灭亡,是迅速取胜后骄傲的缘故。司马光举例战国时魏文侯询问李克吴国为何败亡,李克以为是经常征战又经常胜利的原因,即经常征战导致民众疲惫,经常胜利导致君主骄傲,以骄傲的君主带领疲惫的人民,没有不败的道理,"秦王坚似之矣"。

如果专门探讨淝水大战的失利,司马光的分析可能颇有见地,问题在于淝水之败,直接引发国家急剧崩溃,说明首先是前秦政权治理体系的普遍性原则存在着严重缺陷。苻坚仿效秦汉第一帝国的治理逻辑,对其儒表法里的本质特征认识不足。他过于强调儒家仁政的王道价值,忽视运用法家严刑峻法的霸道方法论,对氐人亲贵、少数民族反叛等过分宽纵,造成王道、霸道一手硬一手软的局面。

灭亡前燕后,连造成前燕腐败衰落的慕容评都被封为太守,司马光为此评论说："秦王坚不以为诛首,又从而宠秩之,是爱一人而不爱一国之人也,其失人心多矣。"导致给人以恩惠,人不认为那是恩惠;给人以诚意,人不认为那是诚意的局面。至于襄阳战役之后,苻坚下令杀死降秦的督护李伯护,重用一度拒绝合作的朱序,这更是对儒家思想机械误读。

两晋时期,苻坚是继晋武帝司马炎之后又一位有为君主,他统一北方比较晋武帝代魏灭吴的困难程度更大,而从执政风格的角度而言,苻坚、晋武帝都对法家秦制策略认识不深,片面强调儒家仁政的价值,习惯于从周制中寻找治国的方向,这可能与汉魏以来的大多数统治者认同天子必须照顾好人民的周人天命观有着很大的关系。晋武帝对北方少数民族内迁可能带来的后果估计不足，不愿意采取徙戎等铁腕政策，反以"怀远以德"的王道精神予以鼓励。武帝善待刘渊等少数民族首领，直接拒绝齐王司马攸将其铲除的建议，与苻坚重用慕容垂、姚苌等人的做法，颇有相像之处。

苻坚实施氐族亲贵分镇国内要地的行为，类似晋武帝大量分封宗室、士族的策略。但是，这些从周制中演化而来的策略，给国家带来的负面影响超过正面的贡献。氐族亲贵率部分氐户分镇各地，造成氐人武装分散而被各个击破，如果氐族集团在长安及其附近始终保持优势，关中地区或可保全。

其次，少数民族统治多民族国家的治理体系具有相当的特殊性，秦汉帝国时期没有留下成功的经验，苻坚未能找出一条对其他少数民族有效的治理路径。实际上最终推翻前秦政权的鲜卑、羌、乌桓、丁零等武力，均为北方兵民合一的少数民族集团，汉民特别是居住在关中地区的百姓，从筑壁自保转而支持前秦苻坚。"冯翊诸堡壁犹有负粮冒难而至者，多为贼所杀。"苻坚派出将领抚慰冯翊诸县之众，众咸曰："与陛下同生共死，誓无有贰。"（《晋书·苻坚载记下》）这充分说明苻坚之前的儒家仁政治理，对于汉民族的凝聚力起到一定的作用，但对于北方非农耕的少数民族，基本上是无效的。

虽然苻坚强制部分少数民族进行迁移，但没有改变其聚族而居、族长亲贵领兵的胡制传统，在未建立起对前秦政权天命的忠诚度之前，这些以民族、血缘为纽带的武装集团，无论如何都是国家最大的威胁。苻坚及之前胡族君主，可能指望联合其他胡民共同维护对于绝大多数汉民的统治，结果恰恰是这些少数民族，无情地颠覆了自己的政权。从北方后来的历史进程观察，以汉化为基础、逐步消除民族界限是最终融合的途径，但其间经历两百余年曲折的民族冲突与斗争，苻坚不过刚刚开启了这一漫长的进程。

苻坚早期夺位的经历，与主持《晋书》编撰的唐太宗李世民有些相像，期待通过大一统国家的王道治理，证明自己作为最高统治者的合法性。然而，前秦国家儒家思想的价值观和以氐人为统治民族、混合了秦制、周制和胡制的方法论难以真正结合，前秦没有成为王猛所希望的类似两汉的中央集权秦制国家。氐族作为规模较小的少数民族武力集团，其脆弱的半分封、半郡县组织体制，不足以掌控和动员多民族国家庞大的人力、财力资源，即使勉强击败东晋军队，也未必能对天下进行有效的长久的治理。

陈寅恪先生分析，前秦的精锐即所谓"四帅子弟"，既一溃于淝水，又再分戍于山东。苻坚之所以败亡，即在民族的分配与组织上有缺口，鲜卑、羌人无损失，损失的都是本部的氐人。[1] 田余庆先生认为，苻坚之兴，兴于他缓和了民族矛盾，苻坚之败，败于他远未消弭民族矛盾。[2] 这些都是一针见血的识见。

苻坚去世后，其庶长子长乐公苻丕、族人苻登先后继天王位，又把残存的前秦政权勉强支撑了九年。前秦骁将、苻坚之婿杨定为仇池宗室后代，一度为西燕所俘，逃离后出奔陇右，号召余众重建仇池国。北方除后燕、西燕、后秦和西秦等割据政权外，鲜卑拓跋贵族也实现了复国，公元386年，什翼犍之孙拓跋珪即代王位，这是后来统一北方的北魏政权的前身。吕光率大军

---

1 陈寅恪著，万绳楠整理：《陈寅恪魏晋南北朝史讲演录》，第199、200页。
2 田余庆：《东晋门阀政治》，第237页。

平定西域，回师后割据凉州自立，史称后凉政权。北方再次陷入四分五裂的局面。

值得一提的是，苻坚太子苻宏在长安陷落前，率母后、妻室及部分宗室逃离，一度投奔南秦州刺史、苻坚女婿杨璧，竟被拒绝入城。之后苻宏辗转投奔东晋政权，被朝廷安置在江州，先后担任九江太守、梁州刺史等职。公元386年，东晋太元十一年，苻丕在逃亡途中遭到东晋军队伏击，苻丕战死沙场，晋军俘获太子苻宁、长乐王苻寿，将其押至建康，"朝廷赦而不诛，归之于苻宏"（《晋书·苻丕载记》）。把苻宁、苻寿等苻氏家人送至苻宏处照顾。苻坚发动南北大战，而他的后代反而受到东晋政权厚待，似可理解为苻坚推崇中国文化，实行儒家仁政，还是得到了包括晋室君臣在内的汉民族的认可和尊敬。

谢安的主导陷入困境

淝水之战胜利之后，谢安及谢氏家族的声望达到高峰。这时，传来了荆州桓冲去世的消息。桓冲曾对谢安东线的布局不以为然，召佐吏，对之叹曰："谢安乃有庙堂之量，不闲将略。今大敌垂至，方游谈不暇，虽遣诸不经事少年，众又寡弱，天下事可知，吾其左衽矣！"（《晋书·桓冲传》）古代中原人穿衣服都是右衽，就是左边压着右边，而当时北方胡族均为左衽，"吾其左衽矣"即谓"我们就要接受异族统治了"。淝水之战晋军大胜，谢氏家族取得了不凡的功勋，曾为桓氏集团一员的朱序立功归来，这些都令桓冲羞愧不已，随即重病发作而逝。

桓冲兼任荆州、江州刺史。之前江州刺史府、都督府分治，桓冲推荐其妻的叔父王荟继任,但王荟遭遇兄长去世,婉辞任用,"于是卫将军谢安更以中领军谢辅代之,冲闻之而怒,上疏以为辅文武无堪,求自领江州。帝许之"(《晋书·桓冲传》)。桓冲去世后,荆州、江州两州空缺,当时朝廷议论谢玄兼有功勋、声望,应当授予他。谢安否决了这一提议。

谢安依然按照士族专政、荆扬分治的游戏规则,认为上游还是交由桓氏掌握,避免谢氏一家独大而引发非议。桓石虔、桓石民均为桓豁之子,考虑到河东太守桓石虔有恢复洒阳之功,骁勇善战,"在形胜之地,终或难制",于是任用梁郡太守桓石民为荆州刺史,任用桓石虔为豫州刺史,桓氏疏宗、原豫州刺史桓伊调任江州刺史,多少起到一些缓冲作用,"既以三桓据三州,彼此无怨,各得所任"(《晋书·谢安传》)。

根据东晋君主、士族共治一般的逻辑,谢氏子弟在淝水之役立下大功,谢安又颇能善处与桓氏等各士族门户的关系,其对共治集团的主导性将得到强化。但是,实际情况正好相反。谢安功高不赏,之后仅授得太保虚衔,朝廷中出现了会稽王司马道子专权的局面,"而奸谄颇相扇构"。在北方外敌逼近的危机解除后,共治集团内部君主专制的要求上升,谢安的处境反而愈加艰难。这是王导、庾亮和桓温等人从未遇到的情况。

司马道子为孝武帝同母胞弟,同为简文帝司马昱、奴婢李陵容所生。淝水大战前夕,孝武帝即任命年仅二十的司马道子录尚书六条事,类似于穆帝即位时的永和初年,何充担任录尚书事,以会稽王司马昱为录尚书六条事。不同的是,司马昱是以具有宗室背景的特殊名士身份主持中枢,而司马道子的掌权,应该是孝武帝提升皇权努力的一部分。谢安支持、配合提升皇权的思想,可能还提议了司马道子担任次辅,以证明自己忠于晋室的心迹,但最终遭到了反噬。

孝武帝对太原王氏较为重视。太原王氏分为王濛、王蕴、王恭,以及王述、王坦之、王国宝两支。谢安可能主导了孝武帝册封王蕴之女王法慧为皇后的决定,王蕴之子王恭,王坦之第三子王国宝虽为谢安女婿,但是,谢安厌恶王国宝的为人,仅任命其为尚书郎虚职。王国宝对谢安心生怨恨,以堂妹为司马道子王妃的关系,"与道子游处,遂间毁安焉"(《晋书·王国宝传》)。进而影响到孝武帝对谢安的信任。公元384年六月,历经六帝的崇德太后褚蒜子去世,谢安失去了一位幕后最坚定的支持者。

《晋书·桓伊传》中记载,孝武帝召桓伊宴,谢安在边上侍坐,伊便抚筝而歌《怨诗》曰:"为君既不易,为臣良独难。忠信事不显,乃有见疑患,周旦佐文武,《金縢》功不刊。推心辅王政,二叔反流言……安泣下沾衿……"帝甚有愧色。桓伊以一曲曹植的诗,通过周公旦摄政尽心辅佐王事,反而遭遇流言诽谤的典故,为谢安的境况鸣不平。谢安相当感动,以至于热泪盈眶,孝武帝亦面露惭愧的脸色。这一场面,隐约传达出共治集团中君主、士族的关系发生了微妙变化,即作为当权士族的谢安,似乎把主导者的角色交还给了皇帝。

士族当国的终结

公元384年,东晋太元九年八月,谢安上书孝武帝,要求乘北方苻坚溃败之际,启动北伐,开拓中原。"以徐、兖二州刺史谢玄为前锋都督,帅豫州刺史桓石虔等伐秦。"(《资治通鉴·晋纪二十七》)稍早刘牢之收复谯城,西路荆州刺史桓石民派军沿襄、沔北上，收复鲁阳等地，正式进入被前秦放弃的洛阳防卫，梁州刺史杨亮分兵进攻益州。前秦分镇各地的氐人将领考虑着回师长安勤王，无心组织有效抵御，北府军团一路势如破竹。九月，谢安再度上书，要求亲自出征北伐，朝廷加谢安都督扬、江十五州诸军事，授予他黄钺。

谢安、谢玄等发起的这次北伐，其战线规模、实际成就，超过桓温等东晋历史上任何一次北伐，不仅平定兖、青、司、豫各州，稍后蜀郡太守任达恢复益州，刘牢之等北府将领们还率部渡过黄河，直达邺城，是继祖逖北伐之后，晋军第一次深入河北。谢玄被任命为都督徐、兖、青、司、冀、幽、并七州诸军事。晋军在与前秦苻丕、后燕慕容垂的三方角逐中，采取了联秦制燕的策略，虽然刘牢之在与慕容垂的交战中一度受挫，但他很快稳住阵脚，在苻丕帮助下进入邺城。

相较于桓温利用北伐不断绑架共治集团，谢安面对司马道子的专权选择步步退让，这可能与他爱惜羽毛、倾心隐逸的名士风格相关。公元385年，东晋太元十年四月，谢安出镇广陵步丘，修筑新城躲避司马道子。此前王敦、庾亮和桓温等人都曾在建康附近择地坐镇，从而回避与皇帝直接接触，达到遥控朝廷之目的。谢安可能从这些行为中寻找到灵感，不过，他并无遥控朝廷的计划。《晋书·谢安传》中记载，谢安"及镇新城，尽室而行，造泛海之装，欲须经略粗定，自江道还东"。即打算北伐大业稍有眉目后，直接从海上回归会稽东山。

不久，谢安患重病，不得不回到建康休养，到了八月，66岁的谢安溘然长逝。仅仅数天之后，前秦天王苻坚被姚苌派人缢死。苻坚困守长安前后，曾经向东晋提出求助，谢安也是以此为由移镇广陵，两位淝水大战的主角非常巧合地前后离世。如果说苻坚之死，代表了北方少数民族第一次统一中国努力的失败；那么谢安的去世，也可以说意味着东晋当权士族主导君主、士族共治统治策略的衰落。

谢安去世后，孝武帝一面依桓温旧例举行了隆重的葬礼，追赠太傅，"论淮淝之功，追封谢安庐陵郡公，封谢石南康公，谢玄康乐公，谢琰望蔡公，桓伊永修公，自余封拜各有差"（《晋书·孝武帝纪》）。一面命司马道子接任扬州刺史、录尚书事和都督中外诸军事等谢安主要实职，将谢安卫府文武，全部配给司马道子的骠骑将军府，明显出于安抚谢氏的目的，命谢安之弟谢石接任卫将军一职。

当时谢玄尚在北伐前线，建议在河北幽冀两州设立总督，以便保留北伐战果。朝廷以大军征伐已久、战事仍处胶着为由，诏令谢玄回师调整。不久谢玄自陈为辖下军阀叛乱负责，向朝廷提出辞职，随即在回师途中染病。谢玄回到京口养病后，十余次上书要求隐退。公元387年，东晋太元十二年正月，朝廷任命其为散骑常侍、左将军，同意他以会稽内史身份返乡。一年之后，谢玄在会稽去世，又过了一年，谢石在建康去世。谢氏一门四公，数年间仅剩谢琰一人，不再掌握北府兵的军权。

需要一提的是，谢安病重后要求谢琰解甲退隐，并就北伐的军事作出安排："命龙骧将军朱序进据洛阳，前锋都督玄抗威彭、沛，委以董督。若二贼假延，来年水生，东西齐举。"（《晋书·谢安传》）谢安表达了两层含义。其一，期望他偕子离开，意味着对孝武帝、司马道子，已经从退让走向退出；其二，谢安命令北伐部队进入防御作战，北方进入秋季枯水期后，晋军的后勤补给通过水运供应不上，不得不等到次年夏季涨水期继续作战。考虑到前秦苻坚已在长安附近陷入苦战，这里所说"二贼"，大概指前燕和后秦。在东晋政权资源动员能力得到真正改善之前，北伐的极限止于黄河。这可能也是当年桓温要求迁都洛阳，把国家重心北移的用意。

谢安以其特有的和靖、平衡策略，消弭各种矛盾，团结各种势力，主导东晋共治集团度过危机，但是，一旦国家迫在眉睫的威胁解除，宗室、士族等各种势力的挑战随之而来，谢安也无力大开大合，革除共治结构中种种弊端，全面提升国家能力，抓住北方陷入混战的机会，完成天下统一的价值。

东晋政权在淝水之战中获得大胜，似乎证明了晋室享有天命，代表了天下的正统，这一点其对立面前秦君主苻坚都表示承认。由于魏晋得国不正的争议，晋政权统治的合法性长期备受质疑，在南北政权正统之争为民族斗争的因素所主宰时，晋政权终于成为天命正统的象征。这在客观上助长了共治集团中君主权力扩张的动能，而东晋孝武帝具备长君的优势，桓冲、谢安和谢玄等当权士族先是选择妥协、退让，继而又相继凋零，其他士族门户没有出现仪容玄谈一流、具有理政领军能力的代表人物，渡江士族第三代中杰出者后继无人，以致东晋士族主导的东周模式遭到解构，恢复到接近晋武帝时期皇帝主导的宗室、士族共治的西周模式。

不过，这并不意味着孝武帝恢复了君主专制的权威，宗室、士族等势力仍然在共治集团中保持着较大的影响，孝武帝主要还是通过平衡各方力量的方法，保持皇权在共治结构中的主导权。随着北方政权的反攻，东晋军队在淝水之战后获得的淮河以北的土地逐步丧失，恢复神州的价值依然遥不可及，"务必清静"、优容士族的现实政治如故，系统的死结重新产生。

第 七 章

帝不惠，自少及长，口不能言，虽寒暑之变，无以辩也。凡所动止，皆非己出。故桓玄之篡，因此获全。初谶云"昌明之后有二帝"，刘裕将为禅代，故密使王韶之缢帝而立恭帝，以应二帝云。

——《晋书·安帝纪》

第七章　刘裕引领百年变局

东晋孝武帝司马曜是其身后乱局的始作俑者。以司马道子、司马元显父子为代表的中央政权和以王恭、殷仲堪坐镇外藩的士族名士对决，是孝武帝生前一手造成的。王恭、殷仲堪等人主动挑起战争，破坏了皇帝主导宗室、士族共治的统治策略，而又没有能力重建当权士族主导的政权，造成共治集团内部极大的动荡。

司马道子下令直接诛杀孙泰，司马元显推行"免奴为客"政策，以及主动向桓玄荆州兵集团宣战，都是引发冲突的激进举措。司马氏父子代行皇权的失败，本质上还是缺乏能力去挑战"务必清静"、优容士族的现实政治，缺少资源去建设稳定的宗室、士族共治的上层结构，反而让中下层武人势力演变为独立的力量。其中，刘牢之北府兵集团发挥了决定性的作用，先后扭转了王恭、司马道子对垒的结果，击退了孙恩长生人宗教集团的进攻，在司马元显与桓玄荆州兵集团的决战中，北府兵突然阵前倒戈，直接把桓玄送入建康主政。

在桓玄大肆屠杀北府兵上层将领，并且仓促建楚称帝后，刘裕等北府兵中下级武人以恢复晋室为号召发动起义。在十余年的时间里，刘裕先后消灭桓氏荆州兵集团，北上灭亡南燕政权，南下平定卢循长生人叛乱，清除刘毅等新北府兵集团内部的异己，铲除司马休之等宗室势力残余，实现了包括巴蜀、荆襄在内的南方高度统一。刘裕通过集权政治，重建专制的权威，在经济政策上实行土断、抑制豪强，一定程度上集中控制了国家的资源，从而突破了系统死结的束缚，为再度北伐、灭亡后秦政权创造了条件。

刘裕终结了两晋的共治，以中央集权、君主专制的统治策略完成换代称帝。但是，刘裕未能重建儒家王道的伦理价值，禅代前后残酷杀害晋安帝、晋恭帝，成为南朝各代血腥更迭的始作俑者。这种以暴力手段解决问题的思维方式，严重影响皇族子孙、功臣武将的行为选择，魏晋时代价值观、方法论背离造成的治理扭曲，相伴南朝的始终。

第一节
武人势力挑战士族政治

淝水大战之后,孝武帝司马曜凭借大环境的机缘巧合,实现了元帝、明帝生前无法达成的对共治集团的主导。令人讶异的是,这不但未能继续实现恢复神州的目标,反倒激化了统治结构内外各种矛盾。孝武帝一边重用其弟司马道子为首席辅政大臣,一边在与司马道子产生嫌隙后,采取重用亲近的士族名士出镇外藩予以牵制的方法,人为地制造了对立于司马道子的集团。孝武帝猝死后,以司马道子挟持安帝作为宗室一方,以坐镇京口、荆州的士族名士王恭、殷仲堪等人作为另一方,围绕着共治集团的主导权,产生了激烈的较量。

尽管王恭、殷仲堪之死,宣告孝武帝生前的安排完全破局,但司马道子也没有获得实质性的力量。以刘牢之为代表的中下层武人势力,以及桓玄为首的士族中非主流的荆州地方势力等,乘机向共治集团腐朽的上层发起挑战。

孝武帝制造了司马道子的对立面

孝武帝司马曜是继晋武帝之后,两晋时期少有的对共治集团取得主导权的皇帝。他承接了谢安当国时期遗留的大好局面,一面重用司马道子、谯王司马恬等宗室势力,指望其拱卫皇权,一面先后起用各家士族门阀子弟，以及一些门户稍低的儒学之士，以彰显天下共主的格局，其中士族名士中的王恭为皇后之兄，即太原王氏王濛、王蕴一支中的王蕴之子，可谓以外戚身份维护皇权。

孝武帝、司马道子兄弟的各自品格、相互关系等，与晋武帝、齐王司马攸兄弟对应的部分并不相同，但是，就这种兄弟关系对晋政权造成的伤害程度而言，两者之间可能有些异曲同工的相似之处。晋武帝没有选择司马攸为辅政大臣，可能是他身后西晋发生内乱的因素之一，而孝武帝一度重用司马道子，随后产生矛盾，双方又未能妥善地沟通与调整，进而造成共治集团内部失控的冲突，这是东晋政权走向瓦解的重要原因。

《晋书·孝武帝纪》称孝武帝"既威权已出，雅有人主之量。既而溺于酒色，始为长夜之饮"，即一本正经行使君主权威不久，迅速染上酗酒贪色恶习，"肆一醉于崇朝，飞千觞于长夜"。饮酒寻欢不分昼夜，而把国家政务全部委托给司马道子。

公元387年，东晋太元十二年，孝武帝再次追授司马道子为徐州刺史、太子太傅。先前任命司马道子接任谢安的诏书中，宣称"司徒、琅邪王道子体道自然，神识颖远，实当旦奭之重，宜总二南之任"。考虑到孝武帝为司马道子兄长，把司马道子比作辅佐侄子辈周成王的周公旦、召公奭，显然是有抬高司马道子而自我贬低之嫌。孝武帝的本意是急于树立司马道子的威信，填补谢安去世后产生的巨大政治真空，从而取得皇权对士族门阀的掌控，但是，这些无疑都凸显了司马道子实际主政者的地位。

部分有意官位者因此投入司马道子门下，其中最为出名的即王坦之第三子王国宝。荆州刺史桓石民去世后，王国宝之弟王忱接任，庾亮之孙庾楷继任豫州刺史，都是得力于司马道子的安排。尽管这些人被视为司马道子一党,却不应认为他们站在皇帝的对立面。

其实,孝武帝、司马道子在维护司马氏皇权问题上是高度一致的,甚至两人沉溺酒色的恶习也是一致的。孝武帝、司马道子信仰佛教,共同亲近僧人尼姑,一些尼姑出入后宫,干预政治;司马道子好用寒微小吏,孝武帝也是认可的,这与其生活习气方面的共同趋向不无关系。孝武帝、司马道子平日在宫内与寒人过往甚密,寒人在宫内的频繁活动,必然将民间的风俗、游戏传入宫廷,这导致其生活方式的寒人化。[1]

《晋书·简文三子传·司马道子传》中记载:"于时孝武帝不亲万机,但与道子酣歌为务,姆姆尼僧,尤为亲昵,并窃弄其权。凡所幸接,皆出自小竖。郡守长吏,多为道子所树立。既为扬州总录,势倾天下。"《晋书·五行志上》记载:"会稽王道子宠幸尼及姆母,各树用其亲戚,乃至出入宫掖,礼见人主。"司马道子重用寒人,控制人事,把关系亲密的尼姑、仆妇和亲戚等都带入后宫面见孝帝。可见司马道子之揽权,孝武帝、司马道子关系之密切。换言之,司马道子的专权行为,主要是孝武帝扶持、放纵的结果。

孝武帝、司马道子兄弟之所以形成嫌隙,大致有两方面的原因。其一,司马道子弄权贪利,起居奢侈、做派高调,孝武帝后宫妃子及僧尼等人拨弄是非。"嬖人赵牙出自优倡,茹千秋本钱塘捕贼吏,因赂谄进,道子以牙为魏郡太守,千秋骠骑谘议参军。"(《晋书·简文三子传·司马道子传》)歌舞艺人出身的赵牙为司

---

[1] 王永平:《论东晋孝武帝、司马道子之重用宗室、寒士与寒人》,《江苏社会科学》2011年第5期。

马道子营建东府，堆筑山丘挖通水池，种植成行竹木，花费了数以万计的劳力、金钱。孝武帝曾到访其宅，直言"修饰太过，非示天下以俭"。茹千秋卖官贩爵，积聚了数亿财产。司马道子自恃得到李太妃的宠爱，以家人的亲密态度对待孝武帝，经常酒醉而失态。这些都令孝武帝相当不快。

其二，司马道子在朝廷中权力达到顶点，远近官员纷纷投奔他，受到了孝武帝重用的数位儒学之士的公开批评。孝武帝为了重塑儒学的价值对晋政权正统的意义，一面拔擢多位门户较低的儒学之士进入朝廷，一面恢复被殷浩因北伐财力不足而废弃的国子学，这些政策曾得到谢安生前大力的支持。尽管儒学的复兴并不成功，但范宁、徐邈、王雅、车胤等儒生还是获得了一定的话语权。

侍中王国宝联合大臣上奏，要求封司马道子为丞相兼扬州牧，赐予他皇帝诛杀时专用的铜斧等，遭到了护军将军车胤的驳斥。胤曰："此乃成王所以尊周公也。今主上当阳，非成王之地，相王在位，岂得为周公乎？"（《晋书·车胤传》）车胤严肃指明把司马道子比作周公极不合适，孝武帝恍然大悟，对王国宝等人的奏章大发雷霆，反而嘉奖了车胤。王国宝虽是范宁的外甥，但范宁特别痛恨他阿谀谄媚的样子，多次劝说孝武帝革除王国宝的职务。

孝武帝内心对司马道子极度不满，不过，碍于母亲李太妃的面子，又不愿直接废黜司马道子，反而还要"加崇礼序"，同时，孝武帝采取了两项迂回的策略。

第一项，敲山震虎，斩杀司马道之亲信袁悦之。《晋书》《世说新语》对此的叙述略有不同。《晋书·袁悦之传》记载，才子袁悦之"甚为会稽王道子所亲爱，每劝道子专览朝权，道子颇纳其说。俄而见诛"。袁悦之被杀的具体原因,是王国宝指使袁悦之通过妙音尼姑的关系,写信给太子司马德宗之母陈淑媛,为王国宝游说。孝武帝闻知后,另找理由下令杀之。《世说新语》刘孝标注袁氏谱中说,袁悦之劝司马道子专权的言语被皇后之兄王恭得知,报告孝武帝后将其处死。"既而朋党同异之声,播于朝野矣。"

孝武帝第二项行动更具实质意义,即绕开司马道子直接主导人事,以亲近的士族名士镇守外藩,形成各地对司马道子的牵制。公元390年,东晋太元十五年,坐镇京口的谯王司马恬去世,孝武帝立即任命王恭都督兖、青、冀、幽、并、徐及扬州之晋陵诸军事,前将军,兖、青二州刺史,假节,镇守京口;公元392年,东晋太元十七年,坐镇襄阳的朱序辞职离任,孝武帝乘机以郗昙之子郗恢为建威将军、雍州刺史,假节,镇守襄阳;坐镇江陵的王国宝之弟王忱去世,司马道子可能想以王国宝继任,孝武帝即以中诏的形式,直接任命殷浩之侄殷仲堪都督荆益宁三州军事、振威将军、荆州刺史,假节,镇守江陵。

在建康中央政权层面,以王导之孙王珣为左仆射,谢安之子谢琰为右仆射,曹魏时重臣王朗之玄孙王雅为尚书、散骑常侍,而又以王珣、王雅等形成对司马道子的抗衡。

孝武帝完全在走晋武帝司马炎的老路。武帝晚年发现外戚杨骏德不配位,没有进行撤换,而以分封帝系宗室势力镇守要地的方式进行平衡,引发身后一系列的混乱。孝武帝以亲信名士分镇外藩,相当于人为地制造了对立于司马道子的集团。其实所谓主相相持的矛盾的来源,在于孝武帝恢复了对共治集团主导之后,没有划清皇帝与首席辅政大臣之间的权责界限,司马道子和部分大臣对首辅的理解,可能还停留在当权士族掌权的时期。孝武帝没有进行制度规范,也不调整司马道子的地位,一味地培植士族势力制衡，从而埋下内乱的祸因。

孝武帝之死的真相和影响

在孝武帝的生前，并不存在孝武帝、司马道子两大集团截然对立的状况。尤其是在司马道子一边，司马道子没有篡位的野心，也无伤害孝武帝的动机，真正依附司马道子者人数并不多，主要是太原王氏王述、王坦之一支的王国宝、王忱及王绪等人。而且他们听命于司马道子，是因为觉得司马道子得到了孝武帝的充分信任，而不是相反。

王国宝在皇家便殿边上建屋，引起孝武帝的恼怒，王国宝转而示好孝武帝，而与司马道子疏远。司马道子因此大怒，"尝于内省面责国宝，以剑掷之"（《晋书·王国宝传》），昔日情谊不复再有；不过，王国宝因此被孝武帝视为忠臣，一度打算为太子司马德文配娶王国宝之女。这充分说明在君主专制，或者君主主导的体系里，皇帝才是臣民唯一忠诚的对象。

如果孝武帝不死，至少共治集团上层的宗室、士族等势力将继续维持稳定，孝武帝的死亡打破了这种平衡关系。《晋书·孝武帝纪》中记载："初，简文帝见谶云：'晋祚尽昌明。'及帝之在孕也，李太后梦神人谓之曰：'汝生男，以昌明为字。'及产，东方始明，因以为名。"就是说孝武帝名曜字昌明，对应了谶语"晋祚尽昌明"中的天机，虽然这些可能是后人的附会，但孝武帝去世后，晋朝的命运走向彻底衰落，却是不争的事实。

公元396年，东晋太元二十一年九月，孝武帝在睡梦中暴毙。《晋书·孝武帝纪》中记载："时张贵人有宠，年几三十。"孝武帝和她开玩笑，说以你这个年纪应该可以废黜了。"贵人潜怒。向夕，帝醉，遂暴崩。时道人昏惑，元显专权，竟不推其罪人。"《资治通鉴》综合了《晋书》中《五行志》《天文志》，以及北朝《魏书·僭晋传》中的相关记载，判断是张贵人支开太监，"使婢以被蒙帝面，弑之，重赂左右，云因魇暴崩"。吕思勉先生在《两晋南北朝史》中，虽以为此事大不近情理，然孝武绝于宦官宫妾之手，则似无疑。观国宝勾结能及于陈淑媛，则知当时宫禁之内，衽席之间，未始非危机之所伏也。[1]

《资治通鉴》断定张贵人为主凶，而继位的太子司马德宗暗弱，掌权的司马道子昏荒，竟不予追究；吕思勉先生则认为存在其他宫廷阴谋的可能。根据当时及之后的政治形势发展分析，这些判断的可能性其实不大。

首先，分镇京口、江陵的王恭、殷仲堪都是孝武帝的亲信，之后两次发起针对司马道子父子的大规模讨伐，无论是司马道子参与了弑君的政治阴谋，还是包庇、掩盖张贵人的谋杀行为，都是极佳的战争动员的借口，而实际上王恭、殷仲堪等人从未就此提出异议；其次，建康城中除了司马道子父子，王珣、谢琰和王雅等人都是颇有声望的士族名士或儒生，如果孝武帝之死存在可疑之处，他们不可能畏惧司马道子权势而不挺身而出。司马道子也没有理由要为张贵人开脱罪责。而且，孝武帝酗酒成性，醉后胡言乱语已是常态，张贵人熟知孝武帝性情，怎么可能因此杀人。所以，最大的可能还是孝武帝死于晚间突发的疾病，戏言、暴崩两者之间至多只是巧合而已。

《资治通鉴·晋纪三十》中记载，孝武帝去世当晚，"王国宝

---

[1] 吕思勉：《两晋南北朝史》，第177页。

夜叩禁门，欲入为遗诏，侍中王爽拒之曰：'大行晏驾，皇太子未至，敢入者斩！'国宝乃止"。王爽为王恭之弟，当晚可能负责宫门出入，王国宝时任中书令，闻讯后想到要入宫抢得遗诏起草权，被王爽阻止。之后王恭以清算王国宝为名起兵，把他夜闯宫门、"欲矫遗诏"列为罪证之一，却未对孝武帝的死因表示疑惑。由此亦可看出孝武帝去世确实事发突然，如果司马道子、王国宝等人主导或参与了宫廷阴谋，应该早就准备好对自己一方有利的遗诏。

孝武帝突然去世后，15岁的太子司马德宗即皇帝位，是为晋安帝。《晋书·安帝纪》中记载："帝不惠，自少及长，口不能言，虽寒暑之变，无以辨也。凡所动止，皆非己出。"即从小到大不会说话，冬夏不分，行动起居无法自理。其弟琅邪王司马德文小他四岁，常常侍奉在他的左右，"消息温凉寝食之节，以恭谨闻，时人称焉"（《晋书·恭帝纪》）。司马德文照顾兄长的冷暖起居饮食，为世人所称赞。孝武帝为何步晋武帝司马炎之后尘，以白痴儿子为接班人而不改立司马德文？史料中并无答案，此事却始终令人感到匪夷所思。

孝武帝生前重用王珣、王雅等人，如果孝武帝不是突然去世，王珣、王雅都有可能被任命为顾命大臣。而在孝武帝没有留下遗诏的情况下，安帝即位后，根据有司上奏，即以司马道子进位太傅、扬州牧、中书监，赐予黄钺，诏令朝廷内外一切事务都向其请示。换句话说，将由司马道子代行皇权，真正成为辅政的"周公"。

孝武帝执政晚期，他表面上与司马道子维持了和睦的关系。《晋书·简文三子传·司马道子》中记载："中书郎徐邈以国之至亲，唯道子而已，宜在敦穆。"徐邈以汉文帝与淮南王、晋武帝与齐王两对兄弟悲剧性的结局为例，劝导孝武帝妥善处理兄弟关系。孝武帝采纳了他的意见，又恢复了对司马道子的信任。这是司马道子在孝武帝去世后得以总揽朝政的重要前提，问题是，朝廷内外历经孝武帝多次布局，相当部分重臣不认可司马道子代行皇权的权威，晋武帝司马炎去世后的混乱局面，又在孝武帝去世后的东晋重演了。

北府兵决定王恭、司马道子对决的结果

对于共治集团中顶尖的几家士族门阀子弟，孝武帝基本上都予以了任用机会，包括太原王氏的两支王恭、王国宝，琅邪王氏的王珣，陈郡谢氏的谢琰，颍川庾氏的庾楷，高平郗氏的郗恢，陈郡殷氏的殷仲堪等。其中又以处于对立中的太原王氏两支影响最大。之外，承袭桓温南郡公爵位的幼子桓玄，已经成长为二十余岁的青年，先后担任过太子洗马、义兴太守等职，随后又辞官返回了荆州南郡。

王恭是王蕴之子，孝武帝皇后王法慧之兄，其地位类似晋明帝时期的庾亮。《晋书·王恭传》中记载："恭美姿仪，人多爱悦，或目之云，濯濯如春月柳。"他曾经身披鹤氅外衣，踏雪而行，被赞为神仙中人。而"恭性抗直，深存节义"为人不宽容，因此错过不少机会。在司马道子府的酒宴上，尚书令谢石乘着酒兴哼唱民间小曲，王恭立即正色予以批评。"淮陵内史虞珧子妻裴氏有服食之术，常衣黄衣，妆如天师。"司马道子非常喜欢裴氏，让她与宾客交谈，众人都为此降低身份。恭抗言曰："未闻宰相之坐有失行妇人。坐宾莫不反侧，道子甚愧之。"

王恭俊美的仪容，过于率直的性情，这些都相当符合两晋名士的标准，而与庾亮相接近。王恭与太原王氏另一支的王忱少年时感情很好，王忱去拜访他，看见王恭坐在六尺竹席上，王忱以为他有多余的席子，就问他要，王恭就给了王忱，自己坐在草垫子上。忱闻而大惊，恭曰："吾平生无长物。""长物"就指多余的东西。王忱、王国宝为司马道子所用，王恭则与孝武帝相当亲近，二王的关系即开始恶化。

《世说新语·忿狷》中讲述，王忱、王恭一起到尚书左仆射何澄家做客，王恭时任丹阳尹，王忱刚担任荆州刺史。快要分别之际，"大劝恭酒，恭不为饮，大逼强之"，王忱小字佛大，"大"即王忱，两人各自作出要武斗的样子，"恭府近千人，悉呼入斋，大左右虽少，亦命前，意便欲相杀"。何澄只得坐在他们之间，双方才得以分散，避免了一场大打出手。

司马道子掌握朝政后，王国宝再度靠拢他，司马道子又一次重用王国宝及其堂弟王绪，这就引发了王恭极度不满。王恭赴建康参加孝武帝葬礼期间，王国宝、王绪一方，王恭另一方，都曾私下商议清除对方的可能性。《资治通鉴·晋纪三十》总结："道子欲辑和内外，乃深布腹心于恭，冀除旧恶。而恭每言及时政，辄厉声色，道子知恭不可和协，遂有相图之志。"司马道子与王恭推心置腹沟通，却遭到王恭声色俱厉的对待。之后，王国宝任左仆射，主管官员升降，仍兼任后将军、丹阳尹。"会稽王道子悉以东宫兵配国宝，使领之。"

王国宝、王绪力劝司马道子削藩，裁减王恭、殷仲堪的兵权，王恭则派人联络荆州刺史殷仲堪共同举兵，得到了殷仲堪、桓玄等人正面的回应。王恭之所以拒绝司马道子和解的要求，一方面是出于对司马道子、王国宝人品的厌恶，孝武帝没有留下身后辅政安排的遗诏，王恭实际上否认司马道子代行皇权的合法性；另一方面，考虑到当权士族主导共治的局面终止不过十年，在安帝愚鲁暗弱的情况下，王恭未始没有扳倒司马道子、王国宝而自代的想法。

王恭坐镇京口，并无自己嫡系军队。谢玄去世后，北府兵将领们分散在北伐前线各地。王恭以北府兵第一名将领刘牢之为司马，召他率部返回京口驻防。北府兵以北方流民为骨干，从创建起即以抗击北方外族为价值目标，至此被引入共治集团的内争。在京口为北府镇将的王恭，只有倚靠刘牢之的北府兵才能自存，才能具有震慑作用；而刘牢之的北府兵南归后还须依附士族，仍然是一支为门阀政治所用的军队，还不具有对士族的独立性。[1]

公元397年，东晋隆安元年四月，王恭以诛杀王国宝、王绪为名义起兵，不过，王恭还未将矛头直接指向司马道子，在檄文还有"相王神武"的语句。王国宝不知所措，一会儿听从王绪的建议，打算矫命谋杀王珣、车胤等有声望的大臣，挟持安帝、司马道子讨伐王恭；一会儿又接受王珣、车胤劝说，准备放弃兵权辞职谢罪。

《资治通鉴·晋纪三十一》记载："道子暗懦，欲求姑息，乃委罪国宝，遣骠骑谘议参军谯王尚之收国宝付廷尉。"谯王司马尚之为司马恬之子，司马道子命令司马尚之收押王国宝，交付廷尉治罪，赐其自尽，把王绪斩于闹市，并向王恭道歉。王恭失去继续进军的借口，暂且下令收兵。

面对王恭、殷仲堪两藩威胁建康，司马道子一面任命自己16岁的世子司马元显为征虏将军，把府上卫队及徐州刺史文武都交

---

[1] 田余庆：《东晋门阀政治》，第283页。

给他管辖；一面引谯王司马尚之、其弟司马休之等为心腹，并接受了司马尚之意见，通过布局心腹于外，以达到屏障中央的目标。不久，朝廷任命王国宝之兄、司马王愉为江州刺史，都督江州及豫州四郡军事。

没有料到的是，司马道子的这一任命，触犯了属于自己阵营的豫州刺史庾楷的利益。庾楷反对把原属豫州的四郡划给王愉管辖，在上书未果后，派儿子向王恭游说举兵，王恭又把这一意见转达荆州殷仲堪、桓玄等人，段仲堪、桓玄及庾楷共推王恭为盟主，约定时间共同向京师进军。

由于上一年举兵，殷仲堪荆州军并未如期而至，因此王恭决定自行起事，公开上表宣布讨伐王愉及司马尚之、司马休之兄弟。司马刘牢之表达了不同的意见。刘牢之以为："相王以姬旦之尊，时望所系……顷所授用，虽非皆允，未为大失……晋阳之师，其可再乎！"(《晋书·王恭传》)刘牢之不熟悉高层的政治生活，仍把司马道子视为周公，认为司马道子用人没有大的过失，以下犯上的事，怎么可以一再发动。

王恭没有理会刘牢之的进谏，反而以北府统帅的官位向其许诺"事克，即以卿为北府"。司马元显派庐江太守高素前往游说刘牢之，答应刘牢之反正后，即把王恭的职位、封号全部授予他。刘牢之就此事与长子刘敬宣商量，刘敬宣说："朝廷虽无成、康之美，亦无幽、厉之恶。而恭恃其兵威，暴蔑王室。大人亲非骨肉，义非君臣，虽共事少时，意好不协，今日讨之，于情义何有！"(《资治通鉴·晋纪三十二》)就是说王恭、刘牢之不是骨肉、君臣关系，相处时间不长也不和谐，背叛王恭在情义上没有障碍。

早前，朝廷授予会稽王司马道子黄钺，命其世子司马元显为征讨都督，派遣卫将军王珣、右将军谢琰率部讨伐王恭，谯王司马尚之率部讨伐庾楷。司马尚之虽大破庾楷，但殷仲堪、桓玄及南郡相杨佺期指挥的荆州军击败王愉后，已经逼近建康。刘牢之统帅北府兵倒戈后，彻底改变了战局，王恭的军队随之全线溃败。王恭被俘获后，"即于建康之倪塘斩之。恭五男及弟爽、爽兄子秘书郎和及其党孟璞、张恪等皆杀之"（《晋书·王恭传》）。

《晋书》的编撰者给予了王恭相当的同情，记录王恭临刑前"神无惧容"，自诉忠于国家社稷，"家无财帛，唯书籍而已，为识者所伤"。如果王恭成功入主中枢，也有可能成为又一位主导共治集团的当权士族，而与占据荆州的殷仲堪或者桓玄达成平衡。

问题在于淝水大战之后，晋室的天命合法性上升，孝武帝建立的皇帝主导的宗室、士族共治结构，在皇权缺位的情况下，相较于王恭代表的士族势力，司马道子为首的宗室势力似乎更能代表正统。刘牢之父子是这么认为的，王珣、谢琰等士族名士可能也这么认为。王珣、王恭在孝武帝葬礼期间曾有交流，王珣再三要求王恭克制："况拥强兵窃发于京辇，谁谓非逆？"（《晋书·王珣传》）

王恭既不知兵，又无率师北伐的声望，在东晋获得七十年的和平局面后，以王敦的方式轻启内战，实属不智。而且王恭"自谓威德已著，虽仗牢之为爪牙，但以行阵武将相遇，礼之甚薄。牢之负其才能，深怀耻恨"（《晋书·刘牢之传》）。可见王恭的号召能力，比起四大当权士族中较弱的庾亮更差，司马道子宗室一方，其实也无动员的能耐，刘牢之反而成为决定双方胜负的决定性力量。这无疑意味着共治集团内部中下层武人势力独立崛起，对已经僵化、腐烂的上层构成了挑战。

桓玄以非正常手段取得荆州

王恭两次发兵建康，殷仲堪及其荆州兵都有参与，但都没有发挥决定性的作用。第一次殷仲堪答应王恭的出兵请求，却无实质性的军事行动，直至司马道子处死王国宝、王绪，王恭罢兵撤军，殷仲堪始命南郡相杨佺期进屯巴陵；第二次桓玄、杨佺期到达建康石头城时，王恭已经失败，刘牢之率北府兵进驻新亭，荆州兵只得后撤至蔡洲。

《晋书·殷仲堪传》记载："仲堪能清言，善属文，每云三日不读《道德论》，便觉舌本间强。"任晋陵太守期间，禁止弃婴不育，禁止久丧不葬，禁止以反叛者父母作为人质，"所下条教甚有义理"。殷仲堪还是孝子，父病多年，"仲堪衣不解带，躬学医术，究其精妙"。孝武帝召他为太子中庶子，"甚相亲爱"，又加其为黄门郎。皇帝把自己写的诗给殷仲堪看，乃曰："勿以己才而笑不才。"王忱去世后，荆州刺史之位空缺。《世说新语·识鉴》中叙述，"朝贵人人有望。时殷仲堪在门下，虽居机要，资名轻小"，人们不认为他能胜任方伯的重任，"晋孝武欲拔亲近腹心，遂以殷为荆州"。

殷仲堪颇有爱民之心，太平年代或许是优秀的治理人才，但身处大动荡的变乱时刻，却是弱势、不合格的领导者。殷仲堪坐镇江陵，既缺乏凝聚荆州地方势力的手腕，又没有可靠的武力可以凭借，最后不得不受制于桓玄、杨佺期兄弟两大武力集团。

桓氏家族历经桓温、桓豁、桓冲和桓石民三代，在荆州地区经营接近五十年，形成了一股以桓氏家族为核心的荆州地方军政势力。虽然桓温去世时，桓玄仅有5岁，不可能亲身向父亲学习到纵横的谋略，但是，作为父亲指定的南郡公爵位继承人，桓玄在家族中正统地位无可争议。桓玄"形貌瑰奇，风神疏朗，博综艺术，善属文。常负其才地，以雄豪自处，众咸惮之，朝廷亦疑而未用"。因为当时常有人议论桓温不臣之迹，所以桓玄兄弟都只担任无实权的闲官。

《世说新语·言语》中叙述，"桓玄义兴还后，见司马太傅。太傅已醉，坐上多客，问人云：'桓温来欲作贼，如何？'桓玄伏不得起"。司马太傅即司马道子，醉后公开声称桓温是想要篡位的贼子，可见司马氏宗室对桓温的看法。王坦之的儿子王忱担任荆州刺史期间，对桓玄"每裁抑之"。桓玄愤怒之余，曾向皇帝上疏，除了为父亲"西平巴蜀，北定伊洛"评功摆好，还特别指出："至于先帝龙飞九五，陛下之所以继明南面，请问谈者，谁之由邪？谁之德邪？"点明简文帝一脉承继帝位，完全是父亲桓温的功劳。

南朝梁宝唱撰写《比丘尼传》一书，其中《简静寺支妙音尼》中提到，荆州刺史王忱死，孝武帝本意是想以王恭继任。桓玄受到王忱的裁抑，对王恭更为忌惮。考虑到殷仲堪较弱易于掌控，桓玄派人请托妙音尼姑为殷仲堪谋取荆州之位。妙音果然在孝武帝面前巧妙地推荐了殷仲堪，"帝然之。遂以代忱"。这段记录与《晋书》中王国宝通过袁悦之请托妙音，在安帝母亲处为王国宝游说的逻辑是相同的，既可见僧尼妙音在宫中的能力，又可知桓玄希望殷仲堪出镇荆州的想法与孝武帝的本意完全一致。

殷仲堪对桓玄相当敬畏。王恭起事之前，桓玄以王国宝可能以中枢名义撤换殷仲堪为说辞，动员其仿效春秋时晋国赵鞅尽起晋阳之甲清君侧，奉王恭为盟主，所谓"此事既行，桓文之举也"（《晋书·桓玄传》）。桓文指春秋五霸中的齐桓公、晋文公，桓玄当时号召的目标，就是要恢复当权士族主导共治集团的"东周模式"。殷仲堪征求雍州刺史郗恢及南蛮校尉殷觊、南郡相江绩等人的意见,大家都表示不赞成,殷仲堪即以龙骧将军杨佺期接替南郡相的职位。

杨佺期为东汉太尉杨震的后代,其父杨亮曾在羌人姚襄军团中任职,归晋后一直在桓温、桓冲手中担任武职,直至出任梁州刺史。由于杨氏家族南下较晚,婚姻、仕途都不同于士族高门的风格,杨佺期兄弟等人性情粗犷,长期在军中带兵打仗,大致可被列入武将。依照田余庆先生的划分,其实际地位与刘牢之相近,只能算作次等士族。[1]不过,由于杨佺期兄弟在荆襄掌握一支以北方流民为主体的武装,这又使其具有了某种举足轻重的地位。

殷仲堪决定向建康出兵后,即把军事指挥权交给杨佺期兄弟,以杨佺期统帅五千水军为前锋。朝廷已经任命桓玄为广州刺史,都督交、广二州军事,桓玄接受了任命却又不去赴任,反而以第二队参加军事行动,殷仲堪率两万人殿后。荆州兵退至蔡洲后,司马道子接受桓冲之子、振武将军桓修的建议,对殷仲堪、桓玄和杨佺期采用了分化的策略。即任命桓玄为江州刺史;把郗恢召回任尚书,任命杨佺期代替郗恢为雍州刺史,都督梁雍秦三州诸军事;任命桓修为荆州刺史,贬黜殷仲堪为广州刺史。

桓玄、杨佺期都准备接受朝廷的任命,不过其军中将士的家眷均在江陵,殷仲堪以屠杀家眷相威胁,迫使桓玄、杨佺期作出妥协。"虽内相疑阻,势不得不合。乃以子弟交质,壬午,盟于寻阳,俱不受朝命。"(《资治通鉴·晋纪三十二》)三方交换儿子兄弟作为人质,以桓玄为盟主,在寻阳立誓结盟。虽然朝廷又收回

---

[1] 田余庆:《东晋门阀政治》,第273页。

成令，重新恢复殷仲堪荆州刺史的职务，但是，随后桓玄以江州为基地召集桓氏故交旧部迅速坐大，杨佺期夺取雍州，暗杀原雍州刺史郗恢及其四个儿子，殷仲堪失去了主导的地位。

不过，这种因利益而暂时结盟的关系是相当脆弱的。《晋书·桓玄传》中记载："佺期为人骄悍，常自谓承藉华胄，江表莫比，而玄每以寒士裁之，佺期甚憾，即欲于坛所袭玄。"如果不是殷仲堪阻止，杨佺期在立誓的坛所上即向桓玄发起攻击。因为殷仲堪对杨佺期兄弟的骁勇善战相当恐惧，担心他消灭桓玄后反过来加害自己；所以，之后殷仲堪与杨佺期结为姻亲，又禁止他进攻桓玄。而桓玄屯兵夏口，一面争取朝廷任命他都督荆州四郡，以他的哥哥桓伟接替杨佺期的哥哥杨广担任南蛮校尉，积极扩充地盘，一面又延揽桓氏旧人卞范之、郭铨和冯该等人，蓄势而发，其中被朝廷免职的原豫州刺史庾楷，被桓玄任命为武昌太守。

公元399年，东晋隆安三年，荆州暴雨成灾，殷仲堪以江陵府库中全部储备粮赈济灾民。桓玄乘机向殷仲堪发动进攻，率先夺取尚有存粮的巴陵。当桓玄大军围攻江陵时，殷仲堪不得不发放胡麻给士兵充饥。殷仲堪又以城中尚有余粮的错误信息，欺骗杨佺期率部为自己解围，结果在缺粮窘境下被桓玄逐一击破。杨佺期、杨广被杀，殷仲堪被俘后被逼自杀。在桓玄蛮横的坚持下，朝廷任命他身兼荆、江两州刺史，都督八州及扬、豫八郡军事，桓伟为雍州刺史。

王恭、殷仲堪的先后失败，说明孝武帝生前两藩的安排完全破局。王恭、殷仲堪等人主动挑起对中央政权的战争，破坏了皇帝主导宗室、士族共治的统治策略，而又没有能力重建当权士族主导的政权，造成共治集团内部极大的不稳定。殷仲堪作为孝武帝任命的大员，居然受到攻击而亡，这既是他个人风格、能力问题，也反映出晋室统治的有效性开始丧失。杨佺期其实是中下层武人势力的代表，桓玄虽是士族高门之后，但实际上是以半在野之身，充分整合荆州地区地方势力而成气候。宗室、士族高门人才不济，淝水大战胜利不过十余年，共治集团即出现了分崩离析的现象。

第二节
晋室的实际统治是怎样被终结的？

在司马道子、司马元显父子试图代行皇权的过程中，采取了诛杀五斗米教首领孙泰、免奴为客等激化矛盾的措施，不仅造成三吴地区士族地主、佃农普遍不满，更是直接激发了孙恩、卢循以五斗米宗教为名义的暴动。渡江士族第三代、第四代人才凋零，除桓氏子弟多在军中以外，其他门户失去对武力的控制。司马道子父子不得不重用刘牢之、刘裕等北府兵集团武人，去阻止长生人集团造反夺权。之后司马元显向桓玄荆州兵集团主动宣战，刘牢之率北府兵阵前倒戈，以至于桓玄顺利入主建康。司马道子父子等宗室势力被杀，意味着晋政权已经丧失了其统治的有效性。

桓玄屠杀北府兵集团高层将领，大量重用桓氏子弟及少数亲信故旧，在没有充分取得代晋合法性的前提下，简单地模仿曹氏、司马氏改朝称帝，这就为刘裕等北府兵中下层武人的兵变提供了动员的借口。

司马元显触碰了结构性的死结

司马道子世子司马元显通过策反刘牢之，取得了反击王恭的关键性胜利，一时成为拯救东晋政权的英雄人物。《晋书·简文三子传·会稽王道子传》记载:"元显虽年少,而聪明多涉,志气果锐,以安危为己任。"谯王司马尚之为他的副手,依附于宗室势力的朝臣,都吹捧他颇具晋明帝的神武之风。当时司马道子染病,又经常昏醉,司马元显就向安帝建议免去他司徒、扬州刺史职务,改以琅邪王司马德文为司徒,而他自兼扬州刺史。司马道子酒醒后,才知道已经被儿子夺去大权。

不过,司马元显毕竟只是十六七岁少年,"性苛刻,生杀任意",自以为无敌于天下,"故骄侈日增"。鉴于荆江上游桓玄坐大,京口重镇又成为刘牢之的地盘,司马元显急于重建由自己直接掌握的武力,乃在被建康政权控制的三吴地区推行"免奴为客"的政策,把士族地主的奴婢放免为佃客,将其"移置京师,以充兵役",以解决国家兵源不足的燃眉之急。

从某种意义上说,这一做法即晋元帝司马睿"免良为奴"政策的翻版。元帝"诏免中州良民遭难为扬州诸郡僮客者,以备征役",即释放北方流民沦为僮客者,将其直接编入忠于元帝的武装。东晋以保卫中华正统、恢复中原为价值号召,客观上要求加强集权、提升国家的能力,但东晋又实行君主、士族共治的统治策略,国家的政策以不损害南北士族的基本利益为前提,两者之间形成矛盾。王敦利用士族高门,特别是吴地豪族的严重不满,发动了针对建康政权的叛乱。

司马元显少不更事,缺乏治国的谋略和经验,无意中触碰到了这一结构性的死结。按照晋朝的制度,"客皆注家籍",奴客皆属于主人。司马元显却把士族地主的依附民收归朝属,还要自欺欺人地命名为"乐属"——声称这些佃客乐于归属朝廷。士族主人失去作为劳动力的佃客,自然心存不满,佃户已在当地安居,还必须前往京师从军,心中的愤恨可想而知。司马元显得罪了江南社会的主客阶层，引发了三吴地区的骚动。

司马元显与元帝的时代很不相同。晋元帝时期，侨姓士族南渡不久，在政治上拥有很大的影响力，王导、庾亮、郗鉴和温峤等人都是第一流的人才，尽管王敦一时嚣张，依然受到士族高门相当的制约。而且，无论是北方的流民势力还是江南的豪族、自耕农，都延续了东汉以来尊重士大夫的传统，士族官僚对中下层号召力巨大。庾亮的整顿激起苏峻之乱，不过，南人寒族将领陶侃仍为庾亮的名士风度所折服，最终加入了平叛的一方。庾亮等人成功地把北方流民势力纳入体制，士族典兵成为共治集团基本的规则。

到了七八十年后司马元显时期，共治结构上层的宗室、士族势力，大都已是渡江后的第三代、第四代。统治集团长期在较为狭窄的圈子内通婚、选才，治国领军的人才一代不如一代，享有各种利益的特权阶级与中下层社会严重脱节，缺乏产生共鸣的互动。这就造就了更接地气的次等士族或寒人阶层兴起，刘牢之、杨佺期等武人势力实际上脱离了士族高门，以手中掌握的兵权为筹码，要求越来越高的政治地位。为"免奴为客"政策所激发的五斗米道暴动，即是次等士族孙恩、卢循等人利用宗教进行包装，动员体制外民众造反夺权的重大事件。

长生人暴动扫荡三吴士族

《晋书·孙恩传》记载："孙恩字灵秀，琅邪人，孙秀之族也。世奉五斗米道。"孙秀是赵王司马伦篡位的主要谋士。孙恩及其主要骨干卢循、徐道覆等人，彼此均为姻亲关系。陈寅恪先生考证，孙氏家族南渡后，与其他南来的下层北人一样，经过土断，已变成南方的低下阶级。孙恩妹夫卢循、卢循姐夫徐道覆，分别为范阳、东海名族，由于过江晚、"婚宦失类"等原因，等同于寒人。范阳卢氏、东海徐氏都有可能为五斗米教的信徒。[1]

孙恩实际上是其叔父孙泰的事业继承人，《晋书》对孙泰在江东传教过程作了详细叙述。孙泰早年以钱塘道士杜子恭为师，以秘术诱诳百姓，"愚者敬之如神，皆竭财产，进子女，以求福庆"。王珣将之向司马道子报告，把孙泰流放至广州。太子少傅王雅素与孙泰友善，向孝武帝推荐他，孝武帝因他有养性之术，又将他召回。司马道子任命他为徐州主簿，孙泰"犹以道术眩惑士庶"，后升任辅国将军、新安太守。

王恭之战中，孙泰私自召集义兵数千人，"为国讨恭"。鄱阳太守桓放之、骠骑谘议周勰都敬仰侍奉他，会稽王世子司马元显多次拜访孙泰，向他学习秘术。"泰见天下兵起，以为晋祚将终，乃煽动百姓，私集徒众，三吴士庶多从之"。当时朝臣都担心孙泰叛乱，考虑到司马元显与他关系深厚，"咸莫敢言"。谢安之侄、谢石之子、时任会稽内史谢輶揭发了他的阴谋后，司马道子下令将其诛杀。

由此可知，孙泰传播五斗米教的信仰，不仅得到下层民众的膜拜，还在宗室、士族上层中颇受欢迎，孙泰积蓄自己的势力，暗存颠覆士族、宗室垄断共治集团的目标。这些情形，与东汉末年张角以太平道传教起事有些相似。

两晋士人脱儒入玄，儒学作为官方意识形态式微，佛道得以

---

[1] 陈寅恪著，万绳楠整理：《陈寅恪魏晋南北朝史讲演录》，第140—143页。

迅速乘虚而入。一般而言，底层的庶民信教，往往需要助其治病、祛魔及长生等法术，士族阶层则兼顾价值领域的探索。道家向往成为长生不老的神仙，幻想肉体飞升。五斗米道要求民众相信，疾病、灾难都是人本身的罪过和鬼魅作祟造成，只有交纳五斗米入教成为"米民"，以静思、请祷之法驱逐鬼魔才可避灾免祸，之后还必须经过男女合气，发展为五斗米教的"种民"。

东晋初期时，葛洪把五斗道与儒学结合起来，用道儒合一取代玄儒合一，他写作"抱朴子"一文，把教义从"上云羽化飞天，次称消灾灭祸"变为仙药与六经同奉，长生与做官并举[1]，推动了五斗米教在士族上层的传播。

下层米民想要成仙，必须通过"尸解"，即"当死之时，或刀、兵、水、火，痛楚之切，不异世人也。既死之后，其神方得迁逝，形不能去尔"。孙泰被杀后，教众都未觉得他已死去，"皆谓蝉蜕登仙，故就海中资给"。即认为孙泰已经成仙，继续至海上供奉。孙恩逃至浙东海岛上，纠集数百亡命之徒，准备复仇。

公元399年，东晋隆安三年，司马元显推出"免奴为客"的征兵计划后，吴地动荡，孙恩立即从海上进攻上虞，杀死县令，进而袭击会稽。会稽内史王凝之为王羲之次子，谢玄大姐谢道蕴之夫，他是五米道教的信徒，不设武备，相信鬼兵可以退敌，遂为孙恩所杀。"于是会稽谢铖、吴郡陆环、吴兴丘尪、义兴许允之、临海周胄、永嘉张永及东阳、新安等凡八郡，一时俱起，杀长吏以应之。旬日之中，众数十万。"吴兴太守谢邈，永嘉太守谢逸，嘉兴公顾胤，南康公谢明慧，黄门郎谢冲、张琨，中书郎

---

[1] 万绳楠:《五斗米道与孙恩起兵》,《江淮论坛》1981年第5期。

孔道，太子洗马孔福，乌程令夏侯愔，皆被杀害。其中谢邈、谢冲都是谢安之侄。吴国内史桓谦、义兴太守魏隐、临海太守新蔡王司马崇等，纷纷弃城出逃。

孙恩占据会稽，自称征东将军，把自己的徒众命名为"长生人"，大肆屠杀异己，有不赞同者连同婴孩一起杀戮，民众死去十之七八。长生人妇女中有小孩连累不能走者，便用布袋或竹篓装入小孩扔至水中，而告之曰："贺汝先登仙堂，我寻后就汝。"可见下层徒众受孙恩洗脑影响之深。

万绳楠先生分析，追随孙恩起事的八郡领导者中，谢鍼是北方来的住在会稽郡的名士之一，陆环是吴郡四姓之一，丘尪是吴兴著姓。他们都是"长生人"，这表明他们都是五斗米道的上层信徒。这等人起来响应孙恩，正是起来响应他们的教主。论述孙恩起兵，决不能只讲"免奴为客"者，不讲率领他们的士庶地主谢鍼、陆环、丘尪等人，不讲孙恩志在复仇，不讲他们宗教上的从属关系。[1]

被杀或逃走的官僚中，包括了司马氏宗室成员，王、谢、桓等顶尖士族门阀成员，以及其他吴姓士族成员，其中可能也包括了五斗米教的信徒。这就是说五斗米教的身份，不一定是决定对立的根本性因素，即双方阵营不是以拥护五斗米教为一方，反对五斗米教为另一方，孙恩等人似乎也不直接否定晋室的合法性，孙恩曾向安帝上表，历数司马道子、司马元显父子的罪恶，要求诛杀他们。

所以，孙恩、卢循集团的武装暴动，本质还是中下层势力对

---

[1] 万绳楠：《五斗米道与孙恩起兵》，《江淮论坛》1981年第5期。

上层士族专政的挑战，夹杂着其对司马道子父子、谢氏家族的私人恩怨。会稽作为建康政权的后花园，特别是谢氏家族为代表的士族门户聚居地，遭到了严重的劫难。

刘裕在平暴中崭露头角

东晋政权加司马道子黄钺，以司马元显为中军将军，徐州刺史谢琰兼领吴兴、义兴等郡军事，领兵平定起义。刘牢之也出动军队讨伐孙恩。其中谢琰作为谢安之子，是当时硕果仅存的参加过淝水大战的士族统帅。公元400年，东晋隆安四年初，谢琰统军破义兴斩杀许允之，进而击败吴兴丘尫。谢琰留在乌程驻屯后，派遣司马高素协助刘牢之进军浙江。孙恩不得不率信众男女二十余万人，退往海岛。朝廷担心孙恩卷土重来，即以谢琰兼任会稽内史，都督五郡军事，率其徐州文武赴东海沿线驻守。

不过，谢琰到任后，"不能绥怀，又不为武备"。将帅都劝其以王道予以安抚，琰曰："苻坚百万，尚送死淮南，况孙恩奔衄归海，何能复出！若其复至，正是天不养国贼，令速就戮耳！"（《晋书·谢琰传》）之后孙恩第二次从海上进犯浃口，进入余姚，攻破上虞，挺进至邢浦，距山阴仅三十五里。将帅都以为要在南湖布置水军，分兵设伏，谢琰不听。孙恩长生军来袭时，谢琰连饭还没吃，号称"要当先灭此贼而后食也"，立即跨马而出。结果中了埋伏，谢琰及其二子谢肇、谢峻，以及广武将军桓宝等全部阵亡。

谢琰之死，可能意味着士族典兵的时代已经走向终场。除了桓玄尚掌握上游，桓氏子弟多在军中这一特殊情况，其他士族高门已经失去对武力的控制。而且孙恩率长生人杀害多位士族高门子弟，表明江南士庶对代表中原正统文化的侨姓门户失去了以往的尊崇。司马道子父子倾向于重用宗室势力掌兵，同时中下层武人越来越发挥出决定政治走向的作用。

稍早刘牢之已被任命为都督吴郡诸军事，刘牢之先前已平定过一起吴地的动乱。《晋书·王廞传》中记载，王恭第一次发动讨伐时，任命王导之孙、在吴地守母丧的司徒王廞代理吴国内史。王廞得令，身穿丧服立即起兵，且"诛杀异己"，派员至吴兴、义兴等地征兵，"轻侠赴者万计"。王廞心存"可乘间而取富贵"之念，在王恭停止征伐要求他撤兵时，居然调转队伍攻击王恭，向司马道子写信输诚。司马道子把信转给王恭后，王恭即命刘牢之率部征讨，斩其子王泰，王廞仅一人逃走，"遂不知所在"。

刘牢之的北府兵不仅在淝水击败前秦，一度攻入邺城与后燕交战，还在内战中打垮王导之孙王廞，反戈一击、推倒王恭，等等，威名早已远扬。孙恩得知八郡之地响应他的起兵，曾自得地说："天下没什么大战了，我与诸君将穿着朝服去建康。"之后知道刘牢之出兵，复曰："我割浙江，不失作勾践也。"即放弃了进军建康的念头，幻想与北府兵分而治之。等到刘牢之率部渡江逼近，乃曰："孤不羞走矣。"（《晋书·孙恩传》）在刘牢之等北府兵将领攻击下，孙恩退回海岛。

孙恩以吴国、会稽两郡沿海岛屿为基地，利用徒众中大量渔民的关系，组织起拥有上千艘舰船的水军，在沿海寻找晋军防守薄弱处进攻。公元401年，东晋隆安五年一月，孙恩第三次卷土重来。先是进攻句章不克，三月又北上海盐，随后继续北上攻破沪渎垒，六月逆长江而上，进逼建康。在将近一年的多场大战中，北府兵中39岁的参军刘裕脱颖而出，成为对抗孙恩长生人集团的主力。

根据《宋书·武帝纪》记载，刘裕字寄奴，祖籍彭城，为汉高祖刘邦之弟楚王刘交的后代。曾祖刘混时南渡，定居晋陵郡丹徒县京口里。祖父曾任东安太守，父亲仅为郡功曹。祝总斌先生考证，刘裕的家族门第属于低级士族[1]，和陈寅恪先生总结的次等士族意思相同，相比杨佺期家族"婚宦失类"、刘牢之武人将门世家，地位似乎更加寒微。

参加平定孙恩之乱战争前，史籍上没有关于刘裕的任何记录。孙恩首次自海上来犯时，刘裕奉刘牢之命令率数十人侦察敌情，与长生军数千人相遇。"高祖（刘裕）便进与战。所将人多死，而战意方厉，手奋长刀，所杀伤甚众。"（《宋书·武帝纪上》）可见刘裕当时仅为身先士卒的下级军官。

在刘牢之的指挥下，刘裕连续在句章、海盐等地与长生军作战，尤其在海盐旧址筑城防守，击杀孙恩大将姚盛。孙恩不得不转向沪渎，杀了吴国内史袁崧，刘裕弃城一路追击。孙恩率十余万水师由海入江出现在丹徒水面时，京师建康一片惊慌。刘牢之主力部队尚在山阴，刘裕奉命迅速奔赴京师，他以不足千人的疲惫之师，向率先占据蒜山的孙恩军队发起攻击，"裕帅所领奔击，大破之，投崖赴水死者甚众，恩狼狈仅得还船"（《资治通鉴·晋纪三十四》）。

孙恩重新集结部队向建康逼近时，谯王司马尚之、刘牢之等各路援军已陆续赶到。孙恩只得放弃进攻，从海上北走郁洲，分兵攻陷广陵，杀三千人。朝廷以刘裕为下邳太守，命他赶往郁洲

---

[1] 祝总斌：《材不材斋史学丛稿》，中华书局，2010年，第313—326页。

讨伐。"刘裕与刘敬宣并军蹙之于郁洲，累战，恩复大败，于是渐衰弱，复沿海还南。裕亦寻海要截，复大破恩于扈（沪）渎，恩遂远进海中。"(《晋书·孙恩传》)《宋书》中把刘裕蒜山、郁洲和沪渎三仗，总结为"三战并大获"，意在重点突出刘裕在击败孙恩集团规模最大的第三次海上举兵中的作用。

公元402年，东晋元兴元年，即在桓玄集团控制建康政权后，孙恩第四次泛海而来，但仍为临海太守辛景所败。孙恩失望至极，"乃赴海自沉，妖党及妓妾谓之水仙，投水从死者百数。余众复推恩妹夫卢循为主"(《晋书·孙恩传》)。

孙恩的投海自尽，标志着五斗米教暴动第一个高潮的结束。虽然，孙恩没有实现进入建康主导政权的目标，但扫荡了三吴地区士族的力量，进一步触发武人势力摆脱共治结构中士族、宗室的桎梏而崛起，根本动摇晋政权共治策略的基础。东晋国家的镇压行动，演变为北府兵武装集团与长生人宗教集团的对决，至此延续十余年。

司马道子父子失败的内在逻辑

仔细研究桓玄集团迅速膨胀的原因，司马元显其实是始作俑者之一。司马元显以朝廷的名义任命桓玄江州刺史，之后又命其都督荆州四郡军事，本意上是想分化桓玄、殷仲堪及杨佺期的联盟，实际上却是桓玄得以崛起的重要原因。短短半年多的时间，桓玄即从优游无事的士族公子，一跃而为国家最有实权的封疆大吏，占据东晋国土三分之二以上。

桓玄要求率部去征讨孙恩，遭到司马元显以诏书制止。桓玄又逼迫朝廷任命其兄桓伟为江州刺史，镇守夏口；任命刁畅为辅国将军、督八郡军事，镇守襄阳。朝廷征召广州刺史刁逵、豫章太守郭昶之进京，都被桓玄留住。桓玄还致信司马道子，对司马道子父子进行了严厉的批评，认为孙恩退兵并非朝廷部署得当，又为王恭之叛辩护："尔来一朝一夕，遂成今日之祸矣……在朝君子，岂不有怀，但惧害及身耳。玄忝任在远，是以披写事实。"（《晋书·简文三子传·司马道子传》）

考虑到桓玄以为自己受到歧视，长期不能得到朝廷的重用，心中的愤怒可以理解。如果司马道子采取其父简文帝司马昱的柔性处理方式，诚恳修书予以劝慰，至少大战不会马上爆发。当时桓氏集团占据荆江上游，司马道子宗室以刘牢之北府兵为支撑控制建康，如果能以一定的手段维持荆扬平衡的现状，宗室、士族的共治政权应可延续。可是，司马元显阅信后深感恐惧，反而接受了风险极高的建议，即乘其在上游立足未稳主动出击。

公元402年，东晋元兴元年正月初一，朝廷下达诏书历数桓玄之罪恶，"以尚书令元显为骠骑大将军、征讨大都督、都督十八州诸军事、加黄钺，又以镇北将军刘牢之为前锋都督，前将军、谯王尚之为后部，因大赦，改元，内外戒严，加会稽王道子太傅"（《资治通鉴·晋纪三十四》）。扬州地区受孙恩之变影响，百姓饥饿、漕运不济，桓玄封锁了长江水道，致使国家财力、物力动员能力低下，仅以粮食麸皮、橡树果实等给士兵充饥。当桓玄得知朝廷向他宣战时，大吃一惊："既闻元显将伐之，甚惧，欲保江陵。"（《晋书·桓玄传》）这至少说明桓玄原先并没有立即推翻建康司马道子父子宗室集团的计划。

在长史卞范之的劝说下，桓玄以其兄桓伟守江陵，亲率荆州兵军团主动向建康进发。"玄既失人情，而兴师犯顺，虑众不为用，恒有回旆之计。"桓玄一直怀有向西返回的打算，直到经过寻阳，没有发现朝廷的大军，桓玄及其荆州兵将士这才士气大振。荆州兵前锋部队杀害了朝廷派来宣旨停战的齐王司马柔之。《晋书》上记载，司马柔之是被庾亮下令捕杀的南顿王司马宗之子，司马宗之死发生在成帝年间即公元326年，司马柔之当年即使是婴儿，被杀时也已接近八旬高龄。可见荆州兵民对晋室亲贵毫无敬畏之心。

桓玄抵达姑孰时，其部已经击溃豫州刺史、谯王司马尚之指挥的晋军，司马尚之逃走后被俘获，其弟司马休之弃历阳城而走。武昌太守庾楷先前担心桓玄与朝廷对抗，从而不利于自己，故而主动联络司马元显，愿意做朝廷讨伐桓玄的内应，此时阴谋暴露，遭到桓玄的囚禁。双方对垒的关键时刻，桓玄派刘牢之族舅何穆策反北府兵军团，致使司马元显不战自败，束手就擒。

《晋书·刘牢之传》记载："牢之以玄少有雄名，杖全楚之众，惧不能制，又虑平玄之后功盖天下，必不为元显所容，深怀疑贰，不得已率北府文武屯洌洲。"刘牢之一边担心北府兵不能战胜荆州兵，一边又担心战胜桓玄后功劳太大，不能被司马元显所容。司马元显日夜酣饮，也不和刘牢之亲自沟通，刘牢之主动去见他也没有见到，直到安帝为司马元显饯行时，才匆匆见上一面。在这种状态下，加之司马尚之所部已经崩溃，刘牢之不顾儿子刘敬宣、外甥何无忌及刘裕的竭力劝阻，执意派刘敬宣前往桓玄军中，再次阵前倒戈。

桓玄进入建康后，"矫诏加己总百揆，侍中，都督中外诸军事、丞相、录尚书事、扬州牧，领徐州刺史"（《晋书·桓玄传》）。桓玄大权独揽后，立即对司马道子等人实行了总清算。以朝廷的名义下诏，把司马元显、东海王司马彦璋、谯王司马尚之、庾楷，以及司马元显其他追随者，全部押至建康斩首。命令司马道子离开，贬逐至安成郡居住，不久又将其毒杀。司马道子死时为40岁，司马元显死时仅21岁，元显六子同时遇害。

孝武帝去世六年后，司马道子父子代表的宗室势力即遭毁灭性打击，宣告孝武帝以来皇帝主导共治集团的策略已完全失效。虽然孝武帝生前对司马道子有所抑制，但这绝不等同于孝武帝希望整体上打击宗室。司马道子父子代行皇权的失败，《晋书》编撰者将之归结为司马道子沉溺酒色、听信谗言、司马元显的年龄不足以承担国家的重责大任。这些固然也是原因，但是究其本质，仍是无力建设稳定的宗室、士族共治上层结构，反而让中下层势力决定了晋室的命运。

司马道子下令直接诛杀孙泰，司马元显推行"免奴为客"政策，以及主动向荆州桓玄集团宣战，都是激化矛盾之举措。这不禁使人联想到王导当年的"愦愦之政"，谢安的和靖之策，表面上一团和气，甚至丧失原则，实际是以牺牲部分中央政府权威、牺牲部分国家资源动员能力为代价，换回了士族专政的平衡局面。王导、谢安虽然无力解开历史的死结，完成恢复中原的大业，但至少维持住了共治集团偏安的局面。司马道子、司马元显父子显然不具备这样的政治智慧。

桓玄篡位缺乏正当性

桓玄一度入主建康中枢，本来是有机会恢复当权士族主导君主、士族共治的东周模式体系，从而长期控制东晋政权。桓玄改任太尉后，前往姑孰军营驻扎。朝廷大政都要向他请示，小事则由桓冲之子、尚书令桓谦和丹阳尹卞范之处理，这与其父桓温独掌共治集团的做派颇为相似。不过，桓温、桓玄父子的功业不是连续的，两者相差三十余年，桓玄的突然崛起，并不取决于当权者的认可、选择，而是他以下犯上动员的结果。田余庆先生认为这是士族门阀政治的回光返照[1]，祝总斌先生认为他是高级士族的代表[2]，这样的概括颇有道理，但似乎还不够全面。

　　首先，桓玄起事的基本力量为桓氏在荆州的故交旧部。这一人群虽然不属底层势力，但也肯定不是门阀或者高级士族。经过半个世纪的经营，桓氏家族在荆州上游培植了一个以桓氏家族为核心、荆州地方政治社会势力为主导的相对独立的军事政治利益集团。这个集团成员包括出身荆州本地的原来居住民和流亡而来逐渐本地化的北人。由于建康高门垄断了国家中枢的政治资源，荆州都督区就成为荆州地方势力政治军事发展的最大空间。荆州势力发展客观上需要一个强有力的地方保护者，桓氏成为了这一保护人角色不二的人选。[3]

　　其次，东晋的几大当权士族中，桓氏家族的势力分布最广，出仕领兵者最多。孝武帝、司马道子父子内心反感桓温曾经凌驾于君权之上的行为，但是，东晋帝脉毕竟是由桓温移至简文帝一系，也不可能公开否定桓温。除桓温一系桓玄、桓伟以外，桓冲一系桓嗣、桓谦和桓修等诸子，桓豁一系桓石虔、桓石秀、桓石民、桓石生、桓石绥和桓石康诸子等，分别都曾在荆江豫等州及

1　田余庆：《东晋门阀政治》，第275页。
2　祝总斌：《试论东晋后期高级士族之没落及桓玄代晋之性质》，《北京大学学报（哲学社会科学版）》1985年第3期。
3　徐芬：《再论桓楚政权性质：以桓玄荆州军事势力为切入点》，《湘潭大学学报（哲学社会科学版）》2012年第1期。

建康任职，执掌过部分军队。部分桓氏子弟没有参与桓玄进军建康的行动，可一旦桓玄在建康掌权，他们拥护桓玄，成为他所依赖的对象，是很自然的事情。

第三，一些士族高门人物支持桓玄。不过，除桓玄少时好友卞范之、姐夫殷仲文以及王导之孙王谧等人可能竭诚拥戴以外，大部分官僚名士、门户子弟最多言语上不反对，行动上不拒绝桓玄任命的官职。出于泰山羊氏的名士羊孚是桓玄好友，桓玄代晋之前，羊孚去世，桓玄极为悲痛。《世说新语·伤逝》中介绍，桓玄代晋前对卞范之说："之前羊孚劝止我改朝的意图，现在羊孚、索元先后去世，而我匆忙作出唐突的登基决定，这难道是违背天意的吗？"[1] 换言之，羊孚赞成他掌权却反对他改朝，这可能也是门阀高门中一种普遍的心态。

事实上，经过孙恩集团的扫荡破坏，三吴地区侨姓、吴姓士族受到极大冲击，基本失去了左右建康朝局的能力。当时可以决定政治形势发展的力量，除了桓玄的荆州兵集团、孙恩、卢循的长生人集团余部，就是以刘牢之等人为代表的北府兵集团。如果没有孙恩起义，谢氏家族遭受重创，桓玄是否可以顺利入主建康都是未知之数。以谢氏家族特别是谢琰对北府兵的影响力，刘牢之应当不至于背弃中央政权。王恭第二次起兵时，谢琰站在建康一边，获假节、都督前锋军事，或许是刘牢之回归朝廷的原因之一。

桓玄入主建康不久，即改任刘牢之为会稽内史，牢之乃叹曰："始尔，便夺我兵，祸将至矣！"（《晋书·刘牢之传》）其子

---

[1] 桓玄当篡位，语卞鞫云："昔羊子道恒禁吾此意，今腹心丧羊孚，爪牙失索元，而匆匆作此诋突，讵允天心？"

刘敬宣劝刘牢之袭击桓玄，刘牢之移屯班渎，打算北奔其女婿广陵相高雅之，据江北而与桓玄抗衡。在众将领的讨论会上，参军刘袭曰："事不可者莫大于反，而将军往年反王兖州，近日司马郎君，今复欲反桓公。一人而三反，岂得立也。语毕，趋出，佐吏多散走。"刘敬宣去京口转移家属，未及时赶回，刘牢之以为他被刘袭所害，谋反的密谋泄露，居然上吊自杀。

刘牢之出身于将门之家，在武人势力崛起的历史时刻，缺乏独树一帜的政治勇气及号召能力，仍以过去的经验选择宗室、士族作为自己追随的对象，反而成为倒戈将军，被部下抛弃。桓玄获悉后，将其开棺斩首，暴尸示众。

桓玄一面以桓修为右将军、徐兖二州刺史，意在控制北府兵、镇守建康；一面又无情铲除北府兵高级将领，"玄又害吴兴太守高素、辅国将军竺谦之、谦之从兄高平相朗之、辅国将军刘袭、袭弟彭城内史季武、冠军将军孙无终等，皆刘牢之之党，北府旧将也"（《晋书·桓玄传》）。刘袭反对刘牢之背叛桓玄，最后仍被桓玄所害，可见桓玄对武人的漠视和滥杀。刘敬宣、高雅之，以及刘袭之兄、冀州刺史刘轨等不得不北投南燕慕容氏政权。另有袁虔之、刘寿、高长庆、郭恭等将领投奔后秦。

桓玄大肆屠杀北府老将，阻遏新生代的上升之路，这不能不引起刘裕等中下层军人的严重不满。早前刘牢之策划前往广陵时，动员刘裕一同前往，刘裕当时认为，桓玄"彼新得志，威震天下。朝野人情，都已去矣。广陵岂可得至邪！"（《资治通鉴·晋纪三十四》）即桓玄明显占据上风，此时发动不会成功，遂返京口出任桓修的中兵参军。不久，桓玄委派刘裕东征，讨伐一度接受招安而又继续扰动的卢循长生人集团。

公元403年，东晋元兴二年正月，刘裕先后在东阳、永嘉等地击破卢循,又"追讨至于晋安,循浮海南走"。刘牢之外甥何无忌来到山阴军中,劝刘裕在会稽举义声讨桓玄。山阴大族孔靖建议:"山阴去京邑路远,且玄未居极位,不如待其篡逆事彰,衅成恶稔,徐于京口图之,不忧不克。"(《宋书·孔靖传》)刘裕、何无忌接受了他的主张。

孔靖建议的重点,其实是要等待桓玄登基称帝,这样反对他就可以激发起更广泛、更深层动员。晋室存在已经一百三十余年,从没有做到像汉朝一样,构建起臣民对政权、皇帝、儒家思想三合一的信仰体系。在晋安帝智力低下、宗室集团被清算的情况下,其统治的有效性已经丧失。问题在于,基于北方地区处于少数民族混战的局面,尤其是在淝水大战之后,晋室作为中华正统的天命合法性反而犹存。任何人想取而代之,必须要证明自己北伐中原、恢复神州的价值和能力。

以桓玄在羊孚去世后与卞范之对话来看,他应当了解取得天命对改朝换代的重要性。公元399年,即东晋隆安三年,后秦羌人军团已攻占旧都洛阳,东晋政权的实际控制区逐渐退回淮水一线。《晋书·桓玄传》中记载:"玄诈表请平姚兴,又讽朝廷作诏,不许。"桓玄不具备北伐所需要的人力、财力资源,而又好说大话,既知无法做到,却推说是奉诏停止了军事行动。这种自欺欺人的做法,无疑使他陷入被众人耻笑的境地。

桓伟去世后,桓玄日感孤危,"自知怨满天下",在殷仲文、卞范之等人催促下,终于走上了代晋的道路。桓玄率先改授百官。"以桓谦为侍中、卫将军、开府、录尚书事,王谧散骑常侍、中书监,领司徒,桓胤中书令,加桓修散骑常侍、抚军大将军。"其中桓胤为桓冲之孙,桓豁之子桓石康、桓石生分别为荆州刺史、江州刺史等,加上东兴公殷仲文、临汝公卞范之、鱼复侯冯该、右卫将军皇甫敷、武卫将军庾赜之、刁协之孙刁逵等，桓玄组建的新朝开国功臣集团，除王谧之外，完全以桓氏子弟及少数亲信故旧为主，实际上是一个相当狭窄的小圈子。

桓玄紧接着以皇帝名义加其相国，以南郡等十郡之地封其楚王，加九锡，楚国置丞相以下百官。这是仿效曹操曹丕父子、司马昭司马炎父子禅代模式迈出的实质性步伐，只不过曹氏代汉、司马氏代晋前后进行了十余年的过渡，桓玄之父桓温当年求加九锡而不可得，最终仍维持士族共治专政的局面，而桓玄仅以数月时间即宣告晋室终结，反而吹响了中下层武人势力反抗的集结号。

第三节
刘裕重建集权专制的统治

以刘裕为代表的新北府兵集团兴起,代表了中下层武人作为独立的政治力量,已凌驾于原晋室共治集团的士族、宗室势力之上。刘裕以恢复晋室为号召,却并没有重建晋政权以共治为特征的统治。相反的是,刘裕对士族采取顺昌逆亡的两手计谋,善待愿意背书、拥护及服从的合作者,把站在不同立场的反对派予以肉体消灭;对司马氏宗室严加防范、限制和削弱。为了树立个人专制的权威,刘裕北上攻灭鲜卑慕容氏南燕政权,以增加未来代晋的合法性,南下阻遏卢循长生人集团的大举进攻,消灭了崛起的中下层势力中最重要的挑战者。

刘裕在清洗了新北府集团内部刘毅、诸葛长民等异己力量后,已在统治集团中处于定于一尊的地位,新兴的皇权呼之欲出。

新北府兵集团主导政权

公元403年,东晋元兴二年十一月,晋安帝司马德文派王谧把皇帝的玉玺印绶呈献给桓玄,正式向他禅位。桓玄即在九井山北侧上筑坛登基,定国号楚,改年号永始,追尊其父桓温为太祖宣武皇帝。把晋安帝降为平固王,依照魏元帝曹奂被降为陈留王居住邺城宫中的旧例，迁往寻阳居住。

《晋书》《资治通鉴》编撰者可能出于对桓玄代晋的否定，保留了大量国家及桓玄本人负面的记录。当时江东地区遭遇严重饥荒，"三吴大饥，户口减半，会稽减十三四，临海、永嘉殆尽，富室皆衣罗纨，怀金玉，闭门相守饿死"（《资治通鉴·晋纪三十四》）。桓玄即帝位后，长江之水卷入石头城，被激流淹没的人非常多，灾民号叫之声震天动地。"玄闻之惧，曰奴辈作矣！"（《资治通鉴·晋纪三十五》）

在这样的状况下，桓玄还在人为地制造祥瑞的消息。"诈言钱塘临平湖开，江州甘露降，使百僚集贺，用为己受命之符。"桓玄听说之前改朝换代时，都有隐士不出来做官的先例，就派人找到西晋隐士皇甫谧第六代孙皇甫希之，"给其资用，使隐居山林。征为著作郎，使希之固辞不就，然后下诏旌礼，号曰高士"（《资治通鉴·晋纪三十五》）。时人都称之为"充隐"——冒牌货。

事实上，桓玄承接了东晋政权治理死结的后果，既无力实现北伐中原恢复神州的价值目标，又难以提升国家资源的控制与动员能力。桓玄好虚名而造假，是其内心对统治合法性缺乏信心的表现。他赢得了表面上的胜利，却未能洞察政治生态发生了重大变化。桓玄剪灭了共治结构中宗室势力的力量，铲除北府兵集团中的上层将领，反而为刘裕等新生代中下级军人崛起铺平道路。

《晋书·姚兴载记上》记载，辅国将军袁虔之等人投奔后秦后，后秦皇帝姚兴询问桓玄是否能够成功，袁虔之认为其"不如其父远矣。今既握朝权，必行篡夺，既非命世之才，正可为他人驱除耳"。就是说桓玄肯定会篡晋，是为他人作嫁的过渡人物。

桓玄禅代前后，荆州殷仲堪的党羽庾仄曾动员七千人反叛，袭击驻守襄阳的雍州刺史冯该，桓温之孙、被废黜的桓济之子桓亮乘乱起兵，自称平南将军、湘州刺史。这些动乱虽被镇压，但足以证明即使在桓氏老巢、桓氏家族内部，对桓玄称帝也不是一致臣服。桓玄称帝后，益州刺史毛璩扣留他的使节，拒绝楚朝的任命，巴蜀之地再度脱离了建康政权掌控。

桓修可能受到桓玄的指派，向刘裕询问对于改朝的态度。刘裕立即表达拥戴："晋室微弱，民望久移。乘运禅代，有何不可？"（《宋书·武帝纪上》）但是，刘裕等人实际一直进行着倒桓的秘密谋划。

《资治通鉴·晋纪三十五》记载："裕、毅、无忌、元德、仲德、昶及裕弟道规、任城魏咏之、高平檀凭之、琅邪诸葛长民、河内太守陇西辛扈兴、振威将军东莞童厚之，相与合谋起兵。"其中刘毅曾任中兵参军，居丧住于京口，经何无忌从中联络，遂与刘裕共同成为核心成员。根据刘裕的安排，刘毅过江前往广陵，与桓弘的中兵参军刘道规、青州主簿孟昶一起，策划刺杀青州刺史桓弘，占据广陵；诸葛长民时任豫州刺史刁逵参军，刘裕派遣其刺杀刁逵，占据历阳；王元德和王仲德兄弟、辛扈兴、童厚之等人在建康，准备聚集人马作为内应。计划京口、广陵、历阳和建康四地同时发动。

公元404年，东晋元兴三年二月，即桓玄改朝称帝两个月后，以部分北府兵中下级军人为骨干，一场旨在推翻桓楚的大规模兵变爆发。如果说司马懿发动高平陵政变，奠定了司马氏代魏的基础，那么刘裕等人发动这一场起义，实际上也揭开南方新的王朝序幕。不过在当时，刘裕等组织者完全是以光复晋室为号召，从而赢得了大部分士族、武人的支持。

刘裕以外出打猎为名，与何无忌在京口城外纠集义士二十八人，加上追随者超过百人。次日城门打开，何无忌身穿传旨使者服装，声称宣旨而进入。"义众驰入，齐声大呼，吏士惊散，莫敢动"，接着把桓修杀死示众；刘毅、孟昶和刘道规等率壮士五六十人进入广陵城，见青州刺史桓弘正在吃粥，立即将其斩杀，随即聚集部众过江。刘裕诛杀桓修后，桓修的司马刁弘率领文武佐吏赶到。刘裕登上城头声称，晋安帝已经在寻阳复位："我等并被密诏，诛除逆党，同会今日……诸君非大晋之臣乎，今来欲何为？"(《宋书·武帝纪》)刁弘等人闻后退走。

由于刘毅之兄刘迈的告密，建康内应计划失败。王元德、辛扈兴和童厚之等人被桓玄下令杀死。刘裕等人迅速集结起京口、广陵两地义军向建康进发，先后在江乘、罗落桥阵斩桓楚大将吴甫之、皇甫敷，《宋书·武帝纪上》中称："高祖躬执长刀，大呼以冲之，众皆披靡。"刘裕身先士卒、铁血沙场，与士族名士风花雪月、高高在上的风格形成鲜明对照。

义军随即突破桓谦布置的蒋山防线，桓谦的部下包括部分原北府军人，久闻刘裕威名，完全丧失抵抗的意志。距离京口首义仅仅五天的时间，刘裕即率义军进入建康。桓玄弃守京师，带领少数亲信沿长江西上，返回荆州。

之前诸葛长民来到豫州历阳，过了约定的时间而没有发动兵变。豫州刺史刁逵逮捕了诸葛长民，把他押上囚车送往建康。囚车行至路上，桓玄已经失败，押送者打破囚车，放出诸葛长民，一起返回历阳。刁逵弃城而逃，被他的部下抓获，押往建康斩首。至此，建康、徐州京口、青州广陵和豫州历阳等东线沿江重镇，全部光复。

桓玄退至桓氏家族的老巢，却依然未能扭转兵败如山倒的败局。刘裕迅速组成了以刘毅为主帅的西征军团。《晋书·刘毅传》记载："玄既西走，裕以毅为冠军将军、青州刺史，与何无忌、刘道规蹑玄。玄逼帝及琅邪王西上，毅与道规及下邳太守孟怀玉等追及玄，战于峥嵘洲。毅乘风纵火，尽锐争先，玄众大溃，烧辎重夜走。"桓玄挟持安帝前往江陵，设置百官，组织起两万余人的水军。刘毅、何无忌率部攻克寻阳后，与桓玄指挥的楚军大战于桑落洲，再度创造了以少胜多的战例。

桓玄逃回江陵时，已经完全不能控制局面，次日不得不率少数心腹出奔梁州。途中，桓玄遭遇益州刺史毛璩派来的部队，被杀死在坐船之上。桓玄之子桓升、尚书仆射卞范之等桓楚集团骨干先后被杀。

桓玄死于公元404年，东晋元兴三年六月，距离其改朝称帝不过半年有余。尽管桓谦、桓玄之侄桓振等继续在桓氏荆楚故地支撑一年左右，但刘裕、刘毅和何忌之等代表的新北府兵武人势力，无疑取得了决定性的胜利。桓玄急剧地崛起，不一定代表着士族门阀的共同利益得到维护，而桓玄更为急剧地衰亡，一定意味着士族门阀专政的局面彻底终结。无论是皇帝主导的宗室、士族共治的西周模式，当权士族主导的君主、士族共治的东周模式，还是桓玄试图建立的新兴士族皇权，历史都已经翻篇。

分化士族与削弱宗室

刘裕及其新北府兵武人势力走上政治舞台的中央，就当时的历史而言，确实是百年未遇之大变局。刘裕等人以恢复晋室为号召，却不可能恢复晋朝共治的统治策略以及相关制度。一方面，对桓氏亲故或曾经欺凌过他的大族成员，刘裕毫不留情地予以坚决打击，甚至加以杀害；另一方面，曾经看好刘裕并对刘裕给予礼遇的高门士族成员，刘裕亦会报以殊礼。[1]换句话说，当权武人与士族的地位发生了根本性的变化。

刘裕京口起兵后，被众人推为盟主，总督徐州事。稍早经何无忌的推荐，刘裕任命刘穆之为军中主簿。刘裕进入建康之后，确立留台百官，焚烧被桓玄供奉的桓温牌位，重建晋室牌位立于太庙之中。"玄司徒王谧与众议推裕领扬州，裕固辞。乃以谧为侍中、领司徒、扬州刺史、录尚书事，谧推裕为使持节、都督扬徐兖豫青冀幽并八州诸军事、徐州刺史，刘毅为青州刺史，何无忌为琅邪内史，孟昶为丹杨尹，刘道规为义昌太守。"（《资治通鉴·晋纪三十五》）考虑到晋安帝、琅邪王司马德文被桓玄控制，刘裕声称得到安帝密诏，尊武陵王司马遵为大将军承制，作为晋室皇权的象征。

王谧曾以中书监、领司徒、兼太保的身份，把晋室玉玺印绶交予桓玄，增加了其禅代的合法性，因而成为桓楚的宠臣。不过，王谧在复晋后不仅没有遭到清算，反而在名义上继续总理朝政，这可能出自两方面的原因。

其一，刘裕出身低等士族，一跃而为建康政权的主要当权者，还是希望获得士族名士的背书、拥护的。刘裕宣布实行大赦，唯有桓玄一族不在此列，就是对晋政权原共治集团上层的笼络。只要真心认可刘裕的权威，即使在桓玄篡晋时附逆，刘裕也不予追究。琅邪王氏作为晋室东迁以来的第一高门，陈郡谢氏在淝水大战中功勋卓著，都是刘裕主要拉拢的对象。王谧提议刘裕担任扬州刺史，曾与桓玄交好的谢安侄孙谢裕，主动与百僚拜见

---

[1] 张金龙：《宋武帝传》，人民出版社，2020年，第84—85页。

刘裕，这些高度具有政治含义的动作，未免使刘裕产生投桃报李之感。

其二，刘裕为人杀伐果决、恩怨分明。对未发迹前提供帮助者，刘裕一般予以厚待。《宋书·武帝纪上》："初高祖家贫，尝负刁逵社钱三万，经时无以还。逵执录甚严，王谧造逵见之，密以钱代还，由是得释。"刘裕欠刁逵钱不还，被刁逵捉住逼债，幸而由王谧暗中替他偿还，才获得释放。《资治通鉴·晋纪三十五》说，刘裕与刁逵赌博输钱，被刁逵绑在拴马桩上。"谧见之，责逵而释之，代之还直。"刘裕当年"名微位薄，盛流皆不与相知，唯谧交焉"。

所以晋室恢复之后，众人都说王谧辅佐桓玄罪不容诛，唯有刘裕竭力保护他。反之，得罪刘裕的刁逵被斩首，刁弘等刁氏满门除刁逵一侄逃亡后秦以外，全家几乎被族灭。太原王氏仅存的王坦之次子王愉为桓温女婿，又曾有轻侮刘裕的前科，刘裕掌权不久，王愉即被指控谋反，子孙十余人都遭杀害。王愉、王绥父子被杀后，刘毅在一次朝会上，当面质问王谧皇帝的玉玺印绶何在，王谧深感恐惧而逃往曲阿。刘裕为此上书大将军司马遵，为王谧担保，"迎还复位"。

峥嵘洲战役之后，桓玄挟持安帝西走，把晋穆帝何皇后、晋安帝王皇后留在了巴陵。殷仲文乘机背离桓玄，奉迎两位皇后投奔义军，被刘裕任命为镇军长史，转尚书。殷仲文回到建康，曾向刘裕建议重建朝廷的音乐设备，遭到刘裕的否定。《资治通鉴·晋纪三十六》中记载，裕曰："今日不暇给，且性所不解。"即表示没有时间做，自己也不懂。殷仲文说喜欢就懂了。裕曰："正以解则好之，故不习耳。"正因为懂了就会喜欢，所以才不去学习它。刘裕坦率道出了与士族名士们完全不同的情趣和追求。

殷仲文素有才望，回归朝廷后没有得到重用，随后被外放为东阳太守。不久刘裕军府中发生将军骆冰疑似叛乱事件，在何无忌的劝说下，刘裕乘机发动构陷大案，殷仲文、南蛮校尉殷叔文、晋陵太守殷道叔兄弟，以及桓胤、桓石松、卞承之、曹靖之和刘延祖等人全都被牵涉其中，指控他们相互勾结，企图拥立桓胤，实际上是将原桓玄的故旧一网打尽，"皆族诛之"。

桓胤为桓冲之孙，刘毅率部西征桓氏余部期间，考虑到桓冲对国家的贡献，刘毅主导、晋安帝发布过"特宥其孙胤"的诏令。刘裕这一行动，大有树立个人权威凌驾于晋室皇权之上的效果。晋安帝返回建康后，刘裕拒受录尚书事、都督中外诸军事的要职，以侍中、车骑将军和徐兖二州刺史身份出镇京口。之后刘裕都督扬徐兖豫青冀幽并江荆司梁益宁雍凉交广十八州诸军事，位居所有方镇首长之上，成为东晋政权的最高军事统帅。

刘裕在驯服士族的同时，注意对宗室势力的防范、打击。武陵王司马遵承制摄政期间，任命曾北投后秦而又归国的司马休之为荆州刺史。桓振袭击江陵时，司马休之北撤襄阳，刘裕乘机将其免职，任命参加京口起义的魏咏之继任，不久魏咏之病故，刘裕遂以其弟刘道规继任。殷叔文被杀后，刘道规兼任南蛮校尉，刘裕以此大大加强了对荆州上游的控制。

公元407年，东晋义熙三年七月，汝南王司马亮五世孙司马遵之被杀。"梁州刺史刘稚谋反，推遵之为主，事泄，伏诛。"（《晋书·汝南王亮传》）梁孝王司马璊之孙司马珍之被刘裕请为谘议参军。"裕将弱王室，诬其罪害之。"（《晋书·梁王璊传》）《晋书》在司马遵之被诛一事上语焉不详，但司马遵之死亡的结论是很明确的，就是刘裕计划削弱宗室势力而有意加害。

新北府兵内部不同的声音

在刘裕亲自主持下，朝廷对消灭桓楚、复兴晋室的北府将士进行了褒奖。共有一千八百四十八人得到封赏。进封刘裕豫章公，邑万户；刘毅南平公，五千户；何无忌安成公、刘道规华容公，追封檀凭之曲江公，各三千户；孟昶临汝公、刘藩安陆公、诸葛长民新淦公、魏咏之江陵公，各二千五百户。从某种意义上说，这是刘裕对以士族宗室为主体的上层统治结构的改造，即引入大批中下层的武人。不过，武人势力内部也不是铁板一块，特别是在是否拥护刘裕形成新的专制皇权的核心问题上，刘毅等人显然另有想法。

刘毅坐镇豫州，是新北府起义集团中仅次于刘裕的人物。京口、广陵首义，刘毅成功拿下广陵，随即在平定桓氏余部的过程中出任主帅。晋安帝被解救后，"诏大处分悉委冠军将军刘毅"（《资治通鉴·晋纪三十六》），刘毅一度被称为"亚相"。田余庆先生判断，刘裕在京口，是以反对桓玄篡晋为口实起兵的，当时并没有显示其他目的。与刘裕一同起事的刘毅、何无忌、魏咏之、檀凭之、孟昶、诸葛长民等将领，他们全是"志在兴复、情非造宋"。刘毅是他们中的突出代表。他赞赏昔日的正始风流，在他周围团聚了不少士族名士。他对刘裕以驱桓复晋的盟主逐渐演变为咄咄逼人的权臣，深表不满。[1]

公元408年，东晋义熙三年十二月，司徒、录尚书事、扬州刺史王谧去世。刘毅等人不希望刘裕接任首辅、掌控扬州，拟以谢安之孙、谢琰之子谢混为扬州刺史；如果刘裕一定要当，则建

---

[1] 田余庆：《秦汉魏晋史探微》，中华书局，1993年，第375页。

议于丹徒领州而不进入建康，任命孟昶为尚书仆射主持尚书省。这一方案被刘裕亲信刘穆之阻止而破局。

《宋书·刘穆之传》中记载，朝廷"遣尚书右丞皮沈以二议咨高祖。沈先见穆之，具说朝议"。刘穆之伪装成上厕所，密信刘裕不可听从。刘裕在见皮沈之前，向刘穆之当面询问。刘穆之认为："昔晋朝失政，非复一日，加以桓玄篡夺，天命已移。"刘裕"既有大功，便有大位"，应该更为积极地去争取。"刘、孟诸公，与公俱起布衣"，并不存在注定的君臣名分，大家最后还是要相争。"扬州根本所系，不可假人。"现在朝议已经如此，若表示扬州刺史非我莫属，措辞肯定很难，唯一的方法就是表示，辅政大臣职责相当重要，宜当慎重选择。我将暂回朝中，与大家商议。一旦回到京城，他们一定不敢授予别人。"高祖从其言，由是入辅。"

公元408年，东晋义熙四年正月，东晋政权以琅邪王司马德文领司徒，刘裕为侍中、车骑将军、开府仪同三司、录尚书事、扬州刺史。刘裕继出任最高军事统帅后，又正式出任宰相，实际上成为继曹操、司马懿之后又一权臣。但是，刘裕出身较低，以再造晋室的功业，取得目前的地位尚可，却不足以发动禅代革命建立新朝。晋室固然天命不足，仍然是代表中华正统的象征，要获得取而代之的合法性，北伐中原恢复神州是必经的路径。桓温北伐失利而主动止步，桓玄仓促登基而身死族灭，都是刘裕借鉴成败的对象。

益州刺史毛璩派遣谯纵等人率氐兵讨伐桓玄时，发生了士兵叛乱，谯纵被强推为主。毛璩被乱兵杀死后，谯纵自称成都王，遣使向后秦姚兴称藩，接纳桓氏残余桓谦入蜀，俨然割据益州汉中等地自立。刘牢之长子刘敬宣自南燕归来后，刘裕派刘敬宣率部顺流西上,希望再创桓温灭亡成汉之举,结果却损兵折将,失败而归,刘裕不得不把目光投向了毗邻江淮的南燕政权。

刘毅洞悉刘裕的用意,对刘裕准备亲自北上予以劝阻,《宋书·谢景仁传》记载,"朝议皆谓不可。刘毅时镇姑孰,固止高祖,以为苻坚侵境,谢太傅犹不自行。宰相远出,倾动根本"。绝大部分朝臣都不主张刘裕离开建康,未必都与刘毅有着同样的心思,但是,刘毅将刘裕比作谢安,显然是没有把他视为未来的皇帝。

谢景仁就是谢安侄孙谢裕,入宋后因避刘裕名讳而称其字景仁。他的建言与众不同。景仁独曰:"公建桓、文之烈,应天人之心……虽业高振古,而德刑未孚,宜推亡固存,广树威略。"谢景仁提到一代霸主齐桓公、晋文公,又提到天命和人心,几乎已经公开鼓动刘裕的帝业。刘裕是武人出身,没有可能依照士族政治平衡的规则重建共治,而要恢复秦汉时代的君主绝对专制,改朝换代是必然的选择。刘裕所缺乏的就是换代的天命合法性,如果能够北伐成功一统天下,重建类似秦汉的强盛帝国,一切都将迎刃而解。

北伐南燕获取专制的合法性

淝水大战之后,统一北方的前秦政权瓦解,先后产生了后燕、西燕、后秦、西秦、北魏、后仇池及后凉等割据政权。至刘裕发动北伐二十余年间,形势又发生较大变化。慕容垂去世后,后燕政权逐步衰落。公元397年,北魏军队攻灭其国都中山,后燕版图被一截为二。北部局限于辽西而被北燕取代,镇守邺城的慕容垂之弟慕容德南下齐鲁地区，另建南燕政权；北魏拓跋珪率部占领大片原后燕之地，成为黄河之北的实际统治者，而匈奴刘卫辰之子刘勃勃建立夏国，自称天王、大单于，改刘姓为赫连，与之进行抗衡。

关中后秦政权姚苌去世，其子姚兴即位，一度迫使西秦、后凉臣服，西凉、南凉及北凉等小政权均向其纳贡。公元399年，后秦军队利用东晋内乱攻取洛阳，把防线推至淮水、汉水一线。

北魏、夏、后秦和南燕等北方诸强中，后秦、南燕与东晋接壤，又以南燕实力较弱。南燕政权以广固为国都，仅占据青、兖两州，慕容德曾倡导全民练兵，"于是讲武于城西，步兵三十七万，车一万七千乘，铁骑五万三千，周亘山泽，旌旗弥漫，钲鼓之声，振动天地"（《晋书·慕容德载记》）。慕容德去世后，其侄慕容超继位。慕容超镇压了部分不服气的鲜卑王公，派军队袭扰紧邻的东晋之地，后者为刘裕的征伐提供了借口。

公元409年，东晋义熙五年四月，刘裕率军从建康出发，舟师自淮入泗，到达下邳后，留下船舰、辎重，徒步取道琅邪北进。所过之处，皆筑城堡，分兵留守，以防南燕骑兵袭击粮道，阻断退路。慕容超拒绝部下"断据大岘、刈除粟苗"的建议，既没有依托大岘山险隘进行防卫，也没有实行坚壁清野，致使晋军顺利通过天险，就地采集部队所需军粮。

慕容超可能自恃拥有骑兵优势，希望在平原地带与晋军决战。不过，刘裕早已准备战车四千辆为左右两翼，"方轨徐行，车悉张幔，御者执稍"，步兵夹在车兵间行进，骑兵在两侧及车后警戒掩护。双方在临朐附近决战，燕军大败，十余位将领被斩。慕容超不得不退守广固，刘裕指挥大军夺其大城，将内城团团围住。经过长达八个月的围困，兵民因缺钙而脚弱病流行，后秦姚兴援兵无望，大批百姓出降。刘裕乘势发动总攻，"超逾城走，征虏贼曹乔胥获之"（《晋书·武帝纪上》）。南燕灭亡。

刘裕痛恨广固久攻不下，要将城中男子全部坑杀，妻女赏给将士。南燕降臣韩范进行了劝阻："晋室南迁，中原鼎沸，士民无援，强则附之。既为君臣，必须为之尽力。彼皆衣冠旧族，先帝遗民，今王师吊伐，而尽坑之，使安所归乎！窃恐西北之人，无复来苏之望矣。"（《资治通鉴·晋纪三十七》）即晋室南迁将近百年，中原百姓不得已依附胡族，如果现在把广固军民全部活埋，那么北方汉民怎么还会盼望王师归来呢？

刘裕立即向韩范表示谢意，但是，他还是下令处斩鲜卑王公以下三千人，"没入家口万余，夷其城隍"，把慕容超押至建康处决。这是东晋继桓温灭亡成汉五十余年后，第二次灭亡一个十六国割据政权，桓温攻下成都后，把末代国主李势带回建康，朝廷封其为归命侯，这和司马昭、司马炎父子，以及前秦苻坚处理被俘的对立政权君主方式相同。兴许是吸取慕容氏、拓跋氏等复国的教训，刘裕故而采取斩草除根的方式。

刘裕还考虑扩大北伐成果，"欲停镇下邳，清荡河、洛"（《宋书·武帝纪上》），进一步取得天命的正统性，这时却传来了卢循、徐道覆长生人军团迅疾北上、直扑建康的惊人消息。

刘裕取得定于一尊的地位

在东晋社会的晚期，长生人宗教势力是唯一有能力抗衡新北府军团的力量。公元404年，东晋元兴三年十月，卢循泛海南下攻陷番禺（今广州），烧毁官舍、民宅，抓住广州刺史吴隐之。

"循自称平南将军，摄广州事，聚烧骨为共冢，葬于洲上，得髑髅三万余枚。"(《资治通鉴·晋纪三十五》)派遣姐夫徐道覆攻陷始兴。当时刘裕正全力征讨桓氏势力，对已经远离核心地区的卢循、徐道覆等人采取招抚政策。次年，朝廷以卢循为广州刺史，徐道覆为始兴相，暂时承认了其对岭南的统治。卢循赠送给刘裕益智粽，刘裕回赠给他续命汤。

不过，五斗米道运动自孙泰、孙恩以来，即有入主建康政权的目标。获悉刘裕率军北上伐燕后，在徐道覆竭力劝说下，卢循终于作出了倾力北上的决定。为了准备军用舟船的木材，徐道覆数年来一直派人在南康山砍伐，又以极低廉的价格卖给当地民众，实际上是变相藏匿。发动起兵后，按照买卖的信息强行取回木材，仅十天完成制造。

卢循、徐道覆没有从惯走的海路北上，而是兵分两路，自珠江水系转至赣水等长江支流行进，卢循进军长沙，徐道覆进军南康、庐陵和豫章等地。由于事发突然，朝廷方面毫无准备，因此长生人军团所向披靡。江州刺史何无忌拒绝据城而守的建议，主动率水师赴豫章迎敌，结果寡不敌众。何无忌亲执苏武节督战，仍无法挽回败势。"无忌辞色无挠，遂握节死之。"(《晋书·何无忌传》)

《资治通鉴·晋纪三十七》中记载："刘裕至下邳，以船载辎重，自帅精锐步归，至山阳，闻何无忌败死，虑京邑失守，卷甲兼行。"刘裕仅率数十亲随日夜兼程，渡过长江，先后抵达京口、建康，一度起到了安定人心的作用。但是，随即卫将军兼领豫州刺史刘毅反击叛军大败，又引发朝廷上下新的一轮恐慌。

刘裕曾致信刘毅，又派兖州刺史、刘毅堂弟刘藩亲往姑孰，试图阻止刘毅冒进的行动，反而激发了刘毅立功树威的迫切愿望。卢循抵长江流域后，在长沙击败荆州刺史刘道规派来的军队，考虑向江陵进军。刘毅率两万水师向上游出发后，徐道覆即向卢循求助，卢循、徐道覆遂连旗而下。双方在桑落洲展开大战，刘毅几乎全军覆没，"弃船，以数百人步走，余众皆为贼所房，辎重盈积，皆弃之"（《晋书·刘毅传》）。消息传到建康，尚书仆射孟昶、青州刺史诸葛长民等人主张，保护安帝前往江北暂避，遭到刘裕坚决拒绝。孟昶竟然选择自尽，仰药而死。

刘毅惨败、孟昶自杀，扫清了刘裕独断的障碍。刘裕一面进行人力资源动员，即采取临时性的募兵政策，奖赏与讨伐桓玄时的数目相同，以弥补国家兵源的不足；一面征发百姓徭役营造石头城，并且砍伐树木，在石头城、淮口等地立起栅栏，"修治越城，筑查浦、药园、廷尉三垒，皆以兵守之"（《资治通鉴·晋纪三十七》）。在关键的历史时刻，卢循没有接受徐道覆自新亭至白石间登陆、直插建康的意见，而是停泊蔡洲攻击石头城防线，这就陷入了与新北府兵军团的缠斗苦战。

卢循没有及时掌握刘裕防卫建康的真实部署，未能充分利用人力资源优势攻破晋军防守的薄弱环节，而刘裕指挥朱龄石、刘敬宣及索邈等将领，把数以千计从南燕俘获的鲜卑步兵、铁骑投入战斗，极大地改善了战场形势。长生人军团屡攻未果，之后又发生暴风倾覆船舰的意外，卢循下令全军退据江州寻阳，实施进军上游荆州而后回师建康的计划。至此，新北府兵与长生人两大军团的战场态势发生根本逆转。

刘裕之弟、荆州刺史刘道规在平乱中发挥了重要的作用。刘道规联合雍州刺史鲁宗之，击退了趁火打劫的巴蜀谯纵、后秦等外部势力，斩杀桓氏余党桓谦、后秦将领苟林等人，进而在豫章口大破徐道覆部三万余叛军，"斩首万余级，赴水死者殆尽。道覆单舸走还盆口"(《宋书·宋室传·临川王道规传》)。卢循自蔡洲撤退时，"留其亲党范崇民五千人，高舰百余，戍南陵"。在刘裕亲自指挥下，王仲德等将领率追兵发动进攻，"十一月，大破崇民军，焚其舟舰，收其散卒"(《宋书·武帝纪上》)。十二月，刘裕继续南下追击，再破卢循于大雷、左里，卢循、徐道覆兵败如山倒，不得不向岭南溃退。

早在卢循建康撤离时，刘裕即派遣建威将军孙季高、振武将军沈田子等泛海南下，抢先占领了长生人军团老巢番禺。长生人军团后院起火，随即陷入绝境。始兴城破后，徐道覆被当场刺死。公元411年，东晋义熙七年，卢循逃至交州，"先鸩妻子十余人"，又"悉鸩诸辞死者，因自投于水"。交州刺史杜慧度捞出其尸体斩首，"传首京都"(《晋书·卢循传》)。自孙泰、孙恩始，至此，席卷东南十余年的五斗米道运动终告落幕。

如果没有刘裕力挽狂澜，以五斗米道的价值号召能力，以及卢循、徐道覆等人的军事指挥才能，长生人军团存在入主建康的可能。刘裕战胜了统治集团外部的反对力量，正式进位为太尉、中书监。此时何无忌、孟昶等创业伙伴已经去世，内部对刘裕构成潜在挑战者，仅存刘毅、诸葛长民等极少数新北府势力大员。

刘毅在与长生人军团的作战中失败，已经失去挑战刘裕的资格，但在士族名士中仍颇得人望。《资治通鉴·晋纪三十七》中评论："裕素不学，而毅颇涉文雅，故朝士有清望者多归之。与尚书仆射谢混、丹阳尹郗僧施，深相凭结。"高门人物面对次等士族武将控制政局，并力图改朝换代的时代状况颇为忧虑，又无力改变这一历史格局，而寄希望在北府集团中寻找在文化与感情上更为接近的人物，刘毅则是他们觉得合适的人选。刘裕与刘毅之间的斗争，就其起因及性质而言，除两人性格修养方面的因素外，还暗含着高门士族与次等士族武将之间的社会阶层的冲突。[1]

刘毅落败归来后，刘裕一面继续"深慰勉之，复其本职"，一面拒绝了他率部追讨的要求。公元412年，东晋义熙八年七月，征西大将军刘道规去世，刘裕以坐镇江州的刘毅代之接掌荆州，其实已经包藏杀机。《晋书·刘毅传》中记载，刘毅上表声称："荆州编户不盈十万，器械索然。广州虽凋残，犹出丹漆之用，请依先准。"刘裕可能出于麻痹对方的原因，同意刘毅加督交、广二州。

刘毅到江陵后，选取江州士卒及豫州西府文武将佐万余人，留用而没有遣散。正值刘毅病重，接受了郗鉴曾孙、南蛮校尉郗僧施建议，要求朝廷派其堂弟刘藩作为副手。刘裕以此为借口，以晋安帝名义下诏讨伐。

刘藩时任兖州刺史，在北伐南燕、南征卢循战役中立下大功，从广陵来到建康后，与尚书仆射谢混一起，被迫自杀。刘裕再度任命司马休之为都督荆雍梁秦宁益六州诸军事，荆州刺史，以增加讨伐刘毅的正当性；任命其弟、北徐州刺史刘道怜兼兖青两州刺史，镇守京口；可能出于分化对手的目的，任命豫州刺史诸葛长民留监太尉府事，又以刘穆之为建威将军，配置官吏及武装，进行监视和防备。

九月，刘裕亲自指挥了对刘毅的讨伐行动。其中担任先锋的振武将军王镇恶，为前秦丞相王猛之孙。王镇恶将部队伪装成刘藩的兵士，以偷袭的方式冲进江陵城。刘毅完全没有防范的思想准备，仓促抵抗后败走，在出逃的路上自缢身亡。刘裕来到江陵

---

[1] 王永平：《刘裕、刘毅之争与晋宋变革》，《江海学刊》2012年第3期。

后,又下令把郗僧施处死。诸葛长民得知刘毅死讯,惶惶不可终日。公元413年,东晋义熙九年二月,刘裕返回建康,诸葛长民前往府中晋见,席间被事先埋伏的武士绞死。刘毅、诸葛长民的兄弟子侄均被诛杀。

  仅仅数年的时间,刘裕迫使原共治集团中的高门士族屈服,严格控制司马氏宗室势力的活动,灭南燕、平卢循,清洗新北府军团中的反对力量,实际上消灭了崛起的次等士族武将势力中的其他所有竞争者。刘裕不仅取得了个人绝对的专制地位,而且一定程度改变了东晋政权的上层结构,以及国家相关的统治策略,这就为紧接着的改朝换代大戏,注入了更多治理体系调整的内容。

第四节

首开禅代杀害前朝君主的恶例

刘裕取得实际统治者的地位,不仅终结了孝武帝去世后混乱的局面,实际上也突破了士族共治的桎梏,即废弃荆扬平衡等分而治之的规则,通过再度实行土断、抑制豪强等手段,一度打开了系统的死结,提升了国家资源动员的能力。这也是刘裕能够灭亡南燕后秦、恢复洛阳长安的原因之一。刘裕以北伐的战功作为晋宋禅代的合法性来源,以秦汉中央集权、君主专制的统治策略,替代了两晋君主、士族的共治。

不过,刘裕以儒家天命转移之说接受禅让,却又残忍杀害晋安帝、晋恭帝。这一行为深刻影响了刘氏皇族子孙、功臣武将的现实政治选择。以致刘宋政权及南朝各代,无法建立正常的儒家伦理秩序,价值观、方法论扭曲造成的政权不稳定现象,反而在南朝愈演愈烈了。

加强集权、控制资源

自晋孝武帝司马曜去世,东晋政权经历了十余年的动乱,资源控制和动员的水平严重下降。其间司马道子、司马元显父子试图代行皇权,司马元显贸然触动治理的死结,为了提升军事能力而推出"免奴为客"政策,造成三吴地区士族、佃户骚动,体制内外北府兵、五斗米道等中下层势力乘机而起，东晋国家统治策略根本动摇；桓玄篡权缺乏合法性，受制于资源的严重不足，未能采取北伐中原恢复神州的任何行动，这是桓楚政权遭遇死结、迅速崩溃的重要原因之一。

刘裕结束南方大混乱的局面，以个人专制的策略取代宗室、士族平衡共治，为打开死结、大幅度提升国家能力创造了条件。刘裕北伐南燕成功，把山东半岛的青齐之地纳入建康政权版图，已经跨出了强化国力的第一步。其中被收编的"鲜卑步稍""鲜卑突骑"等，随后加入到反击卢循集团的作战中，发挥了重大的作用。

刘裕部署清洗刘毅、诸葛长民等人的同时，着手组织第二次征伐谯蜀政权之役。成都王谯纵割据蜀地已经九年，他背靠后秦的姚兴，派遣桓氏余党桓谦等部进入荆州，公然支持卢循颠覆建康的大规模叛乱，把自己放在与刘裕尖锐对立的状态。刘裕挑选西阳太守朱龄石为帅，兼以臧熹、蒯恩和刘钟等诸将辅佐。"率众二万，自江陵讨纵。"（《晋书·谯纵传》）

大军出发前，刘裕向朱龄石面授机宜，对进军路线、主攻佯攻的方向一一作出安排，并把指令函放在一密封盒中。船队行至白帝城时，朱龄石把密函打开，刘裕具体的方案是："众军悉从外水取成都，臧熹、朱林于中水取广汉，使羸弱乘高舰十余，由内水向黄虎。"（《宋书·朱龄石传》）部队兵分三路，按照刘裕的要求倍道兼行。谯纵果然上当，如刘裕所料置重兵于内水涪江方向。朱龄石率主力沿外水岷江前行，一举攻克临江的彭模城，全军舍船上岸，直奔成都。

公元413年，东晋义熙九年七月，经过数月的行军作战，朱龄石攻入成都。谯纵并城而走，不久自缢身亡。"伪尚书令马耽封府库以待王师。"(《宋书·朱龄石传》)马耽的行为使刘裕平蜀获得了立竿见影的丰厚的经济效益,为其后来的北伐等军事行动应该提供了更加有利的物资保障。[1] 相较于六十余年前桓温以荆州军团攻灭成汉,刘裕平定成都国代表了建康政权对蜀地资源的控制。

刘裕重建个人绝对专制,彻底废弃了士族共治时期荆扬平衡等分权的规则。刘裕以宗室司马休之出镇荆州,完全是出于剪灭刘毅的动员需要。司马休之上任不到三月,刘裕就来到江陵,以荆州十郡另立湘州,亲自加督之。不久,司马休之长子、过继给司马尚之承袭谯王的司马文思在建康犯法,"刘裕闻之,诛其党与,送文思付父司马休之,令自训厉"(《魏书·宋室传·司马休之传》)。司马休之上书建议废黜司马文思,并向刘裕请罪。刘裕可能认为司马休之处理太轻,遂以此为借口,突然发动对司马休之的讨伐。

公元415年,东晋义熙十一年正月,刘裕下令逮捕司马休之次子司马文宝、司马尚之儿子司马文祖,将他们下狱赐死,并亲率大军西征。司马休之完全是在被动的状态中应战,坐镇襄阳的雍州刺史鲁宗之、其子竟陵太守鲁轨都不属于新北府系统武力,出于对遭到刘裕吞并的恐惧,加入到司马休之起兵的行列。《宋书·武帝纪中》中收录了司马休之上表的全文,直指刘裕篡位野心:"臣今与宗之亲御大众,出据江津……今绛旗所指,唯讳兄弟父子而已。"司马休之、鲁宗之的行动,成为刘裕代晋时期极个别的反抗事件。

鲁宗之、鲁轨父子南下后,一度击杀了江夏太守刘虔之、彭

---

[1] 张金龙:《宋武帝传》,第271、272页。

城内史徐逵之和参军王允之等人,刘裕亲自督阵,率大军至江津悬崖岸边登陆,反抗军全线溃退。司马休之父子、鲁宗之父子,以及新蔡王司马道赐、梁州刺史马敬、南阳太守鲁范等多人,一路北奔投向后秦政权。晋室号称代表天下正统,却发展到宗室逃至北方少数民族政权而自保,这也许预示着南北政权天命之争演化中的重要转变。

刘裕之弟、中军将军刘道怜奉命留守建康,没有参加讨伐司马休之的作战,不过江陵平定后,"以为都督荆湘益秦宁梁雍七州诸军、骠骑将军、开府仪同三司、镇护南蛮校尉、荆州刺史,持节、常侍如故。北府文武悉配之"(《宋书·宋室传·长沙王道怜传》)。虽然刘裕尚未改朝换代,却已筹划以刘氏宗亲取代司马氏作为统治集团的核心力量。刘裕实际上采取了司马师、司马昭和司马炎在代魏前后的做法,即选择宗室子弟出镇国内要地,掌握地方军队的指挥权。刘道怜率京口北府的文武要员去荆州上任,意味着中央集权统治策略的恢复。

刘裕以优势武力凌驾于士族、豪强之上,从某种意义上说,具备了从大族手中夺取附属人口、赋役资源的条件。《宋书·武帝纪中》记载:"晋自中兴以来,治纲大弛,权门并兼,强弱相凌,百姓流离,不得保其产业。"桓玄夺取大权之后,一度想进行整顿,终因能力不足而无法实行。刘裕在完成南方统一与集权的前提下,开始遏制土地、人口兼并,对藏匿各种政治、经济流民的豪强,予以沉重打击。公元411年,东晋义熙七年,会稽四大吴姓士族之一的虞亮藏匿亡命者千余人,刘裕公开将其诛杀,并把时任会稽内史的司马休之调离。

公元413年,东晋义熙九年三月,刘裕向安帝上表,启动了东晋历史上的第四次土断。这也是桓温发动"庚戌土断"近五十年后，中央政权再次出手对社会资源进行整合。这次"义熙土断"的范围，"唯徐、兖、青三州居晋陵者，不在断例"，其余"诸流寓郡县，多被并省"。刘裕一方面给予居于晋陵的北府军人特权，让他们继续拥有免调役的侨人白籍；一方面对其他侨置郡县进行裁撤、合并，把流寓的北人编入户籍。其中政区增减变化最大的是在长江下游的淮河两岸，以及益州地区。[1]

国家通过流民、豪强违法私附人口的整理，扩大了人财物资源征集的基础。对豪强的经济扩张有所遏制。"先是山湖川泽，皆为豪强所专，小民薪采渔钓，皆责税直，至是禁断之。"(《宋书·武帝纪中》)山湖川泽都被豪强所占，百姓砍柴捕鱼都要交税，刘裕在上书安帝土断之前，即下令免征赋。不过，刘裕没有触动士族豪强占有部曲、私附人口的基本制度，除政治上反对者予以定点清除之外，对其他江南豪族仍以维持现状为主，这就保障了资源整顿在稳定的环境中进行。

恢复二都，彰显天命

经过十余年的奋斗，刘裕以秦汉政权时期个人专制、中央集权的统治策略，颠覆了士族、宗室的共治。东晋政权内部团结与国家能力之间的反向关系，在专制替代共治的前提下，重新转变为正向。换言之，北伐中原、恢复神州的价值与"务必清静"、优容士族的现实两者之间的系统死结，已经不复存在。晋政权开国的合法性不足，东迁建康特别是淝水大战胜利后，反而成为中

---

[1] 赵义鑫:《论义熙土断的范围、对象与意义》,《岭南师范学院学报》2018年第5期。

华正统的象征。卢循长生人集团进攻建康，意外中断了刘裕北伐中原的进程，刘裕在平定叛乱、清除了内部的异己力量后，再次规划北伐的目标。

南燕政权灭亡后，北方边地的西北诸凉、西秦、辽西北燕政权继续割据，核心区域出现后秦、北魏和胡夏三强鼎立的局面。羌人后秦占据关中及关东黄河以南地区，鲜卑拓跋氏北魏拥有代北及河北平原，匈奴胡夏控制大漠河西、秦陇地区。其中后秦地处东晋、北魏与胡夏的包围之中，虽然与北魏结为姻亲改善了关系，但是赫连勃勃统帅匈奴大军攻陷其西部的秦州，使其遭受严重的损失，姚兴又接纳来自东晋的司马氏及桓氏系统的反对力量，与准备改朝换代的刘裕截然对立。

东晋与后秦之间拥有漫长曲折的边界线，后秦地区包括了秦汉魏晋的故都长安、洛阳，这些无疑都使后秦成为刘裕北伐的首选。公元416年，东晋安帝义熙十二年，后秦皇帝姚兴去世，太子姚泓即位。在皇权更替的关键时刻，强者争立的胡族传统又发生作用。"兄弟相杀，关中扰乱。"(《宋书·武帝纪中》) 刘裕决定乘机出师北上，并组成世子、中军将军刘义符、左仆射刘穆之和太尉左司马徐羡之为首的留守班子。刘义符年仅11岁，实际上由刘穆之在建康负总责，徐羡之副之。

此年八月，刘裕启动北伐后秦的军事行动。根据刘裕的部署，北伐第一阶段首先以以洛阳为中心的河南地区为目标，开通自淮入黄的战略航道，第二阶段则溯黄河进入长安等关中地区。为此，刘裕改变了南方政权春夏北伐的传统做法，而是选择八九月份出师，即准备在秋冬结束河南战事，而以次年春夏涨水季节进军关中。

北伐大军兵分多路，其中冀州刺史王仲德、建武将军沈林子、彭城内史刘遵考率部分别从彭城出发，王仲德率东路军打通泗水和黄河，拔除黄河南岸半城、滑台等北魏军事据点，溯流向洛阳挺进，沈林子、刘遵考率水师溯汴水西进，负责掘开石门水口，然后向洛阳挺进。西路龙骧将军王镇恶、冠军将军檀道济率部沿颍水北上，进军许昌、洛阳。

战事正式展开后，王仲德率部迅速占领北魏黄河南岸龙城、滑台等地，北魏明元帝拓跋嗣得到刘裕假道入洛的解释后，大致采取观望的态度，但王仲德开通泗黄通道的工作进展缓慢；沈林子、刘遵考率部西进后占领仓垣、石门，但石门水口发生湮塞，数月无法凿通，全军只得改为步行；西路王镇恶、檀道济部进展顺利，一路过关斩将，先后攻克许昌、阳城和荥阳，十月，驻守洛阳的后秦守将姚洸投降，在桓温北伐收复洛阳六十年后，王镇恶、檀道济及沈林子两路晋军再次进入洛阳。

晋军进攻许昌之际，姚泓叔祖、后秦首席大将姚绍从与胡夏交战的安定前线返回长安，主张放弃安定，"宜迁其镇户，内实京畿，可得精兵十万，虽晋、夏交侵，犹不亡国"（《资治通鉴·晋纪三十九》）。姚泓没有采纳其建议，决定继续维持两线作战。危难的时刻，姚泓之弟、并州刺史姚懿和姚泓堂弟、齐公姚恢分别发动叛乱，企图代姚泓而自立，姚绍不得不率军分头平叛，疲于奔命。十二月，洛阳的王镇恶、檀道济、沈林子三将发现后秦内乱，不等刘裕率大军赶到，擅自向关中地区发起攻击。

由于汴黄航道无法打通，刘裕率主力船队溯泗水而入黄河，不得不通过北魏军队严密监视的水域。公元417年，东晋义熙十三年正月，刘裕大军从彭城出发，至四月始抵洛阳。对沿途骚扰劫掠的魏军，刘裕采取以攻为守的策略，即派朱超石、胡藩等将领登上北岸作战，以兵车相间阵容重创北魏骑兵。这一时期，西进三将已与秦军缠战数月，王镇恶受阻于潼关，檀道济、沈林子受阻于黄河北岸蒲坂，一度发生了粮食补给困难。刘裕进入洛阳后，一面沿黄河向前线增兵、运送粮草，一面命令荆襄、汉中的沈田子、傅弘之所部翻越秦岭、进军关中，战场形势发生根本性质变。

王镇恶率部伐木为船，趁七月涨水季节自渭河直下长安。"镇恶所乘皆蒙冲小舰，行船者悉在舰内，羌见舰溯渭而进，舰外不见有乘行船人，北土素无舟楫，莫不惊惋，咸谓为神。"稍早秦军统帅姚绍病死，姚泓亲率数万大军赶往蓝田，阻挡沈田子、傅弘之所部的进攻，却被对方击败。八月，王镇恶所部登岸进入长安，城内城外秦军全线崩溃。"泓挺身逃走，明日，率妻子归降。城内夷、晋六万余户，镇恶宣扬国恩，抚慰初附，号令严肃，百姓安堵。"（《宋书·王镇恶传》）

九月，刘裕来到长安。这是匈奴汉国攻陷长安整整百年之后，晋军第一次光复故都。李硕博士认为，伐秦之战中，檀道济、沈林子、王镇恶诸将不顾事先部署，不等主力赶到就急于西进，堪称积极进攻的典范。这是经过近二十年战争洗礼形成的刘裕军事集团的典型风格，它是对东晋士族萎靡、怯懦政治风气的彻底逆转。[1]

六十余年前，桓温率晋军攻击前秦政权，行至灞上而未攻进长安，受到了关中耆老拥戴。这次南军再入关中一度粮草困难，王镇恶派人寻粮，"百姓竞送义粟，军食复振"（《宋书·王镇恶传》）。这充分说明建康政权仍具天命正统性。而且，《宋书》上

---

[1] 李硕：《南北战争三百年：中国4—6世纪的军事与政权》，第284页。

记载刘裕为刘邦弟楚王刘交的后代，长安为汉高祖刘邦陵寝之所在，刘裕"谒汉高帝陵，大会文武于未央殿"。从某种意义上说，刘裕巧妙地把士民对晋室合法性的认可，转移到他自己的身上。

刘裕下令把姚泓押至建康，在闹市中央公开斩首。其他投降的后秦宗族，"裕皆杀之"。一百年前晋怀帝、晋愍帝被匈奴汉国俘获，受尽侮辱，先后被刘聪下令毒杀。刘裕延续对南燕宗室斩草除根的解决方式，也许含有向胡族政权复仇的意味，起到提升个人代晋合法性及专制权威的双重效果。

考虑到刘裕已经55岁，改朝称帝的需要比一统天下更为迫切。他以迁都洛阳向众将进行试探。洛阳毗邻北魏政权，如果以此为都，意味着必须继续征伐北魏，朝廷必须以更多的资源充实中原。当刘裕听到王仲德"暴师日久，士有归心"的劝说，立即放弃迁都之说。《晋书·赫连勃勃载记》中称，刘裕进入长安时，"遣使遗勃勃书，请通和好，约为兄弟"。即刘裕希望与胡夏保持某种互不侵扰的关系，显然是为自己东返发动嬗代预作准备。

十一月，刘裕首席智囊刘穆之在建康去世。消息传来，刘裕一边以徐羡之代替他的职务，一边决定立即返回。任命12岁次子刘义真留守长安，"行都督雍、凉、秦三州之河东、平阳、河北三郡诸军事、安西将军、领护西戎校尉、雍州刺史……又进督并东秦二州、司州之东安定、新平二郡诸军事，领东秦州刺史"（《宋书·武三王传·庐陵王义真传》）。以长史王修及王镇恶、沈田子、傅弘之等将领辅佐之。十二月初，刘裕婉谢三秦父老再三挽留的泣求，率舟师沿黄河东下。

禅代中连续谋杀二帝

早在北伐军队光复洛阳之际，刘裕派左史王弘回到建康，提醒刘义康应给予刘裕晋爵、加九锡。朝廷立即以晋安帝名义下诏，进位刘裕为相国、总百揆、扬州牧，封十郡为宋公，备九锡之礼。刘裕随即上表拒绝。光复长安之后，朝廷再下诏令，进刘裕为宋王，增十郡、置百官。公元418年，东晋义熙十四年正月，刘裕返回彭城，再度推辞。经过半年左右的筹备，"六月，受相国、宋公、九锡之命"（《宋书·武帝纪中》），刘裕正式启动了代晋的进程。

刘裕几乎照抄了曹操、司马昭禅代革命的基本模式。汉献帝以曹操为相国，以冀州十郡之地封其为魏公，加九锡；魏元帝以司马昭为相国，司马氏祖籍河内温县，属于春秋晋国故地，以春秋晋国故地十郡封其为晋公，加九锡。之后分别进位为魏王、晋王，建立起一整套平行于朝廷的政治系统。刘裕祖籍彭城，属于春秋宋国故地，刘裕被封为宋公，意味着他已将宋作为未来的国号。

相较于曹操统一北方，司马昭灭亡蜀汉，刘裕统一南方、恢复中原故都，剪灭南燕和后秦，其功绩至少在司马氏之上。不过，曹操、司马昭生前并没有改朝称帝，分别由其子魏文帝曹丕、晋武帝司马炎最终完成禅代。刘裕京口举义后，始有儿子出生，故诸子尚为年幼。其中长子刘义符13岁，以世子名义坐镇建康，次子刘义真、三子刘义隆同为12岁，分别出镇长安、荆州，都处于军政见习阶段的前期，显然难以担负建立新朝的重任。刘裕以恢复晋室为号召，登上历史的舞台，不得不亲自操作颠覆晋室的篡位之举。

况且，长安得而复失，无论如何都对刘裕称帝产生减分的效果。东晋义熙十三年十二月，即刘裕离开长安仅一个月，匈奴夏国赫连勃勃以三路大军，向关中的守军发起攻击。安西司马王镇恶、中兵参军沈田子共同出兵北地，抵御夏军的进攻。王镇恶、沈田子历来不和，彼此相疑猜忌，大敌当前之际，沈田子竟然采取阴谋手段，在傅弘之的军营中，将王镇恶及其兄弟七人杀害。

王镇恶是前秦丞相王猛之孙，前秦败亡后随叔父投奔东晋，之后得到刘裕的重用，在诛灭刘毅、讨伐后秦战事中立下首功；沈田子、沈林子兄弟出身吴兴沈氏士族，父亲曾参与孙恩五斗米道暴动，父、祖及叔父等皆遭官府杀害。沈田子、沈林子兄弟向刘裕投诚后，受到刘裕的接济、任用，追随刘裕参与京口举义，逐步成为刘裕的亲信将领。

《宋书·沈田子传》记叙，刘裕东返前，沈田之、傅弘之等人认为王镇恶为关中人士，不可信任。刘裕答复："今留卿文武将士精兵万人。彼若欲为不善，正足自灭。勿复多言。"暗示刘裕对王镇恶有所怀疑。司马光在《资治通鉴》中对刘裕作出批评："古人有言，疑则勿任，任则勿疑。裕既委镇恶以关中，而复与田子有后言，是斗之使为乱也。"认为这种内斗的行为，是造成关中最终失去的根本原因。

《宋书》作者沈约为沈林子之孙，存在着为祖父开脱的可能性。事实上，至少傅弘之没有加入对王镇恶的谋杀，反而返回长安说明真相，安西长史王修遂下令把沈田子处死。年少的刘义真不满王修裁减他对左右的赏赐，竟派人又将王修杀死。一时关中大乱，刘义真把部队都退入长安，"人情离骇，无相统一"（《宋书·武三王传·庐陵王义真传》）。

刘裕闻讯后，首先想到儿子刘义真的安危。他先后选派蒯恩、朱龄石等大将前往长安,而速召刘义真东返。朱龄石临行前,刘裕特别嘱咐:"若关右必不可守,可与义真俱归。"(《宋书·朱龄石传》)三秦父老不得不站队胡夏政权,"义真大掠而东,至于灞上,百姓遂逐龄石,而迎勃勃入于长安"(《晋书·赫连勃勃载记》)。刘义真军队在撤退过程中,携带大量财宝美女,行动相当缓慢,结果被匈奴夏军追上,几乎全军覆没。傅弘之、蒯恩、朱龄石等多位将领被俘遇难,刘义真在南燕降将段宏帮助下逃回,仅以身免。

十二月,即关中地区陷落的次月,刘裕派出中书侍郎王韶之缢杀安帝司马德宗,这是魏晋禅代过程中没有出现过的场面。刘裕顾虑谶书上有"昌明之后尚有二帝"之说,即晋孝武帝司马昌明之后,会产生两位皇帝,采取暴力手段杀害当了二十余年傀儡的智障皇帝。王韶之为王导从弟王廙的曾孙,乘琅邪王司马德文出宫养病的机会,将衣服拧成绳子,在宫中东堂把安帝勒死。随后,刘裕假称奉安帝遗诏,立司马德文为新帝,是为晋恭帝。

司马德文是刘裕重点防范的晋宗室亲王。刘裕北伐南燕前夕,琅邪王司马德文当时兼任大司马,刘裕即以亲信谢裕转任大司马、司马,"专总府任"(《宋书·谢景仁传》),实际上起到监视司马德文的作用。刘裕北伐后秦,一直把司马德文带在身边,"及姚泓灭,归于京都"(《晋书·恭帝纪》)。

公元419年,东晋元熙元年正月,刘裕入朝来到建康。晋恭帝及其朝廷"又申前命,进公爵为王"(《宋书·武帝纪中》)。七月,刘裕正式进爵为宋王,又增加十郡食邑。宋国自彭城迁往寿阳。十二月,刘裕获加皇帝规格的十二旒冕、天子旌旗等一系列殊礼,在改朝称帝的道路上加快节奏。

与曹丕、司马炎禅代前各地大规模劝进的情形不同,晋宋禅代之前似乎较为平静。《宋书·傅亮传》中记载："高祖有受禅意，而难于发言，乃集朝臣燕饮。"刘裕在宴席上大谈一生之功绩，表示要归还爵位，回到京师养老。"群臣唯盛称功德，莫晓此意。"宴席散后，中书令傅亮忽然领悟了刘裕的意图，当时宫门已关，傅亮即叩门求见。刘裕立即开门见之，傅亮表示他要回一次建康，刘裕明白他已理解，直接问要派多少人护送，傅亮答："须数十人便足。"傅亮从寿阳赶至建康后，立即向主持政务的徐羡之说明详情，即以恭帝名义召刘裕入朝。

公元420年，东晋元熙二年六月，刘裕来到建康。"傅亮承裕密旨，讽帝禅位，草诏，请帝书之。帝欣然谓左右曰：'晋氏久已失之，今复何恨。'乃书赤纸为诏。"（《晋书·恭帝纪》）晋恭帝抄写完禅位诏书，仿佛如释重负。三天之后，刘裕设坛于南郊，即皇帝位。改国号宋，正式改年号永初，是为宋武帝。封司马德文为零陵王，"居于秣陵，行晋正朔，车旗服色一如其旧"。刘裕派冠军将军刘遵考领兵防卫。自公元266年，泰始元年十二月，晋武帝司马炎代魏建晋，至晋恭帝司马德文退位，两晋走过一百五十五年，历经十五位皇帝。

晋武帝以自信的心态，优待连续前两朝汉魏的皇族，以及其他对立政权君主，竟没有为司马氏的后代带来善果。晋恭帝退位一年后，刘裕两次派人企图鸩杀之。恭帝皇后的兄长褚秀之、褚淡之兄弟投靠刘裕，刘裕令褚氏兄弟前往探视皇后，刘裕的亲兵借机冲进卧室，把一杯毒酒放在恭帝面前。"帝不肯饮，曰：'佛教自杀者，不得复人身。'乃以被掩杀之。"（《宋书·褚叔度传》）晋朝的末代皇帝司马德文被活活闷死。

历史的死结解开了吗?

《宋书》作者沈约在武帝本纪结尾处,对刘宋代晋作出的评论,代表了南朝齐梁两代统治集团上层及士大夫的普遍看法。沈约认为,两汉相传四百余年,其兴盛堪比周代。即使四海大乱,人心仍系刘氏。曹操仅以武力军威服众,"鼎运虽改,而民未忘汉"。司马氏父子只是利用曹魏皇族的衰微而专权,奠定帝王的基业。刘裕接受禅让,道义上超过了前代,"民已去晋",无论是功业上还是民心上,刘裕建宋的合法性,都胜过魏晋禅代。从晋恭帝、士族高门以至普通庶民,对此均不持异议。

不过,刘裕终结两晋的君主、士族共治,回归了中央集权、君主专制的秦汉统治策略,却未能重建国家治理体系中儒家思想的价值信仰。东汉刘秀时代皇帝、政权和价值理念紧密结合的忠诚系统没有恢复。刘裕通过北伐中原、恢复二都,取得代晋的合法性,当长安得而复失、统一实际已无可能的情况下,继续以恢复神州为号召,其动能无疑将大为减弱。

刘裕对整顿吏治、加强集权等法家方法论无师自通,是汉末曹操以来最为强势的最高统治者。刘裕解构了士族门阀垄断统治集团上层的局面,更多次等士族、寒门人才被引入组织体制。他身边的重要干部刘穆之、王镇恶、檀道济、王仲德、徐羡之、傅亮等人,都非出自士族门户,其玄学清谈水准无从考证。早在义熙八年,刘裕发现"诸州郡所遣秀才、孝廉,多非其人",随即要求按照九品中正制初置的精神,恢复秀才、孝廉的策试制度,通过考试来发现人才,改变官员选拔以门第为依据的制度,一定程度上激发了治理体系流动的活力。

刘裕在无情镇压高门士族社会反对派的同时,出于维护其统治地位和扩大统治基础的需要，努力寻求改善与士族社会的关系，以避免与士族社会长期的激烈冲突，赢得士族社会对其立国代晋的支持或默许。在这一过程中，刘裕执政后，对琅邪王氏、陈郡谢氏等一流高门有意合作者倾心交结，特别是对王谧、王诞、王弘、谢景仁、谢晦等人的使用，对其内外军政活动及其代晋等活动，具有重大影响。[1]其中王弘为王导曾孙，向朝廷传达了刘裕希望加九锡的愿望，谢晦为谢安之兄谢据的曾孙，与徐羡之、傅亮等成为刘宋政权最核心的大臣。

宋武帝刘裕采取强化中央、削弱外藩的措施，以巩固君主专制的绝对权威。特别是大力扩充中军，形成新的禁卫体系。针对士族共治期间，门阀武人曾以荆州、京口等重镇作为挑战中央政权的教训，规定必须委派皇子或宗室诸王坐镇。这是晋武帝司马炎以宗王出镇要冲制度的翻板。刘裕下令限制州府将吏人数，一般州置将不超过五百人，吏不超过五千人。荆州地位虽特殊，置将亦不得过二千人，吏不得过万人。

刘裕对儒家王道的价值缺乏基本的认识。他野蛮杀害晋安帝司马德宗、晋恭帝司马德文，首开帝制时期禅让杀害前朝君主的恶例。刘裕可能总结了桓玄建楚失败的教训，考虑到自己年事已高，太子刘义符等诸子年幼，为了杜绝有人在他身后利用晋帝的名义进行复辟动员，故而实行极端的办法。东汉魏晋的禅代，本质上都是权臣以武力逼迫的结果，但是，曹丕、司马炎毕竟进行了相当程度的包装，刘裕武人出身，直截了当命恭帝抄写退位诏书，又分别把安帝、恭帝杀害，这种赤裸裸地以屠杀解决问题的

---

1 王永平：《略论刘裕对士族社会人物的笼络与利用》，《南京晓庄学院学报》2019年第1期。

做法，已经完全背离了上古禅让制的精神和形式。

赵翼在《廿二史札记》中认为，刘裕弑君之行为，"其悖逆凶毒为自古所未有"。王夫之在《读通鉴论》中，肯定了刘裕一生安内攘外的功绩，"则立大功于天下者，为天之所不弃，必矣"，对刘裕杀害安帝、恭帝的恶状，给予了严厉地谴责："宋可以有天下者也，而其为神人之所愤怒者，恶莫烈于弑君。"稍早刘裕还分别将南燕、后秦亡国之君慕容超、姚泓斩首，这些都充分展现了刘裕迷信暴力的特质。司马光在《资治通鉴》中批评刘裕："恣行屠戮，以快忿心……宜其不能荡壹四海，成美大之业，岂非虽有智勇而无仁义使之然哉！"认为刘裕最终未能实行大一统，是其缺乏儒家王道仁义之心所致。

刘裕一生戎马军旅，"不涉经学"，更无玄学之特长。虽然组织过数次文学集会活动，完全是出自附庸风雅、争取士族名士为其代晋背书的需要。刘裕曾下诏要求"选备儒官，弘振国学"，但未及实施即告病逝。由于刘裕名义上把儒学作为国家意识形态，其实无意建立正常的儒家伦理秩序，刘裕死后不到两年，国家就发生了内乱。刘裕生前推崇的暴力至上、强者生存的政治逻辑，为掌握权力的大臣、武人、刘氏皇族子孙的选择，提供了示范。

公元422年，南朝宋永初三年七月，刘裕在建康宫西殿去世，太子刘义符继位。根据武帝的遗诏，以司空徐羡之、中书令傅亮、领军将军谢晦、镇北将军檀道济共同辅政。徐羡之、傅亮和谢晦等人，认为刘义符不务政事，利用手中掌握的禁卫大权，把刘义符废为营阳王，议立刘裕第三子宜都王刘义隆为帝。考虑到刘裕次子庐陵王刘义真可能不服，遂将刘义符、刘义真一并杀害。刘义隆时任荆州刺史，从江陵赴建康即位，是为宋文帝。刘义隆以荆州旧部控制中军，逼杀权臣徐羡之、傅亮，击败谢晦以清君侧名义发动的叛军，把谢晦押至建康处决。

宋文帝刘义隆在位三十年，一度创造元嘉治世，但他先后三次组织讨伐北魏均告失败，极大消耗了国家的资源。文帝先是重用四弟彭城王刘义康主持朝政，诛杀一代名将檀道济，后又废杀刘义康，打开了宗室骨肉相残之门。公元453年，南朝宋元嘉三十年，宋文帝察觉太子刘劭造作巫蛊，故而思考废立之事，但计划外泄被刘劭得知。刘劭竟与弟始兴王刘濬合谋，调动东宫军队弑文帝而自立，成为帝制时期罕见的谋害君父、严重挑战儒家人伦的极端个案。

武陵王江州刺史刘骏为文帝第三子，闻讯后发起讨伐刘劭的战争，不久诛杀元凶刘劭、刘濬全家，来到建康称帝，是为宋孝武帝。孝武帝即位后，叔父南郡王刘敬宣久居荆州不听调度，孝武帝遂调集大军征讨，杀刘敬宣及其子十六人。孝武帝在位十年，杀了武昌王刘浑、竟陵王刘诞、海陵王刘休茂和南平王刘铄等。其子16岁的刘子业继位后，更是无理性地诛杀、囚禁和凌辱宗室大臣。叔父湘东王刘彧联络宫廷内外将其杀死，刘彧即位，是为宋明帝。孝武帝子、江州刺史刘子勋不服，明帝遣大军讨灭之。之后明帝杀尽孝武帝子十余人，兄弟被杀者亦有数人。总计：武帝刘裕九子，四十余孙，六七十曾孙。死于非命者达十之七八。[1]

宋孝武帝、宋明帝剪除宗室，刘氏皇族内部的斗争和残杀，严重削弱了刘宋政权的合法性和有效性。以掌握禁卫力量的萧道成为代表的武人势力，逐步突破制约，主导了政权的演变。公元

---

[1] 傅乐成：《中国通史》（上），第279页。

479年，萧道成废弃刘宋，登基为帝，改国号齐，是为齐高帝。对前刘宋宗室，齐高帝大肆杀戮。《南史·宋顺帝纪》中记载："宋之王侯，无少长，皆幽死矣。"

东汉末年、曹魏、两晋而至南朝的治理体系愈发扭曲，至此陷入了加速度的恶性循环。以皇子宗室出镇要地都督军事，始于西晋武帝司马炎时期，早已被八王之乱等负面后果所否定。由于无法重建儒家思想、王朝政权和皇帝本人三合一的天命效忠体系，自刘裕、刘义隆始，南朝诸帝不得不继续重用血缘关系最为亲近的皇族子弟出任军政首长，此举最终仍被证明是饮鸩止渴的慢性自杀。随着宗室势力在内斗中式微，士族势力被抑制后而自甘旁观，新兴的武人势力代表再现禅代的场面，政治系统的基本逻辑和根本矛盾一切照旧。魏晋时代价值观和方法论背离形成的死结，不但没有在皇权重振后打开，反而造成治理体系愈加频繁的动荡不安。

士族政治的黄昏

东晋政权晚期始，士族阶层生存状态受到较大的挑战。琅邪王氏、颍川庾氏、谯国桓氏、陈郡谢氏和太原王氏等五大顶级门户各自的命运，都在大环境冲击下出现改变。士族门户利益不再以家族整体出现，而是取决于个人的选择。在刘裕新北府武人集团掌权的前提下，士族出仕、升迁不再以名士清谈、士林舆望作为条件，而是取决于个人的才干及与统治者的关系。进入南朝之后，面对皇帝利用寒士控制权力的局面，相当部分士族子弟满足于高官厚禄的清选，把家族发展当作最重要的责任，对于改朝换代政权变更漠不关心。

孝武帝主导共治集团期间，对琅邪王氏、颍川庾氏、谯国桓氏、陈郡谢氏以及太原王氏两支等门阀，都给予了相当的任用。其中庾氏前期已被桓温清洗而势单力薄，孝武帝去世后发生政治动乱，庾亮之孙庾楷不知自处被杀；太原王氏王坦之诸子王恺、王国宝、王忱和王愉一支，王蕴、王恭父子一支，均在斗争中失败被杀，几乎族灭；桓玄篡晋建楚失败后，桓温、桓冲及桓豁子孙除极少数逃亡至后秦、北魏以外，大都被斩尽杀绝。

可能是王导在建康立国中高瞻远瞩，以及谢安在淝水大战中力挽狂澜，东晋、刘宋的统治者始终维持对王谢子孙的礼遇。尽管孙恩长生人暴动扫荡三吴地区，造成部分王谢人物死于非命，琅邪王氏、陈郡谢氏总体仍然枝繁叶茂。刘裕掌握大权之后，终止了与士族共治的策略，士族与统治者互动的游戏规则发生根本性变化。刘裕不可能允许某一门户控制政权，但不排斥重用向其效忠的具体个人，刘裕监视、屠杀士族中的反对派，但也需要王谢等名门为其禅代背书。

刘裕掌权之初，除重用琅邪王谧、王弘以外，还选拔了陈郡谢裕、谢绚、谢瞻、颍川庾悦、庾登之，以及袁湛、羊玄保和江夷等其他高门名士，不过，谢安之孙、谢琰之子谢混却与刘毅交好。谢混号称"风华为江左第一"，为当时公认的士林领袖。《世说新语·排调》中记述，孝武帝生前为女儿选婿，向王导孙王珣征求意见。"正如真长、子敬比，最佳。珣举谢混。"就是说选择的标准，要比刘惔、王献之优秀，王珣与谢氏关系并不融洽，但仍推举了谢混。

王谧去世后，刘毅考虑以谢混接任扬州刺史一职，终被刘裕、刘穆之阻止。这在谢氏内部引起不安。谢安之兄谢据的曾孙谢谵就告诫谢瞻等人,要远离谢混以免惹祸。几年之后,谢混果然被下狱赐死。《南史·谢弘微传》中记载:"混风格高峻,少所交纳,唯与族子灵运、瞻、晦、曜,以文义赏会,常共宴处,居在乌衣巷,故谓之乌衣之游。"在刘裕重启的君主专制时代,乌衣巷中的谢氏子弟走上了不同的道路。

其中谢晦的名士风度为人所欣赏,谢晦、谢混曾一起出现在刘裕面前前,刘裕曾看着说:"一时顿有两玉人耳。"(《南史·谢晦传》)谢晦以其才干得到刘裕的重用,他积极参与土断工作,在讨伐后秦的过程中连献九策,而且放下名士身段,向刘裕竭尽谄媚。《宋书·谢晦传》中记载,谢晦跟随刘裕征伐司马休之,刘裕准备亲自披甲登岸,谢晦上前抱住刘裕,高祖曰:"我斩卿!"晦曰:"天下可无晦,不可无公,晦死何有!"

谢晦一步步进入刘裕集团核心圈,刘裕称帝时,请出谢澹为其奉玺绂,谢晦还对刘裕说,恨不能由谢混来奉玺绂。裕亦叹曰:"吾甚恨之,使后生不得见其风流!"(《晋书·谢混传》)之后,谢晦参与废杀少帝刘义符、庐陵王刘义真,被文帝诛杀。

谢玄之孙谢灵运在刘毅麾下卫军从事中郎,刘毅、谢混被刘裕清除后,谢灵运被征调为刘裕的太尉参军。谢灵运居会稽时,"每有一诗至都邑,贵贱莫不竞写,宿昔之间,士庶皆遍,远近钦慕,名动京师"(《宋书·谢灵运传》)。宋文帝诛杀徐羡之、傅亮等权臣后,一度重用王导曾孙王弘、王昙首、王华及殷景仁等士族高门,谢灵运被征召为秘书监,其诗文、书法得到文帝激赏。

谢灵运经常陪同文帝谈诗论文、饮酒作乐,但是,文帝始终仅把他视为文学侍从。谢灵运长期担任秘书郎、谘议参军、中书侍郎、黄门侍郎等闲职,他可能不满足于这种角色,故意作出种种猖狂、任诞的行为，先后遭到贬退、流放的处分。谢灵运如果生长在东晋时期，以其家世、才貌及名声舆望，也许可以出将入相，他最后在广州被诏令正法，折射出刘宋与两晋完全不同的政治环境。相反的是，王华、王昙首兄弟知所进退，主动提出把大权交给彭城王刘义康，琅邪王氏子弟基本都得到善待。

士族门户离开权力的中心，实际上是避祸的方法。黄门侍郎、散骑侍郎及秘书郎等职位，虽然没有实权，却是荣誉较高、非常优闲的职位。相当部分高门满足于经济上的特权、文化上的优越，对于皇权既不反对，也没有忠诚可言。《南史·褚炤传》中记载，司空褚渊的从弟褚炤询问褚渊之子褚贲："司空今日何在？"褚贲回答："正在为萧建成奉上玺绶，完成宋齐禅代。"炤曰："不知汝家司空将一家物与一家，亦复何谓？"面对王朝兴亡、帝位更替，他们更像是旁观者、宾客。

和东汉魏晋时代士大夫名士通过隐逸养望不同，这个时期确有部分士人拒绝出仕，选择过平淡、贫困的隐居生活。绝大多数未有著述者，从此不为人所知。其中写作《桃花源记》的陶渊明，为东晋末刘宋初隐士的杰出代表。陶渊明为陶侃曾孙，其外公是桓温军府长史、吴地士族孟嘉。陶渊明29岁起任江州祭酒，先后在桓玄、刘裕、刘敬宣幕府任参军，公元405年，东晋义熙元年八月，任彭泽令八十余天后，陶渊明作《归去来兮辞》，正式挂印回归田园，以劳作、饮酒和写诗度过余生。

由于陶渊明在桓玄、刘裕两大对立的阵营中都出现过，引发后人对其政治立场的猜测。或许可以确定的是，其一，陶渊明在晋室、刘宋及桓楚之中，并无特定的忠诚对象；其二，陶渊明对于东晋末刘宋初整体的政治环境是反感的、抵触的；其三，陶渊明的操守、性情，使他无意讨好当权者，从而换取优越的生活环境。"归去来兮，田园将芜胡不归？"陶渊明心目中理想的桃花源人，"不知有汉，无论魏晋"，过着自给自足和自治的生活。这里没有皇帝、权臣，也无所谓天命或者死结。这可能代表了大分裂时期部分士大夫的选择。

余论

历史为何选择北朝?

系统死结的四个阶段

秦汉建立大一统政权,为后世中国王朝的基本规模、国家形态和治理体系奠定了范本。魏晋南朝以禅代的方式,把自己作为两汉的直接继承者,其统治者无不以恢复强盛汉朝为己任,然而历经三四百年漫长的探索,始终未能达到目标。造成这一结果的原因很多,魏晋治理体系的死结本质,即国家倡导的主流意识形态与现实政治的实际操作层面的对立与冲突,至少是重要的结构性因素之一。这就对政治系统的合法性与有效性,构成了重大的挑战。

在儒学居于国家统治思想的君主专制时代,所谓政治系统的合法性,就是要使人们自觉接受最高统治者的皇权受之于天的观念。有效性也是合法性的来源之一,如果新兴的王朝能够安全度过瓶颈期,人们也可能产生认同其天命的习惯。魏晋南朝各代大多得国不正,除两晋经历反复、极勉强地通过瓶颈期以外,其他政权的统治时间均不过两代人五十年左右,其治理体系内在的死结,直接造成其合法性的缺失。

此外,这一时期除西晋政权短暂统一外,天

下处于分裂的状态，内部出现士族政治，国家的资源控制与动员能力低下，这些统治有效性的弊端，与系统的死结也存在着较大关系。

并不是说死结决定了两晋的政治发展，而是说在两晋政治发展过程中，治理的死结影响甚至改变了这种发展。如果国家倡导的价值理念，与现实政治中的实践策略相互支撑、融合，即能激发起士民对政权的忠诚与信仰，有助于国家战略目标的实现，但是，两晋大部分时间的治理状态却是相反的情况。具体到不同的政治、经济和文化环境，死结呈现出不同的表现形式，造成的社会撕裂的烈度、广度也各不相同。两晋及其前后的数百年，系统的死结存在于四个阶段。

第一阶段前后七十余年，自公元196年汉献帝建安元年，曹操置献帝于许昌即挟天子而令诸侯，至公元266年初，司马炎正式终结曹魏而改国号晋。这一阶段，是国家的价值倡导与现实政治之间尖锐对立的时期，自东汉光武帝刘秀始建立的士民对儒家思想、汉政权和皇帝的三者合一信仰体系彻底崩溃。

其中东汉晚期、曹魏前期，士大夫、民众仍持汉室享有天命的观念，对曹氏父子暴力代汉的合法性严重存疑，这是曹魏政权迅速被颠覆、没有通过瓶颈的重要原因之一；高平陵政变之后，进入了司马氏父子代魏时期，其间发生废帝、弑君等严重挑战儒家价值底线的事件。尽管人们意识到改朝换代已经不可避免，对于统治者不得不表示服从、拥戴，但是，这并不等同于天命层面的认可，相反儒家思想中皇权授之于天的神圣性受到挑战，儒学逐渐失去凝聚人心的价值功能。

第二阶段大约五十年，贯穿整个西晋政权时期。在这一时期的前半段，死结的对立程度朝着舒缓的方向发展。晋武帝司马炎完成天下统一，通过恢复周制、与宗室士族共治等策略，试图建设晋室的天命合法性。至少在武帝时期及贾后掌权前期，晋政权的统治保持着较高的有效性。不过，士族名士中脱儒入玄的倾向，已经从曹魏时期凤毛麟角的行为，发展为向整个阶层扩散。儒玄两种价值此消彼长，士族官僚先家后国的风气没有转变。晋武帝大量重用宗室诸王，也是基于士民对于晋室的天命缺乏信仰的选择。

八王之乱、永嘉之乱时期，中央政权逐步丧失了统治的有效性。儒法国家中皇权主导的价值，与宗室揽权、士族自保的现实政治形成新的治理死结。统治集团之外的流民群体、少数民族部落揭竿而起，完全否定晋室的合法性。士族名士一边采取随波逐流、明哲保身的态度，一边继续沉溺玄学清谈，以任达、放诞为乐，对于挽救晋政权的危局缺少实际的帮助。

第三阶段接近一百年，自公元317年晋元帝建武元年，司马睿在建康重建晋政权，至公元415年晋安帝义熙元年，刘裕控制国家运营系统。王导协助晋元帝司马睿，以恢复神州的价值作为晋室重建的合法性来源，把士族联合专政作为有效统治的基础。士族共治要求维护南北士族减免赋役、占有附属人口的经济利益，以及各门户的政治利益，这就削弱了中央集权及国家资源动员能力，而要实现北伐中原的目标，又必须加强集权、提升国家能力，恢复神州的价值号召，与现实政治中"务必清静"、优容士族的操作冲突，构成东晋新时期的死结。

晋元帝发出"免良为奴"的诏令，庾氏兄弟实施"任法裁物"的整顿，司马道子推行"免奴为客"的政策，引发程度不同的动乱，即是触碰了结构性死结的缘故；王导、桓温和谢安等主政者采取尽可能团结、迁就南北士族的政策，保持江南社会的稳定，击溃了北方少数民族政权的南下，但是，这也可能是桓温、谢安北伐不能成功的原因之一。至少在淝水大战前夕，保卫中华正统的价值，与全面战争动员的现实政治实践之间一度取得短暂的平衡。

第四阶段可能延续整个南朝，其前半段大致为七十年，包括刘裕在东晋掌权的时期，以及刘宋政权时期。刘裕以北伐取得代晋的正当性，但是，他没有为新的王朝树立正常的儒家伦理秩序，刘裕虽恢复了秦汉、曹魏时代的中央集权、君主专制的统治策略，却没有重建士民对政权、皇帝和儒家思想三位一体的信仰体系。尽管刘裕、文帝刘义隆名义上倡导儒学的价值，而在实际的政治运作中，完全遵循赤裸裸的暴力至上逻辑。其手段之残忍，远甚于士族共治时期。刘宋政权系统内部的死结对立程度，几乎回到了东汉晚期、曹魏政权前期。

宋武帝刘裕以宗室诸王出镇荆州、京口等要地，与晋武帝司马炎重用宗室的出发点完全相同。晋武帝身后发生八王之乱，宋武帝身后发生子孙相残，本质上都是宗室子弟缺少儒家价值的教育所致。刘裕在禅代前后，野蛮杀害了晋安帝、晋恭帝，之后萧道成建齐代宋，又谋害年仅13岁的宋顺帝，对于刘氏宗室大肆杀戮，这些都是价值观不彰、合法性缺失的系统死结对国家治理体系最直接的影响。

士族共治与治理死结

平心而论，晋武帝司马炎是中国帝制历史上一位难得的仁君。如果晋政权在他身后仍能维持统一繁荣的局面，武帝在历史上的评价，至少不会低于汉文帝刘恒，也许可以比肩宋太祖赵匡胤。晋武帝部分恢复周制，实施宗室、士族共治的统治策略，符合两汉以来儒生士大夫的政治追求，体现了他真诚地服膺儒学价值。这也奠定了两晋士族政治的基础。

隋文帝杨坚并无显著军功，仅以外戚及关陇集团二代的身份，花费十个月篡夺北周政权；宋太祖赵匡胤在后周世宗去世仅半年后，即在陈桥驿黄袍加身。这些行为与司马氏祖孙相比，实在是有过之而无不及。但是，人们对于隋宋等其他朝代篡位的状况似乎要宽容许多。究其原因，司马氏所处时代较早，除了传说中尧舜禹可能实行过禅让，无论成汤革命、武王伐纣，还是秦汉帝国的统一，都是被包装成替天行道的武装革命。王莽代汉的失败，已经使禅让成为篡位的代名词。曹魏代汉、司马氏代魏的治理体系的底层逻辑中，自开国始即存在着价值导向与现实政治对立的死结，从而造成巨大的合法性先天缺陷。

自西汉武帝时代始，儒生被制度化地引入统治集团，士大夫阶层逐步成长为国家主流意识形态的捍卫者、诠释者，晋武帝司马炎对之让步、笼络，是为了得到士大夫阶层对政权的背书，追求晋室的天命合法性。

西晋时期，士族尚不掌握兵权，还处于相对次要的位置。司马氏统治者本身即为士族中重要成员，晋武帝夺位后，一方面把士族的政治理想付诸实践，即部分地恢复分封的周制，把周人天命观中德治的理念予以落实；另一方面，他也汲取曹魏政权"薄骨肉"而致外臣夺权的教训，大量分封、重用宗室，保证皇权以及司马氏宗室在统治集团中的主导地位。

所以，晋武帝司马炎打开治理死结的努力，取得过阶段性的成效。如果不是他在处理接班人、辅政大臣等重大问题上，过于宽仁放纵、犹豫不决，放弃法家严刑峻法的霸术，混合周制秦制的宗室、士族共治可能会延续下去。帝制时代的历史将因之改写。在印刷术尚不普及、学术掌握在少数经学世家的时代，皇权与文化贵族的共治，也许比秦制的君主绝对专制更能给民众带来幸福感。

由于绝大多数司马氏宗室成员死于"八王之乱""永嘉之乱"，士族名士在历史大变局中，意外地被推到了时代的风口浪尖上。东晋政权以保卫中华正统、恢复神州的价值重建合法性，这是由王导等南北士族与元帝司马睿共同推动的，成为当权士族主导共治集团的底层逻辑，由此产生新的治理死结。东晋时代死结造成的损害，主要是削弱了国家的资源动员能力，首先集中在影响统治的有效性层面。

相较于西晋皇权主导共治的西周模式，东晋当权门阀主导的君主、士族共治的东周模式，几乎是各派政治势力碰撞、角逐的结果，而非当权者主动的顶层设计。其规则包括一家门阀主导、多家士族联合专政；当权士族需要得到其他门户、名士的认可；荆扬分治、斗而不破的平衡；等等。在其形成、发展的过程中，琅邪王氏、颍川庾氏、谯郡桓氏和陈郡谢氏等几大门阀发挥了重要作用。士族名士历经虚浮、放达、颓废和血泪，走向了游走于隐逸和出仕之间的黄金时代。

所谓脱儒入玄的思想转变，影响到相当部分士族的行为选择。先家后国、孝而不忠，流连于山水而醉心清谈，对现实的公务漠然，政治效率低下，国家面临危局之际不愿意挺身而出。南渡之后，士族阶层居于共治集团的主导地位，士大夫以天下为己任的意识有所回升，王导等士族领袖身上往往兼具儒玄两种气质。尤其是最富争议的权臣桓温，早期为争取士族群体的认可，曾积极参与名士的清谈活动，主政荆州后高举北伐中原的价值旗帜，抚今追昔，对名士们清谈误国的种种深恶痛绝。

淝水大战的胜利，为东晋政权的合法性与有效性，打下了一剂强心针。不过吊诡的是，孝武帝取得共治集团的主导权后，却触发了宗室、士族势力之间各种矛盾。孝武帝身故不久，即发生大规模的内乱，以刘裕为代表的北府兵中下层武人取得了国家的统治权。尽管刘裕倚仗北伐的战功，使晋宋禅代貌似得到一些合法的理由，但是，刘裕野蛮杀害晋末二帝的行为，实质使刘宋政权自开国起，即笼罩在治理死结的阴影中。随着刘氏宗室自相残杀的加剧，新兴的武人集团取而代之，士族阶层回落至先家后国、为皇权背书的位置。

南朝陷入"强者得立"的政治逻辑

两晋历经西晋、东晋两个阶段，共计一百五十五年；南朝宋齐梁陈四代，共约一百七十年。如果说晋室在抗击北方少数民族的历史阶段，以新的形式取得合法性而获暂时的稳定，晋政权勉强度过了瓶颈的危机，那么南朝各代分别仅有五十年左右的国祚，没有能通过王朝的瓶颈期，始终处在合法性的挑战中。

实际上南朝各代统治者，对于治理体系中暴露出来的弊端，分别作出过一些修补，但从整体而言，这种效果相当有限。南朝相承于两晋，注定无法摆脱治理死结的宿命，其中两汉数百年构建起的儒家价值信仰，从未获得真正意义上的重建。无论是崇尚自然的玄学、追求长生的道家，还是强调轮回的佛经，尽管可以为乱世众生提供精神慰藉，却不适合作为统治者与被统治者共同遵守的伦理准则。魏晋南朝的情况，与先秦春秋时期的"礼崩乐坏"颇有相似之处。

部分史籍将宋孝武帝刘骏描绘成淫乱暴君。其实孝武帝时期设计过优化君主专制、中央集权统治策略的系列制度，后成为南朝统治者解决士族、宗室挑战皇权的工具。其中最重要两项制度：以级别低的寒族中书通事舍人控制中枢，排斥士族高官的话语权，形成寒人掌机要的效果；派遣职位低的亲信担任诸王的典签，实际代诸王批阅公文，监视诸王、刺史一举一动，达到典签控州镇的目的。

齐高帝萧道成针对刘宋政权宗室相残，曾告诫太子萧赜，"宋氏若不骨肉相残，他族岂得乘其衰敝"。齐武帝萧赜是南朝诸代极少数依照正常顺序继位的皇帝，曾创造十余年的"永明之治"。齐高帝、齐武帝两代，严格管理宗室诸王，设置典签官越过名义上的刺史处理州政，基本上保全了宗室。

齐武帝去世后，高帝之侄、齐明帝萧鸾篡位成功，他又开始屠杀宗室，齐高帝十九子、齐武帝二十三子，差不多都被他杀光了。明帝之子15岁的萧宝卷即位后，相继诛灭六位辅政大臣，齐政权内部发生多起叛乱事件，迅速走上刘宋政权崩溃的老路。

梁武帝萧衍依照刘裕代晋、萧道成代宋模式，通过禅让代齐建梁，随后梁武帝在好友沈约的劝说下，派人杀害了15岁的齐和帝。不过，梁武帝认识到儒家王道价值对于治理体系的重要性。尽管诛杀了萧宝融等明帝子孙，但他对高帝、武帝幸存的萧子恪兄弟一脉，仍予以保全善待。梁武帝放手任用宗室子弟，取消宋齐两代执行的典签制度。只要不涉及谋反，即使犯有过错也不惩处，避免骨肉相残而有悖儒家人伦。

《梁书·儒林传》记载，梁武帝在诏书中称，"二汉登贤，莫非经术，服膺雅道，名立行成。魏晋浮荡，儒家沦歇。风节罔树，抑此之由"。为此梁武帝设置五经博士各一人，延揽当时大儒一人一馆，每馆招有数百学生。梁政权正式恢复了国学，规定皇室公卿子弟必须入学。之后陆续设立胄子律博士、集雅馆和士林馆。梁武帝自制四种弦乐器名"通"，又制十二笛辅以钟器，以正国家的礼乐。《北齐书·杜弼传》中记载，东魏实际统治者高欢曾感叹，"江东复有一吴儿老翁萧衍者，专事衣冠礼乐，中原士大夫望之以为正朔所在"。

梁武帝早期曾信奉道教，即位后出于证明统治合法性的需要，大力提倡儒家思想，而对于佛教理念的认可和痴迷，则是他个人学术兴趣以及内心精神的沉淀。梁武帝写下《舍道事佛文》，宣告思想信仰上的重大转变。他和高僧大德保持交游，一起讲经辩理、注释佛经。其中注释《大品经》五十卷，完成后亲往佛寺讲经。梁武帝还示范在家居士受持的菩萨戒，为佛法的弘扬发挥了关键性作用。梁武帝首倡儒家、道家和佛家三教同源，把佛教置于儒道之上，奉佛教为国教和主体，声称孔子和老子为释迦牟尼弟子，这无疑冲击了治理体系中儒家伦理的核心价值地位。

在北魏政权陷入内乱和分裂的过程中，梁武帝没有抓住历史性的机遇，先后三次北伐均无功而返。在梁武帝高度崇佛的鼓动下，南方地区大兴建寺造塔之风。他先后四次宣布出家，高调舍身佛寺，后三次朝臣共以钱四亿万将其赎回。梁武帝还过度优容宗室、士族子弟，为了安排士族职务，不惜一再增置不必要的官位。梁武帝晚年的佞佛行为和宽纵作风，造成君主专制权威下降，严重损耗了国家的人力、财力资源。

侯景发动叛乱后，仅以少量军力、七个月的时间，即摧毁萧梁中央政权。86岁高龄的梁武帝沦为阶下囚，不久即被饿死。坐镇各地的萧氏宗王忙于兄弟、子侄内争，其中武帝第七子、梁元帝萧绎先后攻灭侄河东王萧誉、兄邵陵王萧伦等人，约请西魏宇文泰，共同讨伐割据益州的武陵王萧纪。梁元帝与宇文泰闹翻后，被岳阳王萧詧引西魏大军攻灭，出降后仍被处死。

陈武帝陈霸先时任萧梁交州刺史，在勤王之师中脱颖而出，先后击败侯景、梁元帝亲信将领王僧辩，抵挡北齐政权的南侵，通过禅让代梁建陈，不久派人把退位的梁敬帝杀死。南陈政权仅存长江以南、江陵以东的地区，但陈氏宗室内部还是充满刀光剑影。陈武帝之侄、文帝陈蒨派人把武帝之子陈昌淹死，文帝之弟、宣帝陈顼把文帝长子陈伯宗废除，从侄子手中抢夺了皇位。宣帝之子、后主陈叔宝遭其弟陈叔陵砍击，侥幸获救后，派兵把陈叔陵杀死，终于登上皇位。

宋武帝刘裕、陈武帝陈霸先得国尚有一定的正当性，宋文帝刘义隆、齐武帝萧赜和梁武帝萧衍前期，都曾提倡儒学、创造治世，但是，只要治理死结不解开，即王朝的天命没有真正建立起来，围绕着帝位继承的屠杀和血腥，就将持续不断地循环下去。这种类似"强者得立"的权力继承原则，属于北方少数民族的草原争位逻辑。中原王朝自西周政权确立嫡长子继承制，或由皇帝生前指定作为补充，已经相对制度化，这在两汉政治实践中表现显著，成为皇权"受之于天"合法性的重要组成部分。

所以自东汉晚期以来，曹氏、司马氏家族始终无力重建儒家思想、国家政权和皇帝三位一体的忠诚体系，至南朝已发展到禅代中杀害前朝君主，宗室自相残杀、新兴武人集团乘势暴力篡权的循环，皇位继承退化为"强者得立"的北方少数民族早期的治理水准。换言之，南朝政治系统自身不可能打开死结，重塑类似两汉皇权的天命。而且，南朝也无力彻底清除士族政治的弊端，始终存在着国家资源动员能力不足的严重缺陷，至南陈政权后期，其控制的土地、人口已经相当有限。源自秦汉第一帝国的南方政权，不可能重建大一统天下帝国，也逐步失去了汉民族一脉相传的正统意义。

北朝通向了隋唐

后秦政权崩溃后，司马休之等部分东晋流亡者逃往北魏。《资治通鉴·晋纪四十》中记述，"司马休之、司马文思、司马国璠、司马道赐、鲁轨、韩延之、刁雍、王慧龙及桓温之孙道度、道子、族人桓谧、桓璲、陈郡袁式等皆诣魏长孙嵩降"。此外司马懿之弟太常司马馗八世孙司马楚之，曾在刘裕代晋时聚集上万人反抗，投奔北魏得到重用，受封琅邪王、安南大将军，挫败文帝刘义隆的北伐大军。北魏统治者显然把重用幸存的司马氏子弟，作为彰显自身正统的手段之一。

淝水大战之后，源自代国的鲜卑拓跋氏政权重建。北魏政权一边积极从事统一北方的战争，一边不断地通过制度改革，继续探索少数民族统治多民族国家治理体系的建设。道武帝拓跋珪采取离散部落的统治策略改革，以及制定子贵母死最高统治者继承的野蛮规则，完成了北魏国家从部落联盟向专制皇权的过渡。

北魏政权治理体系全面改革，始于孝文帝嫡祖母冯太后。所谓实行官员俸禄制、考课制，其实是要改变北魏政权文武官员早期依靠战争抢掠、搜刮百姓的自肥方式，回归中原王朝正常的国家治理。北魏政权又推出影响深远的均田制，即政府把掌握的大量荒地，分配给失地的农民，收取一定的户调和田租。

根据均田制的规定，男子十五岁以上，授给露田十亩，桑田二十亩，妇人授露田二十亩。露田不得买卖，身死或年满七十归还官府，桑田则为永业，一定条件下可以买卖。奴婢和耕牛参加授田。田地缺乏地区，允许农民迁至他郡。北魏国家实行新的租调制，原先依附、流亡人口大量存在，负担租役的基数较少，一般民众负担较重。新的租调规定以家庭为授田交赋单位，一夫一妻出帛一匹，粟二石，其他人口、耕牛以此类推。《魏书·食货志》中记载，"事施行后，计省昔十有余倍，于是海内安之"。

随即北魏政权推出与均田制配套的三长制，即"五家立邻长，五邻立里长，五里立党长，取乡人强谨者为之"。其实是国家重新介入小型的自治共同体，是秦汉政权时代编户齐民法家方法论的恢复和再现。均田制、租调制和三长制连续改革，使北朝政权获得了南方无法抗衡的资源动员上的优势。

孝文帝拓跋宏亲政后，发起了超越前秦天王苻坚的全面汉化激进政策。孝文帝完全仿照汉族君主的礼教程序，建造太庙和明堂，祭祀华夏先贤舜、禹、周公和孔子，强行实施迁都洛阳的计划。迁洛之后，孝文帝下诏禁止士民穿胡服，命令鲜卑人和其他少数族人全都改穿汉服，官员上朝必须着汉族官员标准朝服。随后宣布禁绝鲜卑语和其他少数族群语言，一律改说汉语，规定迁洛的鲜卑官民，死后葬于河南而不得还葬平城，籍贯全部改为河南郡洛阳县人。

孝文帝曾大会群臣于洛阳光极殿。按照中国传统颁赐官帽朝服，文武百官依礼而立，仿佛穿越回汉魏西晋的时光。孝文帝随后下令，改鲜卑复姓为单音汉姓。以北魏祖先出自黄帝、土德黄色为万物之元的理由，率先将皇族拓跋氏改为元氏。孝文帝仿照魏晋时代士族门第等级的模式，在鲜卑贵族中分姓定族，将军功、官爵作为制定姓族的标准,根据姓族等级高低分别授予不同的官位,和汉人士族的郡姓合为一体,郡姓还分为甲乙丙丁四个等级。中央政权必须依据门第等级选任官员,形成了北魏政权独特的门阀制度。

孝文帝站在坚持北魏政权相承两汉、魏晋正统的立场,品评汉人士族姓第时,考虑先祖的功绩,并且把魏晋时代士族门第传统全盘接收,完全是出自营造受命于天的合法性需要。这和孝文帝设立太学、国子学和四门小学,始终将儒家经典作为官方的意识形态,其思维方式和心理逻辑一致。

北魏沿袭后赵、前秦等少数民族的统治策略,即以鲜卑民族军功贵族、国人武装支撑起鲜卑民族对于其他多数民族的皇权统治。孝文帝通过汉化文治而改变,重用中原儒士治国,内迁的鲜卑贵族尚适应了奢华的生活,但作为特权阶层的边地鲜卑将士上升的空间被大为抑制。孝文帝去世二十年后,平城以北为抵御柔然设置的六大军镇的鲜卑兵民,爆发了大规模的武装起义。

从表面上看,六镇起义,北魏分裂为东魏、西魏,反汉化的潮流席卷而来。更深一层观察,更多边地少数民族军人进入中原,进一步促进了北方的民族大融合。特别是西魏权臣宇文泰通过鲜卑化的形式,把占人口大多数的汉人纳入国人武装范围。

宇文泰带到关中平叛的鲜卑部众较少,当地多为氐、羌部族以及大量汉族乡兵。宇文泰推行府兵制改革,即模仿鲜卑八部设八大柱国,除宇文泰及宗室元欣以外,其他独孤信、赵贵、李虎、李弼、侯莫陈崇和于谨等六柱国亲自带兵。每位柱国统领两大将军,共十二位大将军、四万八千兵士。宇文泰进一步恢复鲜卑姓氏,本来汉姓者赐以鲜卑姓,之后成为隋室先人的杨忠赐姓普六茹氏,唐室先人李虎赐姓大野氏,凡统率士兵皆以主将的鲜卑姓为自己姓氏。这些措施照顾了鲜卑军团中反汉化的情绪,以鲜卑部落兵制的形式,组成维护中央集权的多民族府兵。

宇文泰推出汉族士人苏绰、卢辨依据《周礼》制定的新官制,舍弃魏晋以来官职名号,适当参考秦汉官制,依照先秦时西周政权设立中央组织体制官职。《资治通鉴·梁纪二十二》中叙述,"魏初建六官,以宇文泰为太师、大冢宰、柱国,李弼为太傅、大司徒,赵贵为太保、大宗伯,独孤信为大司马,于谨为大司寇,侯莫陈崇为大司空,其余百官,皆仿《周礼》"。其实这并不是简单托古改制,而是从关中古代政治制度中寻找统治的合法性,从儒家思想的源头周礼中,整合关中本位各民族共同的价值认同。

陈寅恪先生认为,宇文泰以鲜卑部落旧制为依归,建立有贵族性质的府兵制,改易府兵将领的郡望和姓氏,并使之与土地结合,是要建立起足以与东魏、梁朝相抗衡的强有力的关陇集团。宇文泰关陇本位政策的另一个表现,是关陇文化本位政策,为了对抗高氏和萧梁,必应别有一个精神上独立的、自成系统的文化政策,以维系关陇地区胡汉诸强的人心,使之成为一家,从思想文化上巩固关陇集团。[1]

至此,形成于西魏、北周的关陇军事贵族集团,已经大致取得了统一天下的资源优势和天命合法性。随着时间的推移,这一胡汉杂糅、军政合一的体制中,人口、文化享有优势的汉人占据了越来越重要的位置,奠定了隋唐民族大融合新兴皇权的基础。诚如陈寅恪先生所言,"盖取塞外野蛮精悍之血,注入中原文化颓

---

[1] 陈寅恪著,万绳楠整理:《陈寅恪魏晋南北朝史讲演录》,第263—264页,第269页。

废之躯,旧染既除,新机重启,遂能别创空前之世局",承接于两晋、作为秦汉大一统政权残余的南朝,最终被北朝、隋唐帝国整合。

两者相比,魏晋南朝承袭具有强大天命的两汉,通过禅让的名义进行改朝换代,其合法性评价的艰难可想而知。北朝政权实际上源自游牧民族部落,反而没有历史的包袱。其向中原王朝政治系统的靠近、学习和复制,即士族认可其合法性的过程。从某种意义上说,其统治的有效性,就是其合法性最重要的来源。

虽然隋朝重现天下大一统,依然未能摆脱类似南北朝短命政权的宿命,但是,同出关陇集团的李唐皇权后来居上。唐太宗李世民虽通过"强者得立"的草原规则夺位,却以他个人的君德、贞观之政中民本位的价值,重建了士民对唐政权的忠诚,又被草原各族拥戴为天可汗,成为魏晋以来治理体系死结效应的阶段性终结者。

后记　我写晋朝那些事

2022 年 7 月，我在《兴亡：中国两千年治理得失》（以下简称《兴亡》）出版后，接受了《澎湃新闻》记者的采访。其中提到，中国皇权时代政治系统的闭环，即秦皇汉武以来形成的儒表法里的统治本质，具体到每个历史阶段、每个朝代乃至每个统治者，其外在的表现形式是各具风格、各有侧重的。所谓"秦制两千年"的说法，似乎概括得过于笼统。虽然说汉承秦制，但是，两汉魏晋及其之后各代，儒法道互补，周制、秦制之间历经碰撞、冲突，随着北方少数民族进入中原，兵民合一、因俗而治等胡制治理模式加入，周制、秦制和胡制相互融合的过程，其实也是以中原、汉地为主的"小中国"，演变为长城内外农耕、游牧和渔猎等民族共存的"大中华"的过程。

由于《兴亡》是我第一次从事历史写作，写的又是具有通史性质的作品，不能出错是我的指导思想之一，因此，我总体来说比较中规中矩。而且，我在写法上采用以主要帝王评传为线索的方式，这在细部上也不适合展开跨代的思考。以上的许多想法我没有深入阐述，有些我在《兴亡》中没有提。不过，我在《兴亡》的写作过程中，已经开始酝酿新的历史写作计划。

在我较为熟悉的两汉魏晋文献的研读中,有两个时期我最有心得。其一,所谓汉武帝独尊儒术,不少人认为,这是对于周制逻辑的一种回归。我发现实际情形可能并非如此。汉武帝把经过董仲舒改造的儒学作为官方的意识形态,可能是出于统一思想、清除黄老无为政治影响的需要,从而建设更为集权、专制的法家秦制国家。这和被引入统治集团的儒生士大夫的理想是完全不同的。西汉儒法国家内部,始终存在着两种思想、方法的矛盾和冲突,直至光武帝刘秀时代,方始达到一种相对平衡的状态。

其二,西晋大一统政权的崩溃,多数人将之归咎于晋武帝恢复分封制度、统治集团骄奢腐朽等。我以为,这一认识至少过于局限和停留于表象。晋室得国充满了血腥和野蛮,晋武帝司马炎却是帝制历史上少有的一位仁君,这一巨大的反差背后,反映了晋朝国家治理体系中的结构性矛盾。一方面,东汉以来儒家天命伦理及汉室正统的观念依然深入人心,另一方面,曹氏、司马氏家族以暴力手段连续改朝换代的现实严重冲击了士大夫、民众共同坚守的价值。晋武帝仿照周制,给予士族阶层种种特权,最终收获了其脱儒入玄、先家后国的结果。考虑到两晋断代历史写作较少,研究魏晋南北朝的历史大家们往往对晋史几笔带过,于是我产生了率先探索晋史、将研读心得付诸文字的冲动,并在上海封控期间动笔。

关于两晋政治的发展,我的关注重点聚焦在三个方面。首先,上述晋朝治理体系的结构性矛盾,可以理解为国家倡导的主流意识形态与现实政治操作之间的对立与冲突,我把它称之为系统的死结。这是贯穿于全书的最主要的线索。具体到两晋及其前后朝代不同的历史阶段、外部环境,死结的表现形式不尽相同,但是，系统的死结构成了晋朝治理扭曲、变形的底层逻辑。

其次，晋武帝可能出于打开死结的考虑，通过大量分封宗室、士族功臣等部分恢复周制的手段，给予士族优先品评入仕、爵位世袭和占有土地及依附人等优待，这既符合东汉以来士大夫建设儒家理想社会的政治追求，也是对士族阶层接受魏晋嬗代政治现实的回馈。实际上混合了周制、秦制，确立了皇帝主导宗室、士族共治的类似西周模式的统治策略。晋室东迁建康后，皇权急剧衰落，宗室势力损失百分之九十以上，又形成了几家当权士族主导君主、士族共治的类似东周模式的统治策略。无论西晋、东晋，晋室君臣都有意无意地把周朝作为晋代对标参照的对象，这无疑是相当值得注意的历史现象。

再者，魏晋士族从东汉末年清议运动中的党人名士阶层转化而来，从某种意义上说，其先家后国、孝而不忠的行为，是对现实政治野蛮性、荒谬性的反抗。不过，这也符合周制中以血缘家族为核心的小共同体本位的逻辑。换言之，虽然士族政治严重削弱了晋朝国家的资源控制与动员能力，却具有时代的合理性。西晋时期宗室掌握兵权，士族尚处于较为次要的位置，到了东晋建康时期，士族被历史的变局推到了共治集团的主导地位。刘裕恢复中央集权、君主专制的统治策略后，士族又回归旁观的宾客、为皇权背书者的角色。士族名士清谈任诞及出仕隐逸等种种的背后，折射出两晋政治的演变。

由于我是以时间为顺序，进行历史叙事型的写作，因此这些问题的探讨大都分散在各个章节中。此外，刘秀东汉王朝强大的天命合法性，荀彧之死与汉末士大夫的困局，晋武帝司马炎、权臣桓温的历史评价，孝武帝之死的真相以及影响，司马道子、桓玄失败的原因，等等，我都作了程度不一的研究。如果有一天能有机会重返校园，倒是可以择一二作为学术论文写作的题目。

我三十岁之前痴迷文学创作，学习过政治学、传播学，之后在工作中接触了营销学和管理学等，二十多年来，又以研读中国历史为乐。我的知识结构不够深入却较为广杂，这对我的大众历史写作也产生了影响。

我在评价晋朝国家治理各个阶段优劣之时，采用了政治学上统治的合法性与有效性的概念。德国大思想家韦伯、美国政治学家李普塞特等人都对此有精彩的论述。特别是李普塞特在其代表著作《政治人：政治的社会基础》一书中，对于政治系统的合法性、有效性以及两者之间的关系，展开了较为严谨的论证。尽管李普塞特研究的对象为现代特定的民主政体，但是，我经过阅读后发现，以他的理论粗略解释秦汉魏晋南北朝复杂的政权更迭，大致也是可以成立的。

在我从事广告企业的经营实践中，曾总结出品牌主体运营系统五个维度的思维，即从大环境、价值观、方法论、组织和资源的角度，去探究品牌主体创业、运营和变迁的规律。我在《兴亡》一书中，即把五个维度作为分析的工具。可能因为框架本身不够成熟，缺乏定量模型的支撑，完全以此研究历史发展的进程似乎还欠严谨。所以在本书中，我有意淡化了这方面的提法。不过，价值观与方法论之间的一致性，组织保障与资源动员之间的匹配性，仍然是我所思考的重要方向。所谓国家倡导的主流意识形态与现实政治操作对立的死结，大致就是价值观与方法论之间的尖锐矛盾。

本书中历史文献的运用，有关特定历史人物的事迹，我主要还是引录《三国志》《晋史》和《宋书》等正史中的材料。有些细节的部分，我采用了较多《世说新语》中的描绘，虽然都是些段子式短文，却相当生动地反映了魏晋君主士族鲜活的形象，《晋史》中有大量直接的摘抄。综合性历史事件的叙述，我不少参考了《资治通鉴》的内容。上述三者的记载有时也会有不一样之处，我根据自己的推测、判断进行了取舍，有些地方予以了说明。司马光在《资治通鉴》中，对于一些历史人物、事件，发表了他的价值论断，我在本书中多处转述，然后以我自己的理解、思考作出评价。

我还在本书中，大量地引用了古今中外历史学者的研究成果。其中包括历史大家的通史、断代史著作，专家教授的学术论著，以及青年学人的专业论文等。我在书中都一一作出说明，书尾列出了长长的清单以表达谢意。需要说明的是，我在书中引用他人的观点，大部分都是我经过阅读、研究后，予以认同的思想或判断，有些和我的想法是不谋而合的。我也读到不少和我的思考相去甚远的论述，在书中我基本没有提及。

感谢复旦大学前辈葛剑雄先生又推荐了我的新书。感谢复旦大学学长马勇先生推荐我的新书，并为我写序。感谢复旦大学历史系教授、魏晋南北朝史专家仇鹿鸣先生推荐我的新书。我曾数次拜访葛老师、马老师和仇老师，向他们请教，在交流中我受益良多。他们在为我解惑的同时，热情地鼓励我坚持历史探索，从不一样的角度，写出既有问题意识又适合大众阅读的作品。

特别怀念我复旦大学的学长刘统教授。2019年3月，我历时数年，完成一部以五个维度框架剖析中国现代史的书稿。刘统先生得知后，为我撰写了《学以致用》一文作为序言，肯定了这种跨界研究和写作，认为"它打破了经院研究的僵化和八股考证的文风，给历史研究带来了新鲜空气"。可惜的是，由于某些原因这本书未能如期出版，刘统先生的文章也没能发表。2022年5月，我完成了《兴亡》一书最终的修改校正，刘统先生当时应已患病，得知后仍立即为我写了推荐语。12月下旬，我突然得到他去世的消息，一时辗转反侧，久久不能平静。

感谢广西师大出版社社科分社的编辑朋友们。感谢赵运仕先生、刘隆进先生、张洁女士，以及我的责任编辑倪小捷，无论是《兴亡》还是本书，他们都提出了中肯的组稿、审读意见，有助于我提升书稿的专业度、可读性。感谢我新闻界的同学、朋友，感谢公司工作的伙伴。感谢我的家人。在我历史写作的过程中，他们都给予了我各种形式的帮助和支持。

感谢最可爱的读者朋友们。《兴亡》出版后，已经加印数次，得到了不少读者的认可。朋友们在鼓励我的同时，也发表了评论和建议，对于书中存在的个别谬误，他们通过电邮（shengang@tangshen.com），分别向我指出，在此再度深表感激。本书出版后，欢迎大家继续批评指正。有你们的激励，我将更加努力地学习、工作和笔耕。谢谢了。

作者

2024年4月12日于上海

参考文献

一、古籍

1. 司马迁：《史记》，中华书局，2006年
2. 班固：《汉书》，中华书局，2012年
3. 范晔：《后汉书》，中华书局，2012年
4. 陈寿著，裴松之注：《三国志》，中华书局，2011年
5. 房玄龄等：《晋书》，中华书局，1996年
6. 沈约：《宋书》，中华书局，2018年
7. 王夫之：《读通鉴论》，中华书局，2020年
8. 魏收：《魏书》，中华书局，1997年
9. 司马光：《资治通鉴》，中华书局，1997年
10. 许嘉璐主编：《二十四史全译》，北京日报出版社，2012年
11. 习凿齿：《汉晋春秋》，中华书局，2017年
12. 赵翼：《廿二史札记校正》，中华书局，2013年

二、通史、断代史和学术论著

1. 白寿彝总主编：《中国通史》，上海人民出版

社，1989年

2.傅乐成：《中国通史》，中信出版社，2014年

3.钱穆：《国史大纲》，商务印书馆，2010年

4.吕思勉：《中国史》，上海古籍出版社，2006年

5.柏杨：《中国人史纲》，中国友谊出版公司，1998年

6.吕思勉：《秦汉史》，商务印书馆，2014年

7.吕思勉：《两晋南北朝史》，天津社会科学院出版社，2019年

8.王仲荦：《魏晋南北朝史》，上海人民出版社，2020年

9.[日]川胜义雄著，林晓光译：《魏晋南北朝》，九州出版社，2022年

10.何兹全：《魏晋南北朝史略》，北京出版社，2018年

11.阎步克：《士大夫政治演生史稿》，北京大学出版社，1996年

12.阎步克：《察举制度变迁史稿》，北京师范大学出版社，2021年

13.葛剑雄：《统一与分裂：中国历史的启示（增订版）》，中华书局，2008年

14.马勇：《中国儒学三千年：3000年中国政治和文化的密码》，孔学堂书局，2021年

15.辛德勇：《制造汉武帝：由汉武帝晚年政治形象的塑造看〈资治通鉴〉的历史构建》，生活·读书·新知三联书店，2015年

16.辛德勇：《海昏侯刘贺》，生活·读书·新知三联书店，2016年

17.孟祥才：《王莽传》，人民出版社，2017年

18.黄留珠：《刘秀传》，人民出版社，2003年

19.许辉、蒋福亚主编：《六朝经济史》，江苏古籍出版社，

1993年

20. 陈长琦:《六朝政治》,南京出版社,2010年

21. 朱子彦:《司马懿传》,人民出版社,2021年

22. [日]福原启郎著,陆帅译:《晋武帝司马炎》,江苏人民出版社,2020年

23. 许倬云:《说中国:一个不断变化的复杂共同体》,广西师范大学出版社,2015年

24. 许倬云:《我者与他者:中国历史上的内外分际》,生活·读书·新知三联书店,2010年

25. 钱穆:《中国历代政治得失》,生活·读书·新知三联书店,2001年

26. 黄仁宇:《中国大历史》,生活·读书·新知三联书店,1997年

27. 樊树志;《国史十六讲》,中华书局,2006年

28. 张国刚:《资治通鉴启示录》,中华书局,2019年

29. 李学勤:《东周与秦代文明》,上海人民出版社,2016年

30. 李开元:《汉帝国的建立与刘邦集团:军功受益阶层研究》,生活·读书·新知三联书店,2000年

31. 赵鼎新著,徐峰、巨桐译:《儒法国家:中国历史新论》,浙江大学出版社,2022年

32. [美]李普塞特著,张绍宗译:《政治人:政治的社会基础》,上海人民出版,2021年

33. [英]鲁惟一著,王浩译:《汉代的信仰、神话和理性》,北京大学出版社,2009年

34. 戴燕:《〈三国志〉讲义》,生活·读书·新知三联书店,2017年

35. 唐长孺：《魏晋南北朝史论拾遗》，中华书局，2011年

36. 唐长孺：《魏晋南北朝史论丛》，商务印书馆，2010年

37. 周一良：《魏晋南北朝史论集》，商务印书馆，2020年

38. 祝总斌：《材不材斋史学丛稿》，中华书局，2010年

39. 蔡亮著，付强译：《巫蛊之祸与儒生帝国的兴起》，北京师范大学出版社，2020年

40. 林聪舜：《儒学与汉帝国意识形态》，上海人民出版社，2017年

41. 阎步克：《波峰与波谷：秦汉魏晋南北朝的政治文明》，北京大学出版社，2017年

42. 韩兆琦、赵国华：《秦汉史十五讲》，凤凰出版社，2010年

43. 陈寅恪：《金明馆丛稿二编》，上海古籍出版社，1980年

44. 万绳楠整理：《陈寅恪魏晋南北朝史讲演录》，贵州人民出版社，2007年

45. [日]福原启郎著，陆帅、刘萃峰、张紫毫译：《魏晋政治社会史研究》，江苏人民出版社，2021年

46. 田余庆：《秦汉魏晋史探微》，中华书局，1993年

47. 田余庆：《东晋门阀政治》，北京大学出版社，2012年

48. 仇鹿鸣：《魏晋之际的政治权力与家族网络》，上海古籍出版社，2015年

49. 刘大杰：《魏晋思想论》，岳麓书社，2010年

50. 唐翼明：《魏晋清谈》，天地出版社，2018年

51. [日]川胜义雄著，徐谷芃、李济沧译：《六朝贵族制社会研究》，上海古籍出版社，2018年

52. 徐冲：《中古时代的历史书写与皇帝权力起源》，上海古籍出版社，2017年

53. 张金龙:《治乱兴亡：军权与南朝政权演进》，商务印书馆，2016年

54. [日]谷川道雄著，李济沧译:《隋唐帝国形成史论》，上海古籍出版社，2018年

55. 田余庆:《拓跋史探》，生活·读书·新知三联书店，2019年

56. 吴洪琳:《合为一家：十六国北魏时期的民族认同》，社会科学文献出版社，2020年

57. 陈寅恪:《隋唐制度渊源略论稿 唐代政治史述论稿》，译林出版社，2020年

58. 王小宽、张明林:《跟毛泽东读二十四史》，红旗出版社，2015年

59. 周伟洲:《汉赵国史》，社会科学文献出版社，2019年

60. 李济沧:《东晋贵族政治史论》，江苏人民出版社，2016年

61. 顾凯:《庾氏家族与东晋政治》，中国社会科学出版社，2017年

62. 杨学跃:《十六国北朝权力嬗代新探》，中国社会科学出版社，2016年

63. 李硕:《南北战争三百年：中国4—6世纪的军事与政权》，上海人民出版社，2018年

64. 王心扬:《东晋士族的双重政治性格》，中华书局，2021年

65. 蒋福亚:《前秦史》，社会科学文献出版社，2020年

66. [日]三崎良章著，刘可维译:《五胡十六国：中国史上的民族大迁徙》，商务印书馆，2019年

67. 周思源:《风云南北朝之苻坚》，清华大学出版社，2015年

68. 张金龙:《宋武帝传》，人民出版社，2020年

三，学术论文

1. 许倬云：《中国古代社会与国家之关系的变动》,《文物季刊》1996年第2期

2. 陈寅恪：《崔浩与寇谦之》,《岭南学报》1950年第1期

3. 权家玉：《晋武帝立嗣背景下的贾充》,《魏晋南北朝隋唐史资料》2006年第0期

4. 仇鹿鸣：《咸宁二年与晋武帝时代的政治转折》,《学术月刊》2008年第11期

5. 祝总斌：《简评晋武帝在统一全国中的作用》,《文史知识》1985年第2期

6. 郑宇虹、崔向东：《西晋不同社会群体的国家认同演变》,《辽东学院学报（社会科学版）》2021年第6期

7. 唐明礼、张国强：《试论晋武帝司马炎》,《南都学坛》1990年第2期

8. 石玉：《晋武帝拒行封禅与及其自赎心态探微》,《历史教学（下半月刊）》2018年第3期

9. 方韬：《从〈晋辟雍碑〉看晋武帝立嗣》,《贵州文史丛刊》2011年第4期

10. 胡晓明：《西晋后期嗣君之争考论》,《南京晓庄学院学报》2011年第5期

11. 高昕：《对刘渊争取汉族民族策略的思考》,《阿坝师范高等专科学校学报》2008年第1期

12. 张爱波、徐传武:《"清谈"与中朝名士》,《理论学刊》2007年第4期

13. 陈苏镇:《司马越与永嘉之乱》,《北京大学学报（哲学社会科学版）》1989年第1期

14. 林校生:《司马越府"隽异"与西晋王朝的历史出口》,《华侨大学学报（哲学社会科学版）》2003年第3期

15. 龚源浩:《浅谈永嘉之乱后北方少数民族政权执政模式——以王弥为切入点》,《才智》2018年第23期

16. 金仁义:《桓温伐成汉考述》,《安庆师范学院学报（社会科学版）》2008年第1期

17. 胡秋银:《桓温并官省职考释》,《武汉大学学报（人文社会科学版）》2000年第4期

18. 刘卓一:《浅析东晋十六国时期前燕的侨置政策》,《牡丹江教育学院学报》2014年第11期

19. 陈国灿:《六朝时江陵大族的替变》,[日]谷川道雄编:《日中国际共同研究——地域社会在六朝政治文化上所起的作用》,日本玄文社,1989年

20. 王永平:《论东晋孝武帝、司马道子之重用宗室、寒士与寒人》,《江苏社会科学》2011年第5期

21. 王永平:《论宋武帝刘裕之文化素养及其文化倾向》,《史学月刊》2009年第2期

22. 王永平:《刘裕、刘毅之争与晋宋变革》,《江海学刊》2012年第3期

23. 王永平:《略论刘裕对士族社会人物的笼络与利用》,《南京晓庄学院学报》2019年第1期

24. 罗建伦:《宋文帝刘义隆文学雅集述略》,《云南大学学报

（社会科学版）》2013年第5期

    25.祝总斌:《试论东晋后期高级士族之没落及桓玄代晋之性质》,《北京大学学报（哲学社会科学版）》1985年第3期

    26.徐芬:《再论桓楚政权性质——以桓玄荆州军事势力为切入点》,《湘潭大学学报（哲学社会科学版）》2012年第1期

    27.赵义鑫:《论义熙土断的范围、对象与意义》,《岭南师范学院学报》2018年第5期

    28.万绳楠:《五斗米道与孙恩起兵》,《江淮论坛》1981年第5期

    29.周一良:《论梁武帝及其时代》,《魏晋南北朝史论集》,北京大学出版社,1997年

    30.张军:《典签制度与南朝政局》,《天津社会科学》2002年第2期

晋大事年表

249年 高平陵事变，司马氏开始专政。

266年 司马炎接受禅让，代魏建晋，史称西晋。

268年 晋武帝正式颁布《泰始令》。

280年 西晋灭吴国，全国统一。同年，晋武帝实行户调式。

290年 晋武帝司马炎死，其子司马衷即位，是为晋惠帝。

291年 辅政大臣杨骏被杀，不久，贾南风操控惠帝主政。

300年 贾南风设计杀太子司马遹。

301年 赵王司马伦自立为帝，改元建始，惠帝退位为太上皇。三月，齐王司马冏、河间王司马颙、成都王司马颖三王联合常山王司马乂（后封长沙王）伐赵王伦。五月除去赵王伦及其党羽，惠帝复位，齐王冏专政。

302年 河间王颙联合长沙王乂等举兵攻冏。长沙王乂为骠骑将军，取代冏的地位。

303年 河间王颙联合成都王颖攻乂，长沙王乂被杀。

304年 流民、少数民族起兵。巴氏人李雄在成都称王，两年后称帝，即成汉政权；匈奴族刘渊自称汉王，四年后称帝，即匈奴汉国。

305年 东海王司马越飞檄天下，号召迎奉晋惠帝返回洛阳，并组织起山东联军，进攻关中。

306年 司马越大军以乌桓、鲜卑突骑为先锋进入长安，将惠帝、皇太弟司马炽等人接回洛阳。司马越升任太傅、录尚书事辅政。

307年 皇族、琅琊王司马睿渡江至建业（不久改名建康，今南京市）。

311年 匈奴汉国刘曜攻破洛阳，掳走晋怀帝，史称"永嘉之乱"。

313年 晋怀帝被杀，西晋大臣在长安拥立晋愍帝。

316年 匈奴汉国掳去晋愍帝，后晋愍帝受辱被杀，西晋灭亡。

317年 司马睿称承制改元，登基称晋王，建立东晋政权。

318年 司马睿称帝，是为晋元帝。

322年 王敦之乱。

324年 晋明帝下令讨伐王敦，平乱成功。

325年 晋明帝去世，太子衍继立，是为晋成帝。王导及庾亮辅政。

327年 苏峻之乱。

329年 江州刺史温峤病逝。王导、庾亮、陶侃和郗鉴四人形成君主、士族共治的四巨头，斗而不破。

339年 王导去世。

340年 庾亮去世。庾翼执政，掌握荆州军权。

347年 桓温西征，讨灭成汉。

349年 后赵石虎死,晋廷派褚裒北伐,失败。

352年 殷浩联合羌将姚襄北伐前秦,被苻健击败。

353年 殷浩再度北伐,为姚襄所袭。

354年 桓温北伐,最后晋军缺粮而撤退。

356年 桓温再度北伐,光复洛阳。

364年 庚戌土断。

365年 洛阳被前燕攻陷。

369年 桓温率五万精锐北上讨伐前燕,晋军大败。

371年 桓温废晋帝司马奕为海西公,改立司马昱为简文帝。

372年 晋简文帝司马昱驾崩,其子司马曜继位,即晋孝武帝。

373年 桓温要求加"九锡",不久后病死。褚太后临朝称制,谢安处于士族政治的中心位置。

377年 谢玄为建武将军、兖州刺史,领广陵相,招募劲勇,组建后世所称的北府兵。

383年 东晋与前秦发生淝水之战。

384年 谢安命谢玄、桓石虔率军北伐。

399年 孙恩之乱。

403年 桓玄篡位称帝,建国桓楚。

404年 刘裕同北府旧将举兵,攻破建康,桓玄挟晋安帝西撤江陵。

405年 何无忌迎晋安帝复位。

409年 刘裕北伐南燕。

410年 卢循之乱。

413年 义熙土断。

416年 刘裕再度北伐,连克许昌、洛阳。

417年 刘裕兵分两路围攻关中，最后攻破长安，后秦亡。

418年 刘裕受相国、宋公、九锡之命。

420年 刘裕即皇帝位。改国号宋，正式改年号永初，是为宋武帝。东晋至此灭亡。不久末代皇帝晋恭帝司马德文被被子掩闷致死。

十六国一览

种名族名	国号	创业主	年数	被灭于
匈奴	汉（前赵）	刘渊-刘聪	304—329	后赵
		刘曜		
	北凉	沮渠蒙逊	397—439	后魏
	夏	赫连勃勃	407—431	后魏
羯	后赵	石勒-石虎	319—351	前燕
	（冉魏）	冉闵		
巴蛮	成（汉）	李雄	304—347	东晋
氐	前秦	苻健-苻坚	351—394	东晋
	后凉	吕光	386—403	后秦
羌	后秦	姚苌-姚兴	384—417	东晋
鲜卑	前燕	慕容皝	337—370	前秦
		慕容俊		
	后燕	慕容垂	384—409	北燕
	西燕	慕容冲		
	南燕	慕容德	398—410	东晋
	西秦	乞伏国仁	385—431	夏
	南凉	秃发乌孤	397—414	西秦
汉	前凉	张重华	345—376	前秦
	西凉	李暠	400—421	北凉
	北燕	冯跋	409—436	后魏